Die Politik in der Kunst und die Kunst in der Politik

D1574635

Ariane Hellinger • Barbara Waldkirch
Elisabeth Buchner • Helge Batt (Hrsg.)

Die Politik in der Kunst und die Kunst in der Politik

Für Klaus von Beyme

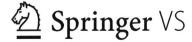 Springer VS

Die HerausgeberInnen

M.A. Ariane Hellinger
Deutsche Akademie der
    Technikwissenschaften (acatech)
Berlin, Deutschland

Dr. Barbara Waldkirch
Rastatt, Deutschland

M.A. Elisabeth Buchner
Ruhl Consulting AG
Mannheim, Deutschland

Dr. Helge Batt
Universität Koblenz-Landau
Landau, Deutschland

ISBN 978-3-531-17590-4
DOI 10.1007/978-3-531-93454-9

ISBN 978-3-531-93454-9 (eBook)

Die Deutsche Nationalbibliothek verzeichnet diese Publikation in der Deutschen Nationalbibliografie;
detaillierte bibliografische Daten sind im Internet über http://dnb.d-nb.de abrufbar.

Springer VS
© Springer Fachmedien Wiesbaden 2013

Springer VS ist eine Marke von Springer DE. Springer DE ist Teil der Fachverlagsgruppe Springer
Science+Business Media.
www.springer-vs.de

Inhaltsverzeichnis

B: Kunst in der Politik

Vorwort

„Das Interesse an der Politikarena „Kunst" könnte entweder das selbstverständliche Nebeninteresse der professionellen Kunsthistoriker sein oder das Hobby einiger kunstbeflissener Sozialwissenschaftler. Beides wäre der Etablierung eines interdisziplinären Forschungsfeldes „Kunst und Politik" nicht eben förderlich."

Klaus von Beyme[1]

Ein Politikwissenschaftler der über Kunst forscht und schreibt – ein Exot in den eigenen Reihen und gleichzeitig ein von Kunsthistorikern anerkannter und geschätzter „fachfremder" Kollege. Doch welchen Beitrag kann die Politikwissenschaft für die Kunst und die Kunstgeschichte überhaupt leisten? In der Regel ist es ausschließlich das Politikfeld „Kultur", das Schnittstellen zur Kunst aufweist, in dem beispielsweise Fragen der staatlichen Kunstzensur, Fragen zu politischen Denkmälern und Gedenkstätten oder zur politischen Kultur einer Nation diskutiert werden. Der eigentliche Kern der Kunstgeschichte, das Kunstwerk und seine Analyse, bleibt von der Politikwissenschaft jedoch in der Regel unberührt.

Mit der Frage nach einem Politikfeld „Kunst" und einer möglichen *Kunstpolitologie* setzt sich Klaus von Beyme in seiner Publikation *Die Kunst der Macht und die Gegenmacht der Kunst* (1998) auseinander – und konstatiert der Politikwissenschaft aufgrund ihrer eigenen Entstehungsgeschichte und ihres zeitlichen Forschungsfokus (die Demokratie(n) nach dem 2. Weltkrieg) mangelnde Kompetenz in Bezug auf diejenigen Epochen, in denen es reichlich politische Bezüge zur Kunst gab.[2] Gleichwohl skizziert er die Umrisse einer möglichen *politischen* Betrachtung der Kunstentwicklung, nicht ohne die kollidierenden Systematiken der beiden Disziplinen aufzuzeigen.

Dennoch verknüpft von Beyme „als kunstbeflissener Sozialwissenschaftler" in zahlreichen Aufsätzen und insgesamt sechs Monographien kunsthistorische Themenfelder mit politikwissenschaftlichen Fragestellungen und setzt sich unter anderem mit Architektur und Städtebau, mit Kunsttheorie und Klassischer Moderne, mit politischem Denkmal und mit Landschaftsmalerei auseinander. Nicht das Kunstwerk steht dabei im Mittelpunkt seiner Analyse, es sind vielmehr dessen

---

[1] Beyme, Klaus von: Die Kunst der Macht und die Gegenmacht der Kunst. Studien zum Spannungsverhältnis von Kunst und Politik, Suhrkamp, Frankfurt a.M., 1998, S.11.
[2] Ebd. S.7ff.

gesellschaftliche Funktion und die gesellschaftlichen Auswirkungen, die aus sozialwissenschaftlicher Perspektive und mit sozialwissenschaftlicher Methodik – gewissermaßen „mit dem Blick des Politologen" – untersucht werden. Bereits 1968 erscheint die erste Publikation von Beymes, die eine der klassischen kunsthistorischen Epochen ins Zentrum rückt: eine Analyse der Architekturtheorie der italienischen Renaissance als politische Theorie[3]. In der Folgezeit konzentrieren sich die Forschungen des Politologen in der „Kunst-Nische" auf die Themenkomplexe *Architektur & Städtebau, Kulturpolitik und Nationale Identität* sowie die Aspekte *Avantgarde* und *Exotismus*.

In seinen Arbeiten zu Städtebau und Architektur befasst sich von Beyme zum einen mit den beiden Kernmomenten, in denen die (west)deutsche Regierung vor ihren wichtigsten städtebaulichen Herausforderungen stand: dem Wiederaufbau nach dem 2. Weltkrieg und der Frage der Hauptstadtgestaltung nach der Wiedervereinigung. Aber auch die Fragestellungen seiner politikwissenschaftlichen Forschungsgebiete (beispielsweise die Politische Theorie und Ideengeschichte sowie Russland) spiegeln sich in den Auseinandersetzungen mit der Architektur wieder – seien es die sowjetischen Einflüsse auf den frühen Städtebau der DDR[4], die Staatsarchitektur der Diktaturen als Objekt des Denkmalschutzes[5] oder die Reichstagsverhüllung als Repräsentation einer (kreativen) Gegenmacht zum Staat[6].

Seine umfangreichste Monographie im Bereich der Kunst (2005) widmet sich jedoch nicht der Architektur, sondern einer der theoriegeladensten und radikalsten Epochen der Kunstgeschichte: der Klassischen Moderne und ihrer Avantgarde-Künstler[7]. Es ist eine Zeit nicht nur der politischen Extreme, sondern zugleich eine Zeit der politischen Utopien und des ungebremsten Erneuerungsanspruches in der Kunst. Von Beyme untersucht in einer beispiellosen Rundumschau die zentralen Künstler der Jahre und ihre „-ismen" (Kubismus, Surrealismus, Dadismus, ...), teils nach sozialwissenschaftlichen Kategorien – nicht ohne dem Leser einen visuellen Eindruck der künstlerischen Werke zu geben. Es ist nicht nur die umfangreiche

---

[3] Beyme, Klaus von: *Architekturtheorie der italienischen Renaissance als politische Theorie.* In: Sprache und Politik, Festschrift für Dolf Sternberger, Heidelberg, 1968, S. 209-232.

[4] Beyme, Klaus von: *Sowjetische Einflüsse auf den frühen Städtebau der DDR.* In: Architektur und Macht, 6. Internationals Bauhaus-Kolloquium 1992. Wissenschaftliche Zeitschrift, Hochschule für Architektur und Bauwesen, Weimar, Heft 1/2 1993, S. 15-20.

[5] Beyme, Klaus von: *Staatsarchitektur der Diktaturen – ein Objekt der Denkmalpflege?* In: Hubel, Achim/Wirth, Hermann (Hrsg.): Denkmale und Gedenkstätten. Wissenschaftliche Zeitschrift, Hochschule für Architektur und Bauwesen, Weimar, Heft 4/5, 1995, S. 179-184.

[6] Beyme, Klaus von: *Die Reichstagsverhüllung. Staatsrepräsentation und Repräsentation der Gegenmacht.* In: Klein, Ansgar (u.a.) (Hrsg.): Kunst, Symbolik und Politik. Die Reichstagsverhüllung als Denkanstoß. Leske & Budrich, Opladen, 1995, S. 307-316.

[7] Beyme, Klaus von: Die Faszination des Exotischen. Exotismus, Rassismus und Sexismus in der Bildenden Kunst, Wilhelm Fink Verlag, München, 2008.

Quellensammlung, die von den Rezensenten honoriert wird, sondern zugleich die Analyse des politischen und soziologischen Kontexts der Avantgarde-Künstler und ihrer Werke, ein Buch „[...] *das eine Folie hinter den Werken aufspannt und die Bedingungen ihrer Produktion erhellt.*"[8]

Wie zentral und aktuell diese Folie und auch der politische Kontext für die Kunst sind, verdeutlicht sich spätestens durch den so genannten *Postcolonial Turn*, der die westeuropäische Kunstgeschichte mit ihrer wissenschaftlichen und kulturellen Hierarchisierung gegenüber außereuropäischer Kunst und Kultur konfrontiert. Vor diesem Hintergrund analysiert von Beyme in seiner Publikation „Die Faszination des Exotischen"[9] die Geschichte des europäischen Interesses und Umgangs mit nicht-europäischer Kunst. Durch die Einbeziehung des politischen Kontextes vom Mittelater bis zur Postmoderne entsteht ein breiter Überblick über die europäische Wahrnehmung, Konstruktion und Darstellung des Fremden, so wird „[...] *das Buch nicht zu einer reinen Studie über die Kunst, sondern ebenso über Literatur, Wissenschaft, Politik, Gesellschaft und ihre jeweiligen Wertvorstellungen und das alltägliche Leben.*"[10] Gleichwohl ist dies eine Herangehensweise, die aus Kritikersicht die kunsthistorische Trennschärfe des postkolonialen Diskursrepertoirs und die dezidierte Analyse der Bildebene vermissen lässt[11] – nicht immer lassen sich die interdisziplinären Grenzen überwinden.

Klaus von Beyme hat die Kunstgeschichte in seiner morgendlichen Teerunde einmal als sein *„liebstes Hobby"* bezeichnet – von Familie und Verwandten war das Studienfach seinerzeit als zu brotlos eingestuft worden. Dieses „Hobby" hat sich schlussendlich als ein Glücksfall für die Disziplin erwiesen.

Die Herausgeber
Heidelberg, Mannheim, Landau, Berlin im Mai 2013

---

[8] Heinrich, Christoph: Wo bitte geht es nach vorn?Ehrgeizig! Radikal! Totalitär im Anspruch! Klaus von Beyme erklärt, wie die Kunt in fünfzig Jahren des Zerfalls und Neubeginns als Avantgarde Konjunktur annahm. In: DIE ZEIT, Nr. 50, 8.12.2005.

[9] Beyme, Klaus von: Das Zeitalter der Avantgarden. Kunst und Gesellschaft 1905-1945. Verlag C.H. Beck, München, 2005.

[10] Mahmody, Silke: Zwischen Anziehung und Abscheu. Klaus von Beyme erörtert in „Die Faszination des Exotischen" Exotismus, Rassismus und Sexismus in der Kunst. Ind: Literaturkritik.de, Nr. 8. August 2008. Url: http://www.literaturkritik.de/public/druckfassung_rez.php?rez_id=12161 (16.4.2009).

[11] Vgl. als kritische Rezension Förschler, Silke: *Rezension von: Klaus von Beyme: Die Faszination des Exotischen. Exotismus, Rassismus und Sexismus in der Kunst.* Wilhelm Fink Verlag, München, 2008, in: sehepunkte 9 (2009), Nr. 3.

A: Politik in der Kunst

Dietrich Schubert

„Verreckt für den Kapitalismus"
Der sterbende Soldat im Drahtverhau, von Eugen Hoffmann, Dresden 1928

> *„Was der Politiker vor allem von Kunst erwartet, ist dass sie nicht zu politisch wird." (Alfred Hrdlicka, 1979)*

Fragt man nach den frühesten realistischen Darstellungen des elenden Sterbens im Ersten Weltkrieg, dessen Ausmaße bereits 1890 Friedrich Engels prophezeit hatte,[1] so kommt die Litho-Mappe *„Memento 1914/15"* von Willy Jaeckel in den Blick. Sie wurde bereits im Juli 1915 in Berlin bei I. B. Neumann (und wiederholt 1916) ausgestellt und in ihrer außerordentlichen Qualität gewürdigt. Cohn-Wiener rückte sie in die Nähe von Goyas *‚Desastres'* und nannte sie 1920 „die erste Kriegserklärung an den Krieg von 1914".

Jaeckel gehörte zur Berliner Sezession, hatte zu dem Zeitpunkt noch keinen Kriegseinsatz, seine *Memento-*‚Bilder' sind Imaginationen hoher Kraft.[2] Eine Darstellung zeigt einen in den Drahtverhau geschleuderten oder durch Gewehrschuß gefallenen deutschen Soldaten, der hilflos, gespießt auf einen Pfahl im Drahtverhau, verblutete, ohne daß Sanitäter ihn retten konnten. Die düstere Szene ist – wie auch die anderen Kompositionen – ganz aus schwarz-weiß-Massen, nicht mittels Linien, aufgebaut, wodurch sich eine suggestive Plastizität ergibt (Abb. 1). Durch

---

[1] Friedrich Engels: Die auswärtige Politik des russischen Zarenthums, in: Die Neue Zeit, Jg. VIII, 1890, S. 202: „Beide Lager rüsten für einen Entscheidungskampf, für einen Krieg, wie die Welt noch keinen gesehen, wo zehn bis fünfzehn Millionen Kämpfer einander in Waffen gegenüber stehen werden. Nur zwei Umstände haben bis heute den Ausbruch dieses furchtbaren Krieges verhindert: erstens der unerhört rasche Fortschritt der Waffentechnik (...) und zweitens die absolute Unberechenbarkeit der Chancen." - Von Signifikanz waren insbesondere die Kriegsziele, vgl. Fritz Fischer: Griff nach der Weltmacht, Düsseldorf 1961, 3. A. 1964 und I. Geiss: Der 1.Weltkrieg 1914-1918, in: Kat. *Ein Krieg wird ausgestellt*, hg. von Detlef Hoffmann, Frankf./M. 1976, S. 9-23.

[2] Vgl. Ernst Cohn-Wiener: Willy Jaeckel (Junge Kunst Bd. 9) Leipzig 1920, S. 8; Kat. *Schrecknisse des Krieges* – druckgraphische Bildfolgen, hg. von Elmar Bauer, Ludwigshafen 1983, S. 205-212; Roland Dorn/D. Schubert: *Memento 1914/15*, in: *Pazifismus zwischen den Weltkriegen*, hg. von Dietrich Harth, Heidelberg 1985, S.127-137; Dagmar Klein: Der Expressionist Willy Jaeckel (Diss. Bonn 1989), Köln 1990, S. 109f.; Annegret Jürgens-Kirchhoff: *Schreckensbilder*, Berlin 1993, S. 82 f. – Andere Kriegsblätter von Jaeckel in Bruce Davis: *German Expressionist Prints and Drawings* – The R.Gore Rifkind Collection, Vol. II, Los Angeles 1989, no. 1277 f.

Abbildung 1

(aktive) Auswahl des Themas, abstrahierenden Verzicht auf Details erfolgt eine Konzentration auf das Wesentliche und Charakteristische, also eine Verdichtung – alles Kennzeichen des Realismus seit Goya und Courbet. Während Naturalismus passiv das Äußere wiedergibt und optisch determiniert bleibt, zeichnet sich Realismus, in jeder Zeit, durch wertende Wirklichkeitsdeutung und abstrahierende

Verdichtung aus, ist also aktiv fundiert, wie schon Carl Einstein Realismus definierte.[3]

Diesen qualitätvollen Realismus in der Beurteilung und Darstellung des Kriegssterbens erreichten keine anderen Künstler jener Zeit, nicht der Leutnant Franz Marc vor Verdun, der diesen Krieg in seinen Briefen als „naturhaft" definierte, nur die Pferde, aber nicht die Menschen, bedauerte. Ebenfalls nicht der Expressionist Max Pechstein mit seinem Radierzyklus von 1917 *„Somme 1916"*, der bildnerisch etwa zwischen Marc und Dix steht, jedoch bereits zu stark abstrahierte, um die Schrecken noch für Betrachter wirkungsvoll visualisieren zu können.[4]

Andere verzichteten ganz auf Darstellung von Kriegsrealitäten wie Umberto Boccioni oder Georges Braque. Ebenso der ,blaue Reiter' Franz Marc, der bei Verdun nurmehr abstrakt „kämpfende Formen" in sein Skizzenbuch zeichnete, jedoch keine kämpfenden oder sterbenden Menschen, aber angesichts des frühen Todes von August Macke (am 26. 9. 1914 bei Perthes-les-Hurlus/Champagne) in seinem Nachruf den unerträglichen Satz veröffentlichte: „Das Blutopfer, das die erregte Natur den Völkern in großen Kriegen abfordert, bringen diese in tragischer, reueloser Begeisterung."[5] Damit war das Kriegsgeschehen aus aller Ideologiekritik entlassen, eine totalistische Affirmation und Heroisierung des *„Blutopfers"*, die die Politiker, Generäle und Priester wollten und für die deutschen Kriegsziele brauchten, – unter den lügnerischen Worten von Ehre, Pflicht, Vaterland.[6]

---

[3] Carl Einstein zit. nach Heide Oehm: *Die Kunsttheorie Carl Einsteins*, München 1976, S. 195; vgl. auch Georg Simmel: Vom Realismus in der Kunst, in: Der Morgen, 31. Juli 1908, wieder in: *Jenseits der Schönheit* – Schriften zur Ästhetik, hg. von Ingo Meyer, Frankf./M. 2008, S. 284-294, der sich mit Hinblick auf Rembrandt um den Begriff eines „höheren Realismus" bemühte, der die seelischen Wirkungen, „die das Sein der Dinge ausübt", im Kunstwerk gestaltet vermittelt, im Gegensatz zu „äußerlicher Nachahmung" im Sinne von photographie- oder wachsfigurenhafter Vorstellung des Inhalts (S. 288). Die Impulse Simmels auf Einstein können hier nicht angegeben werden (das Kunstwerk als spezifischer Erkenntnis- und Urteilsakt).

[4] Kat. *Schrecknisse des Krieges* (wie Anm. 2) 1983, S. 155 f.. – Alle Kunst hat abstrahiert, schon Rembrandt (besonders in seinen Tusche-Zeichnungen), auch der beste Realismus (nur das Wachsfiguren-Kabinett nicht); es fragt sich nur immer, wie stark abstrahiert wird. Die „abstrakte Kunst" des 20. Jahrhunderts nach Kandinsky und seinen Epigonen hat jedoch die Kunst der Abstraktion ruiniert, wie Alfred Hrdlicka zutreffend sagte.

[5] Franz Marc: *Briefe aus dem Felde*, München 1966, S. 153. - Zum Blick aus französischer Sicht siehe Stéphane Audoin-Rouzeau: The french soldier in the trenches, in: H. Cecil/P.H.Liddle (Ed.): *Facing Armageddon*, London 1996; Philippe Dagen: *Le silence des peintres* – Les artistes face à la Grande Guerre, Paris 1996 und die neuere Diskussion über die Schriftsteller von Nicolas Beaupré: Ècrire en guerre, écrire la guerre: France Allemagne 1914-1920, CNRS Paris 2006.

[6] Bernd Hüppauf: *Über den Kampfgeist*, in: Der Feind den wir brauchen, hg. von A.A.Guha/S.Papcke, Königstein 1985; Bernd Hüppauf (Hg.): Ansichten vom Krieg – vergleichende Studien, Königstein 1984; B. Hüppauf: Schlachtenmythen und die Konstruktion des ,Neuen Menschen', in: G.Hirschfeld/G. Krumeich (Hg.): *Keiner fühlt sich hier mehr als Mensch*, Essen 1993, S. 43-84 bes. zum Langemarck-Mythos. Gegen die christliche (kirchliche) Sakralisierung der Gefallenen (sog. *„Blutopfer"*, wie auch

Keine Zeichnungen sind erhalten vom Holzbildhauer der Dresdner Gruppe 1919, Christoph Voll, wie Dix Unt. off. und MG-Truppführer 1915-17 an der Yser, im Herbst 1916 an der Somme, im Herbst 1917 wie Dix an der Ostfront.[7] Zeichnungen der Landschaft und schlafender Soldaten, keine Kampfszenen wie Otto Dix, schuf der Berliner Maler Waldemar Rösler, der als Kompagnieführer an der Westfront, bei Messines, an der Yser und vor Ypern alles Elend erlebte.[8] (Abb. 2)

Abbildung 2

Franz Marc sich ausdrückte) in einer Parallelisierung mit dem christlichen Opfertod sprach sich seinerzeit der Theologe Günther Dehn (Universität Halle) aus in einem Vortrag vom 6. 11. 1928 in Magdeburg (Domgemeindeblatt Magdeburg, Nr. 12, Dez. 1928, wieder in: Kirche und Völkerversöhnung, Berlin 1931, S. 6-23); siehe Anm. 41.

[7] Siehe Ausst. Kat. Christoph Voll – Skulptur zwischen Expressionismus und Realismus, Texte von Arie Hartog und D. Schubert, Gerhard Marcks-Haus Bremen 2007. – Das größere Trauma von Voll, geb. 1897 in München, war offenbar das katholische Waisenhaus Kloster Kötzting und seine strengen Nonnen, wo er als kleines Kind einsaß, 1911-1914 konnte er eine umfangreiche Bildhauer-Lehre machen (vgl. die grundlegende Monographie von A. Kassay-Friedländer: Der Bildhauer Christoph Voll, Worms 1994, S. 9-10). Den Krieg stellte er nicht dar, wohl aber die Kinder im Kloster.

[8] Waldemar Rösler rückte im Herbst 1914 als Unt.off. ein, wurde zum Vizefeldwebel befördert und am 1. 6. 1915 zum Leutnant und Kompagnieführer am Yser-Kanal; er schrieb zahlreiche Karten und Briefe an Frau Oda, Sohn Fritz und das Bildhauer-Ehepaar Richard Engelmann. Sein Kriegsitinerar müßte noch genau rekonstruiert werden. Auch die Zeichnungen sind nicht gesammelt, einige damals publiziert in *Kriegszeit* Nr. 54, Oktober 1915 und in *Kunst und Künstler* Jg. 13, 1915, S. 123 f, 175 f., 212 f und 320 f. (siehe Katalog Waldemar Rösler 1882 - 1916, Ostdeutsche Galerie Regensburg, hg. von Werner Timm, Text von D. Schubert, Regensburg 1982).

Anders sieht es mit Max Beckmann aus, der – nach der Ostfront – als Sanitäter bei
Courtray, Comines, Lille, Ypern und südlich bei Verwick (Wervik, Juni 1915) manches bei Transporten und in Lazaretten erlebte, Mitgefühl für die Menschen be-
kundete, jedoch immer an seine Malerei-Lust dachte (Brief vom 8. 6. 1915) und
leidenschaftlich zeichnete: Verwundete, Operationen, Leichen, die zerstörte Landschaft (Lille), sich selbst, Menschen in Belgien u. a.[9] und das zentrale Geschehen,
die *Granaten*-Explosion, in einer Radierung als eine Art Summe der tödlichen
Kämpfe fixierte (Abb. 3).

Abbildung 3

[9] Max Beckmann: *Briefe im Kriege 1914-1915*, Berlin 1916, Zürich 1984. – Zu Beckmann im Kriege vgl.
Stephan von Wiese: Max Beckmanns zeichnerisches Werk 1903-1925, Düsseldorf 1978, S. 45-107; die
Radierung „*Granate*" S. 99.

Dem Realismus Willy Jaeckels kommen nur die 50 Radierungen von Otto Dix „*Der Krieg*", entstanden 1924 zum Jahr des zehnjährigen Gedenken des Sommers 1914, nahe und eine Straßenplastik, die der Dresdner Eugen Hoffmann 1928 ausführte, freilich ein ephemeres Werk, aber von großer Modernität – das hier ins Blickzentrum gerückt werden soll.

Eigens für die Anti-Kriegsdemonstration in Dresden am 4. August 1928 bauten die KPD-Bezirksgruppe Ost-Sachsen und der Künstler Eugen Hoffmann auf der Strasse eine Installation – heute in der abstrakten Materialbildnerei gängig im „erweiterten" Kunstbegriff – aus Holzstützen und Stacheldraht, also einen Drahtverhau, wie sie vor den vorderen Kampfgräben an der Aisne, der Somme, vor Verdun oder bei Ypern und Langemarck in den Jahren 1914-1918 standen. Damit wurden die nach Artilleriefeuer anstürmenden Feinde im Vorrücken auf den gegnerischen Graben stark behindert. Zuweilen suchte man deshalb, nachts diese Drahtverhaue zu durchschneiden, was jedoch solchen Vortrupps meist das Leben kostete. Die Rettung von Verwundeten, die in den Drahtverhauen lagen, war beinahe unmöglich. Noch furchtbarer waren die Verluste in den Drahtverhauen bei Sturmangriffen gegen die feindlichen Linien im MG-Feuer. Der Lyriker Paul Zech, bei Verdun und an der Somme 1916, schildert in seinem *Kriegstagebuch* die vor ihm anstürmenden, jungen sterbenden Franzosen am Fort Douaumont.[10]

Henri Barbusse, der Autor von *Le Feu*, dem frühesten und beeindruckendsten Bericht über die Schrecken des Krieges 1914-1918, hielt in seinem Front-Notizbuch am 9. Januar 1915 einen Nacht-Einsatz zur Aufstellung der ‚Spanischen Reiter' fest. Und im Brief vom 16. Mai 1915 an seine Frau lesen wir:

> „Die an manchen Stellen zusammengetriebenen und in ihren Löchern getöteten Deutschen zeigen noch den lähmenden Schrecken in ihrer verkrampften Körperhaltung (…) Man fühlt: in dem enormen Sturmangriff, der uns dieses (…) Gelände wiedergewonnen hat, ist alles zusammengebrochen. Von den Angreifern sind, dank ihres blitzartigen Vorstoßens, nur wenige gefallen. Einige (…) Nordafrikaner mit energischen jugendlichen Gesichtern hingen noch in den Drahtverhauen an den Stellen, wo sie von der Artillerie nicht weggerissen waren, und die Männer, um durchzukommen, Draht für Draht abschneiden mussten (…). Das Schlachtfeld ist von riesigen Granattrichtern übersät."[11]

Auch der Pazifist und Dichter Ernst Toller, 1917 Student in Heidelberg, hatte als Unt.offizier im Einsatz vor Verdun vor April 1916 das prägende Erlebnis eines

---

[10] Paul Zech: *Das Grab der Welt* (1919), in veränderter Form 1932: Von der Maas bis an die Marne – Ein Kriegstagebuch (Berlin 1932), Rudolstadt 1984, S. 122.
[11] Henri Barbusse: *Briefe von der Front an seine Frau* 1914-1917, übersetzt von Eduard Zak, hg. von Horst F. Müller, Leipzig 1974-Frankfurt/M. 1974, S. 266 und S. 117, 2. erw. Aufl. 1987, S. 106 und 238.

schreienden Verwundeten im Drahtverhau, dem nicht geholfen werden konnte; er schilderte es später in seiner Autobiographie (siehe unten).

In den Drahtverhau auf der Strasse in Dresden gab der Bildhauer Eugen Hoffmann die Nachbildung eines sterbenden (deutschen) Landsers in Feldgrau, und zwar mit einer echten Uniform jener Jahre, einer Jacke, Patronengurt, Gamaschen, Stiefel, den Kopf des Sterbenden aus Holz geschnitzt. Die Wirkung der Unmittelbarkeit muß beträchtlich gewesen sein. Man nahm schließlich echten Draht und für den Sterbenden eine echte Kriegsuniform, ein Gewehr hing unter ihm. Um diese Installation versammelten sich die Demonstranten wie beschützend mit ihren Plakaten,[12] bzw. der Zug der Demonstrierenden ging an „symbolischen Gruppen" vorbei, zu denen noch Kinder „bewaffnet mit Helm, Blechsäbel und Uniform" und das Modell eines Panzerkreuzers gehörte, getragen von sechs Männern; ferner zwei große Karikaturen: *Müller-Franken* führt Wilhelm ins gelobte Land; der Tod geschützt von Priestern, gefolgt von Gasmasken-Soldaten und Faschisten, „die Jungproletarier als Schlachtvieh hinter sich herziehen". Kriegsopfer trugen den Drahtverhau ***„Fürs Vaterland verreckt!"*** Sogar ein (nachgebauter) Tank wurde mitgezogen. Eine Riesenzeichnung besagte „Die Aktien steigen – wenn der Mann auch fällt".[13]

Die Hauptkundgebung fand auf dem Theaterplatz von Dresden statt. Beteiligt war ebenso der Internationale Bund der Kriegsopfer. Auf einem dieser Plakate konnte man lesen *„Verreckt für den Kapitalismus"*. Als die Photographie auf der Strasse entstand (Abb. 4), schauten die Arbeiter direkt dem Photographen in die Augen. Denn soeben schritt die Polizei ein und wollte das Ganze unterdrücken, Politik refüsierte Kunst. Man zwang die Veranstalter, den *„Feldgrauen"* zu entfernen, womit die Freiheit der Kunst in der Weimarer Republik ebenso stark angegriffen wurde wie mit den Prozessen gegen George Grosz wegen „Beleidigung der Reichswehr" (Mappe *„Gott mit uns"* 1920) und gegen Otto Dix' Gemälde wegen angeblicher Unsittlichkeit.[14]

---

[12] Zeitungs-Artikel und Photo im Stadtarchiv Dresden; D. Schubert: Das *harte Mal der Waffen* oder: Die Darstellung der Kriegsopfer – Aspekte der Visualisierung der Gefallenen nach 1918, in: MONUMENTE, hg. von Michael Diers, Berlin 1993, S. 137-152.

[13] Arbeiterstimme, Ost-Sachsen, Nr. 182 vom 6. August 1928, S. 2. Die letzte Aussage nimmt die Photomontage von John Heartfield vom August 1932 vorweg: *„Wollt ihr wieder fallen, damit die Aktien steigen ?!"* (Wieland Herzfelde: *John Heartfield*, Dresden 1962, 3. A. 1986, 118; Roland März: John Heartfield – Der Schnitt entlang der Zeit, Berlin 1981). Mit *Müller-Franken* war wohl der Vorsitzender der SPD-Fraktion, Hermann Müller, gemeint ?

[14] Wolfgang Hütt: *Hintergrund*, Berlin 1990, S. 53 f. und S. 200 f.; Rosamunde von der Schulenburg: George Grosz – Macht und Ohnmacht satirischer Kunst (Diss. Universität Heidelberg), Berlin 1993; Klaus von Beyme: Das Zeitalter der Avantgarden, Kunst und Gesellschaft 1905-1955, München 2005, S. 601.

Abbildung 4

Die Dresdner *Arbeiterstimme* berichtete am 6. August über die Wirkung und die
Folge:

> „Dies erkannte auch der Gegner sofort, und so ereignete sich bereits auf dem Sammel-
> platz des Stadtteils 1 ein bezeichnender Zwischenfall. Auf dem Freiberger Platz hatte
> (...) sich eine Gruppe des Internationalen Bundes der Opfer des Krieges und der Arbeit
> eingefunden, die ein aufwühlendes Kunstwerk trug: In einem Stacheldraht-Verhau
> hängt die Leiche eines Feldgrauen. Kopf und Hände grauenvoll, aber nur zu wahr-
> heitsgetreu von einem der bekanntesten Dresdner Bildhauer modelliert. Stumm er-
> schüttert steht eine dichte Menschenmenge vor dieser Gruppe – 'Fürs Vaterland ver-
> reckt!' – Da naht der Leiter der Polizeibegleitungen und erklärt, daß ,die Figur in alter
> Heeresuniform' sofort beschlagnahmt würde, wenn sie nicht aus dem Zuge entfernt
> werde. Da die Figur zu kostbar für das Polizeiarchiv ist und als Demonstrationsobjekt
> auf der in Vorbereitung befindlichen revolutionären Antikriegsausstellung dienen soll,
> entfernte man zähneknirschend die Leiche, nachdem die Gruppe vorher photogra-
> phiert worden war (...) Aber die Mütze und das Gewehr bleiben im Drahtverhau (...)".[15]

---

[15] *Arbeiterstimme* (KPD) Bezirk Ost-Sachsen, Nr. 177 vom 31. Juli 1928 und Nr. 182 vom 6. August 1928
(Stadtarchiv Dresden); vgl. Hannelore Gärtner: Die ASSO in Dresden, in: *Kunst im Aufbruch Dresden
1918-1933*, Dresden 1980, S. 73; Kat. *„Die Kunst den Massen"* – Verbreitung von Kunst 1919-1933, hg. von
Dirk Rose, Ladengalerie Berlin-W. 1977, S. 54-55. – Für freundliche Hilfe ergeht Dank an Frau Schauer
vom Stadtarchiv Dresden.

Eugen Hoffmann ist als Graphiker, Zeichner und Bildhauer heutzutage weitgehend unbekannt bzw. unbeachtet, wie Christoph Voll auch ein Opfer der Abstraktions-Dogmen der westlichen, USA-orientierten ,Moderne' und ihrer Theoretiker und Ideologen, zumal verstärkt weil er Mitglied der KPD war und 1929 Mitbegründer der ASSO (Assoziation revolutionärer bildender Künstler),[16] die der heutigen „bildwissenschaftlichen" Kunsthistoriographie unbequem ist. Hoffmann porträtierte 1925 in neusachlichem Stil seinen Malerkollegen Otto Dix (Bronze, Museum Zwickau, Abb. 5).[17]

Abbildung 5

[16] Vgl. Artur Dänhardt: Die Dresdner ASSO, in: Jahrbuch 1978 zur Geschichte Dresdens, hg. vom Museum für Geschichte der Stadt Dresden, 1978, S. 37-42.
[17] Roland März u. a. (Hg.): Kat. *Realismus und Sachlichkeit* – Aspekte deutscher Kunst 1919-1933, Berlin-DDR 1974, Nr. 147; Heiner Protzmann/Martin Raumschüssel: Eugen Hoffmann – Plastik Aquarelle Zeichnungen Graphik, Albertinum Dresden 1973; Kat. *Revolution und Realismus* – Revolutionäre Kunst in Deutschland 1917-1933, hg. von C. Suckow, Berlin-DDR 1978, Nr. 379, S. 260; Kat. Eugen Hoffmann – zum 30.Todestag, Dresden 1985, S. 44; D. Schubert: Otto Dix, (1980), 6. Aufl. 2005, S. 90.

Was das Kriegserlebnis betrifft, so ist zu sagen: Mit 23 Jahren meldete sich Hoffmann 1915 freiwillig zum Heeresdienst in der österreichischen Armee (sein Vater war Österreicher), wird an der Ostfront eingesetzt und geht (freiwillig!) 1916 in russische Gefangenschaft, was ihm, so kann man sagen, das Leben rettete.[18]

In Dresden 1919 an der Akademie, Student bei Selmar Werner, wird Hoffmann 1920 Schüler von Karl Albiker, erhält eine Ausstellung in der „Neuen Vereinigung für Kunst".[19] Die Radierung *„Krüppel"* von 1919 (Exemplar im Stadtmuseum Dresden) verrät eine Stilsuche zwischen eckigen und runden Formen. Seine Holzschnitte um 1919 jedoch zeigen einen eminent expressionistischen Stil (Akte, Köpfe, Landschaften), und somit erhält er Anschluß und wird Mitglied der *Gruppe 1919* der neuen Dresdner Sezession neben Conrad Felixmüller, dem Architekten Hugo Zehder, Otto Schubert, Otto Dix, Lasar Segall, Otto Lange, Christoph Voll, mit denen er ausstellt, und zwar seit der 2. Ausstellung im Juni/Juli 1919 (vier Holzschnitte und die Skulptur *Mädchenkopf*), in der 3. Ausstellung im Oktober/November 1920 in der Galerie Arnold (Skulpturen), in der 4. im Januar 1921 *„Schwarzweißkunst"* in der Galerie Emil Richter (weibliche Akte, Graphik).[20] Im Stadtmuseum, das Paul F. Schmidt leitete, war er in dessen 4. Ausstellung im April 1920 mit Jacob und Kokoschka vertreten. Die Galerie Richter zeigt im Herbst 1921 eine Sonderausstellung Hoffmanns. Auch in der mehr als 600 Blätter umfassenden Ausstellung der Galerie Arnold von 1921 *„Handzeichnungen deutscher Meister"* war Hoffmann mit Voll, Otto Schubert, Jacob, Lange u. a. vertreten. Gemeinsam mit dem Bildhauer Ludwig Godenschweg tritt er 1920 der *Gruppe 1919* bei.

Als die renommierte Galerie Richter 1920 Arbeiten des Malers Walter Jacob und des Bildhauers Hoffmann gemeinsam ausstellte, schrieb der Rezensent des *Cicerone*: „Hoffmann vereinfacht die plastischen Grundformen des menschlichen

---

[18] Genauere Angaben konnte ich nicht ermitteln, s. Kat. Eugen Hoffmann, Städtisches Museum Zwickau, Zwickau 1959; *Eugen Hoffmann 1892-1955* – zum 30. Todestag, Galerie Rähnitzgasse Dresden 1985, Text Erhard Frommhold, S. 13-24; Manfred Altner (Hg.): Eugen Hoffmann, Lebensbild Dokumente Zeugnisse, Hochschule für Bildende Künste Dresden 1985, S. 8.

[19] Siehe in Cicerone XI. Jg., 1919, S. 708.

[20] Rezension in: Kunstchronik, Vol. 32, Febr. 1921, S. 393. – Siehe *Neue Blätter für Kunst und Dichtung*, Dresden 2. Jg. 1919/20, Heft 9 von Dezember 1919 und an neuer Lit. Alfred Hentzen: Deutsche Bildhauer der Gegenwart, Berlin 1934; Helmut Heinze: Eugen Hoffmann und der Expressionismus, in: Dresdner Hefte, No. 6, 1987, S. 22-28; - Kat. *Revolution und Realismus*, (wie Anm. 17) 1978, S. 41-42; E. Bertonati (Hg.): *Dresdner Sezession 1919-1923*, Kat. München 1977 und genauer Fritz Löffler: Die Dresdner Sezession, *Gruppe 1919*, in: *Kunst im Aufbruch* Dresden 1918-1933, hg. von Joachim Uhlitzsch, Albertinum Dresden 1980, S. 39 ff.; Dieter Gleisberg: Conrad Felixmüller, Dresden 1982; Stephan Weber: *Christoph Voll Arbeiten auf Papier*, Köln 1997, S. 96-100; Reinhold Heller: From Expressionism to Resistance 1909-1936, The Fishman Collection, Milwaukee Art Museum 1990/91.

Die stärksten Holzschnitte faßte Hoffmann 1919 zu einer Mappe von 6 Blatt zusammen, 1. Blatt *Kopf* ein Selbstporträt im Profil: *Originalholzschnitte*, Dt.Genossenschafts-Verlag 1919 (Auflage 5, also heute äußerst selten); das Exemplar 2/5 in Privatbesitz Moritzburg, hier mit Dank an den Besitzer.

Körpers so sehr, daß er die Farbe zur Charakterisierung zu Hilfe nehmen muß; eine höchst intensive und unnaturalistische Farbe, die den abstrakten Ausdruck dieser Plastiken in ungewöhnlicher Weise unterstreicht. Er bemalt beispielsweise einen Frauentorso von ungeheuren Rundungen feuerrot mit schwarzem Haar und goldnen, tief eingesenkten Augenhöhlen; oder er versieht einen blauen Akt mit roten Brüsten (...)."[21] Solche mit ungebrochenen Buntfarben bemalte Holzskulpturen wurden vom Direktor des Stadtmuseums Paul F. Schmidt, der die Bestrebungen des expressiven Realismus stark unterstützte, erworben. Man erkannte die enorme Kraft des abstrahierenden Formwillens. Mitte der 20er Jahre wandelte sich Hoffmanns Stil und kam der sog. *Neuen Sachlichkeit* nahe. Seine expressionistischen Werke standen September/Oktober 1933 im Lichthof des neuen Rathauses in der ersten „Entarteten"-Kunstschau der lokalen Nazis in Dresden, die der Dresdner Graphiker Richard Müller, NS-Rektor der Akademie, *„Spiegelbilder des Verfalls in der Kunst"* taufte,[22] welche aber erstmals im Titel den Ausdruck **„Entartete Kunst"** führte. Ebenso kamen sie seit 1937 in die große Wanderschau der „Entarteten" : die Büste *Mädchen mit blauem Haar* stand links von Rudolf Bellings *Dreiklang* (1919), rechts davon der blaue weibliche Akt *stehendes Weib*, die kleine Gruppe *Joseph und Potiphars Weib* (um 1922, heute verschollen, Abb. 6),[23] – alle drei Skulpturen beschlagnahmt aus dem Stadtmuseum Dresden.

In der „Entarteten" 1933 in Dresden und folgend 1937 in der mehrjährigen Wanderausstellung hing bzw. stand das gewaltige Kriegsgemälde von Otto Dix *„Schützengraben"*, die Summe seiner Erfahrungen und singulär in der zu Abstraktion tendierenden Malerei des 20. Jahrhunderts,[24] ein nach Granat-Trommelfeuer

---

[21] Siehe in: Cicerone XII. Jg., 1920, S. 129.

[22] Vgl. Diether Schmidt: *In letzter Stunde* (Künstlerschriften II) 1933-1945, Dresden 1964, S. 213, der Artikel von Richard Müller im Dresdner Anzeiger vom 23. 9. 1933 (*Spiegelbilder des Verfalls*). Die Artikel in den Dresdner Nachrichten vom 22. 9. 1933 (F. Zimmermann) und im Illustrierten Beobachter vom 16. 12. 1933 belegen den Titel als *„Entartete Kunst"*. (D. Schubert: Otto Dix, 6. A. 2005, S. 107; S. Weber: Voll, 1997, S. 368). Felix Zimmermann schrieb im Stile der NS-Ideologie in Dresdner Nachrichten: „Hoffmanns rot bemalte Mädchenbüste und seine affenartigen Figürchen *Adam und Eva* sind dauernde Zeugnisse dieser Zersetzungsarbeit. Volls gedunsene Aktfiguren sind aus Freude an der Missbildung entstanden."
Der Nazi Müller ging auf die Forderungen des ‚Führers' Hitler ein (Die deutsche Kunst als stolzeste Verteidigung des deutschen Volkes, Rede in Nürnberg 1. 9. 1933) und besonders signifikant auf das Kriegsbild von Dix *„Schützengraben"* : eine Entwürdigung des gefallenen deutschen Frontsoldaten!

[23] Alte Photographie aus der Sächs. Landesbibliothek Dresden, Abt. Deutsche Fotothek. Vgl. zum Kontext Werner Haftmann: Kriegserklärung an die moderne Kunst, in: Frankf. Allg. Ztg. vom 4. Juli 1987 und die Dokumentation von Mario-A. von Lüttichau in: *Kunststadt München 1937*, München 1987, S.134-138, des weiteren Christoph Zuschlag: *Entartete Kunst*, Worms 1995.

[24] „The most famous picture painted in post-war Europe" nannte es Alfred Barr schon 1931 (s. Denis Crockett: The most famous painting of the *Golden Twenties* ?, in: Art Journal, Spring 1992, pp. 72 f.), – Der Titel des Gemäldes ist *Schützengraben*, nicht „Der Schützengraben"!

Abbildung 6

völlig zerstörter (deutscher) Graben mit den Leichen, den zerschossenen Soldatenleibern, gemalt in suggestivem Verismus (aber kein Fotografismus), scheinbar dekomponiert, aber für den Betrachter eine ‚Gasse' mit einer schrecklichen Pfütze öffnend; sogar einer Ratte am blutigen Gehirn des Toten im Vordergrund (siehe die Zeugnisse der Zeitzeugen). Mit diesem Werk, das nach dem Ankauf durch das Museum in Köln einen öffentlichen Aufruhr und höchst signifikante Diskussionen über die radikale Sicht auf den Krieg auslöste, stand Dix mit einem Schlag im Zentrum der Kunstdebatten der Weimarer Republik um das Anti-Kriegsjahr 1924 (Abb. 7). Der Widerstand gegen „*Schützengraben*" zwang den Dir. Dr. Hans Secker und die Stadt Köln, das Gemälde an Dix und seinen Galeristen Nierendorf zurückzugeben. Man kann sagen, dass dieses Werk ohne Zweifel das berühmteste und umstrittenste Gemälde der 20er Jahre war und wegen seiner abschreckenden Wirkung („Wehrsabotage") von den Nazis nach 1940 vernichtet wurde.[25] Klaus von

---

[25] Der Händler B. Böhmer, Güstrow, Freund von Barlach, kaufte das Werk 1940 aus dem Bestand der „Entarteten Kunst", seitdem ist die Leinwand verschollen, wohl zerstört ? Siehe Wolfgang Schröck-

Abbildung 7

Beyme hat das Gemälde zwischen Barlach und Lewis Kriegsbilder kurz und treffend behandelt, aber meines Erachtens in seiner überdurchschnittlichen Radikalität
und Signifikanz unterschätzt,[26] -- wohl weil es heute nicht mehr zu s e h e n ist !?

Schmidt: Der Schicksalsweg des *Schützengraben*, in: AK Otto Dix – zum 100. Geburtstag, Stuttgart/Berlin
1991, S. 161-164 mit vier Detailaufnahmen (Rhein. Bildarchiv); D. Schubert: Die Verfolgung des Gemäldes *Schützengraben* von Otto Dix, in: Kritik und Geschichte der Intoleranz, hg. von Rolf Kloepfer, Heidelberg 2000, S.351-366.

[26] Vgl. oben Anm. 24 und Klaus von Beyme: Das Zeitalter der Avantgarden, 2005, S. 600. Wie schon
O.Conzelmann führte Beyme auch Ernst Kallais Text von 1927 an, der jedoch Verwirrung stiftete, weil
er nicht zwischen WERK und WIRKUNG unterschied, wie dies aber bereits Willi Wolfradt in seinem
vehementen Text tat (Otto Dix, Leipzig 1924, S. 10). Im übrigen war Kallai als Linker ganz veristisch
eingestellt: beim Umbau der ,*Neuen Wache*' in Berlin 1930 durch Heinrich Tessenow als ,Ehrenmal'
lehnte er diese Ästhetik des silbernen Lorbeerkranzes für die Gefallenen ab und forderte ein Grauenmal
aus Schützengräben, Drahtverhauen und Granattrichtern mit Leichen, dazu Zahlen der Bilanz von
Kriegsgewinn und Kriegselend, Kriegsverdienern und Kriegskrüppeln, „und als Bekrönung den Christus mit Gasmaske von George Grosz. Und dann seht zu, ob ihr einen schönen Raum daraus machen

Wäre es erhalten und in einer öffentlichen Kunstsammlung, würde es m. E. die Geister ebenso spalten wie 1924. Das Werk war und ist ein Exempel für die Interdependenzen zwischen Kunst und Gesellschaft. Im übrigen hat es den Krieg nicht ästhetisiert, vielmehr radikal entheroisiert mittels eines fast unerträglichen Verismus (die Ratte am Gehirn des Toten im Vordergrund). Es visualisiert genau das, was z. B. der Offizier Ernst Jünger *„In Stahlgewittern"* ausblendete zugunsten seiner ‚Abenteuer' und Aktionen, aber Realisten wie Henri Barbusse (*Le Feu*, 1916), Fritz von Unruh (*Opfergang* 1916, verboten, publiziert 1919) und Andreas Latzko (*Menschen im Kriege*, Zürich 1918) in ihren frühen Schilderungen gaben, das elende Sterben im Trommelfeuer, nicht die heroische Aufopferung in der persönlichen Aktion, wie sie Jünger suchte.

Möglicherweise angeregt für seine plastische Memorierung des Kriegssterbens im Sommer 1928 wurde Hoffmann durch die 50 Radierungen seines Dresdner Kollegen an der Akademie, Otto Dix. In dessen Zyklus *„Der Krieg"* von 1924 visualisierte er in 50 Protokollen der Hölle makabre Szenerien von Sterbenden und Toten, auch solche im Drahtverhau, erhellt von Leuchtkugeln bei Nacht, als einen modernen ‚Totentanz' dieses imperialistischen Krieges. Natürlich kannte Hoffmann die entsprechenden Dix-Radierungen wie *„Totentanz anno 17 – Höhe Toter Mann"* (in einem Probedruck in Albstadt als *„Jägertrichter Artois")*[27] und wie Blatt 30 (3. Mappe, Blatt X) mit dem Titel *„Drahtverhau vor dem Kampfgraben"* (Probedruck, Privatbesitz, Abb. 8),[28] eine noch gespenstischer wirkende Szene von nicht geborgenen Leichen im Drahtverhau, der die Installation Hoffmanns sehr nahe kommt. Die hilflosen schwerverwundeten Kameraden im Drahtverhau waren ein zentrales Ereignis. Entsprechend schrieb noch 1928 Erich Knauf in *„Empörung und Gestaltung"* hinsichtlich Dix: „Der Proletarier im Waffenrock weiß, daß eine Leiche im

---

könnt, von edlen Proportionen und abgeklärter Stimmung" (in: Die Weltbühne, Jg. 1930, II., S. 284-285). Zwischen dieser Idee und Hoffmanns Installation von 1928 besteht Übereinstimmung.

[27] Der endgültige Titel blieb *„Totentanz anno 17 Höhe Toter Mann"*. Diese umkämpfte Höhe liegt nicht im Artois, sondern nordwestlich von Verdun. Zum Probedruck in der Städt. Galerie Albstadt siehe in: Otto Dix: *Der Krieg* – Radierungen, Zeichnungen, hg. von Alfred Hagenlocher, Albstadt 1977, Nr. 39. Obgleich Dix, der als MG-Truppführer jahrelang im Trommelfeuer lag, z. B. im Juli-August 1916 an der Somme bei Cléry und Monacu-Ferme, nicht um Verdun (Höhe 295 Toter Mann) eingesetzt wurde, dagegen Herbst 1916 im Artois an der Lorettohöhe, bei Souchez, südwestlich von Lens, wählte er den Titel *Höhe Toter Mann*.

[28] Vgl. Erich Knauf: Empörung und Gestaltung, Berlin 1928; Heinz Lüdecke: Otto Dix – *Der Krieg*, Berlin-DDR 1963; *Pazifismus* zwischen den Weltkriegen, hg. von Dietrich Harth/D. Schubert, Heidelberg 1985, S. 196; Ulrike Rüdiger: Otto Dix – *Der Krieg*, 50 Radierungen aus dem Dix-Haus Gera/Bad Wildungen 1993; Otto Dix: *Der Krieg* – 50 Radierungen von 1924, hg. und kommentiert von D. Schubert, Jonas Marburg 2002 (Blatt 19 und Blatt 30); ferner D. Schubert: Otto Dix (Reinbek 1980), 3. verb. Aufl. 1991, S. 22-24, 6. Aufl. 2005, 7. Aufl. 2008, S. 71-77 zum Radierzyklus. Differenzierte Zusammensicht der Dix'schen Bilder zum Kriege in der Perspektive der Nietzsche-Impulse bei Olaf Peters: *Neue Sachlichkeit* und NS, Affirmation und Kritik 1931-1947, Berlin 1998, S. 194-227.

Drahtverhau ein wirksameres Bild ist als eine symbolhafte Darstellung des Kriegs-ungeheuers (…)".[29]

Abbildung 8

Es war insbesondere der Pazifist **Ernst Toller**, der in seinem Drama *„Die Wand-lung"* von 1917 als 4. Bild einen Drahtverhau mit Skeletten imaginierte, den Robert Neppach für das Bühnenbild der Uraufführung im September 1919 in Berlin in

---

[29] Erich Knauf: *Empörung und Gestaltung* – Künstlerprofile von Daumier bis Kollwitz, Berlin 1928, S. 107. Damit war der Verismus von Dix abgesetzt von allegorischen Kriegs-Darstellungen bei Klinger und Stuck und *Totentänzen* wie denen von Erich Drechsler (1919/24). – Knauf war selbst seit 1915 Soldat, 1918 Mitglied des revolutionären Arbeiter- und Soldatenrates in Gera. Die Nazis haben den Schriftstel-ler 1944 ermordet.

expressionistischen Formen realisierte.[30] Diese Gestalt-Idee geht auf ein Erlebnis Tollers zurück, das er in den blutigen Kämpfen östlich von Verdun (am Bois le Prêtre), wo er von März 1915 bis April 1916 als Unt.offizier eingesetzt war, hatte. Er schildert es in seiner Autobiographie *„Eine Jugend in Deutschland"* (Amsterdam 1933, Reinbek 1963) im IV. Kapitel über die Front: "Eines Nachts hören wir Schreie, so als wenn ein Mensch furchtbare Schmerzen leidet, dann ist es still… Nach einer Stunde kommen die Schreie wieder. Nun hört es nicht mehr auf. Diese Nacht nicht. Die nächste Nacht nicht…wir wissen nicht, dringt er aus der Kehle eines Deutschen oder eines Franzosen. Der Schrei lebt für sich, er klagt die Erde an und den Himmel…Wir haben erfahren, wer schreit, einer der Unsern, er hängt im Drahtverhau, niemand kann ihn retten; zwei haben's versucht, sie wurden erschossen…" Auch Erich M. Remarque schilderte eine vergleichbare Szene in seinem Roman *„Im Westen nichts Neues"* (1929) im Kap. VI nach dem Trommelfeuer: „Wir sehen die Stürmenden kommen…wir erkennen die verzerrten Gesichter, die flachen Helme, es sind Franzosen. Sie erreichen die Reste des Drahtverhaus und haben schon sichtbare Verluste. Eine ganze Reihe wird von dem MG neben uns umgelegt…Ich sehe einen von ihnen in einen spanischen Reiter stürzen, das Gesicht hoch erhoben. Der Körper sackt zusammmen, die Hände bleiben hängen, als wollte er beten. Dann fällt der Körper ganz weg, und nur noch die abgeschossenen Hände mit den Armstümpfen hängen im Draht."

Es sei angemerkt, daß hier keiner Ableitungs-Kunstgeschichte das Wort geredet wird, ich denke lediglich an Anregungen. Aber selbst diese hätte Hoffmann wohl nicht gebraucht, weil er selbst im Krieg das elende Sterben der Soldaten in und vor den Schützengräben, im Drahtverhau, erleben mußte. Bildnerische Zeugnisse aus den Jahren vor 1918 existieren jedoch nicht von seiner Hand oder sie sind verschollen, – im Gegensatz zu den zahlreichen Zeichnungen/Gouachen von Dix im Kriege[31] – wohingegen Hoffmann während des Nazikrieges zahlreiche Kriegsbilder ausführte. Aber eine frühe Arbeit steht deutlich für das Thema: Für die AKTION von Franz Pfemfert schuf er 1919 den Holzschnitt „K r i e g", der in scharfkantigen Formen vor einer Bergkulisse einen Sterbenden im Vordergrund, aufgebäumt, zeigt und einen Toten im Stacheldraht im Mittelgrund der Komposition (Abb. 9).[32] Bildnerisch nimmt er hier Impulse des Kubismus auf, und unterscheidet sich damit vom Realismus Jaeckels (Abb. 1). Doch im Gegensatz zur Form-Kunst des französischen Kubismus füllen die deutschen Expressionisten diese

---

[30] Alte Szenenphotos haben sich erhalten, vgl. in *Der Fall Toller*, hg. von W.Frühwald/J.M.Spalek, München 1979, Abb. 28 und auch in W. Rothe: Ernst Toller, Reinbek 1983, S. 45.

[31] Ulrike Lorenz: Otto Dix *Werkverzeichnis der Zeichnungen*, Weimar 2003.

[32] Die Aktion, IX. Jg. 1919, Heft 18, vgl. *Revolution und Realismus*, hg. von C. Suckow (oben Anm. 17), 1978, S. 117 und S. 259; Bruce Davis: *German Expressionist Prints and Drawings*, (wie Anm. 2), 1989, Vol. 2, no. 1208

Abbildung 9

Form mit einem ethischen Gehalt über die Schrecken der Zeit, somit also entsteht
Existenz-Kunst, eine Unterscheidung, die ebenso den Gegensatz von Kandinsky
und Beckmann betrifft. Das Ereignis des Sterbenden im Drahtverhau, der nicht
gerettet werden konnte, nahm auch Willibald Krain 1924 mit einer extrem nahsich-
tigen Szene auf, bildnerisch eher Jaeckel nahe stehend. Das Blatt aus seinem Zyklus
„Nie wieder Krieg – 7 Visionen, dem Gedächtnis der Weltkriegs-Opfer gewidmet" (Berlin
1924) gab Krain in die Mappe **KRIEG** der Internationalen Arbeiterhilfe (IAH), zusammen mit Blättern von Grosz, Dix und Schlichter.[33]

---

[33] Vgl. im Katalog *„Wem gehört die Welt"* – Kunst und Gesellschaft in der Weimarer Republik, Berlin
1977, S. 312. Die andere Mappe der IAH war dem Thema **HUNGER** gewidmet, beide zum Antikriegs-
jahr 1924. Siehe auch Kat. *Zwischen den Kriegen* – druckgraphische Zyklen, hg. von Gudrun Fritsch,
Kollwitz-Museum Berlin 1989, S. 81-87.

Als in Dresden die Internationale Kunstausstellung für 1926 organisiert wurde, war Hoffmann im Komitee (künstlerische Leitung) und zeigte seine neusachliche, glatte Skulptur *„Plastik I"* (Stehende junge Frau, Gips 195 cm H.).[34]

Hoffmanns Installation des *Sterbenden* von 1928 war nicht nur charakteristisch für seine Zeit, nicht etwa nur zeitbedingt, nein, er eröffnete vielmehr eine weitere Perspektive, d. h. ihm eignete eine Modernität bzw. ein Avantgardismus, der realistische Lösungen der Bildnerei der 60er und 70er Jahre des 20. Jh. vorwegnahm, etwa D. Hansons *„Vietnam Piece"* von 1967 oder S. Neuenhausens *„Denkmal für Joao Borges de Souza"* von 1971 (Kunsthalle Kiel, Abb. 10). Dabei vermied Hoffmann einen extremen Naturalismus, wie er schon lange im modernen Wachsfiguren-Kabinett herrschte und wie er heute von Effekthaschern wie Mauricio Cattelan renoviert wird.

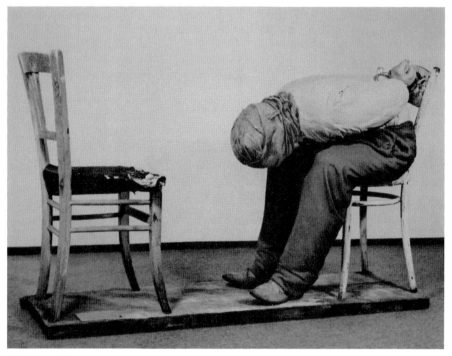

Abbildung 10

Die Form-Vereinfachung auf das Wesentliche und Charakteristische war immer Kennzeichen eines Realismus, der das Besondere im Typischen verdichtet, von

---

[34] Katalog der *Internationalen Kunstausstellung* Dresden, Dresden 1926, S. 141 mit Abb.

Goya über Courbet, Kollwitz, Dix bis Hrdlicka.[35] Dies gilt ebenso für Hoffmanns Figur im Drahtverhau.

Diese war kein Denkmal im engeren Sinne fester Installationen für alle Zeiten, wie sie – mit ideologischem Appell – auf öffentlichen Plätzen für die Nachlebenden in Bronze errichtet wurden.[36] Die Figur war ein ephemeres Mahnmal, das zwischen politischem Objekt und Kunstwerk oszillierte. Und diese Figur hatte die Funktion, das wahre Gesicht des Krieges zu vergegenwärtigen, wie Otto Dix es 1924 in der Graphik tat, zu einer Zeit nämlich, als die heroischen Attitüden und Schlachtenmythen innerhalb der Memorierung des Ersten Weltkrieges in deutlicher Weise zunahmen. Dies war insbesondere zu sehen nach 1925 an den kraftvollen Soldaten mit Stahlhelmen in Krieger-Denkmälern (z. B. in Coburg die Schwerthalter des Coburger Convents, von R. Kuöhl 1926,[37] in Weinheim, in Worms, Lübeck, Hildesheim, Marbach), auch mit dem heroischen Kopf unter Stahlhelm im *,Hexenturm'* des Gefallenen-Denkmals der Universität Heidelberg (1932). Diese heldische Attitüde, die literarisch Ernst Jünger pflegte, kam bereits mit Fritz Erlers entschlossenem Frontkämpfer mit leuchtenden Augen für das Plakat für die 6. Kriegsanleihe von 1917 auf (Abb. 11),[38] und diese Figur beeinflußte folglich Soldatenbilder der späten 20er Jahre in Malerei und Denkmälern. Hoffmann realisierte das Gegenteil in pars pro toto: das Verrecken von Tausenden im Stellungskrieg,[39] – in brutaler Weise von den Generalen als *„Menschenmaterial"* bezeichnet.[40]

---

[35] Realismus als „wertende Wirklichkeitsauslese" definiert von Carl Einstein, im Gegensatz zu Naturalismus, welcher ohne phantasievolle Umbildung mehr passiv dem Sichtbaren folgt (siehe meinen Beitrag zu Alfred Hrdlickas Friedrich-Engels-Denkmal in Wuppertal, in: Pantheon, Jg. 41, 1983, Heft III, S. 248, wieder in D. Schubert: Alfred Hrdlicka – Beiträge zu seinem Werk, Worms 2007, S. 36).

[36] Reinhart Koselleck: Kriegerdenkmale als Identitätsstiftungen der Überlebenden, in: *Identität*, hg. von Odo Marquardt/Karl-H.Stierle (Poetik und Hermeneutik Bd. 9), München 1979, S. 255 ff.

[37] Siehe in Coburger Tageblatt vom 22. Mai 1926 und Coburger Tageblatt vom 20. 5. 1986. Bekanntlich war Richard Kuöhl der Ausführende des NS-Kriegerdenkmals für das 76er Regiment in Hamburg: *„Deutschland muß leben und wenn wir sterben müssen"*! Dazu D. Schubert: Alfred Hrdlicka – Beiträge zu seinem Werk, Worms 2007, S. 45-57; G. Armanski: *„...und wenn wir sterben müssen"* – die politische Ästhetik von Kriegerdenkmälern, Hamburg 1988.

[38] *Helft uns siegen!* zeichnet die Kriegsanleihe (in: Die Jugend, Nr. 15, 1917), vgl. *Ein Krieg wird ausgestellt – die Weltkriegssammlung des Historischen Museums 1914-1918*, hg. von Ruth Diehl/D. Hoffmann, Frankfurt/M. 1976, S. 120 (Das Bild des Soldaten). – Zum Denkmal der Universität Heidelberg mit dem Satz *„Deutschland muß leben und wenn wir sterben müssen"*, der auch in Langemarck fungiert, siehe in: Heidelberger Denkmäler 1788-1980, hg. von D. Schubert, Heidelberg 1982, S. 80; A. Jürgens-Kirchhoff: *Schreckensbilder* (wie Anm. 2) 1993, S. 119. Im Gegensatz zu ihr sehe ich doch in dem Plakat einen ‚Helden' mit strahlendem Blick in die Zukunft, wie er von Jünger in *Stahlgewittern* 1920 stilisiert wurde.

[39] Fritz von Unruh: *Opfergang / Verdun 1916* (verboten von der Zensur), publiziert Berlin 1919, schilderte nicht nur die Schrecken des Trommelfeuers, sondern auch die Verlustrechnung der Generäle vor Verdun: 400 000 Mann. Von französischer Seite ist Henri Barbusse' *Le Feu* (Paris 1916/17), im Dt. Reich verboten, deutsch bei Rascher Zürich 1918, das realistische, qualitätvollste Zeugnis zu diesem Krieg. Es

Abbildung 11

Man kann mithin feststellen: worum es in der Straßenplastik von Eugen Hoffmann 1928 primär ging, ist die möglichste Authentizität, um den Lügen der Ausdeutung der Kriegsrealität entgegen zu wirken. Der falsche Schein herrschte ja besonders in künstlerischen Soldaten-Denkmalen. Da die harte Realität der Heimat gegenüber meist beschönigt wurde, z. B. das Sterben der jungen Freiwilligen-Regimenter im

---

besitzt eine auffallende Nähe zu den Radierungen von Otto Dix 1924. Ohne Zweifel las es Dix nach 1920.

[40] Andreas Latzko, kämpfte als Ungar am Isonzo, hat in seinem 1918 in der Schweiz bei Rascher gedruckten Texten „*Menschen im Krieg*" dieses verachtende, „ruchlos-schändliche Wort" der Offiziere und Generäle Menschenmaterial thematisiert (Zürich 1918, S. 79): „die so sprachen, waren Offiziere! Wo gab es da noch einen Hoffnungsschimmer ?" Wie Henri Barbusse *Le Feu* (Paris 1916, Zürich 1918) steht Latzkos Buch im Kontrast zu Ernst Jüngers „*In Stahlgewittern*" (1. Aufl. 1920), wo das ‚Abenteuer' der Zug- und Kompagnieführer heroisiert wird, ein Buch, das literarisch minderwertig ist und auf die Konjunktur nach dem Kriege setzte. Jüngers Vater empfahl 1919 dem kampfeslustigen Sohn, seine Erlebnisse zum Buch zu machen. Man lese demgegenüber Henri Barbusse: *Le Feu*, dt. Ausgabe Zürich 1918 (vgl. auch Anm. 45).

britischen Feuer am 10./11. November 1914 bei Ypern, vor Langemarck,[41] suchen die Realisten die suggestive und schockierende Form der Vergegenwärtigung, das heißt der visuellen Vergegenwärtigung. Eine besonders radikale Lösung hatten Adolf Behne und Bruno Taut 1919 propagiert, nämlich die (zerstörten) Waffen der Vernichtung der Kriegsmaschinerie als Monument zu errichten, als „Martermal", wie die Kirche ihre Märtyrer verewigte, um eine abschreckende Wirkung für spätere Zeiten – statt heldische Stilisierung der Toten – zu erreichen.[42] Behne schrieb: „Sobald ihr, sei es in welcher Form immer, künstlerische Soldatenmale aufstellt, verdreht ihr die Wahrheit, indem ihr den falschen Schein erweckt, als lägen Krieger hier, Leute, deren Beruf die Waffen waren (...) Jede künstlerische Waffe lügt: Wir wünschten so zu enden. Aber der furchtbare Turm aus Protzen und Splittern, Rohren und Sprenghülsen, Mörsern, Lafetten und Gewehren, in aller Vernichtungswut kalt blitzend (...) und wie von einem Dornenkranz umschnürt von Stacheldraht, der sagte die Wahrheit: Gefressen wurden sie von einem feuerspeienden Moloch, die Friedlichen."

Ästhetisierung bzw. der Kunst-Anspruch wurde offenbar auch von Hoffmann bewußt gemindert. Damit kam freilich die Straßenplastik, die im nachhinein nurmehr schwer zu beurteilen ist, in gewisse Nähe zu späteren Lösungen wie Duane Hansons „*Vietnam Piece*" von 1967 (WLM Duisburg). Das Problem war und ist das der Wahrhaftigkeit, der Authentizität, der Amalgamierung des Besonderen und Allgemeinen, ohne in totale Abstraktion zu verfallen, also ein überzeugendes bildnerisches Symbol für den Charakter und die Folgen des Krieges zu schaffen. Aber die Kriegsopfer können nicht ausgestellt werden, nur Erinnerung über ihren Gräbern (wie Behne erläuterte). Und ein Kriegstoter kann nicht abgeformt werden, das wäre wie Wachsfiguren-Kabinett. Er muß mit Phantasie und Kunstwollen gestaltet

---

[41] Langemarck 1914 wurde von der Obersten Heeresleitung vertuscht und später immer wieder gefeiert, bes. von den Nazis: G. Kaufmann, *Langemarck* – das Opfer der Jugend, Stuttgart 1938.
Auf die Ambivalenz des *Opfer*-Begriffes, freiwillig aktiv *fürs Vaterland* (sacrificium) oder unfreiwillig passives Getötetwerden (victi), kann hier nicht eingegangen werden, s. dazu Reinhart Koselleck: *Bilderverbot – Welches Totengedenken ?* in: Frankf. Allg. Ztg vom 8. 4. 1993, S. 33.
Gegen eine Parallelisierung der Kriegsopfer mit dem christlichen Opfertod (wie sie seitens der Kirchen seit 1914 geschah) sprach sich 1928 der Theologe Günther Dehn aus, denn diejenigen, die getötet wurden, haben selbst getötet. „Damit wird die Parallelisierung mit dem christlichen Opfertod zu einer Unmöglichkeit." (*Kirche und Völkerversöhnung* – Dokumente zum Halleschen Universitätskonflikt, Nachwort Günther Dehn, Furche Berlin 1931, S. 21-22, Erstdruck im Domgemeindeblatt Magdeburg, Dez. 1928).
[42] Adolf Behne: *Kriegsgräber*, in: Sozialistische Monatshefte, 52. Jg. 1919, Heft 6/7, S. 307-309; dazu Bruno Taut, der expressionistische Baumeister in: *JA! – Stimmen des Arbeitsrates für Kunst* in Berlin, Berlin 1919, S. 101, der sich Behne kompromisslos anschloss: „Erinnerungsmale größten Formats, die Grauen und Entsetzen immer wachhalten". In dem Sinne auch Ernst Kallai 1930 angesichts der ‚Neuen Wache' in Berlin (siehe Anm. 26).

werden,[43] wie es schon 1919 Käthe Kollwitz mit dem liegenden *Toten Soldaten* in Gips (ihr Sohn Peter, gefallen am 23. Oktober 1914 bei Beerst/ Dixmuiden) als trauerndes Denkmal versuchte, aber die Trauerarbeit über viele Jahre Schritt für Schritt transformierte in die Skulpturen der knienden Eltern, welche die Gefallenen betrauern (1932 in Berlin ausgestellt, heute auf dem Kriegerfriedhof in Vladslo/Belgien).[44] Diese beeindruckende Lösung stand um 1930 in starkem Gegensatz zu dem sich reckenden Nationalismus, Revanchismus und sich formierenden Faschismus, insbesondere innerhalb der bildenden Künste zu den Muskelmännern von Georg Kolbe (nackte Schwerthalter in Stralsund, 1933-35)[45] und den Fritz Erlers Kämpfer von 1917 (Abb. 11) sehr ähnlichen Soldaten von Richard Kuöhl und Hermann Hosäus' marschierendem Landser mit Gewehr, hoch aufgesockelt über der Losung „Wunden zum Trotz, tatbereit heute wie einst, und in aller Zeit, Deutschland für Dich" (Harburg, 1930-32),[46] wobei der kommende Krieg der Nazis bereits in Sicht war, deutlicher dann 1936 am Hamburger 76er-Block mit den in einen neuen Krieg marschierenden Kolonnen.

Jedoch fand Kollwitz – als trauernde Frau und Mutter – nicht zu einer radikalen Anprangerung des Kausalnexus des Krieges und seiner Folgen für die Menschensoldaten, trotz ihrer bedeutenden Zeichnungen und Plakate. Freilich, sie sah es nicht selbst. Hier hat neben Hoffmann nur Dix das letzte ‚Wort' gesprochen, mit seinen Radierungen von 1924. Sein sterbender deutscher Soldat mit Stahlhelm, Blatt 6 der Mappen von 1924, etwas euphemistisch betitelt „*Verwundeter, Herbst 1916, Bapaume*" (Abb. 12), wirkt wie ein wegen Brust- und Bauchwunden – von Granatsplitter oder Schrapnell ?[47] – Verbluteter, ja bereits Gestorbener, die Augen aufgerissen, die Hände erstarrt, in der ganzen starren Gebärde das Mitleid erheischend, den Betrachter affizierend. Um die Authentizität zu unterstreichen, betitel-

---

[43] Attrappen von Gestalten hinzubauen, sie mit Farben zu belegen, sie abzuphotographieren, wie es Jeff Wall mit „Dead troops talk" (Russen in Afganistan) tat, dürfte auch nicht die Zukunft der Bildnerei sein, ist eher Sensationsrummel, der im Zeitalter der Bilderfluten und der Fotografismus-Welle gut ankommt (vgl. Frank Wagner: *Dead Troops talk* – das computergenerierte Historienbild, in: Neue Ges. f. bild. Kunst, Berlin 1994, Realismusstudio).

[44] Siehe Hannelore Fischer: Käthe Kollwitz: *Die trauernden Eltern* – ein Mahnmal für den Frieden, Köln 1999; ebenda Ulrich Grober: Das kurze Leben des Peter Kollwitz, S. 72.

[45] Die nackten Schwertkämpfer von Kolbe in Stralsund („*Heldendenkmal*") stehen für die Losung am Sockel: *„Ihr seid nicht umsonst gefallen"* - ein Satz aus Ernst Jüngers „*In Stahlgewittern*" von 1920 im Vorwort „.... das ist mir Evangelium: Ihr seid nicht umsonst gefallen. Wenn auch das Ziel ein anderes, größeres ist, als ihr erträumtet." (H. H. Müller: Der Krieg und die Schriftsteller, Stuttgart 1986, S. 373).

[46] Siehe im kommenden NS-Stil Alfred Rosenberg: Revolution in der bildenden Kunst, München 1934; zu Kuöhl Beispiele in: V. Plagemann: „*Vaterstadt Vaterland....*", Denkmäler in Hamburg, Hamburg 1986, zu Hosäus S. 137; vgl. vom Verf. den Text zu Kolbes Machwerk in Stralsund 1929-1935 in: Politische Kunst – *Gebärden und Gebaren*, hg. von Martin Warnke, Hamburg 2004, S. 73-96.

[47] Nach seinem Erfinder, dem britischen Offizier Henry Shrapnel, benannte, bes. grausame Artillerie-Granate, die in viele kleinere Stücke und Kugeln explodierte. Zur Dix-Radierung siehe oben Anm. 27.

te Dix eine Radierung *„Gesehen am Steilhang von Cléry-sur-Somme"*, wo er verwesende Soldaten zeigt.

Abbildung 12

Derartige Szenen hatte in einem ganz ähnlichen Verismus 1916 Henri Barbusse in *„Le Feu"*, dem – neben Fritz von Unruhs *Opfergang, Verdun 1916* – bedeutendsten und frühesten Kriegszeugnis geschildert, wie es überhaupt auffällt, dass weitgehende Übereinstimmungen nicht zwischen Otto Dix und Ernst Jünger bestehen sondern zwischen Barbusse und Dix. Im Kap. 12 geht Barbusse mit einem Kameraden Richtung Souchez und trifft auf ein Gelände mit vielen Toten, die nicht begraben wurden:

> „Sie liegen dicht nebeneinander, an den Beinen oder an den Armen eines jeden sind noch immer die erstarrten Gebärden des Todeskampfes zu erkennen. Da sind halbverweste Schädel, brandig, die Haut gelb, mit schwarzen Punkten übersät. Andere haben ein vollständig verbranntes, teerschwarzes Gesicht, ungeheure geschwollenen Lippen…aufgedunsene Gesichter… Zwischen zwei Leichen…starrt eine abgerissene Hand…"[48]

---

[48] Henri Barbusse: *Le Feu* (1916 in *L'Oeuvre*, als Buch Paris 1917), erhielt den Prix Goncourt, wurde im deutschen Reich verboten, 1918 in Zürich bei Rascher deutsch gedruckt, bes. Kap. *Das Säulentor* und *Im*

Angesichts dieses Realismus' gilt das, was die Dresdner *Arbeiterstimme* am 6. August 1928, als die Polizei gegen Hoffmanns Toten im Drahtverhau einschritt, schrieb: *„Weil es die Wahrheit ist, darf man es nicht zeigen!"*

Bildunterschriften

Abb. 1   Willy Jaeckel: Sterbender deutscher Soldat im Drahtverhau, Litho 1915 (Mappe *Memento 1914/15*, Berlin 1915)

Abb. 2   Waldemar Rösler (im Photo links) im Mai 1915, Kongomuseum Brüssel

Abb. 3   Max Beckmann: Explodierende Granate, Radierung 1915, Privatbesitz

Abb. 4   Antikriegsdemonstration, August 1928 in Dresden, mit Sterbendem im Drahtverhau von Eugen Hoffmann (Photo Stadtmuseum Dresden)

Abb. 5   Eugen Hoffmann: Bildnis Otto Dix, Bronze 1925, Museum Zwickau

Abb. 6   Eugen Hoffmann: Joseph und Potiphars Weib, Holz bemalt, um 1920/22 (seit 1937 verschollen)

Abb. 7   Otto Dix: *Schützengraben*, Ölgemälde 1922-23, ehemals Museum Köln (seit 1940 verschollen; Photo Rhein. Bildarchiv Köln)

Abb. 8   Otto Dix: Drahtverhau vor dem Kampfgraben, Radierung Probedruck, Privatbesitz Heidelberg

Abb. 9   Eugen Hoffmann: K r i e g , Holzschnitt 1919 (in: DIE AKTION, Jg. 1919)

Abb. 10   Siegfried Neuenhausen: Denkmal für J. Borges de Souza, lebensgroß, 1971 (Kunsthalle Kiel)

Abb. 11   Plakat für die 6. Kriegsanleihe, 1917, von Fritz Erler (Photo Schubert)

Abb. 12   Otto Dix: Sterbender, Herbst 1916, Bapaume, Radierung 1924, Blatt 6 der Mappe *„Der Krieg"*, Berlin 1924

Feuer, das Zitat hier S. 146. Vgl. auch Henri Barbusse: *Briefe von der Front* (wie Anm. 11) Leipzig-Frankfurt/M. 1974; die Buchausgabe von *Le Feu* wurde mit 20.000 Exemplaren in Paris gedruckt, erreichte bis 1918 in mehreren Auflagen 200.000 Exemplare. Zu Dix und Barbusse siehe schon D. Schubert: Otto Dix, Reinbek 1980, 6. Aufl. 2005, S. 72-73; zu Dix und Jünger neuerdings Paul Fox: Trauma, Heroism and the War Art of Otto Dix, in: Oxford Art Journal, 2006, S. 249-267 (dank Hinweis von Olaf Peters, Halle).

Eduard Beaucamp

Die kapitalistische Moderne und der Osten
Das Jahrhundert der Avantgarden auf dem Prüfstand

Wer heute über Kunst diskutiert, spricht vor allem vom Kunstbetrieb. Die Rede ist vom Management des Produktes Kunst, von Wachstum, Wertsteigerungen, von Hitlisten und immer neuen Märkten, von neuen Sammlungen und neuen Museen. Mithin fallen Kritiker unliebsam auf, wenn sie mit dem Kunstbegriff, mit dem Markenartikel, dem Produkt Kunst nicht so profitlich hantieren, sondern altmodisch darauf bestehen, zuallererst nach Sinn und Qualität, nach Ideen, Inhalten, Zielen, Haltungen oder Defiziten zeitgenössischer Kunst zu fragen. Kritiker sind Spielverderber. Sie sind keine Kunsthistoriker, keine Kuratoren, vor allem keine Agenten des Kunstbetriebs. Sie genießen die größte Freiheit: Sie sind nicht durch historische Skrupel gehemmt und nicht zu Rücksichten auf kunstbetriebliche Größen und Werte, auf Händler- und Sammlerinteressen verpflichtet. Sie können sich den unabhängigen, eben kritischen Blick bewahren. Sie nutzen das Privileg des freien Urteils und sind nur zu seiner Begründung verpflichtet. Auf der anderen Seite ist die Macht der Kritiker sehr geschmolzen. Vielen scheint sie entbehrlich: Der Handel, vor allem die Auktionshäuser fabrizieren ihre eigene Verkaufspoesie. Nicht Kritiker-Urteile sind mehr gefürchtet und verderben das Geschäft, sondern Finanzkrisen.

Der Kunstbetrieb erweckte bislang den Eindruck, als wäre die Kunst – wie sie nun einmal ist und gehandelt wird und sich von Kunstmarktsaison zu Kunstmarktsaison, von Biennale zu Biennale, von neuen zum neuesten Museum fortbewegt – eine feste und wachsende Größe, ein unerschütterlicher Faktor. Etablierte Künstler, unsere Malerstars von Richter bis Baselitz, diskutiert man nicht mehr: Man adoriert sie. Sie werden als gefestigte Börsenwerte gehandelt und, nicht anders und nicht weniger devot als zu wilhelminischen Zeiten Anton von Werner oder Lenbach, als Repräsentations-, Markt-, Gesellschafts- oder Salonkünstler gefeiert. Selbst prominente Museen verbeugen und öffnen sich eilfertig gegenüber der globalen Börsenästhetik: So zeigten vor ein paar Jahren das altehrwürdige Rijksmuseum in Amsterdam Damien Hirst und die Berliner Nationalgalerie Jeff Koons, beides Helden eines spekulativ durchgedrehten Auktionsparketts (Abb. 1).

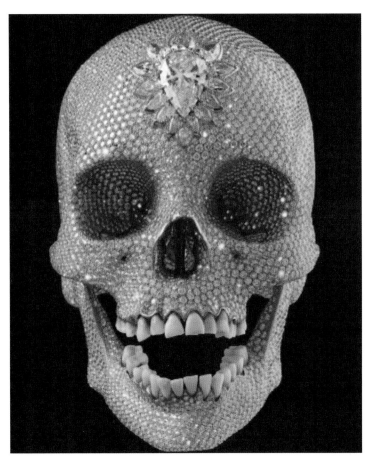

Abbildung 1

Die einflussreichsten Kunstrichter sind heute die Agenten des Marktes und des Betriebs. Im engen Schulterschluss folgen die Banken und Konzerne, die eine spezifische, naturgemäß kommerziell geprägte Sammelkultur entwickelt haben, die sie dann als großherzige Leihgeber an die Museen weitergeben, die selber nicht mehr kaufen, also auch nicht mehr entscheiden können. Ein Heidelberger Professor der Kunstgeschichte hat vor kurzem in der Geldstadt Frankfurt unwidersprochen verkündet, Künstler seien heute die Hofnarren des Kapitals. In der Tat werden der Ruf und die Bedeutung eines Künstlers durch die Preise, die seine Werke erzielen, definiert. Starlisten weisen den Rang aus. Jede Auktion, so scheint es, ist ein Vabanque-Spiel. Wenn die Preise ins Gleiten geraten, wackeln auch die Sockel der Reputation. Um das zu vermeiden, bilden sich Kartelle, welche die Preise zuerst hochschrauben und dann stützen. Damien Hirst hat 2008 die Schraube noch weitergedreht und am Vorabend der Finanzkrise gezeigt, wie sich ein Künstler selbst auf dem Markt inszeniert: Er übersprang die traditionellen Vermittler, die Galerien, und damit das Regelwerk des Marktsystems, und belieferte die Auktionsbühne direkt. Doch er zwang seine ausmanövrierten Händler zugleich zum Mitbieten, wenn sie das Desaster vermeiden wollten, dass die Hirst-Preise einbrechen und sie auf ihren Lagerbeständen sitzen bleiben. Hier ist der Künstler nicht mehr nur Objekt der Spekulation, sondern der Akteur und Oberspekulant. Das Ergebnis war überwältigend – nicht etwa künstlerisch, sondern marktstrategisch. Es scheint so: Wir sind in ein neues Kapitel der Moderne eingetreten, in die kapitalistische Moderne. Dabei haben wir es nicht mehr mit L´Art pour l´art, sondern purem Marktroulette ohne ästhetischen Mehrwert und ohne Bedeutung zu tun.

Schaut man von dieser Marktästhetik zurück auf das Jahrhundert der Moderne, zumal auf die Aufbruchszeit, auf ihren Ideenflug, ihre ungeheure Dynamik, ihr Fortschritts- und Weltveränderungspathos, erfasst den Kritiker Schwindel. Wo stehen wir, wohin bewegt sich die Kunst? Wir begreifen die zeitgenössische Produktion ganz selbstverständlich noch im Kontext der Moderne, ohne dass sie an deren avantgardistischen Leitsystemen, ihren Evolutionsprozessen, ihren Zielvorstellungen teilhat. Fundamentale Umbrüche, Wendungen und Entwicklungen gibt es in der zeitgenössischen Kunst nicht mehr. Kleine Veränderungen und Innovationen werden als Trends notiert. Auf der anderen Seite ist die Kunst heute ein Massenphänomen, sie ist durch die Vermengung mit der Jugendkultur, mit den Bildmedien, mit der Musikszene, dem Showbusiness, ja vielfach mit dem Jahrmarkt vollkommen entgrenzt. Ihr Fortgang aber stellt sich erstarrt und ritualisiert dar und manifestiert sich vorzugsweise in Form von Revivals. Die verwaltete, vermarktete und ausgestellte Kunst lebt von immer blasseren Wiederholungen der bewährten Muster. Die Moderne ist gleichsam in ihrem vielfach verästelten, durch Zuflüsse erweiterten Mündungsdelta angekommen und scheint sich ins Meer der Massenkultur ergießen und da auflösen zu wollen.

Die Ermüdung einer einst kämpferischen Moderne, die Auszehrung ihrer ideellen Substanz zeichnete sich seit langem ab. Schon die Kunst der Zeit nach 1945 lebte von vielen Revivals – der Ideen mehr als der Stile. Zeitweise schien sich sogar der Rhythmus in der Abfolge der klassischen Moderne zu wiederholen. Diese Feststellung relativiert nicht die Leistungen der Nachkriegskunst. Ihr gelangen neue Radikalisierungen und Sinngebungen, neue Entgrenzungen und Sublimierungen. Bereits in den fünfziger Jahren sprach man vom Anbruch einer zweiten Moderne. Hat man es inzwischen mit einer dritten oder vierten Moderne zu tun? Es gibt dafür Anhaltspunkte. Bei den Malern und Objektmachern der achtziger Jahre erlebten wir den Expressionismus, Dadaismus und Konstruktivismus in dritter Auflage, als Phänomen einer dritten Generation. Selbst die Nachkriegskunst begann sich ihrerseits zu reproduzieren: in einem zweiten Informel, neuen Varianten der

Pop-art. Man hat es, so ist gleich hinzuzufügen, mit Mischungen und Aktualisierungen zu tun, nicht bloß mit Wiederholungen.

Die modernen „Schulen" stecken heute in ähnlichen Schwierigkeiten wie die Romanik oder der Klassizismus am Ende des 19. Jahrhunderts. Aber um 1900, um 1800, 1600, 1500 waren mächtige Gegenbewegungen gegen zählebige und ratlose Konventionen aufgetreten: gegen die Spätgotik, gegen den Manierismus, gegen ein höfisches Rokoko, gegen Historismus und Akademismus. Es kam zu Ablösungen, aber auch zu Übergängen. Oft ging das Neue aus einem erneuerten Alten hervor. So erlebte die Romantik im Symbolismus gegen Ende des 19. Jahrhunderts eine mächtige Renaissance. Aus einem wirklichkeitsflüchtigen, esoterischen Symbolismus wurden zentrale Impulse und Ideen der modernen Abstraktion geboren. Solche Erneuerungen und Gegenbewegungen lassen sich in unserer Spätmoderne nicht (oder noch nicht) erkennen. Die Moderne dreht sich im Kreis. Sie genießt in einem selbstgefälligen, vom Kunstmarkt gestützten und geprägten, vom zeitgeschichtlichen Kontext weitgehend abgesonderten Kunstbetrieb ihre eigenen Mythen und Revivals. Sie betreibt ihre Dauerhaftigkeit im Wechsel, aber auch, bereichert durch die Angebote der Medienästhetik, in der Mischung expressiver, konstruktiver oder dadaistischer Stimmungen. Wir haben uns daran gewöhnt, dabei, etwas bequem, vom Pluralismus der Postmoderne zu reden.

Zweifellos geht vom neuen Jahrhundert, ja von einem neuen Jahrtausend ein mächtiger Erwartungssog aus. In den letzten Jahrzehnten hat sich zwar keine fundamentale Revolte, wohl aber ein allgemeiner Umschwung der Stimmung und des Lebensgefühls, eine Abwendung von den Erwartungen und Idealen der Moderne angebahnt. Stichworte wie „Grenzen des Wachstums", der Zweifel am Fortschritt, die ersten Warnungen vor jedem Expansionsdenken datieren bereits aus den siebziger Jahren des letzten Jahrhunderts. Wir erlebten eine Aufwertung der Geschichte, eine neue Naturbewegung, ein neues Interesse an regionalen Traditionen und Eigenheiten. Im ästhetischen Bereich wandte sich die öffentliche Gunst von den Errungenschaften der verschiedenen Revolutionen und des ästhetischen Fortschritts ab. Man wurde der modernen Architektur und des perfekten Designs überdrüssig, welche die Schönheit und das Ethos in der Zweckmäßigkeit und in der Anonymität suchten. Dramatischer war ein Mentalitätswandel, welcher der exemplarischen Bedeutung moderner Ästhetik die meisten Grundlagen entzogen hat: eine Umschichtung der Bildbedürfnisse und damit der traditionellen Kunstgattungen, der Triumph der Massenkultur, der neuen Medien und Bildindustrien, an denen die einst so tonangebenden, souveränen Künste heute aufdringlich wie Bettler zu partizipieren suchen.

In die Erinnerung schleicht sich Ironie ein: Im Jahrhundert der Moderne hatte sich die Kunst etappenweise von nahezu allen Aufgaben, Dienstbarkeiten, allen

Kostümen, Attrappen und Gegenständlichkeiten befreit. Sie wollte nur noch sie selbst sein und bewegte sich auf Nullpunkte und Selbstauflösungen zu, in denen sie ihren essentiellen Kern zu finden glaubte. Über diesen Selbstfindungsmanövern trat die Kunst ein Feld nach dem anderen an die modernen Bildmedien ab, voran an die Fotografie und den Film. Die Schlusspointe ist kurios: Spätestens seit Andy Warhols Foto-Verarbeitungen in der Pop-art (Abb. 2) drängt die Kunst mit Macht zum präfabrizierten, medialen Bild und sucht sich als arme Verwandte durch Teilhabe zu behaupten. Die Versuche, eine lange bekämpfte und verlorene Ikonographie wiederaufzubauen, stützen sich auf die Fotografie und den Bilderfluss der Medien.

Abbildung 2

Die Frage taucht auf, ob eine individualistische, auktoriale und ideengestüzte Kunst künftig überhaupt noch einen zentralen Platz in der Massenkultur behaupten kann. Zuletzt war die sozialistische Utopie, die letzte Alternative zur westlichen Kulturverfassung, gesellschaftlich und ökonomisch zusammengebrochen. Der Glaube daran war eine Leitbewegung des 20. Jahrhunderts. Diese Utopie hatte auch dann noch nicht gänzlich ihre Suggestion für die Künste verloren, als die

Verheißungen bereits ihren moralischen Kredit verspielt hatten und zur Ideologie und Diktatur pervertiert waren.

Wie behauptete und orientierte sich die Kunst in dieser postmodernen, post-avantgardistischen und postutopischen Situation? Hat sie an der Umwertung aller Werte, die um sich griff, teilgehabt? Es kann kein Zweifel sein, dass eine stets futuristische bewegte Kunst zum Opfer dieser Wandlungen werden muste. In den Lagern der Avantgarden traten seit den sechziger Jahren Ernüchterungen und ein fast vollständiger Stillstand ein. Die Künstler verloren jedes eindeutige und lineare Geschichtsbewusstsein und damit auch den Zukunftsbegriff. Eine tiefe Krise war unvermeidlich. Sie wurde noch dadurch verstärkt, dass die verschiedenen Programme und Tendenzen der Moderne auch immanent zu einem natürlichen Abschluss gekommen waren. In der Nachkriegszeit waren die zentralen Antriebskräfte und Leitbilder der Moderne bis zu letzten Konsequenzen, zu unüberbietbaren Höhepunkten und extremen Expansionen getrieben worden. Der Versuch der Kunst, eine eigene Tradition gegen die geschichtlichen Traditionen zu begründen, war aber in der dritten Generation gescheitert. Eine Epoche war unwiderruflich zu Ende gegangen.

In den produktivsten, vor allem also in den frühen Phasen des Jahrhunderts der Moderne hatte die Kunst einen zentralen Anteil an den zivilisatorischen Vorstößen, den Veränderungen und Revolutionen, mithin an der allgemeinen Dynamik des modernen Geschichtsprozesses. Sie überhob sich dabei zwangsläufig, sie kam früh an Grenzen, die sie aber durch kühne Abstraktionen, symbolische Setzungen und Vollzüge, durch behauptete Parallelen und Identitäten immerfort hinausschieben konnte. Rückblickend ordnen sich die kontroversen Tendenzen zu einem geschlossenen Geschichtsprozess. Das Denken und Arbeiten einzelner Künstler wie ganzer „Schulen" waren nach einem Bündel von romantischen Fortschritts- und Zielvorstellungen ausgerichtet. Sie wirken schon heute aus gewonnener Distanz recht historisch, ihre Brisanz ist kaum noch nachzuvollziehen.

Ungeduldig erstrebte, sehnsüchtig erwartete Endziele hielten über drei Generationen hinweg die Avantgarden in Bewegung. Sie verband der Versuch, die Welt durch einzelne Prinzipien, Methoden und Symbole deutbar, darstellbar und veränderbar zu machen. Fast allen Lagern gemeinsam war der Kampf gegen eine angeblich trügerische Abbildlichkeit und Dreidimensionalität, deren Transzendierung eine angeblich nicht-illusionäre zweidimensionale Flächigkeit als Idealzustand oder gar den Durchbuch zu einer ominösen vierten Dimension, dem Wunschbild aller Romantiker, speziell der Surrealisten, versprach.

Absolute Ziele waren die Reinheit von Form und Farbe, die über ihre Elementarisierung und Reduzierung gesucht wurden und über die „reines" Bewusstsein hergestellt werden sollte. Ziele waren ferner die Allmacht der Rationalität und im Gegenlager die Herrschaft der Irrationalität oder des Zufalls, der Durchbruch einer unverstellten Spontaneität oder die vollkommene Identität von Idee und Erscheinung. Weitere avantgardistische Zielvorstellungen waren das Prinzip vollkommener Autonomie und Freiheit, die Wiedergewinnung ästhetischer und darüber zugleich anthropologischer Reinheit, Einfachheit und Ursprünglichkeit. Das umfassendste Ziel war die Alleinherrschaft der Phantasie, die Auflösung aller Widersprüche und die endliche Überwindung einer bedrückenden und als unrein empfundenen Wirklichkeit und Geschichte.

In den Imaginationen und Abstraktionen der Künstler wurden allmählich alle Differenzen aufgehoben. Damit aber hob sich auch der Kunstbegriff auf und machte sich überflüssig. Dem ersehnten, fiktiven Ende der Kunst strebten in der Nachkriegszeit noch einmal die spätesten Metamorphosen der „konkreten" Kunst zu, besonders die seriellen Strömungen und die Tendenzen zur Monochromie als einem idealen Endzustand der Malerei. Endpunkte waren ferner erreicht mit einer im Environment wiederhergestellten Einheit des Raumes, mit einer in der Kinetik oder im Film wiederhergestellten Einheit der Zeit, mit einer im Happening und in der Aktionskunst wiedereroberten Einheit des Lebens, mit der Aufhebung des Sonderstatus des Kunstwerks und seiner Ersetzung, dann mit der Concept-art, mit ihrer Entmaterialisierung der Kunst und der Freisetzung einer absoluten, mithin beliebigen Phantasie, der sich die Welt nur noch als Wunsch und Wille darstellte.

Um zu Beispielen zu kommen: Andy Warhol bearbeitete serigraphisch die Ikonen des Schaugeschäfts und der Werbewelt und betrieb damit als erster das heute weitgehend vollbrachte Aufgehen der Kunst in einer kommerziellen, konsumistischen und medialen Alltagswelt. Die Anthropologie von Joseph Beuys – er wollte die ästhetische Privilegierung überwinden und alle Menschen zu „Künstlern", das heißt zu freien, selbstbestimmten und produktiven Wesen machen – benutzte die Kunst am Ende nur noch als Vehikel für gesellschaftliche, weltanschauliche, ökologische Botschaften, welche die Freiheit aller Menschen und die Herstellung einer erlösten, schöpferischen Zukunft zum Ziel hatten. Wenn aber alle Menschen potentielle Künstler werden und alles virulente Kunst ist, ist ein paradiesischer Zustand erreicht. Doch damit schafft sich die Kunst als Gewerbe selber ab.

Das kontroverse Gefüge der Avantgarden ordnet sich trotz seiner Vielstimmigkeit und Gegensätzlichkeit im Rückblick in einen geschlossenen romantischen Geschichtsprozess ein. Die einzelnen Gruppierungen und Teilbewegungen bilden über fast ein Jahrhundert hinweg sinnvolle und folgerichtige Gedankengänge, Experimentierreihen und Zusammenhänge. Es ist die große Leistung der modernen Kunst, ihre Ideen und Ziele in eine neue ästhetische Sprache und Praxis, ja in die angesprochenen Kunstsysteme, die mitunter mit wissenschaftlichen oder philosophischen Systemen vergleichbar sind, umgesetzt zu haben. Trotz des Abstands ist die Interpretation und Bewertung dieses abgeschlossenen Geschichtskomplexes und damit eine Diagnose der Folgen für unsere postavantgardistische Kunst überaus schwierig. Hinter den verschiedenen Kunstsystemen verbirgt sich in letzter Instanz ein säkularisiertes Läuterungs- und Erlösungsbedürfnis, steckt die Sehnsucht nach metaphysischen Versöhnungen und nach einer konfliktlosen, purifizierten, von allen irdischen Fesseln befreiten Zukunft.

Freilich muss die These, die Avantgarden bildeten im verflossenen Jahrhundert Systeme und erschöpften sich darin, sogleich eingeschränkt werden. Hinzuweisen ist auf die vielen Künstler, darunter mit Klee und Picasso die bedeutendsten, die sich mit ihrem Ingenium, ihrer Biographie und Subjektivität jeder Unterordnung unter ein theoretisches System widersetzten. Man könnte die Künstler des 20. Jahrhunderts, wenn man einmal den komplizierten Stammbaum der Stile und Schulen beiseite lässt, in zwei Lager teilen: in Finalisten und Absolutisten auf der einen, in Symbolisten, Metamorphotiker und Universalisten auf der anderen Seite. Die erste Gruppe, gleichsam Jünger des Philosophen Hegel, folgte Ideen und Prinzipien und trieb ihre Entwicklung auf absolute Spitzen, auf Höhepunkte der Wirklichkeitsüberwindung und Selbstvollendung.

Die Gegenfraktion folgte eher dem frühromantischen Modell einer „progressiven Universalpoesie", das Friedrich Schlegel vorgeschlagen hatte. Das Werk dieser zweiten Künstlergruppe vermittelt und durchdringt sich, wie Schlegel es vorausgesagt hatte, fortschreitend mit wechselnden Wirklichkeiten, Materialien, Methoden und Traditionen. Nur im Hinblick auf diese zweite Gruppe lässt sich mit einigem Recht von einer unvollendeten, ja von einer nicht-vollendbaren Moderne und von unausschöpfbaren Möglichkeiten sprechen. Hier kann von den Endpunkten, Sackgassen, Selbstaufhebungen der ersten „hegelianischen" Gruppe nur bedingt die Rede sein. Freilich haben sich auch diese Universalisten heute zerstreut. Die kommerzielle gesteuerte und beschleunigte Massenkultur hat ihren Selbstverwirklichungswillen und ihre langfristigen Konzepte gebrochen.

Den höchsten Hitzegrad erreichten die utopischen Künste in den sechziger Jahren des letzten Jahrhunderts. Die folgenden Jahrzehnte standen im Zeichen des Zerfalls der avantgardistischen Formationen. Seither hat sich ein Teil der Avantgarde freiwillig zur Nachhut versetzen lassen. Die Pop-Generation, vor allem die englische, hatte sich von den theoretischen Nötigungen, von der Strenge und den Verabsolutierungen der Programme, von allem Purismus und besonders vom Fortschrittsdenken befreit. Eine internationale Generation von Verwertern bunter Herkunft und Produktivität beherrschte fortan die Szene. Sie hob den Bann von lange unerlaubten Dingen: Sie zog die ironische Ambivalenz der avantgardistischen Eindeutigkeit und Zielstrebigkeit vor, sie inszenierte ihre private Biographie, sie erzählte wieder Geschichten, sie agitierte handfest und vordergründig. Sie inthronisierte wieder die alte Nachahmungsästhetik und beutete die Geschichte aus.

Auf dem politischen Flügel gab es in den siebziger Jahre sogar Künstler, die der modernen Kunst, ihrer angeblichen Schein-Emanzipation, ihrer, wie es hieß, sinnlosen und wirkungslosen Freiheit, ihrem käuflichen Nihilismus offen den Kampf erklärten. Sogar die Götter von Picasso bis Duchamp wurden gezaust. Stilistisch handelte es sich bei dieser Produktion meist um unreine Legierungen, Durchmischungen traditionalistischer, zum Teil sogar betont akademischer mit modernen, ursprünglich dezidiert inhaltsfeindlichen Bildformen, die jetzt mit konkreten Inhalten, Themen und Botschaften aufgeladen wurden. Es entstanden neue Bildaggregate, die Anleihe, Anschluss und Stützung suchten bei den technischen Bildmedien wie Foto, Film oder Fernsehen oder sich schließlich sogar wieder des Bildervorrats der Kunstgeschichte bedienten.

Das Ergebnis war ein zitierfreudiger Medienmix, eine Multimedia- und Apparate-Ästhetik und eine Fertigteil-Ikonographie. Der Fortschritt bestand jetzt darin, dass sich die Kunst aus den Engpässen, Leerläufen, Wiederholungen und aus dem Formalismus avantgardistischer Doktrinen befreit hatte. Der Wildwuchs der Mischformen, der Pluralismus der Möglichkeiten, die Vereinzelung der Positionen und die Absage an jede universale Geltung waren Antworten auf den absoluten und umfassenden Anspruch und den Purismus der vorangegangenen Orthodoxie. Wir haben es heute mit einer schwer durchdringbaren, qualitativ unterschiedlichen und vielfach schwer zu bewertenden Vielfalt zu tun, die arm ist an weiterführenden Ideen und Innovationen, an radikalen Bestrebungen, an Höhepunkten und Spitzenleistungen. Sie kultiviert aber den Auffälligkeitskodex der Moderne, pflegt die Aura des Konventionsbruchs, des Riskanten und Unerhörten. Sie ist auf den Augenblick fixiert, leicht verständlich, geschäftig und kommt den Publikumserwartungen, dem Markt und den Sammlern – wir sahen es schon – gerne entgegen.

Einige Beispiele sollen den Geschichtsbruch illustrieren. Paradigmatische Figuren der Wende waren, wie schon erwähnt, der späte Warhol, der fast wahllos alles und jeden – vom Automodell bis zum Unternehmerporträt – als Motiv akzeptierte, nach Bestellung serigraphierte, aufschönte und unsterblich machte; ferner der fortgeschrittene Roy Lichtenstein, der sich zunächst aus dem Fundus der Comics bedient hatte, dann reproduktiv und redigierend fast das gesamte Hochkunst-Inventar des letzten Jahrhunderts durchrasterte, oder Frank Stella, der vom Puristen zum neobarocken Designer mutierte. Hier muss vor allem auch Gerhard Richter genannt werden, der schon in den sechziger Jahren seine Strategie kunstvoll dem schnellen Klima- und Stimmungswechsel des Kunstbetriebs anpasste, der die Stile fast saisonartig wechselt und jedes identifikatorische Bekenntnis zu seinen

Motiven oder Methoden von sich weist und eigentlich nichts anderes, und das ist nichts Geringes, im Sinn hat, als Malerei im großen Stil zu inszenieren.

Dies wetterwendische Werk ist lange fälschlicherweise für verschiedene avantgardistische Richtungen, für den Fotorealismus, für eine neue konkrete Kunst, für einen Neoimpressionismus, für eine neue Monochromie und Farbfeldmalerei, schließlich für einen neuen Expressionismus und ein neues Informel, mithin als Beispiel für den Anbruch eines neuen Avantgardismus in Anspruch genommen worden. Eher ist das Gegenteil der Fall: Der Wechsel der malerischen Konzepte hat bei Richter mit der Widersprüchlichkeit und dem totalen Relativismus der Wirklichkeits- wie der Anschauungsbilder zu tun. Dieser Maler möchte nichts mehr behaupten, festlegen und deuten, sondern nur Möglichkeiten, deren prinzipielle Austauschbarkeit und Beliebigkeit und dahinter eine allgemeine Unsicherheit zeigen. Das Bekenntnis zum L′art pour l′art und zum Pathos reiner Malerei überspielt die Aporie.

Auf unterhaltsame Weise machten sich Spieler und Zyniker von der Art der schon erwähnten Jeff Koons und Damien Hirst in der Aporie bequem. Sie haben ihre Karriere im neuen Vakuum eingerichtet und inszeniert. Die Methode dieser Künstler, welche die Strategie ihres geistigen Ziehvaters Andy Warhol überreizen, ist nicht mehr auf Ästhetik und autonome Kunst bezogen, sondern auf den puren Mechanismus der Auffälligkeit und des Vermarktungserfolgs. Koons gewinnt seine Triebkraft aus dem Gefühl der Machtlosigkeit gegenüber der Allmacht der Massenkultur. Ehrgeiziges Ziel ist die Rückgewinnung der Massengunst und des Marktes. Der Künstler, der übrigens für den persönlichen Konsum „Alte Meister", die preislich weiter unter ihm rangieren, sammelt, schafft dies nicht aus eigener Kraft und Imagination, sondern durch die Ausbeutung populärer Erfolgsstücke. Auch da ist noch der Urgroßvater Duchamp im Hintergrund identifizierbar. Der Kitsch wird überreizt, die Pop-art noch einmal verpopt, die Disney- und Filmmythen werden übersteigert, die volkstümlichen, historischen und touristischen Ressourcen – vom Porzellan-Nippes und den oberbayerischen Souvenirs bis zum Staubsauger und der Pornographie – hemmungslos ausgebeutet.

Man kann sich über manche Phänomene mokieren. Aber auch die seriöse Kunst steckt heute voller Unentschlossenheiten, Zweideutigkeiten und Oberflächlichkeiten. In diesem Eklektizismus und Historismus, die sich zum Teil nur auf die klassische, heute historisch entrückte Moderne, zum Teil auf die ganze Kunstgeschichte beziehen und in allen Lagern und Schulen um sich gegriffen haben, zeichnet sich im Grunde authentisches Endzeit-Bewusstsein ab. Bereits Picasso, der erst 1973 starb und für meine Generation nicht nur Klassiker, sondern lange vitaler Zeitgenosse war, hatte in seinem Werk fast sämtliche modernen und historischen Stilmodalitäten gespeichert und sie besonders in seinen späten Radierzyklen mit den zugehörigen Ikonographien und alten Erzählformen noch einmal in Szene gesetzt.

In den Zitaten, Collagen und Paraphrasen von Rauschenberg, Lichtenstein und Warhol stecken ähnliche enzyklopädische Ansätze. Robert Rosenblum ernannte Warhol sogar zum wahren Universalisten unserer Epoche. Es scheint so, als ob sich die Künstler – vielleicht voller Zweifel, ob die künftige Zivilisation noch Platz und Sinn für eine Kunst hat, die eigene Welt- und Geschichtsbilder entwirft und Gegenwelten erfinden darf – noch einmal des gesamten Inventars vergewissern wollten. An dieser Stelle muss eine singuläre ostdeutsche Figur erwähnt werden: Der Leipziger Maler Werner Tübke beherrschte und reaktivierte nicht nur die Ikonographien und Stile von der Renaissance bis zum Barock und Rokoko, er lebte in ihnen reflektierend und träumend und dichtete sie weiter. Für Tübke macht das Nachdenken über die Vergangenheit und ihre Möglichkeiten das Heute aus. Er wollte Gegenwart und Geschichte füreinander aufschließen, sie wechselweise spiegeln und interpretieren und ein „unsicheres Heute", wie er sagte, durch geschichtliche Formen und geschichtlichen Sinn abstützen. Auf diese Weise kann in seinem Bauernkriegs-Panorama die zerrissene und fundamentalistische Zeit der Glaubenskriege zum Spiegel und Gleichnis einer ebenso fundamentalistischen, von Ideologien zerrissenen Moderne werden (Abb. 3).

Abbildung 3

Noch einmal sei die Perspektive gewechselt. Die Innenansicht einer säkularen Entwicklung soll nun wieder die Außenansicht der gesellschaftlichen Verfassung der Kunst, ihres gesellschaftlichen Umfeldes ergänzen. Gefragt sei nach den Umständen und Antrieben eines allgegenwärtigen, allmächtigen Kunstbetriebs. Sind heute die Künstler noch selber die zentralen Akteure, oder geschieht etwas mit ihnen. Ist die Kunst noch Herr ihrer selbst und in ihre eigene Geschichte eingebettet? Ist sie überhaupt noch stark genug, eigenen Impulsen, Prinzipien und Gesetzen der Ästhetik konsequent zu folgen? Solche Fragen hätten sich vor einer Generation so noch nicht gestellt. Die Künstler waren Initiatoren oder Vollstrecker ästhetischer Ideen und Prozesse. Erst heute wird uns klar, welche geschichtliche Geborgenheit und Sicherheit auch eine die Künstler angeblich so radikal aussetzende Moderne bot. Gewiss waren die Vertreter der ersten Generation der Moderne wirkliche Bahnbrecher und Demonteure geschichtlicher Zusammenhänge. Aber heute wissen wir, dass auch sie geborgen waren in Vorstellungssysteme und Kontexte, welche die Geistesgeschichte, die schon erwähnten philosophischen Ideensysteme, aber auch die Naturwissenschaften vorgezeichnet hatten. Die nächsten Generationen der Avantgarde hatten es bereits leichter. Sie folgten gebahnten Wegen. Sie differenzierten, detaillierten, radikalisierten, totalisierten die Ideen, die bildnerischen Methoden, Praktiken und formalen Erfindungen der ersten Generation.

Schwierig und prekär ist die Situation erst heute, wo sich die hilfreichen Philosopheme, die Ideologien, Mythen und geistesgeschichtlichen Zusammenhänge aufgelöst haben. Damit haben sich die so oft reklamierte Autonomie und Freiheit der Kunst substantiell aufgeweicht. Als Schlagworte werden sie nach wie vor ins Feld geführt. Aber sind die Künstler wirklich noch so unabhängig, um ein charaktervolles, eigenwilliges, selbstbestimmtes Lebenswerk aufzubauen und durchzuhalten? Gehen nicht die schnell wechselnden öffentlichen Stimmungen, die Innovationszwänge und Unterhaltungsbedürfnisse unserer launischen Mediengesellschaft, die rasenden Entwicklungen der Bilderindustrien und die Kommerzialisierung darüber hinweg und zwingen heute auch die letzten Nonkonformisten, die Künstler, zu Anpassungen, Kompromissen und wechselnden Angeboten?

Kann es in einem Klima der gesellschaftlichen Erfolgszwänge und des ästhetischen Relativismus noch neue und dezidierte Positionen geben, lässt sich noch eine Ästhetik des Widerspruchs entwickeln und durchhalten? Wir haben schon am Beispiel von Warhol und Richter gesehen, wie sich prominente Künstler umgestellt haben – durch gesellschaftliche Anpassungsbereitschaft, Auftragswilligkeit, auch Gefälligkeit bei Warhol, durch den geschmeidigen Wechsel der Konzepte und die Ablehnung von Überzeugungen bei Richter. Beide Künstler sind Meister der Indifferenz. Es scheint so, als habe sich die Kunst damit aus den öffentlichen Problemfeldern, also von alledem, was die Welt politisch, sozial oder ökologisch bewegt, verabschiedet. Sie konzentriert sich weitgehend auf ihr eigenes Spielfeld, und das heißt im Falle von Jeff Koons und Damien Hirst auf die Positionierung auf dem Kunstmarkt und eine exklusive Sammler-Klientele. Die postmoderne Kunst spiegelt unsere pluralistische Verfassung. Zu Recht redet man seit einigen Jahrzehnten wieder von „Zeitgeist"-Kunst. Gerade dieser Zeitgeist-Begriff war einmal einer engagierten, auf den Epochenbruch zielenden Avantgarde ein Greuel. Diese Zeitgeist-Produktion ist ästhetisch recht durchmischt. Sie stellt heikle Fragen bei der Bewertung und Auswahl, denen heute meist ausgewichen wird.

Weiter ist zu fragen: Wer bestimmt den heute stets kurzfristigen Haupttrend oder die Haupttrends in einer prinzipiellen Vielfalt und Fülle pluralistischer Trends? Wer erfindet, ernennt und lanciert die Leitfiguren und Stars? Wer gibt den Ton an bei der Artikulierung des jeweiligen Zeitgeists und damit auch bei der Erzeugung und Verbreitung von ästhetischen Stimmungen? Wer initiiert zum Beispiel Rhythmen, wie wir sie in den letzten Jahrzehnten erlebt haben? Da schlugen in den späten siebziger Jahren das Pendel und die Stimmung von einer staffelei- und bildüberwindenden Concept-art und der Live-in-your-Head-Mentalität wieder um zu bildbekräftigender, sinnlich-expressiver Malerei und kehrten nach der notorischen Fünfjahres-Episode jeweils versuchsweise, wieder zu Neo-Geo, Neo-Pop, zur Objektkunst, zum Neo-Konzeptualismus und schließlich zu einem Neo-Informel und Neo-Neo-Expressionismus zurück. Sind das noch schlüssige historische und stilistische Entwicklungen und Konfrontationen? Vollziehen sich in der Kunst weiterhin überzeugende historische Prozesse, oder werden sie nicht inzwischen simuliert? Welche Bedürfnisse und Interessen steuern solche Abläufe und Wechsel, die sich offensichtlich im Kreis bewegen und leerlaufen?

Den Teufelskreis der ewigen Revivals versuchte der Kunstbetrieb der letzten Jahrzehnte mit einem Trick zu durchbrechen, um den so unabdingbar notwendigen Nachweis dauerhafter Verjüngung und Kreativität zu erbringen. Die stagnierende Ästhetik wurde kurzerhand an den pulsierenden Kreislauf unseres Wirtschaftssystems angeschlossen. Sie sollte durch Privatinitiativen und Vermarktungskampagnen kräftig rotieren und wiederaufblühen. Man täuschte sich über die womöglich fehlenden Substanzen und Qualitäten hinweg, indem man über organisierbare Rahmenbedingungen, erfolgreiche Vermarktungen, Börsennotierungen, Trends, Sponsoring und dergleichen redete – lauter aus dem Wirtschaftsleben stammende Vorstellungen. Man wollte die ermüdete Kunst, der es an eigenen Antriebskräften fehlte, durch modernes Management und Marketing auffrischen und den Verjüngungs- und Selbstheilungskräften des Marktes überantworten. Banken und Konzerne stiegen zu Initiatoren, Mentoren und Beschleunigern des Kunstbetriebs auf.

Was trotz immenser Expansion und buntester Vielfalt die Kunstszene heute vorhersehbar und eindimensional erscheinen lässt, ist aber nicht allein der Markt im engeren Sinne. Es ist vielmehr das Vermarktungs-, Erfolgs- und Renditedenken, das fast den ganzen Kulturbetrieb und alle seine Institutionen und ihre Akteure erfasst hat und kaum mehr eine platonische Kunstpflege zulässt. Dies Denken dringt umso weiter vor, je mehr sich die Kulturpolitik aus der Szene zurückzieht. Kunstqualität definiert sich über den Preis, die Bedeutung eines Künstlers über seine Vernetzung. Leider gehören heute auch die ehrgeizigsten Museen zu diesem Betriebssystem. Sie sind längst keine höchsten Instanzen und Autoritäten mehr. Sie haben das kritische Bewerten, Auswählen und Abwarten aufgegeben und sind zu zentralen Instrumenten der Kunstzirkulation und des Kunstkonsums geworden. Sie dienen als wirkungsvolle öffentliche Tresore für Händler und Sammler, als Leihgabendepots von Konzernen und Banken, als Duchlauf-Erhitzer für die Wertsteigerung. Wir haben erlebt, wie Kunstwerke in diesen Schauhäusern zur Marktreife gediehen und frisch von der Museumswand mit dem Gütesiegel des Hauses verkauft wurden.

Die vielgestaltigen und schnellwechselnden Bühnen des Kunstbetriebs haben Funktionen des Salons des 19. Jahrhunderts übernommen. Die „Welt" bedeuten diese besondere Bühnen schon lange nicht mehr. Die fundamentalen gesellschaftlichen Vorgänge – man denke nur an die gewaltigen Umbrüche der beiden letzten Jahrzehnte – scheinen sich hier nicht mehr zu spiegeln. Diese Bühne folgt ihrer eigenen Dramaturgie, dem Wechsel von längst verbrauchten Provokationen, Stilen, Attitüden, Innovationen – eine unterhaltsame Wellenbewegung die manchmal dem Modegeschehen nahe kommt. Alle Mitspieler, die Künstler, die Händler, Sammler, Schausteller, die Kuratoren und Kritiker beteiligen sich – mehr oder weniger einvernehmlich – an diesem Karussell. Wirklichen Neuerungen, den Herausforderungen und Zumutungen durch Fremdes öffnet sich die Szene nur ungern. Das zeigte sich zuletzt an der Abwehr oder sehr selektiven Zulassung der Ost-Kunst nach der Wende oder von Kulturprodukten aus der nicht-westlichen Welt, wenn sie nicht unseren Kunstmustern und den Regeln der kapitalistischen Kunstmoderne folgen. Unser Kunstmarkt hat auf eine spätkolonialistische Weise auch die Szene der neuen Wirtschaftsmächte, vor allem Chinas und Indiens, erobert und droht deren eigene Emanzipation, die keiner ihnen abnehmen kann, zu verhindern.

In der Aufbruchszeit der Moderne war noch der Glaube im Spiel, dass die Botschaften der Avantgarden universell seien, dass sie der Aufklärung, Entwicklung, ja Erlösung der Menschheit dienen und die historischen, ethnischen und sozialen Differenzen einebnen könnten. Dieser Illusionen bedienen sich heute nur noch die Agenten des Marktes, welche die Ideale und Utopien als Gleitmittel eines weltweiten Warentransfers benutzen. Wie eines Esperanto bedienen sich inzwischen Chinesen und Inder, Araber und Afrikaner der Bildsprachen und ästhetischen Strategien der europäischen Moderne, ohne deren spezifische Voraussetzungen und Bedingungen zu kennen und ihre historischen Erfahrungen und Entwicklungen zu teilen. Doch allmählich scheint sich unter skeptischen chinesischen Künstlern Unbehagen auszubreiten. Sie beginnen ihrem Aufstieg, dem lukrativen Mitmischen auf dem Weltmarkt und der reibungslosen Übernahme der westlichen Kunstpraxis zu misstrauen. Ein chinesischer Kritiker sprach kürzlich sogar von einer imitierten Pseudo-Modernität und ahnte, dass solche Teilnahme an einer einst riskanten Moderne heute im Staatsinteresse seines Landes sein kann, weil sie von der kritischen Analyse der eigenen Verhältnisse ablenkt.

So problemlos der Export der westlichen Marktästhetik ist und so beliebt die exotischen Derivate unserer Moderne sind, die als Import wieder zu uns zurückkommen, so schwer tut sich die Kunstszene mit historischen Alternativen in Europa und im eigenen Land oder mit einer Ästhetik, die nicht die westlichen Glaubenssätze teilt – so zum Beispiel die Auffassung, dass nur freie Gesellschaften freie Kunst produzieren, dass der Markt die beste aller Kulturen gewährleiste und überhaupt ein nie versiegender Jungbrunnen sei. Daher, so glaubt man, müssen, ja brauchen wir uns mit Kunst und Kultur aus zwangsweise anders verfassten, unfreien Gesellschaften nicht zu beschäftigen. Dabei wird übersehen, dass freie Gesellschaften die Tendenz zum freiwilligen Konformismus haben, während in zwangsverfassten Gesellschaften Einzelne, aus der Isolation und aus dem Widerspruch fundamentale Alternativen entwickelten. Nach 1989, nach dem Zusammenbruch der kommunistischen Diktaturen und der Wiedervereinigung Europas, wurde zum Beispiel bei uns die Kunst aus Osteuropa, speziell auch die aus der DDR nicht gründlich durchdiskutiert, geschweige denn integriert. Es ist schon ein Trauerspiel, dass fast zwanzig Jahre nach dem Mauerbruch noch immer die Wiedervereinigung der beiden deutschen Kunstgeschichten der Nachkriegszeit aussteht und der Kalte Krieg in den Museen immer noch in Blüte steht. Das gilt nicht für Berlin, wohl aber für Westdeutschland, wo selbst Museen, die ostdeutsche Kunst in hervorragender Qualität geerbt haben, wie zum Beispiel die rheinischen Ludwig-Museen, diese Kunst unter strenger Zensur im Depot halten. Auch unsere Kulturpolitik im Ausland verleugnet die bedeutende Kunst aus der DDR. Eine Kuratorin des Getty-Museums in Los Angeles fragte vor kurzem den Maler Gerhard Richter im Interview, wie es zu erklären sei, dass sein Name weltweit leuchte, die großen Leipziger Maler wie Werner Tübke aber nicht einmal dem Namen nach bekannt seien.

Um sich endlich von der Vaterwelt des zurückliegenden Jahrhunderts zu lösen und eine neue Epoche zu wagen und zu begründen, müssten alle Prämissen und Positionen der modernen Ästhetik, alle Verwicklungen, die in die Extremismen und Diktaturen wie auch die geschilderten kunstbetrieblich-kommerziellen im Westen, überdacht und an den gründlich veränderten Realitäten gemessen und korrigiert werden. Wir sind mit dem Jahrhundert der Moderne noch keineswegs im Reinen, und das gilt nicht nur für seine ästhetischen Ansichten. Die Kunstgeschichte des 20. Jahrhunderts muss nach den Erfahrungen der letzten Jahrzehnte im Grunde neu geschrieben werden – nicht mehr nur als Geschichte und Apotheose der Avantgarden, sondern im Lichte ihrer ideologischen und gesellschaftlichen Kontexte, der östlichen wie der westlichen. Die Kunst wird neue Impulse und Möglichkeiten eher aus einer Reflexion und Verarbeitung ihrer dramatisch veränderten Bedingungen ziehen als aus der angestrengten Fortführung überholter Traditionen. Die Moderne ist nicht das letzte Kapitel der Kunstgeschichte, auch nicht ihr unüberbietbarer Höhepunkt. Wir sollten den Augenblick, die kapitalistische Systemkrise, die uns noch lange umtreiben und verändern wird, nutzen, um auch eine neue Zukunft der Kunst zu erarbeiten, vor allem um sie aus der kommerziellen Umarmung zu befreien. Dazu brauchen wir alle Ressourcen, gerade auch die älterer Generationen, die ein gnadenloser Kunstbetrieb viel zu früh von der Szene verdrängt hat.

Ans Ende dieser notgedrungen abstrakten und anschauungsarmen Kunsterörterungen sei das eindrucksvolle und recht plastische Denkmodell eines besonderen Zeitgenossen gestellt, die Ideenwelt des sowjetrussischen Dissidenten und poetischen Konzeptualisten Ilya Kabakow. Er möchte Zukunft für die Kunst durch die Versöhnung der Vergangenheit, das heißt durch die Aktivierung, Zusammenführung und Nutzung der Potentiale der beiden Kunstsysteme, die das letzte Jahrhundert zerrissen haben, gewinnen. Kabakow machte den Zwiespalt und die säkularen Glaubenskämpfe vor ein paar Jahren zum Thema einer bewegenden Ausstellung. Der Russe ist inzwischen ein Kosmopolit, der heute in den USA lebt und zwischen den Welten agiert, sich aber von den Erinnerungen an die untergegangene sowjetische Welt nie hat trennen können. Er verarbeitet sie immer neu in seinen berühmten Installationen – in Raumphantasien, die aufgeladen sind mit Ängsten, Psychosen, Sehnsüchten und Träumen.

Seinen Diskurs zur Kunst und Ideologie der Moderne entwickelte Kabakow in den Jahren 2000/01 in einer Ausstellung, die in Deutschland im Frankfurter Städel zu sehen war. Das Resümee verband er mit einer Diagnose und Aufforderung. In seinem Kommentar erinnerte Kabakow daran, dass sich die westliche Spätmoderne vorschnell darauf verständigt habe, was die Kunst soll, was sie kann und was sie darf. Sie hat damit fundamentale, durchdringende, weltverändernde Aufgaben und Wirkungen versperrt. Zur Illustrierung seiner These erfand Kabakow einen Maler, Charles Rosenthal, der, wie Chagall und Kabakow selbst, aus der Ukraine stammt. Der fiktive Maler lässt sich zwischen 1914 und 1918 in St. Petersburg zum realistischen Maler ausbilden, gerät aber in den Sog der sozialistischen Revolution und studiert anschließend in Witebsk zuerst bei Chagall, dann bei Malewitsch. Aber Rosenthal erliegt nicht den Verlockungen der Utopie, sondern zieht 1922 nach Paris, wo ihn Kabakow bereits 1933, in seinem eigenen Geburtsjahr, sterben lässt. Rosenthals Werk, so Kabakow, bleibt Fragment, es ist unentschieden und lässt viele Fragen offen. Doch es durchmisst – in der Fiktion des Nachgeborenen – bereits die gesamte Moderne vom Suprematismus bis zu einer vorweggenommenen Pop-art, bis zur Monochromie, zum Minimalismus und zur Installationskunst.

Dieser Rosenthal-Kabakow hat aber ein Problem. Er kann der Welt und dem Leben nicht entsagen, die Wirklichkeit nicht der utopischen Abstraktion und den imaginären Konzepten opfern. Paris weckt seine unbändige Sehnsucht nach dem Realismus von Géricault und Courbet. So malt er lauter „Ergänzungen zur Theorie des Suprematismus", wie Kabakow das nennt. In die leeren, weißen Bilder schieben sich an den Seiten und in die Ecken Alltagselemente und Pop-Stilleben. Und an den Bilderrändern krabbeln Menschen entlang. In die suprematistischen Diagonalstrukturen und die minimalistischen, pseudo-abstrakten Bildkästen nach dem Muster Don Judds schleichen sich sowjetische Idyllen ein: Erntewonnen, Pionierkonvente, Verherrlichungen der Werktätigen nach Art des sozialistischen Optimismus. Umgekehrt werden die Alltagsszenen durchlöchert von weißen Flecken und Fenstern – Durchblick auf die bildnerische Metaphysik.

So führt Kabakow in seiner Rosenthal-Fiktion die beiden konträren Wege und Systeme der Moderne zusammen, belässt es aber keineswegs bei einem Schwebezustand. Er zitiert gleichfalls fiktive Wissenschaftler, die kein Hehl aus ihrer Sympathie für Rosenthal machen, der sich auf ein modernes, fragmentiertes und durchlöchertes Weltbild eingelassen habe, aber nicht verstand, warum die Künstler der Moderne dabei alle Brücken hinter sich abbrachen – „warum die Vergangenheit beim Beschreiten neuer Wege derart radikal und unbarmherzig zerstört werden muss". Kabakow plädiert für den Rosenthalschen Kompromiss, für eine Verbindung von geometrischer Abstraktion und Minimalismus mit einem traditionellen Realismus und für die Reaktivierung und Nutzung unnötig aufgegebener Traditionen. Wäre Rosenthal, so malt seine Phantasie es weiter aus, so berühmt geworden wie Mondrian und Malewitsch, wäre die Kunstgeschichte anders verlaufen, und das Bedürfnis nach dem realistischen Bild würde heute nicht allein von den Fotografen befriedigt. Kabakow fragt ferner, warum die Künstler der Moderne zu Spezialisten ihrer Ideen geworden sind und warum damit aus der Kunst „der um ein vielfaches umfassendere, kompliziertere und reichhaltigere Mensch" verschwunden ist.

Mithilfe seines Doppelgängers geht Kabakow in der Zeit zurück an eine Weichenstellung der Geschichte, um der Gegenwart den Spiegel vorzuhalten und Kunst- und Zeitkritik zu üben. Er ist zu klug und zu sensibel, um naive Rezepte wie etwa die einseitige Rückkehr zu einem historischen Realismus zu verkünden. Er hält das Vermächtnis seiner Versuchsfigur in der Schwebe, ja räumt die eigene Rastlosigkeit ein, wenn er Rosenthal schon 1933 sterben und sein Werk Fragment bleiben lässt. Doch seine Bemühung um die verlorene „andere Moderne" ist geradezu sehnsuchtsvoll.

Kabakows Argumentation erinnert an die fundamentale Dialektik der Moderne, ihre Bewegung zwischen der „Grossen Abstraktion" und der „Grossen Realistik", wie sie Kandinsky 1912 prophezeit hatte. Beide Tendenzen sollten, so Kandinsky, „zwei Pole öffnen, die schließlich zu einem Ziel führen". Heute teilen wir nicht mehr Kandinskys Vorstellungen, dass sich beide Wege in einem utopischen Ziel vereinigen sollten. In Wirklichkeit haben sich beide Richtungen im Lauf des 20. Jahrhunderts unversöhnlich, oft sogar feindlich polarisiert.

Kabakow möchte die Antinomie wieder aufbrechen und produktiv machen. Er sagt sich los von allen Nötigungen, auch denen durch die Utopie. Seine versöhnliche Botschaft: Beide Richtungen haben das gleiche Recht; sie sind erst sinnvoll und produktiv im wechselseitigen Bezug. Die Polarisierung, die gegenseitigen Diffamierungs- und Ausschaltungskampagnen, so macht er uns klar, waren falsch und töricht. Die Favorisierung der einen Seite, der „Grossen Abstraktion" im Westen, hat die Kunst vielfach in Sackgassen und in die Wirkungslosigkeit geführt. Die politische Instrumentalisierung der anderen Seite, der „Grossen Realistik" im Osten hat die Kunst zeitweise kompromittiert und versklavt. Die tiefe Feindschaft hatte die Paralysierung einer kontroversen Moderne zur Folge. Wichtige Passagen und Provinzen der Kunstgeschichte wurden ausgeblendet. Der Russe möchte sie reaktivieren und die Ohnmacht beenden.

In dieser schönen Parabel geht Kabakow zurück ins frühe Jahrhundert der Moderne, um schon da, vorwegnehmend, Synthesen zu schaffen und Zukunft zu entwerfen. Es fällt nicht schwer, in den gegensätzlichen Positionen, die Kabakow herausarbeitet und versöhnt, gerade auch die deutsch-deutschen Verhältnisse wiederzuerkennen. Daher sei zum Schluss noch einmal wiederholt: Bald zwanzig Jahre nach dem Mauerbruch haben wir noch immer nicht die zweifache deutsche Kunstgeschichte der Nachkriegszeit vereinigt und die Chancen und überaus reichen Potentiale der Vereinigung genutzt.

Abbildungsverzeichnis

Abb. 1   Damien Hirst: *For the Love of God,* 2007, Platin, Diamanten und menschliche Zähne, 17,1 x 12,7 x 19,1 cm, Privatsammlung. Quelle: Schaaf, Julia: Konsum ist geil
und verbessert die Welt, in: Frankfurter Allgemeine Sonntagszeitung, 07.10.2007,
Nr. 40, S. 73.

Abb. 2   Andy Warhol: *Chicken Noodle* aus *Campbell's Soup I,* 1968, farbiger Screenprint auf
weißem Papier, 88,9 x 58,4 cm, The Minneapolis Institute of Arts. Quelle: Andy
Warhol. Prints, Werkverzeichnis Druckgraphik von Frayda Feldman und Jörg
Schellmann, München/New York 1989, S. 46, Plate 45.

Abb. 3   Werner Tübke: *Frühbürgerliche Revolution in Deutschland* (5 Tafeln, 1:10 Fassung) ,
1979-81, Mischtechnik auf Holz, 139 x 1230 cm, Nationalgalerie Berlin. Quelle:
Flache, Monika (Hg.): Auftragskunst der DDR 1949-1990, München 1995, S. 371.

Raphael Rosenberg

Architekturen des „Dritten Reiches"
„Völkische" Heimatideologie versus internationale Monumentalität

Bauten, die im Auftrag von Herrschern oder von öffentlichen Körperschaften errichtet werden, verfolgen immer auch politische Zwecke. Die Bauherren wollen ein bestimmtes Bild von sich und ihrer Herrschaftsauffassung vermitteln, sie wollen beeindrucken, gelegentlich auch manipulieren. Politische Zwecke können beiläufig geäußert werden, oder aber so deutlich im Vordergrund der Architektur stehen, dass die praktische Nutzung zur Nebensache wird. In diesem Sinne stellt Klaus von Beyme in seinem grundlegenden Überblick zur *Politischen Ikonologie der Architektur* fest: „Politische Botschaften sind umso verschlüsselter, je pluralistischer die Demokratie wurde."[1] Umgekehrt ist die Bautätigkeit des NS-Regimes ein Paradebeispiel für den expliziten Einsatz von Architektur als politisches Mittel. In den nur teilweise verwirklichten Plänen dieser zwölfjährigen Diktatur lassen sich exemplarisch Aspekte der politisch motivierten Gestaltung von Architektur aufzeigen:

- Die Wahl des Bauvorhabens, die bestimmte Machtorgane ins Rampenlicht stellt und auf besondere Weise inszeniert. So zählen die Parteibauten am Münchner Königsplatz, die der Verwaltung und Machtdemonstration der NSDAP dienen, zu den allerersten Aufträgen Hitlers nach der „Machtergreifung" vom 30. Januar 1933.
- Die Wahl des Bauplatzes, die damit einhergehende Veränderung und Besetzung zentraler Orte, die Schaffung von Bezügen zwischen den Bauten, die die neue Macht repräsentieren und den gewachsenen Städten mit ihren Erinnerungen an frühere politische Systeme – so die Umwidmung des Königsplatzes Ludwigs I. in München, die Umbaupläne für alle größeren Städte, die in der Neugestaltung des Zentrums von Berlin gipfeln: Zwei überdimensionierte Achsen sollten das Brandenburger Tor und den Reichstag als randständige Zwerge in den Schatten stellen.

---

[1] Klaus von Beyme, *Politische Ikonologie der Architektur*, in: Hermann Hipp und Ernst Seidl (Hg.), Architektur als politische Kultur, Berlin 1996, S. 19-34, hier S. 31.

- Größe als Machtdemonstration – Hitler legte großen Wert auf die Breite der Berliner Süd-Nord-Achse, die mit 120 Metern das Vorbild der Champs Elysées übertrumpfen sollte. Als Endpunkt dieser Achse war die größte Kuppel aller Zeiten vorgesehen.

- Das durchdachte Zusammenspiel von Außenarchitektur und Bauskulptur im Verhältnis zur Umgebung – so Speers Pavillon für die Pariser Weltausstellung von 1937: Ein von schlichten Pilastern gegliederter Turm mit Adlerbekrönung, der durch Höhe und Monumentalität das gegenüber platzierte russische Gebäude überragen sollte.

- Die direkte Manipulation jener, die die Gebäude betreten – etwa den 504 Meter langen, edlen „Anmarschweg", den Botschafter zu Hitlers Büro in dem von Speer geplanten „Führerpalais", der letzten Reichskanzlei, hätten gehen müssen. Er diente expressis verbis zur Einschüchterung.[2]

- Die politische Symbolik von Grundrissen. Auffällig ist, dass sich Hitler dieses traditionellen Aspektes herrschaftlicher Architektur nur nachrangig bedient hat. Während in der absolutistischen Schlössertradition das Zimmer des Herrschers (Versailles) oder dessen Festsaal demonstrativ in der Mittelachse des symmetrischen Gebäudes, vielfach über dem Haupteingang liegt, gibt es weder im Münchner „Führerbau" noch in den zwei neuen Berliner Reichskanzleien *eine* Hauptsymmetrieachse mit dem Büro des Diktators.

- Die Wahl des architektonischen Stils, die Verwendung spezifischer Formen, mit denen sowohl bestimmte Ausdrucksqualitäten als auch Bezüge innerhalb der Architekturgeschichte einhergehen. In erster Linie möchte ich den vorliegenden Aufsatz diesem Aspekt widmen. Dabei interessiert noch eine grundsätzlichere Ebene.

In dem Zitat von Klaus Beyme wird eine Polarität aufgespannt: Jeder Staatsbau hat eine Botschaft, in Diktaturen ist sie tendenziell explizit, in der Demokratie eher verschlüsselt. In welchem Medium, auf welcher Ebene gilt aber diese Unterscheidung – im sprachlichen und/oder im visuellen Diskurs? Bei den Reden zur Grundsteinlegung und Einweihung oder auch in den gebauten Formen? Ich möchte am Beispiel der nationalsozialistischen Repräsentationsbauten zeigen, dass architektonische Formen weniger eindeutig sind, als man es vielfach annimmt, dass es also zwischen dem sprachlichen und dem visuellen Diskurs keine zuverlässigen semiotischen Zuordnungen gibt.

Die historisch-kritische Analyse nationalsozialistischer Architektur verlief bislang zögerlich. Biographische und werkkritische Untersuchungen der wichtigsten

---

[2] Albert Speer, *Erinnerungen*, Frankfurt/Berlin 1969, S. 171 und Karl Arndt et al., *Albert Speer. Architektur*, Frankfurt a.M./Berlin 1978, S. 66.

Akteure werden erst jetzt – mehr als sechs Jahrzehnte danach – in Angriff genommen.[3] Stilistische Einordnungen stehen noch weitgehend aus. Die Ursachen für diese Verzögerung haben meiner Ansicht nach tiefe Wurzeln im Selbstverständnis des Faches Kunstgeschichte. Die erste ist, dass die meisten Kunsthistoriker von einer positiven Identifikation mit den Personen und Werken, die sie untersuchen, motiviert werden. Während Historiker die Untersuchung des Nationalsozialismus gerade auch durch Biographien – etwa jene von Adolf Hitler und Werner Best – vorangebracht haben, kennen Kunsthistoriker keine Modelle für Monographien „negativer" Personen wie Albert Speer. Die zweite Ursache liegt im Verständnis des Kunstwerks als ein Symbol, das den Geist, dem es entstammt, zu offenbaren vermag. Seit der Goethezeit erfuhr diese großen Zuspruch. Hegel hebt beispielsweise in seinen *Vorlesungen über die Ästhetik* den Status der Kunst als bevorzugte historische Quelle hervor: „In Kunstwerken haben die Völker ihre gehaltsreichsten inneren Anschauungen und Vorstellungen niedergelegt, und für das Verständnis der Weisheit und Religion macht die schöne Kunst oftmals, und bei manchen Völkern sie allein, den Schlüssel aus."[4] Damit Kunstwerke diese herausragende Funktion als „Schlüssel" erfüllen können, bedurfte es der Kunstgeschichte, deren Geburt als akademische Disziplin im 19. und frühen 20. Jahrhundert an deutschsprachigen

---

[3] In den vergangenen Jahrzehnten entstanden wichtige Untersuchungen einzelner Bauten und Projekte (genannt seien Angela Schönberger, *Die Neue Reichskanzlei von Albert Speer. Zum Zusammenhang von nationalsozialistischer Ideologie und Architektur*, Berlin 1981; Iris Lauterbach et al. (Hg.), *Bürokratie und Kult. Das Parteizentrum der NSDAP am Königsplatz in München. Geschichte und Rezeption*, München 1995; Christiane Wolf, *Gauforen. Zentren der Macht. Zur nationalsozialistischen Architektur und Stadtplanung*, Berlin [Dissertation] 1999) sowie corpusartige Kartographien der in der NS-Zeit errichteten Gebäude (Winfried Nerdinger (Hg.), *Bauen im Nationalsozialismus: Bayern 1933- 1945*, München 1993; Helmut Weihsmann, *Bauen unterm Hakenkreuz. Architektur des Untergangs*, Wien 1998) und zu einzelnen NS-Stadtplanungen (Lars Olof Larsson, *Die Neugestaltung der Reichshauptstadt. Albert Speers Generalbauplan für Berlin*, Stuttgart 1978; Hans-Peter Rasp, *Eine Stadt für tausend Jahre. München – Bauten und Projekte für die Hauptstadt der Bewegung*, München 1981; Ingo Sarlay, *Hitlers Linz. Die Stadtplanung von Linz a. d. Donau 1938-1945. Kulturelle und wirtschaftliche Konzeptionen, Planungsstellen und Wirtschaftspläne*, 2 Bde., Graz [Dissertation] 1985; Hans J.Reichhardt und Wolfgang Schäche, *Von Berlin nach Germania. Über die Zerstörungen der ‚Reichshauptstadt' durch Albert Speers Neugestaltungsplanungen*, 2. überarb. und erw. Auflage, Berlin 1998; Karina Loos, *Die Inszenierung der Stadt. Planen und Bauen im Nationalsozialismus in Weimar*, Weimar [Dissertation] 1999). Während es eine Reihe von Monographien zu Person und Werk von Architekten der zweiten Reihe gibt (z.B. Petra Leser, *Der Kölner Architekt Clemens Klotz 1886-1969*. Veröffentlichungen der Abteilung Architekturgeschichte des Kunsthistorischen Instituts der Universität zu Köln, Bd. 41, Köln 1991; Christoph Heuter, *Emil Fahrenkamp 1885-1966. Architekt im rheinisch-westfälischen Industriegebiet*. Arbeitshefte der rheinischen Denkmalpflege, Bd. 59, Petersberg 2002; Elke Dittrich, *Ernst Sagebiel. Leben und Werk 1892-1970*, Braunschweig 2005), werden die Baumeister, die am engsten mit Hitler verkehrten – Troost, Speer, Giesler und Fick – im Rahmen eines DFG Projektes unter der Leitung von Winfried Nerdinger und Raphael Rosenberg aufgearbeitet (bereits erschienen: Michael Früchtel, *Der Architekt Hermann Giesler. Leben und Werk 1898-1987*, Tübingen 2008).

[4] Georg Wilhelm Friedrich Hegel, *Vorlesungen über die Ästhetik*, Frankfurt a.M. 1970, S. 21.

Universitäten mit der Etablierung des Paradigmas des Kunstwerks als Symbol einhergeht. Bis heute wirkt dieses Paradigma nach, und zeitigt problematische Folgen gerade für die Analyse von Werken eines negativ besetzten, diktatorischen Regimes: Nationalsozialistische Bauten sind nach Maßgabe dieses Paradigmas bis in die Details ihrer Formgebung hinein genau so einzigartig pervers wie der Nationalsozialismus selbst, da sie das System, das sie hervorgebracht hat, symbolisieren.[5] Das Symbol-Paradigma verhinderte eine kritische Analyse der Formen und der Entscheidungen, die dazu geführt haben, diese Formen zu verwenden.

Der vorliegende Aufsatz geht der Frage nach, wie es zur Festlegung jener Bauformen kam, die das neue NS-Regime repräsentieren sollten. Hierbei wird oft übersehen, dass die NSDAP zwischen 1930 und 1932 mit einem romantisch-„völkischen" Architekturkonzept in der Öffentlichkeit auftritt, das im Wesentlichen auf Paul Schultze-Naumburg zurückgeht (Abb. 2-4). Erst nach der „Machtergreifung" vom Januar 1933 wendet sich Hitler öffentlich von Schultze-Naumburg und dessen deutschtümelnder Architektur ab. Er beauftragte Paul Ludwig Troost mit der Ausführung der ersten monumentalen Gebäude des neuen Regimes, die mit ihren reduziert-klassizistischen Formen (Abb. 10-12) zum Maßstab nationalsozialistischer Repräsentationsarchitektur wurden. Damit hatte allerdings der „Führer" einen „deutschen Sonderweg" abgelehnt und sich stattdessen dem Stil angeschlossen, der international für Regierungsgebäude en vogue war.

1 Paul Schultze-Naumburg und die „völkische" Heimatarchitektur

Nach den thüringischen Landtagswahlen vom 8. Dezember 1929 kam es erstmals zu einer Regierungsbeteiligung der NSDAP. Die einjährige Amtszeit von Wilhelm Frick als Innen- und Kulturminister in Weimar gilt in der Forschung als „Modell der Machtergreifung".[6] Richtungweisend für die Bildenden Künste war Paul Schultze-Naumburg (1869-1949), der von Frick zum „Kunstberater" und Leiter der Weimarer *Staatlichen Hochschule für Baukunst und Handwerk* ernannt wurde. Diese war die thüringische Nachfolgeeinrichtung des 1925 nach Dessau vertriebenen Bauhauses. Nach seiner Ernennung im April 1930 führte Schultze eine Umstrukturierung durch, die nach eigener Aussage im Zeichen eines „Bekenntnisses zum höchsten deutschen Menschen" stand.[7] Wie tiefgreifend diese Reform war, kann

---

[5] Exemplarisch hierfür Klaus Herding und Hans-Ernst Mittig, *Kunst und Alltag im NS-System. Albert Speers Berliner Straßenlaternen*, Gießen 1975.

[6] So schon Fritz Dickmann, *Die Regierungsbildung in Thüringen als Modell der Machtergreifung. Ein Brief Hitlers aus dem Jahre 1930*, in: VfZ 14 (1966), S. 454-464; bzw. als „Experimentierfeld Thüringen" (Hildegard Brenner, *Die Kunstpolitik des Nationalsozialismus*, Reinbeck 1963, S. 22-35).

[7] Günther Neliba, *Wilhelm Frick. Der Legalist des Unrechtsstaates*, Paderborn et al. 1992, S. 59.

man daran ermessen, dass 29 von 32 Lehrkräften entlassen wurden.[8] Die Erneue-
rungsbestrebungen Schultzes waren von einer beispiellosen kämpferischen Intoleranz gegenüber Andersgestaltenden geprägt: Im Oktober 1930 ließ er die Reliefs
und Wandmalereien Oskar Schlemmers, die im Werkstattgebäude an die Bau-
hauszeit erinnerten, zerstören. Vermutlich war er es auch, der kurz darauf die erste
nationalsozialistische Museumssäuberung veranlasste. Binnen Stunden mussten
über 100 zeitgenössische Kunstwerke aus dem Weimarer Schlossmuseum geräumt
werden, darunter Bilder und Skulpturen von Barlach, Dix, Heckel, Kandinsky,
Klee, Lehmbruck und Nolde.[9]

Paul Schultze-Naumburg spielt eine zentrale Rolle für den Ausbau einer nationalsozialistischen Kulturpolitik. Mit seinen Schriften der 1920er Jahre (Abb. 1)[10]
und den Weimarer Aktionen von 1930 liefert er das theoretische *und* praktische
Vorbild für die späteren Aktionen gegen „entartete" Kunst. Welche Rolle nahm
aber Schultze für das Architekturverständnis des Dritten Reiches ein? Um diese
Frage zu beantworten, bedarf es eines Rückblicks auf seine Biographie. Der 1869 in
der Nähe Naumburgs geborene Schultze wurde an der Kunstakademie in Karlsruhe zum Maler ausgebildet. Seit 1904 verlagert sich die künstlerische Tätigkeit des
Sezessionisten und Lebensreformers auf das Gebiet der Architektur und es gelingt

---

[8] Norbert Borrmann, *Paul Schultze-Naumburg. Maler, Publizist, Architekt*, Essen 1989, S. 192. Zu Schultze-
Naumburg siehe auch: Ralf-Peter Pinkwart, *Paul Schultze-Naumburg. Ein konservativer Architekt des frühen 20. Jh. Das bauliche Werk*, 6 Bde., Halle (Dissertation) 1991; ders., *Der Kunstreformer, Architekt und
Gestalter Paul Schultze-Naumburg und die Weimarer Hochschule unter seinem Rektorat in den dreißiger Jah-
ren*, in: *Wissenschaftliche Zeitschrift. Hochschule für Architektur und Bauwesen Weimar*, 41 (1995), 4/5, S. 69-
82; Dana Arieli-Horowitz, *An Architect of Race - Paul Schultze-Naumburg and National Socialism*, in: *Yad
Vashem Studies* 24 (1994), S. 223-246; Claus Pese, *„Der Name Schultze-Naumburg ist Programm genug!" Paul
Schultze-Naumburg in Weimar*, in: Rolf Bothe und Thomas Föhl (Hg.), *Aufstieg und Fall der Moderne*,
Ostfildern-Ruit 1999, S. 386-393; Norbert Borrmann, *Der Lebensreformer Paul Schultze-Naumburg*, in:
Bernd Stiegler (Hg.), *Vom „Untergang des Abendlandes" zum Aufstieg des „Dritten Reiches"*, Weimar 1999,
S. 63-112.

[9] Brenner 1963, S. 33 (s. Anm. 6); Christoph Zuschlag, *„Entartete Kunst" – Ausstellungsstrategien im Nazi-
Deutschland*, Worms 1995, S. 35; Andreas Hüneke, *„Entartete Kunst" in Weimar*, in: Bothe und Föhl 1999,
S. 394-398 (s. Anm. 8). Es handelt sich um den Beginn einer langjährigen und flächendeckenden Säube-
rung öffentlicher Ausstellungsorte, die mit der berüchtigten Schau *Entartete Kunst* 1937 ihren Höhepunkt erreichte.

[10] Das Buch beinhaltet mehrere Gegenüberstellungen moderner Gemälde auf der linken und pathologi-
scher Fälle auf der rechten Seite, bei der gewählten Doppelseite drei Werke von Picasso: Abb. 123,
Femme à mi-corps, 1921 (Christian Zervos, *Pablo Picasso*, Paris 1932-1978, IV, No. 327); Abb. 124, *Nu assis
s'essuyant les pieds*, 1921 (Zervos IV, No. 330); Abb. 125, *L'Amitié*, 1908 (Zervos II,1, No. 60).

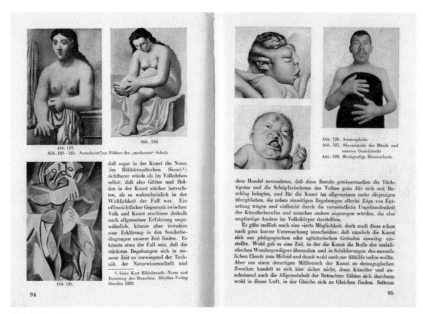

Abbildung 1

ihm, bedeutende Aufträge zu erhalten, bis hin zum Cecilienhof (Abb. 2), der Residenz des Kronprinzenpaares und letztem Schloss der deutschen Kaiserfamilie (1913-1917). Durch die unsymmetrisch-malerische Gruppierung der Baumassen lässt Schultze dieses als englisches Landhaus verkleidete Schloss mit seinen 176 Zimmern gemütlich und unprätentiös erscheinen.

Abbildung 2

Schultze übte durch seine intensive und sehr erfolgreiche publizistische Tätigkeit einen großen Einfluss auf das deutschsprachige Kulturleben der ersten Jahrzehnte des 20. Jahrhunderts aus. Sein zentrales Credo erläutert er in den zwischen 1902 und 1917 publizierten und in mehrfachen Neuauflagen wiedergedruckten neunbändigen *Kulturarbeiten*.[11] Anhand hunderter von Fotos, die als „Beispiele" und „Gegenbeispiele" einander gegenüber gestellt sind, erläutert er die Schönheit heimatlicher, gewachsener Dorfstrukturen. Er lobt die bescheidenen, wohl proportionierten Häuser vergangener Zeiten mit steilen Dächern, deren feiner, freundlicher und einladender Charakter betont wird. Dem hier (Abb. 3) gewählten Beispiel aus dem ersten Band – ein Haus aus der zweiten Hälfte des 18. Jahrhunderts –, stellt er als negatives Gegenbeispiel den unmittelbar angrenzenden Bau des fortgeschrittenen 19. Jahrhunderts gegenüber. Der geschlossene Block mit neoromanischen Ornamenten und einem kaum in Erscheinung tretenden Dach ist in Schultzes Augen erdrückend groß und „parvenühaft rücksichtslos".[12]

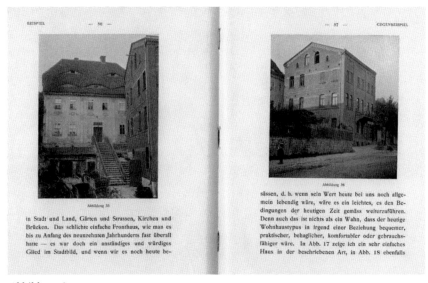

Abbildung 3

Um die als vorbildlich angesehenen Bauten und die idyllischen dörflich-kleinstädtischen Strukturen zu erhalten, wird Schultze 1904 Gründungsmitglied und erster Vorsitzender des *Bundes Heimatschutz*, der 1914 zum *Deutschen Bund Heimatschutz* umbenannt wurde. Es ist bis heute das Dach der Heimatschutzorganisationen, die

---

[11] Der erste Band wurde 1901 veröffentlicht. Einen Überblick der Schriften Schultzes, wenn auch ohne Zählung der Neuauflagen, gibt Borrmann 1989, S. 245-250 (s. Anm. 8).
[12] Paul Schultze-Naumburg, *Kulturarbeiten, Bd. 1, Hausbau*, München [1901], S. 84.

Naturschutz und Denkmalpflege verknüpfen. Die drei letzten Bände der *Kulturar-
beiten* widmen sich der „Gestaltung der Landschaft durch den Menschen". Eine
Doppelseite aus dem siebten Band (Abb. 4) exemplifiziert die Argumentation des
Autors. Auf der linken (oberen) Seite sieht man ein Gemälde Schultzes von 1902,
auf der rechten (unteren) ein Foto desselben Ortes nach der Straßenregulierung. Die
Gegenüberstellung dient der Anklage gegen den Verlust gewachsener Schönheit:
„Hier liegt ein Fall vor, wo ein natürlich gebahnter Weg durch die ‚Verbesserung'
[der Straßenregulierung] nicht allein seinen Rhythmus und damit seine Schönheit,
sondern auch seine für die Benutzung angemessene Führung verloren hat".[13]

Abbildung 4

Schultzes Pochen auf regionale Traditionen erhält nach 1918 einen zunehmend
chauvinistischen Grundton.[14] Als 1927 der *Deutsche Werkbund* die wegweisende
internationale Bauausstellung *Weißenhof* in Stuttgart eröffnet, verlässt er zusammen mit Paul Bonatz und Paul Schmitthenner, Türe schlagend, diesen von ihm
1907 mitbegründeten Verein und wird eine zentrale Figur der meist politisch ge-
färbten Kritik am Neuen Bauen. In seinem Haus in Saaleck findet im Juni 1928 die
Gründung des *Blocks* statt, einer Vereinigung von Architekten, die sich gegen

---

[13] Paul Schultze-Naumburg, *Kulturarbeiten, Bd. VII, Die Gestaltung der Landschaft durch den Menschen,* I.
Teil, München 1916, S. 50.
[14] Barbara M. Lane, *National Romanticism and Modern Architecture in Germany and the Scandinavian Count-
ries,* Cambridge 2000, S. 144 zeigt, dass diese Tendenzen bereits vor dem Ersten Weltkrieg im *Werkbund*
verbreitet sind.

„modische Erzeugnisse" jener Bauweise wenden, die die „Lebensanschauungen des eigenen Volkes und die Gegebenheiten der Natur des Landes" außer Acht lassen.[15] In Büchern und Aufsätzen greift er die Architekten der Moderne an (Abb. 5), ähnlich wie er sich zuvor gegen Jugendstil und Historismus – die Moderne seiner Jugend – gewendet hatte: Mies van der Rohe, Walther Gropius und ihren Weggefährten wirft er Künstlichkeit vor. Ihren Häusern fehle jegliche Geborgenheit, sie seien weder den Bedürfnissen der Menschen noch Klima, Landschaft und Traditionen deutscher Länder angemessen.

Abbildung 5

---

[15] So das Manifest der Gruppe, zit. nach Anna Teut, *Architektur im Dritten Reich 1933-1945*, Berlin 1967, S. 29. Vgl. Matthias Freytag, *Stuttgarter Schule für Architektur 1919 bis 1933*, Stuttgart (Dissertation) 1996, S. 56-59.

1924 lernte Schultze-Naumburg durch Vermittlung des Verleger-Ehepaars Hugo und Elsa Bruckmann Adolf Hitler kennen.[16] Er war es, der seinen Freund und Gesinnungsgenossen Richard Walther Darré, *den* agrarpolitischen „Blut und Boden"-Ideologen mit Hitler bekannt machte.[17] 1929 schließt sich Schultze Alfred Rosenbergs *Kampfbund für Deutsche Kultur* an, wo er zur führenden Figur in Fragen der bildenden Künste wird.[18] Er reist durch das Land und hält propagandistische Vorträge, die von Rosenberg eingeführt und von einer SA-Truppe gegen unbeliebte Zwischenrufe abgesichert werden. Kultur wird sowohl Mittel als auch Ziel von Schultzes parteipolitischem Kampf.[19] Es gelingt ihm, einerseits konservative Architekten mit anderen Kritikern moderner Kunst für die NSDAP zu gewinnen,[20] andererseits ist es vor allem seinem Einfluss zuzuschreiben, dass die Kritik am Neuen Bauen seit Anfang 1930 vom *Völkischen Beobachter*, dem Zentralorgan der NSDAP, übernommen wird und zum Parteithema avanciert.[21] Im November 1932 wird Schultze als NSDAP-Abgeordneter in den Reichstag gewählt, wo er mit den Zuständigkeiten für Architektur und Bildkünste betraut wurde.[22]

Am Ende desselben Jahres 1932 erscheint eine kurze programmatisch-polemische Zusammenfassung der architektonischen Leitideen Schultze-Naumburgs mit dem prägnanten Titel *Die Architektur im Dritten Reich* (Abb. 6-7). Verfasst wurde sie von dem Schriftsteller Karl Willy Straub (1880-1971), einem Jugendfreund des Stuttgarter Architekten Paul Schmitthenners, Geschäftsführer des *Blocks* und seit 1931 Mitglied der NSDAP.[23] Schultze, der bereits den Titel *Mitglied des Reichs-*

---

[16] Borrmann 1989, S. 198f. (s. Anm. 8).

[17] Anna Bramwell, *Blood and Soil. Richard Walther Darré and Hitler's ‚Green Party'*, Bourne End 1985, S. 77. Ebda. S. 78 zur Bedeutung Schultze-Naumburgs und seines Hauses Saaleck als Zentrum nationalsozialistischer Aktivitäten im Sommer 1930. Vgl. Borrmann 1989, S. 215 (s. Anm. 8).

[18] Borrmann 1989, S. 183f. (s. Anm. 8)

[19] Schultze wiederholt in diesen Jahren die aus früheren Schriften bekannten Argumente und bereichert sie mit dem Pathos nationalsozialistischer Rhetorik. In der Einleitung von *Kampf um die Kunst*, 1932 im nationalsozialistischen Eher Verlag erschienen, heißt es beispielsweise: „Denn in der deutschen Kunst tobt ein Kampf um Tod und Leben, nicht anders als auf dem Felde der Politik. Und neben dem Kampf um die Macht muß der Kampf um die Kunst mit demselben Ernst und derselben Entschlossenheit durchgeführt werden, wollen wir die deutsche Seele nicht preisgeben." (Paul Schultze-Naumburg, *Kampf um die Kunst*, München 1932, S. 5).

[20] Nach Aussage Borrmanns [1989, S. 184 (s. Anm. 8)] wird ihre Berufsgruppe die mit Abstand stärkste innerhalb des Kampfbundes und bildet eine eigene Unterorganisation, den *Kampfbund Deutscher Architekten und Ingenieure*.

[21] So die Schlussfolgerungen von Barbara M. Lane, *Architektur und Politik in Deutschland 1918-1945*, Braunschweig 1986, S. 151, die auf einer Untersuchung der Architekturkritik im *Völkischen Beobachter* beruhen.

[22] Borrmann 1989, S. 198 (s. Anm. 8).

[23] Manfred Bosch, *Straub, Karl Wilhelm*, in: Bernd Ottnad und Fred L. Sepainter (Hg.), *Baden-Württembergische Biographien*, Bd. III, Stuttgart 2002, S. 405-408 und Andreas Romero, *Baugeschichte als Auftrag.*

tags trägt, signiert das Geleitwort. Die Argumente entsprechen vielen Ansichten aus seinen älteren Publikationen. Rund ein halbes Jahr vor der Machtergreifung

Abbildung 6

29. Ooswinkel bei Baden-Baden. Architekt: Prof. Paul Schmitthenner - Stuttgart. (Die in Bezug auf hinreichenden Raum, Hygiene und Erdnähe erstrebenswerte Kleinwohnung)

Abbildung 7

Karl Gruber: Architekt, Lehrer, Zeichner, Braunschweig 1990, S. 132. Für den Hinweis auf diese Literatur danke ich Herrn Dipl.-Ing. Hermann Kühn, UB der TU Hamburg-Harburg.

gilt hier das Dritte Reich als „Zielbild im Sinne eines neuen Deutschlands",[24] dessen Architektur sich mit dem Schlachtruf „weder so noch so" auf dem Umschlag
vom leeren Pomp des Historismus und Jugendstils genau so wie von der unorga-
nischen Schlichtheit des Neuen Bauens absetzten sollte. Straub wiederholt Schultzes Polemik gegen die Weißenhofsiedlung als „Casablanca in Stuttgart"[25] und erläutert das Scheitern von Le Corbusier in Pessac bei Bordeaux: Die Bevölkerung
lehne es ab, eine „Wohnmaschine" zu beziehen, wo sie das „Schützende", „Um-
hüllende" und „Wärmende" einer jeden traditionellen Architektur vermissen müsse.[26] Der Ausweg aus Historismus und Neuem Bauen, beide werden als Produkte
der verkommenen Großstadt angesehen, liegt in der romantischen Dorfidylle, im
Bauernhaus und im „erdnahen" Kleinhaus (Abb. 7): „Der den Lockungen der
Großstadt und dem vermeintlichen Komfort der Mietkaserne erlegene Land- und
Bodenflüchtige wird wieder den Pflug zur Hand nehmen und die Mietkaserne mit
dem erdnahen Bauernhaus vertauschen. Denn als Symbol des Vertauschbaren,
Ungebundenen und Beziehungslosen stellt die Mietkaserne das Gegenteil dessen
dar, was als würdige Wohn- und Lebensform dem Dritten Reiche vorschwebt."[27]

Das Schlagwort „Drittes Reich" bezeichnete seit dem 1923 veröffentlichten,
gleichnamigen Buch Moeller van den Brucks die Utopie eines konservativ-revolutionären Staates in Opposition zur Weimarer Demokratie. Ende 1932 handelt es
sich für Schultze-Naumburg bereits konkret um die nahende NSDAP-Herrschaft,
und in seinem Vorwort drückt er den Anspruch auf die Bestimmung architektoni-
scher Richtlinien unmissverständlich aus: „Der rechte Führer muss zielweisend
vorangehen und im Kampfe seinen Mann stellen. Er muss aber auch dafür sorgen,
dass sich in seine Truppe nicht Überläufer oder gar Verräter einschleichen. [...] So
darf das Dritte Reich auch nicht einen Augenblick die Gefahr verkennen, die ihm
von den ewig ‚Objektiven' droht, [...] von denen, die sich rasch ‚auf den Boden der
Tatsachen stellen'. All die Leute fehlen auch in dem Reich des Bauens nicht." In
diesem Sinne heißt es in einer Verlagswerbung für Straubs Buch: „Die vorliegende
Schrift macht es sich zur Aufgabe, auf dem Gebiete der Baukunst in ungefähren
Umrissen aufzuzeigen, wie im Dritten Reich gebaut werden wird. [...] Der Verfasser [...] gibt in Wort und Bild sozusagen die Richtlinien einer gesunden neuen
deutschen Baukunst." Die dort angeführten Zitate aus der Rezension des *Völkischen
Beobachters* unterstreicht dies: „Das Problem, das hier erörtert wird, ist an sich nicht
neu, aber es ist noch nie in einer so knappen Formulierung klarer zusammenge-

---

[24] Paul Schultze-Naumburg, *Geleitwort*, in: Karl Willy Straub, *Die Architektur im Dritten Reich*, Stuttgart
1932, S. 3.
[25] Straub 1932, S. 21 (s. Anm. 24).
[26] Ib. S. 54.
[27] Ib. S. 40.

fasst worden […]. Die Schrift wird denen, die sich gegenüber vagem Gerede oder
Geschreibsel über die Baukunst im Dritten Reich Klarheit verschaffen wollen, ein
guter Führer sein."[28]

2 Paul Ludwig Troost und der reduzierte Klassizismus

Unter dem von Schultze-Naumburg beschworenen „rechten Führer" hat die
NSDAP am 30. Januar 1933 das einjährige Experiment Thüringens in eine zwölf-
jährige Herrschaft über Deutschland und Teile Europas verwandelt. Seit September 1933 ziert Adolf Hitler seinen Staat offiziell auch mit dem Etikett eines „Dritten
Reiches".[29] Die ersten repräsentativen Bauaufträge des am 30. Januar 1933 zum
Reichskanzler ernannten Hitler erhielt allerdings nicht Paul Schultze-Naumburg,
sondern Paul Ludwig Troost (1878-1934). Diese Entscheidung muss viele Zeitgenossen überrascht haben: einerseits war Troost in den ideologischen Architektur-
debatten der 1920er Jahre nicht in Erscheinung getreten,[30] andererseits war er lediglich als Innenarchitekt ausgewiesen. Seine realisierten Leistungen im Hochbau
beschränkten sich auf ein Dutzend Wohnbauten, die Timo Nüsslein erstmals zusammengestellt hat.[31] Sie sind stilistisch uneinheitlich, wechseln zwischen der klassizistischen Fassade der Villa Becker (Abb. 8) und schlichten Häusern mit Steil-
dach, die Schultze-Naumburgs Ideale erfüllen, wenn auch mit einem ausgeprägte-
ren Hang zur Betonung der mittleren Symmetrieachse (Abb. 9).

---

[28] Das Werbe-Blatt ist im Exemplar des Buches in der Universitätsbibliothek Kassel (Signatur 36/2052)
eingeklebt. Auffällig ist, dass Straub dort nur als Herausgeber fungiert und mit kleiner Schrifttype
genannt, Schultze-Naumburg als Verfasser des Vorwortes dagegen typographisch hervorgehoben wird.
[29] Wolfgang Wippermann, *Drittes Reich*, in: Wolfgang Benz et al. (Hg.), *Enzyklopädie des Nationalsozialismus*, München 1979, S. 435.
[30] Troost hatte schon früh eine sehr konservative politische Einstellung. Mit Datum 1.8.1930 erhält er
den Ausweis Nr. 291704 der NSDAP (Ulrike Grammbitter, *Vom „Parteiheim" in der Brienner Straße zu den
Monumentalbauten am „Königlichen Platz". Das Parteizentrum der NSDAP am Königsplatz in München*, in:
Lauterbach 1995, S. 60-87, hier S. 62f. Erstnachweis der beiden ersten Mitgliederschaften bei Brenner
1963, S. 7f. u. 20, s. Anm. 6). Er ist auch Mitglied im *Kampfbund für Deutsche Kultur* und seit der Gründung 1931/32 im *Kampfbund Deutscher Architekten und Ingenieure*. Auffällig ist dagegen, dass Troost dem
Block nicht beigetreten ist. Anders als viele konservative Kollegen hat er anlässlich der Weißenhofaus-
stellung den *Werkbund* nicht verlassen. Aus Tagebucheinträgen der 1920er Jahre wird deutlich, dass er
die Diskussionen seiner Zeit aufmerksam verfolgt, aufgrund persönlicher Hemmungen (fehlende Re-
degewandtheit, Scheue vor Öffentlichkeit, Ideal des Künstlers, der ganz und gar der Kunst hingege-
ben ist) aber nicht in Erscheinung tritt (die Tagebücher werden derzeit von Timo Nüsslein, dem ich
diese Hinweise verdanke, ausgewertet).
[31] Timo Nüsslein, *Paul Ludwig Troost – Das architektonische Frühwerk (1902-1913). Wohnhäuser, Projekte und
Wettbewerbsentwürfe*, Freiburg (Magisterarbeit) 2004.

Abbildung 8

Abbildung 9

Der Schwerpunkt von Troosts Arbeit vor 1933 lag im Entwurf erlesener Innenaus-
stattungen. Er gestaltete mehrere Räume im Schloss Cecilienhof und war vor allem
mit seinen Einrichtungen von Luxusdampfern des Norddeutschen Lloyd bekannt
geworden. Deutlicher noch als in den Villen des Frühwerks erweist er sich hier als
Historist. Er greift Formen und Ornamente unterschiedlicher Stile auf, gibt sie puri-
fiziert, geometrisch vereinfacht wieder. Typisch für seine Entwurfspraxis ist eine
Kommode, die 1915 für das Schlafzimmer des Kronprinzenpaars im Schloss
Cecilienhof realisiert wurde (Abb. 10). Material und Dekor – die kostbaren Holzin-
tarsien aus Tropenhölzern (Amboine und Palisander), die bronzenen Beschläge und
die Marmorplatte – sind an barocken Vorbildern orientiert, der streng kreisrunde
Grundriss, der Verzicht auf plastische Modulierungen verraten aber die Nähe zur

Abbildung 10

aufkommenden Art Déco.[32] Troosts Stilmöbel wurden in kleinen Serien mit höchsten handwerklichen Ansprüchen von den *Vereinigten Werkstätten* in München ausgeführt. Ein Exemplar dieser Kommode findet sich noch heute im Schlafzimmer
des Kronprinzenpaares im Cecilienhof, für die es auch ursprünglich entworfen
wurde. Seit 1904, also lange vor dem Kronprinzenpaar, war die Familie Bruckmann Kunde von Troost. Seit 1926 erwirbt auch Hitler, der es sich jetzt leisten

---

[32] Günther Irmscher, *Ornament in Europa*, Köln 2005, S. 164-167, prägt den Stilbegriff des „abstrakt-
geometrischen Historismus", für das Troosts und Josef Wackerles Innendekorationen für Schloss
Cecilienhof gute Beispiele bieten.

kann, Troost-Möbel.[33] Damit gleicht sich der Parteiführer den gehobenen Gesell-
schaftskreisen an, in denen er in München gerne verkehrte. Bezeichnend ist, dass
Hitler ausgerechnet das hier abgebildete Exemplar der Kommode aus Cecilienhof
besaß,[34] die kaiserliche Konnotation dürfte ihm bekannt gewesen sein. 1930 lernt
der spätere Diktator, abermals durch Bruckmanns Vermittlung, den Innenarchitek-
ten persönlich kennen und beauftragt ihn mit dem Innenumbau des „Braunen
Hauses", der damaligen Parteizentrale der NSDAP.[35]

Abbildung 11

[33] Patrick Utermann, *Der Ozeandampfer „Europa" – 1926 bis 1930 - und sein Innenausbau durch Paul Ludwig Troost*, München (Dissertation) 1988, S. 121.

[34] Die Abbildung mit entsprechender Legende stammt aus der Zeitschrift *Kunst im Deutschen Reich*, Januar 1942, Folge 1, S. 2.

[35] Ulrike Grammbitter 1995 (s. Anm. 30); Ulrike Grammbitter, *Braunes Haus, München*, in: Historisches Lexikon Bayerns, http://www.historisches-lexikon-bayerns.de/artikel/artikel_444542008; Andreas Heusler, *Das Braune Haus. Wie München zur „Hauptstadt der Bewegung" wurde*, München 2008.

Unmittelbar nach der „Machtergreifung" veranlasste Hitler zwei Großbaustellen in München. Die erste lag an der Ostseite des „Königlichen Platzes" Ludwigs I. (Abb. 11). Hier entstanden zwei Ehrentempel für die Toten von Hitlers Novemberputsch des Jahres 1923 (nach dem Zweiten Weltkrieg gesprengt), nördlich davon ein „Führerbau" für Partei- und Staatsrepräsentation (Abb. 12, die heutige Musikhochschule) und symmetrisch dazu im Süden die zentrale Verwaltung der NSDAP (heute beherbergt das Gebäude unter anderem das Zentralinstitut für Kunstgeschichte). Die zweite Baustelle befand sich am südlichen Ende des Englischen Gartens, wo das noch heute zu Ausstellungszwecken genutzte *Haus der Deutschen*

Abbildung 12

Kunst entstand (Abb. 13). Diese zwischen 1935 und 1937 vollendeten Gebäude sind die ersten repräsentativen Bauprojekte des Dritten Reiches. Sie sind in vielerlei Hinsicht das genaue Gegenteil dessen, was Schultze-Naumburg als deutsche, bzw. nationalsozialistische Architektur propagiert hatte: Erstens, Troosts Bauten sind alles andere als „bescheiden". Sie sind groß und vor allem monumental. Sie führen ihre Größe durch reduzierte Formen und geschlossene Blockhaftigkeit demonstrativ vor. Zweitens, sie orientieren sich weder in der Gestaltung noch im Material an deutschen Traditionen: Sie haben Flachdächer, zahlreiche Säulen und sind durchwegs mit Kalkstein verkleidet. Drittens, sie sind streng symmetrisch und betonen rechtwinkelige Achsenkreuze.

Um Troosts Bauweise stilistisch zu bestimmen, ist es hilfreich, sein *Haus der Deutschen Kunst* mit der Fassade von Schinkels *Altem Museum* in Berlin (1823-1830) zu vergleichen (Abb. 13 und 14). Zentrales Element beider Fassaden ist die große Kolonnade. Beide Musentempel nehmen explizit Bezug auf antike Architektur. Der Klassizist Schinkel arbeitet mit einer ionischen Säulenordnung nach allen Regeln seines Faches: attische Basis, kannelierter Säulenschaft und Volutenkapitell; darüber – abermals klassisch – ein dreiteiliges Gebälk mit Faszienarchitrav, Fries und schmalem, profiliertem Gesims; abschließend preußische Adler als Antefixe. Troost hingegen hat die frei stehende Kolonnade mit je einer quadratischen Säule seitlich gerahmt, alle Säulenschäfte sind glatt, Basen und Kapitelle auf knappe rechteckige Profilierungen reduziert, und, was ungewöhnlich ist, spiegelsymmetrisch. An Stelle der klassischen Dreiteilung besteht das kräftige Gebälk aus einem sehr breiten Fries, der von abermals rechteckig profilierten, schmalen Gesimsen gerahmt ist. Ein schlichter und flacher Steinblock nimmt die Stelle von Eckakroteren ein.

Abbildung 13

Abbildung 14

Diese Adaption antiker Architektur wird gelegentlich und zu Recht als *reduzierter Klassizismus* bezeichnet: Das Formvokabular einer auf die Antike zurückgehenden klassischen europäischen Architektur wird in geometrisch vereinfachter Weise neu gestaltet. Die kanonische Syntax dieser Architektur wird mit dem offensichtlichen Zweck einer Steigerung der Monumentalität verändert. Troost war nicht der erste, der klassische Formen reduzierte. Ansätze von monumentalisierender geometrischer Reduktion klassischer Architekturformen kommen bereits mehrfach um 1800 vor – in zahlreichen Entwürfen, vereinzelt auch in verwirklichten Gebäuden. Dies ist der Fall in Frankreich – bei den sogenannten Revolutionsarchitekten, vor allem Claude-Nicolas Ledoux – so wie in Deutschland – besonders in den Skizzen von Friedrich Gilly. Selbst Schinkel hat einen Alternativentwurf zur Neuen Wache als Pfeilerbau – ohne Kapitelle und mit reduziertem Gebälk – gezeichnet.[36] Seit dem Beginn des 20. Jahrhunderts ist die Reduktion klassischer Architektur häufig. Mehrfach in diesem Zusammenhang hat man Beispiele von Peter Behrens, Her-

---

[36] Paul Ortwin Rave, *Karl Friedrich Schinkel. Berlin*, 3. Teil, Berlin 1962, S. 146-150.

mann Billing, Wilhelm Kreis, Fritz Schumacher und sogar Frühwerke von Walter Gropius und Mies van der Rohe genannt.[37] Umfassende Studien zur Geschichte des reduzierten Klassizismus stehen noch aus, doch lässt sich unschwer erkennen, dass es kein rein deutsches Phänomen war.[38] In den vielfältigen Begründungen und Argumenten für die Reduktion klassischer Formen stehen drei Aspekte im Vordergrund: Tradition, Moderne und Monumentalität. Immer wieder wurde die Aktualisierung des Klassischen, die Verbindung von Modernität *und* Tradition betont.[39] Darüber hinaus führt die Auslassung der kleinteiligen antiken Ornamente zu sehr großen glatten Flächen, zu kolossalen Formen und damit zu monumentalen Bauten, die bei gleicher Größe weitaus mächtiger erscheinen, als wenn die klassischen Vokabeln und Syntax eingehalten wären. Vor diesem Hintergrund ist es kein Wunder, dass der reduzierte Klassizismus in den späteren 1920er und in den 1930er Jahren für staatliche Repräsentation sehr attraktiv war – für Kriegsdenkmäler wie Ausstellungsräume, Universitäten wie Ministerien. Auffällig ist, dass dieser Stil geeignet war, konträre politische Systeme zu vertreten. Demokratische Regierungen haben den reduzierten Klassizismus in Washington (Paul Crets *Federal Reserve Board* von 1935, Abb. 15),[40] Paris (das *Palais de Chaillot* des Architektentrios

---

[37] Winfried Nerdinger, *Monumentalarchitektur und „neudeutsche Moderne" vor 1914*, in: *Hermann Billing. Architektur zwischen Historismus, Jugendstil und Neuem Bauen*, Erika Rödiger-Diruf (Hg.), Karlsruhe 1997, S. 49-57. Der Vergleich der NS-Bauten von Troost mit früheren und zeitgleichen internationalen Beispielen hat eine heftige Debatte entfacht. Siehe insbesonders: Karl Arndt, Neoklassizistische Architektur im 20. Jahrhundert, in: *Neue Zürcher Zeitung*, 22.11.1970; Vittorio Magnago Lampugnani, *Auf dem Weg zu einer faschistischen Architektur? Formale Tabuisierung und Nachdarstellung im Bauen*, in: *Die Zeit*, 49, 1978, S. 52, wiederabgedruckt in: ders., *Architektur als Kultur*, Köln 1986, S. 214-228; Lars Olof Larsson, *Klassizismus in der Architektur des 20. Jahrhunderts*, in: Arndt et al. 1978, S. 151-178. Georg Friedrich Koch, *Speer, Schinkel und der preußische Stil*, in: Arndt et al. 1978, S. 136-150; Wolfgang Schäche, *Nationalsozialistische Architektur und Antikenrezeption, Kritik der Neoklassizismus-These am Beispiel der Berliner Museumsplanung*, in: Willmuth Arenhövel und Christa Schreiber (Hg.), *Berlin und die Antike. Architektur, Kunstgewerbe, Malerei, Skulptur, Theater und Wissenschaft vom 16. Jahrhundert bis heute*, Bd. 2, Berlin 1979, S. 557-570; Karl Arndt, *Die Münchner Architekturszene 1933/34 als ästhetisch-politisches Konfliktfeld*, in: Martin Brosza et al. (Hg.), **Bayern in der NS-Zeit**, München 1981, III, S. 443-512; Winfried Nerdinger, *Bauen im Nationalsozialismus – Zwischen Klassizismus und Regionalismus*, in: Werner Durth und Winfried Nerdinger (Hg.), *Architektur und Städtebau der 30er/40er Jahre*, Bonn 1994, S. 8-19; Winfried Nerdinger, *Baustile im Nationalsozialismus: zwischen ,Internationalem Klassizismus' und Regionalismus*, in: Dawn Ades et al. (Hg.), *Art and Power. Europe under the Dictators 1930-1945*, Stuttgart 1995, S. 322-325 (mit einer Zusammenfassung der Diskussion); Hartmut Mayer, *Paul Ludwig Troost. „Germanische Tektonik" für München*, Tübingen/Berlin 2007.

[38] Franco Borsi, *L'ordine monumentale in Europa 1929-1939*, Milano 1986, hat eine sehr vorläufige Bilddokumentation zusammengestellt.

[39] Siehe beispielsweise Wilhelm Kreis, *Über die Zusammenhänge von Kultur, Zivilisation und Kunst*, Berlin et al. 1927, S. xiiif.

[40] Die Ausschreibung für den Wettbewerb zur *Federal Reserve Board* betonte, dass die Fed keine Bank, sondern eine Regierungseinrichtung sei, „[that] dictates an architectural concept of dignity and permanence". Die Botschaft war klar, so dass auch Crets Konkurrenten Pläne im reduzierten Klassizis-

Boileau-Azème-Carlu von 1937), London (etwa das von Charles Holden entworfene *Senate House* der *University of London* von 1932)[41] und Helsinki eingesetzt (so bereits 1919 der Plan für die Universität Helsinki von Johan Sigfrid Sirèn),[42] totalitäre Staaten ebenfalls in Italien und Russland.[43]

Abbildung 15

Dass der reduzierte Klassizismus in den späten 1920er Jahren der Stil ist, der am ehesten einen internationalen Konsens für staatliche Repräsentation findet, wird

---

mus einreichten. Siehe Elizabeth G. Grossman, *The civic architecture of Paul Cret*, New York 1996, S. 185 u. 192-195. Lois Craig, *The federal presence. Architecture, politics, and symbols in United States government building*, Cambridge, Mass. 1978, S. 279-334 zeigt, dass Paul Cret eine zentrale Rolle inne hatte, um den „starved classicism" in den USA zum offiziellen Stil des federal government avancieren zu lassen. Aufschlussreich ist, dass Speer in der Nachfolge Crets gesehen wird, wobei der abgebildete Münchner Führerbau von Troost (S. 333) mit Speers Neuer Reichskanzlei verwechselt wurde. Die Legende lautet: „Germany: Chancellory, Albert Speer, Berlin, reminiscent of Paul Cret's Federal Reserve Board in Washington".

[41] Siehe Eitan Karol, *Charles Holden Architect*, Donington 2007, S. 386-430 u. insbes. Pl. LIVf. (die Eingangshalle).

[42] *J. S. Sirèn. Architect 1889-1961*, Helsinki 1989, S. 48f.

[43] Es gibt in Russland bereits vor 1914, und damit lange vor Stalin, postmodern anmutende Formen des Klassizismus, die in Deutschland bekannt waren (Alexander Klein, *Bemerkungen zum russischen Klassizismus von 1910-15*, in: *Wasmuths Monatshefte für Baukunst*, 1926, S. 324-329). Nach der Oktoberrevolution haben Modernisten die Oberhand. Mit der Moskauer *Lenin Bibliothek* (1928) findet ein nachhaltiger Wendepunkt zum reduzierten Klassizismus statt (siehe Lioba Imkamp, *Der Wettbewerb für den Bau der Leninbibliothek in Moskau 1928*, Heidelberg [Magisterarbeit] 2007).

am Wettbewerb für den Völkerbundpalast in Genf deutlich. Viele der 377 Entwürfe, die damals eingereicht, und die Mehrheit jener, die von der internationalen Jury prämiert wurden, tragen Züge eines reduzierten Klassizismus.[44] Die berühmteste Ausnahme war der Entwurf von Le Corbusier, der als einziger versprochen hatte, die vorgesehenen Kosten einzuhalten. Von 1929 an wurde unter der Leitung des französischen Architekten Henri Paul Nénot ein Palast im Stil des reduzierten Klassizismus errichtet, der noch heute Sitz der UNO ist (Abb. 16). Der zentrale Versammlungsraum hat zwei Fassaden. Beide sind reduzierte Tempelfronten. An der hier abgebildeten Bergseite tragen rechteckige Pfeiler ohne Basis und ohne Kapitell ein breites Gebälk, das unmittelbar mit demjenigen von Troosts *Haus der Deutschen Kunst* vergleichbar ist. Reduziert wird auch der klassische Dreiecksgiebel, der einen optischen Ersatz durch die markante Erhöhung des Baukörpers hinter der Portikus erhält.

Abbildung 16

Troost starb im Januar 1934. Der reduzierte Klassizismus blieb aber maßgeblich für Hitlers Bauvorhaben. In den ersten Jahren nach dessen Tod haben unterschiedliche Architekten sich bis in die Details wörtlich an seinen Münchner Entwürfen orientiert. Dies ist besonders deutlich auf dem Nürnberger Parteitagsgelände. Ich nenne zwei Beispiele: Zuerst die Kongresshalle von Ludwig Ruff, bei der sich die

---

[44] Ein Überblick der Entwürfe bei Ciro Luigi Anzivino und Ezio Godoli, *Ginevra 1927: Il concorso per il palazzo della Società delle Nazioni e il caso Le Corbusier*, Firenze 1979. Vgl. Werner Oechslin (Hg.), *Le Corbusier & Pierre Jeanneret. Das Wettbewerbsprojekt für den Völkerbundpalast in Genf 1927*, Zürich 1988 und Jean-Claude Pallas, *Histoire et architecture du Palais des Nations (1924-2001). L'Art déco au service des relations internationales*, Genève 2001.

rechteckig gerahmten Rundbogenfenster (Abb. 17) an denen von Troosts Parteibauten am Königsplatz orientieren (Abb. 12).[45] Troost übernimmt dort Klenzes
klassizistische Fensterform (Abb. 18) und reduziert deren Ornament auf ein System von Abtreppungen gleichartiger, flacher Bänder. Die sparsame Orna-
mentierung durch einfache, seriell-symmetrisch wiederholte geometrische Formen

Abbildung 17   *Abbildung 18*

ist charakteristisch für die Entwürfe, die Troost für und mit dem Bauherren Hitler
anfertigte. Im Vergleich mit dieser strengen, rational-konsequenten Gestaltung erscheint Ruffs rahmender Wulst wie eine künstlich applizierte Leiste, die Abtrep-
pung der rundbogigen Fensterprofile wirkt ganz im Gegensatz zur Monumentalität der Kongresshalle geradezu gefällig. Als zweites Beispiel sei auf Speers Kolonnade der Zeppelintribüne hingewiesen (Abb. 19), die sich sehr eng an diejenige des
Hauses der Deutschen Kunst anlehnt (Abb. 20). Speer führt die Reduktion der Formen über Troost hinaus. An Stelle der Säulen treten hier quadratische Pfeiler ohne
Basen.

---

[45] Sebastian Tesch, *Die Kongreßhalle auf dem ehemaligen Reichsparteitagsgelände in Nürnberg*, Freiburg i.B.
(Magisterarbeit) 2005.

Abbildung 19   *Abbildung 20*

Die überschaubare Gruppe der realisierten NS-Staatsbauten und die zahllosen
Projekte für den monumentalen Umbau von Städten sind fast durchweg im Stil des
reduzierten Klassizismus gehalten. Viele bleiben allerdings den Troostschen Vorbildern fern. Das schmucklos glatte, streng gegliederte Luftfahrtsministerium des
Architekten Sagebiel, 1935/36 für Göring erbaut (Abb. 21), und das postmodern
anmutende pompöse Reichsmarschallamt Speers (Abb. 22) sind extreme Beispiele
für die Vielfalt, mit der dieser Stil im Dritten Reich variiert wurde. So weit ich das
beurteilen kann, gibt es dabei keine durchgehenden charakteristischen Eigenschaf-
ten, die diese Bauten formal-stilistisch von denen, die in anderen Ländern – demokratischen oder totalitären – errichtet wurden, unterscheiden.

Abbildung 21

Abbildung 22:

3 Die Hintergründe von Hitlers Entscheidung

Wie erklärt sich, dass das nationalsozialistische Regime einerseits Schultzes Theorie und Praxis in Bezug auf die Bildkünste übernimmt und die Aktionen gegen „entartete" Kunst auf das gesamte Reich ausdehnt, ihm aber andererseits in seinem eigentlich Fach, der Architektur, eine Absage erteilt?

Die NSDAP hatte zum Zeitpunkt der „Machtergreifung" Schultzes architektonische Vorstellungen offensichtlich internalisiert. Die Rede von Gauleiter Adolf Wagner anlässlich der Grundsteinlegung des *Hauses der Deutschen Kunst* im Oktober 1933 kann als Indiz hierfür gelten: „Blut und Boden sind die Wurzeln, aus denen das Leben und Werden eines Volkes entsprießt. Blut und Boden bestimmen auch das Gesicht der Seele eines Volkes. Die Kunst hat die erhabene Aufgabe, den Ausdruck des aus Blut und Boden geformten Gesichts der Seele darzustellen."[46] Ob diese Rede absichtlich oder aus Versehen sich diametral gegen die Architektur des einzuweihenden Gebäudes wendet, sei dahin gestellt. Klar scheint mir aber, dass die Wahl für Troost und gegen Schultze, für den reduzierten Klassizismus und gegen den pittoresk-biedermeierlichen Stil eine persönliche Entscheidung Adolf Hitlers war. Dieser hatte spätestens um die Mitte der 1920er Jahre Vorstellungen einer wünschenswerten Staatsarchitektur entwickelt, die vermutlich noch

---

[46] *Völkischer Beobachter*, 15.10.1933, zit. nach Ernst Piper, *Alfred Rosenberg. Hitlers Chefideologe*, München 2007, S. 385.

kein fertiges und kohärentes Konzept bilden, mit Schultzes Dorfidyllen jedoch gänzlich unvereinbar waren. In dem 1924 verfassten *Mein Kampf* betont er die Bedeutung großer repräsentativer Staatsbauten: „Das Wesentliche aber ist doch noch folgendes: Unsere heutige Großstadt besitzt keine, das ganze Stadtbild beherrschenden Denkmäler, die irgendwie als Wahrzeichen der ganzen Zeit angesprochen werden könnten. Dies aber war in den Städten des Altertums der Fall, da fast jede ein besonderes Monument ihres Stolzes besaß."[47] Wir kennen mehrere architektonische Skizzen von Adolf Hitler. Etwa den Entwurf eines Triumphbogens (Abb. 23), den Albert Speer in seinen *Erinnerungen* publiziert und auf 1925 datiert

Abbildung 23

hat – fast gleichzeitig zur Niederschrift von *Mein Kampf*. Dieses und andere Blätter beweisen, dass der Parteiführer bereits damals konkrete Vorstellungen solcher „das ganze Stadtbild beherrschenden Denkmäler" hatte. Indem er einen monumentalen Triumphbogen zeichnet, orientiert sich Hitler an Napoleons Bogen in Paris (Abb. 24).[48] Seiner ist aber viel mächtiger: er ist breiter proportioniert, figürliche Reliefs und ornamentale Details bleiben aus; die zum Durchgang einladende große Öffnung des Pariser Bogens ist mit einer Kolonnade geschlossen. Zudem wird an Hand der gezeichneten Umgebung deutlich, dass Hitler die Masse des mit 49 Meter Höhe und 45 Meter Breite größten gebauten Triumphbogens um ein Vielfaches übertrumpfen wollte. Als im Zuge des Umbaus von Berlin Hitlers Skizze realisiert werden sollte, wurde die Höhe auf 117, die Breite auf gewaltige 170 Meter festgelegt.[49] Während der Chalgrin-Bogen in Paris eine schlichte kubische

[47] Hitler, *Mein Kampf*, München 1925, S. 280.
[48] Speer 1969, S. 149f. und Abb. gegenüber S. 161 (s. Anm. 2), zieht selbst explizit den Vergleich.
[49] Ib. S. 150.

Grundform besitzt, gliedert Hitler die monströsen Baumassen an allen vier Seiten mit je zwei Vorsprüngen. Sie ähneln an den Breitseiten den Pilastern einer klassischen Fassade. Damit wird deutlich, dass Hitler in der Mitte der 1920er Jahre bereits eine konkrete Vision von politischer Architektur besitzt und dabei an reduzierte klassizistische Formen denkt.

Abbildung 24

Bis 1933 ließ Hitler Schultze gewähren und nützte seine Dienste für die Partei aus. Als aber der Diktator in die Lage kam, „beherrschende Wahrzeichen" in den von ihm regierten Großstädten erbauen zu lassen, ließ er Schultze mit Trostpreisen abservieren. Im Herbst 1934 lehnt der „Führer" dessen Pläne für ein Parteiforum in Weimar kategorisch ab. Speers diesbezügliche Überlieferung von Hitlers Aussagen erscheinen glaubwürdig. Hitler soll ihm gesagt haben: „Es sieht aus wie ein übergroßer Marktplatz einer Provinzstadt. Es hat nichts Typisches, unterscheidet sich nicht von früheren Zeiten. Wenn wir schon ein Parteiforum bauen, dann soll man später auch sehen, dass es in unserer Zeit und in unserem Stil gebaut wurde, wie etwa der Münchner Königsplatz."[50] In kleinerem Maßstab wurde die von Schultze

---

[50] Ib. S. 77. Als Abfindung beauftragte Hitler Schultze-Naumburg mit dem Bau der vom Diktator teils aus der eigenen Schatulle finanzierten Erweiterung des Nietzsche-Hauses. Siehe Karina Loos, *Das*

propagierte, „völkisch" traditionelle Bauweise gefördert sowie propagandistisch emphatisch publiziert, sei es im Siedlungsbau oder bei einem HJ-Heim (Abb. 25). Die großen, städtischen Projekte waren aber von 1933 bis 1945 Chefsache und Hitler sorgte dafür, dass repräsentative Partei- und Staatsbauten nicht im Heimatstil ausgeführt wurden.

Abbildung 25

So sehr man die Staatsräson von Hitlers Entschluss verstehen mag, muss festgehalten werden, dass dabei gerade die Ideologie eines spezifisch deutschen und damit auch spezifisch nationalsozialistischen Architekturstils ausgehebelt wurde. Die von Hitler vielfach mitgeplanten Monumentalbauten waren in den Augen des Diktators ein unverzichtbarer Bestandteil des „Dritten Reiches". Ihren Zweck, Größe und Macht seines totalitären Regimes zu demonstrieren, haben sie zweifellos erfüllt. Zahlreiche Publikationen mit hohen Auflagen dienten der Identifikation des NS-Staates mit seinen Bauten. Der Erfolg dieser Propaganda ist, dass die deutsche Öffentlichkeit bis heute die Bauten von Troost und Speer mit dem Dritten Reich gleichsetzt.

„Gauforum" in Weimar. Vom bewusstlosen Umgang mit nationalsozialistischer Geschichte, in: Detlev Heiden und Gunther Mai (Hg.), *Nationalsozialismus in Thüringen*, Weimar et al. 1995, S. 333-348 und Peter Merseburger, *Mythos Weimar. Zwischen Geist und Macht*, Stuttgart 1998, S. 323.

Ihr Stil, der reduzierte Klassizismus, kann aber nicht als charakteristischer oder gar symbolischer Ausdruck der nationalsozialistischen Ideologie gewertet werden.

Das Beispiel des Nationalsozialismus zeigt die Grenzen der Eindeutigkeit im Bereich der Architektur, es zeigt, wie wenig Formen an und für sich Bedeutung tragen – selbst wenn die Botschaft explizit intendiert ist. Entgegengesetzte Formen sind mit denselben politischen Inhalten etikettiert worden, umgekehrt wurden dieselben Formen mit entgegengesetzten politischen Botschaften aufgeladen. Der reduzierte Klassizismus konnte in Frankreich, Großbritannien und den USA eine Demokratie, in Deutschland, Italien und Russland eine Diktatur repräsentieren. Den Politikern der 1920er und 1930er Jahre war aber unabhängig von der politischen Couleur und vom Herkunftsland klar, dass dieser Stil unter denen, die damals zur Auswahl standen, am besten geeignet war, die in ihren Augen jeweils zeitgemäße staatliche Macht zu verkörpern.

Abbildungslegenden und Bildnachweise

Abb. 1   Paul Schultze-Naumburg, *Kunst und Rasse*, 1928, S. 94f.

Abb. 2   Paul Schultze-Naumburg, *Schloss Cecilienhof*, Potsdam, 1913-1917, © Raphael Rosenberg

Abb. 3   Paul Schultze-Naumburg, *Kulturarbeiten*, Bd. I, *Hausbau*, 1902, S. 56f.

Abb. 4   Paul Schultze-Naumburg, Kulturarbeiten, Bd. VII, *Die Gestaltung der Landschaft durch den Menschen*, 1916, S. 54f.

Abb. 5   Paul Schultze-Naumburg, *Kulturarbeiten*, Bd. IV, *Das Gesicht des Deutschen Hauses*, Neuauflage 1929, S. 129

Abb. 6   Karl Willy Straub, *Die Architektur im Dritten Reich*, 1932, Deckblatt

Abb. 7   Karl Willy Straub, *Die Architektur im Dritten Reich*, 1932, S. 39

Abb. 8   Paul Ludwig Troost, *Villa Becker*, München, 1902-1904, © *Die Kunst im Dritten Reich*, 1937/1, S. 36

Abb. 9   Paul Ludwig Troost, *Haus Dr. Böninger*, München, Scheinerstr. 5, 1922-1924, © *Die Kunst im Dritten Reich*, 1937/1, S. 39

Abb. 10   Paul Ludwig Troost, *Kommode*, 1915, © *Die Kunst im Dritten Reich / Die Baukunst*, 1942, S. 2

Abb. 11   *Königsplatz*, München, 1937, © Albert Speer (Hg.), *Neue deutsche Baukunst*, 1940, S. 18

Abb. 12   Paul Ludwig Troost, *Führerbau (Eingang)*, München, 1935-1937, © Albert Speer (Hg.), *Neue deutsche Baukunst*, 1940, S. 20

Abb. 13   Paul Ludwig Troost, *Haus der Deutschen Kunst*, München, 1933-1937, © *Die Kunst im Dritten Reich*, 1938/10, S. 18

Abb. 14   Karl Friedrich Schinkel, *Altes Museum*, Berlin, 1825-1828, © IEK Heidelberg

Abb. 15   Paul Cret, *Federal Reserve Board*, Washington, 1935, © IEK Heidelberg

Abb. 16   Henri Paul Nénot u.a., *Völkerbundpalast*, Genf, 1929-1936, © Raphael Rosenberg

Abb. 17   Ludwig und Franz Ruff, *Kongresshalle (Fenster)*, Nürnberg, ab 1933, © Raphael Rosenberg

Abb. 18   Leo von Klenze, *Alte Pinakothek (Fenster)*, München, 1826-1836, © Raphael Rosenberg

Abb. 19   Albert Speer, *Zeppelintribüne*, Nürnberg, 1934-1937, © Albert Speer (Hg.), *Neue deutsche Baukunst*, 1940, S. 33

Abb. 20   Paul Ludwig Troost, *Haus der Deutschen Kunst*, München, 1933-1937, © Albert Speer (Hg.), *Neue deutsche Baukunst*, 1940, S. 21

Abb. 21   Ernst Sagebiel, *Reichsluftfahrtministerium*, Berlin, 1935/36, © Gerdy Troost (Hg.), *Das Bauen im Neuen Reich*, 1938, S. 66

Abb. 22   Albert Speer, *Reichsmarschallamt, Modell*, um 1938, © Karl Arndt et al., *Albert Speer*, Frankfurt a.M. 1978, S. 59

Abb. 23   Adolf Hitler, *Entwurf eines Triumphbogens*, 1925 (?), © Albert Speer, *Erinnerungen*, Berlin 1969, gegenüber S. 161

Abb. 24   Jean-François Chalgrin, *Arc de triomphe*, Paris, 1806-1836, © IEK Heidelberg

Abb. 25   Hanns Dustmann und R. Braun, Musterheim der Hitler-Jugend auf der Ausstellung „Gebt Mir Vier Jahre Zeit" (Berlin, 1934), Melle (Hannover), © Die Kunst im Dritten Reich, 1937/12, S. 12

Winfried Nerdinger

Rationalisierung zum Existenzminimum – Neues Bauen und die Ästhetisierung ökonomischer und politischer Maßgaben

Zwischen 1930 und 1938 entstanden vier der luxuriösesten modernen Wohnbauten des 20. Jahrhunderts von den vier berühmtesten Avantgarde-Architekten der Zeit: 1930 die Villa Tugendhat von Ludwig Mies van der Rohe in Brünn, im folgenden Jahr die Villa Savoye von Le Corbusier in Poissy, 1936 Falling Water von Frank Lloyd Wright in Bear Run/Pennsylvania und 1938 die Villa Mairea von Alvar Aalto in Noormarkku. Alle vier Bauten wurden für Industrielle errichtet und jedesmal spielte Geld keine Rolle. In architekturgeschichtlichen Betrachtungen wird zumeist übergangen, dass diese Bauten in einer Phase wirtschaftlicher Depression entstanden. Als Mies das Haus Tugendhat fertiggestellt hatte, war in Deutschland fast jeder Dritte arbeitslos, über 90 Prozent der Architekten hatte nichts zu tun und bei den wenigen Wettbewerben kamen über 1000 Einsendungen. Der engagierte tschechische Architekturtheoretiker Karel Teige nannte deshalb 1932 das Haus Tugendhat in seiner Publikation „Nejmesi byt" (Die Minimalwohnung) den „Höhepunkt des modernen Snobismus, ein Angeberstück für Millionärskultur ..., das bei aller formalen Qualität nichts anderes ist als die Neuausgabe eines protzigen Barockpalais'." Im Gegensatz dazu propagierte Teige die formal völlig anspruchslose „Wohnung für das Existenzminimum" als Teil eines umfassenden politisch-gesellschaftlichen Konzepts.[1] Damit ist auf den Hintergrund verwiesen, vor dem im Folgenden das Thema „Rationalisierung zum Existenzminimum" behandelt werden soll.

Rationalisierung des Bauwesens im Zeitalter der Industrialisierung ist ein Thema, das mit den vorfabrizierten Gusseisen- und Glaselementen des Kristallpalasts von Joseph Paxton auf der Weltausstellung 1851 in London bereits einen ersten Höhepunkt erreichte. In den USA war zudem seit den 1830er Jahren im Holzbau mit dem Balloon Frame eine serielle Produktion der konstruktiven Bauteile entwickelt worden, der zum Ende des Jahrhunderts eine Betonfertigteilproduktion folgte. Thomas A. Edison erfand beispielsweise ein Betongußverfahren für ganze Hauswände, die nur noch hochgeklappt wurden.[2] Zu der seriellen Herstellung und der Fertigteilproduktion kam im Zuge der Arbeiten von Frederick W. Taylor (1856-

1951) und Frank B. Gilbreth (1868-1924) als Drittes die rationelle Baustellenorganisation hinzu.

Taylor war Begründer des *scientific management* beziehungsweise des nach ihm benannten *Taylorismus*, unter dem man jene Methode des Arbeitens versteht, die auf der Zerlegung der Herstellungsweise eines Produkts in Hunderte, manchmal Tausende von genau kalkulierten Einzelvorgängen beruht, wodurch der Arbeiter nur noch den berühmt-berüchtigten „einen Griff" zu leisten braucht. In der industriellen Praxis führte diese Methode zu einer fortschreitenden Rationalisierung und Verwissenschaftlichung der gesamten Betriebsführung, und da alle unnötigen Arbeitsgänge eliminiert waren, zu einer gewaltigen Produktionssteigerung. Hand in Hand mit dieser „Taylorei" ging die Einführung von Stoppuhr, Stücklohn und Akkordarbeit, die den Arbeiter „maschinisierten" und gleichzeitig bis zu einer Versechzigfachung der Produktion führten.[3]

Taylors Schüler Gilbreth ging noch einen Schritt weiter und untersuchte den Bewegungsablauf selbst, um die effizienteste Handhabung einer Arbeit zu finden. Seine *motion studies* bestanden darin, kleine Lämpchen am Arbeiter zu befestigen, wodurch die Bewegungen während eines Arbeitsvorgangs als Lichtkurve fotografiert, anschließend auf den kürzesten Weg reduziert und dann in einem Drahtmodell lehrhaft visualisiert werden konnten. Ein Grundprinzip des Kapitalismus, Henry Fords „Time is Money", ist damit buchstäblich visualisiert. In seinen berühmten Studien *Concrete System* und *Bricklaying System* übertrug Gilbreth dieses Motion-System auch auf den Baubetrieb. So entwickelte er zum Beispiel ein neues Baugerüst, das *Gilbreth scaffold* (Abb. 1), mit dem, ohne sich zu bücken, gemauert werden konnte. Den traditionellen Vorgang des Ziegel-Vermauerns zerlegte er in 18 vermessene Einzeloperationen und zeigte, wie durch entsprechende Vorbereitung der Baustelle, Lagerung des Materials und beidhändiges, bis zur Fußstellung berechnetes Arbeiten die gleiche Arbeit in fünf Schritten erledigt und damit stündlich 350 statt wie bisher 120 Ziegel verlegt werden konnten.[4]

Die Lehren von Taylor und Gilbreth wurden noch vor 1914 in Deutschland bekannt, blieben aber anfangs relativ unbeachtet. Hier wurden zwar auch die Bedingungen und Produktionsformen der Maschine diskutiert, die Bemühungen zielten aber darauf, die Maschine in den Dienst der Kultur zu stellen oder, in der Sprache des 1907 gegründeten Deutschen Werkbunds, die technischen Produkte sollten veredelt beziehungsweise vergeistigt werden. Erst im Ersten Weltkrieg erhielt die Rationalisierungsdiskussion einen entscheidenden Schub: Walther Rathenau, der seit August 1914 die gesamte deutsche Wirtschaft höchst effizient auf Kriegsproduktivität umorganisierte, demonstrierte, was durch Rationalisierung zu erreichen war. Die von ihm in der *Kriegsrohstoffabteilung* des Kriegsministeriums entwickelten Methoden zur Rationalisierung, Materialverwertung und Schaffung von Ersatzstoffen dienten auch der Bauwirtschaft als Modell. Ebenfalls aus dem Kriegsamt gingen die ersten Arbeiten zu einer reichsweiten Normung von Einzelbauteilen und die dazugehörigen technischen Vorschriften hervor. 1917 formierte sich ein *Deutscher Normenausschuss für das Bauwesen*, zu dem die Werkbundmitbegründer Hermann Muthesius und Peter Behrens gehörten. Durch den Zusammenschluss dieser Landesnormstellen entstand noch 1918 eine Zentralstelle für Reichshochbaunormung, aus der dann in den 1920er-Jahren die ersten DIN-Vorschriften für das Bauwesen hervorgingen.

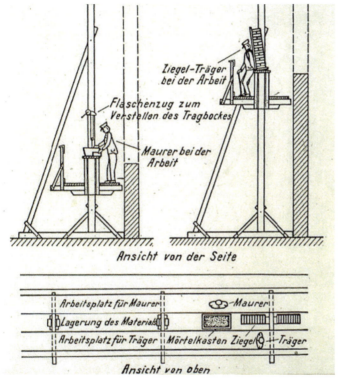

Abbildung 1

Die kriegsbedingte Verknappung der Baustoffe und die schon voraus berechnete Verteuerung des Bauens in der Nachkriegszeit führten noch im Krieg zu zahlreichen Projekten, mit denen das Bauwesen verbilligt werden sollte. So wurden beispielsweise Ersatzstoffe wie Schlackenbetonsteine entwickelt, die Walter Gropius dann 1926 bei der Siedlung Dessau-Törten einsetzte. Außerdem legten mehrere Architekten Entwürfe für sparsames Bauen, Schnellbauweisen, Minimierung des Wohnbedarfs in Kleinwohnungen sowie Typisierung der Bauweise vor. Kleine Notstandswohnungen, u.a. von Heinrich Tessenow oder Peter Behrens, sind direk-

te Vorbilder für die spätere Wohnung für das Existenzminimum. Auch die Zeilen-
bauweise wurde bereits 1917/18 mehrfach als gesündeste und gleichzeitig kostengünstigste Wohnbauform vorgestellt, und noch während des Krieges begann
Theodor Fischer mit der Planung der ersten reinen Zeilenbau-Siedlung, der Alten
Heide bei München.

Die im Krieg forcierte Typisierung, die an großen Fertigteil-Barackenlagern für
Flüchtlinge und Kriegsgefangene studiert werden konnte, sowie die Rationalisierung des Bauprozesses mit zentralen Betonmischanlagen und fahrbaren Kränen
nahmen Architekten als Anregung für den Wohnungsbau nach dem Krieg auf. So
konzipierten die österreichischen Architekten Josef Frank, Hugo Fuchs und Franz
Zetting 1918, unter ausdrücklicher Berufung auf die durch den Krieg bewirkten
Innovationen, eine Arbeiterstadt mit Wohnhäusern aus Gußbeton, die in Zeilen-
bauweise mit wandernder Schalung und Betonzufuhr über Rollbahnen erstellt
werden sollte.

Zwangswirtschaft und Rationalisierungsmaßnahmen während des Ersten
Weltkrieges legten somit entscheidende Grundlagen für die Bautätigkeit in der
Weimarer Republik: Zeilenbau, Baurationalisierung, Normierung, Entwicklung
billiger neuer Baustoffe oder Kleinwohnungen – nahezu alle wichtigen Themen
des Bauens in den 1920er-Jahren können auf kriegsbedingte Vorarbeiten und Ideen
zurückgeführt werden. Für das Bauen in der Weimarer Republik ist neben diesen
Entwicklungen allerdings auch die völlig veränderte wirtschaftliche Lage entscheidend. Durch den Weltkrieg hatte das Deutsche Reich 159 Milliarden Goldmark Schulden (1913 betrug der Reichshaushalt 6 Milliarden), dazu kam die Verpflichtung zur Zahlung von 226 Milliarden Goldmark Reparationen. Das gesamte
Bauen 1919-1932 ist dadurch gekennzeichnet, dass auf Grund der Geldknappheit
und der damit verbundenen erhöhten Hypothekenzinsen insbesondere der Wohnungsbau kaum Rendite erbrachte. Massenwohnungsbau konnte letztlich nur mit
staatlichen Subventionen durchgeführt werden. Die Mittel dazu wurden ab 1924
über die sogenannte Hauszinssteuer – eine Steuer auf Immobilien, die durch die
Inflation 1923 entschuldet worden waren – von den Hausbesitzern eingezogen.
Weimarer Wohnungsbau ist zum größten Teil staatlich subventionierter und kon-
trollierter Baubetrieb. Da der Weimarer Staat aber seine Sozialleistungen zunehmend verbesserte, und da gleichzeitig die Löhne und Preise stiegen, erhöhte sich
der Baupreisindex von 1924 bis 1929 um 50 Prozent. Bauen war somit einfach zu
teuer und deshalb wurde Rationalisierung zum tausendfach beschworenen Hilfs-
und Allheilmittel. Müsste man die Architektur der Weimarer Republik unter einen
einzigen Leitbegriff stellen, so wäre es zweifellos Rationalisierung, die durch ökonomische und politische Maßgaben und Zwänge forciert wurde.

Der erste, der in Deutschland forderte, den *Taylorismus* auf das Bauwesen zu übertragen, war 1918 Martin Wagner, der spätere Stadtbaurat von Berlin, mit seiner Schrift *Neue Bauwirtschaft*. 1920 gründete Wagner die *Sozialen Baubetriebe*, in denen neue Rationalisierungsmethoden wie Zeitpläne, Baustellenorganisation, fließbandmäßiger Arbeitsablauf oder Maschineneinsatz erprobt wurden (Abb. 2a, b). 1921 wurde dann das *Reichskuratorium für Wirtschaftlichkeit* gegründet, mit dem die Normen- und Typisierungsausschüsse der Vorkriegs- und Kriegszeit einen staatlichen Rahmen erhielten. An den Hochschulen entstanden mehrere neue Lehrstühle für Arbeitstechnik, Arbeitswissenschaft und Psychotechnik. Die Industrie gründete die DINTA, das *Deutsche Institut für Technische Arbeitsschulung*, und für das Bauwesen wurde die staatliche *Reichsforschungsgesellschaft für Wirtschaftlichkeit im Bau- und Wohnungswesen* eingerichtet. Rationalisierung beherrschte die gesamte Architekturdiskussion der Weimarer Republik.

Abbildung 2a

Abbildung 2b

Mitten ins Jahr der Inflation 1923 fiel dann die deutsche Ausgabe von Henry Fords Autobiographie *Mein Leben und Werk* (Originalausgabe 1922), die bis in die NS-Zeit hinein Millionenauflagen erlebte und in vielen Kreisen geradezu als Schlüssel zur Weimarer Stabilisierungspolitik galt. Hier fand man alles, wonach man suchte: erhöhter Lebensstandard durch höhere Produktion gekoppelt mit höheren Löhnen, und alles getragen von einer Art Sozialpartnerschaft zwischen Kapital und Arbeit. Nach Ford war das alles ein reines Organisations- und Rationalisierungsproblem. Die (erzwungene) Zusammenarbeit der Arbeiter am Fließband verführte außerdem manche zu dem Glauben, diese modernste Form des Kapitalismus ziele nicht so sehr auf Profit, sondern sei „Dienst am Ganzen". Ford wurde deshalb als „der größte Preuße Amerikas" gefeiert, der die Gefahr des „roten Sozialismus" durch einen „weißen Sozialismus" der reinen „tatenfrohen Gesinnung" zu bannen versuche.[5] Die Vorstellung eines weißen Sozialismus, eines „organisierten Kapitalismus" begeisterte nach der Inflation insbesondere Sozialdemokraten und Gewerkschaften. In der Alternative „Ford oder Marx", so ein berühmter Buchtitel,[6] entschied sich die SPD weitgehend für Ford, der als „willkommener Verkünder des Sozialismus" begrüßt wurde. Die ursprünglichen Sozialisierungspläne der Revolutionsphase wurden aufgegeben, durch Beteiligung der Arbeiter über Betriebsräte an Entscheidungen und insbesondere durch Rationalisierung sollte die kapitalistische Produktion so gelenkt werden, dass zuerst der Lebensstandard und das Gemeinschaftsgefühl der Arbeiter wuchs, und erst in einer späteren Phase sollte dann aus dieser gestärkten Arbeiterschaft die sozialistische Gesellschaft hervorgehen. Kurt Tucholsky schrieb treffend: „In Deutschland buchstabiert man Fortschritt mit weichem d."

Dieser „weiße Sozialismus" prägte bis 1929 die Phase wirtschaftlicher Stabilität, die von Wirtschaftshistorikern deshalb auch „Rationalisierungskonjunktur"[7] genannt wird. Den Besitzenden war die Rationalisierung durchaus recht, denn ihnen erbrachte sie gesteigerte Produktivität und Gewinn; SPD und Gewerkschaften hofften auf die wirtschaftliche und politische Schubwirkung des verbesserten Lebensstandards, nur die Kommunisten (Abb. 3) sowie einige Künstler und Literaten verwiesen auf die Folgen der Rationalisierung für den Arbeiter und kritisierten die „zu Tode gehetzte Zeit".[8] So zeichnete Gerd Arntz in einer Graphikserie die am

Abbildung 3

Fließband zu Maschinen deformierten Menschen und Bert Brecht, Aldous Huxley und Rudolf Brunngraber decouvrierten in „Mann ist Mann", „Schöne neue (Ford-)Welt" und „Karl und das 20. Jahrhundert" die Zusammenhänge zwischen Rationalisierung und Enthumanisierung. Gegenüber dieser substantiellen Kritik wirkt Charlie Chaplins Film „Modern Times" eher wie eine Verharmlosung der Probleme.

Ein zentrales Element des Fordschen Erfolgs war die Kombination der Methoden Taylors und Gilbreths mit dem Fließband, das er 1913 erstmals in seiner Autofabrik in River Rouge, Detroit, einführte und damit nicht nur zum reichsten Mann der USA wurde, sondern auch die Industrieproduktion im 20. Jahrhundert revolutionierte. So war zum Beispiel der Herstellungsprozess des berühmten Modell *T Ford Lizzy*, des am meisten gekauften Autos vor dem VW, in 7882 Arbeitsgänge zerlegt, deren Abwicklung nur noch von Stoppuhr und Fließband bestimmt war.

Abbildung 4

Auf der Basis von *Fordismus* und *Taylorismus* gelang es dann der nordamerikanischen Schwerindustrie zwischen 1919 und 1927 zehnmal so schnell zu wachsen wie in den Jahren zwischen 1900 und 1919. Das Automobil, das sich perfekt typisieren und dem Fließbandprozess anpassen ließ, wurde zum Paradebeispiel für Rationalisierung und erhielt deshalb auch Leitbildfunktion für die moderne Architektur der zwanziger Jahre. Le Corbusier benannte Häuser und Planungen nach Autos (maison Citrohan, plan Voisin) (Abb. 4), das gesamte Bauwesen von der Baustelle bis zum Städtebau wurde dem Verkehrsfluss angepasst, moderne Neubauten wurden geradezu emblematisch zusammen mit Autos fotografiert und publiziert und Walter Gropius wollte sogar mit einem fließbandmäßig organisiertem Hausbau zum „Henry Ford des Massenwohnbaus"[9] werden.

Die Wege der Baurationalisierung folgten der Fordschen Autoproduktion: die Baustellen wurden nach dem Fließbandprinzip organisiert, die Kranbahn bestimmte den Lageplan (beispielsweise bei der Siedlung Dessau-Törten) (Abb. 5), Bauteile wurden reduziert, typisiert, in einer „Häuserfabrik" (in Frankfurt) vorbereitet und dann fließbandartig versetzt (Abb. 6). Schon in den Entwurfszeichnungen visualisierten Architekten den rationalisierten Systembau durch eine prozessuale

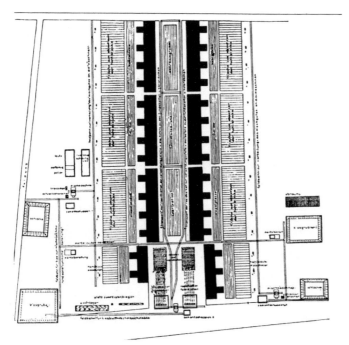

Abbildung 5

Abbildung 6

Darstellung des Bauens (Abb. 7). Die Rationalisierung zwang dabei zunehmend dem Wohnungsbau ihre Gesetze auf. Waren neue Siedlungen anfangs noch nach stadträumlichen Konfigurationen (wie die Alte Heide in München), nach gemein-schaftsbildender Symbolik (Hufeisen-Siedlung in Berlin) oder entsprechend der

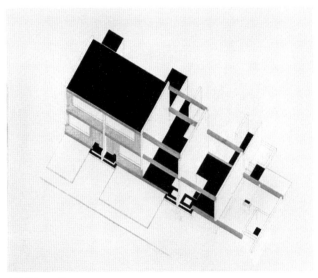

Abbildung 7

Topographie (Römerstadt in Frankfurt) entwickelt worden, so setzte sich bald die ökonomischste Lösung, nämlich der sture Zeilenbau entlang der Kranbahn wie in Dammerstock/Karlsruhe (Abb. 8), Westhausen/Frankfurt oder Haselhorst/Berlin durch. Die erhofften Einsparungen von 30 bis 50 Prozent blieben allerdings überall aus, man erreichte nur fünf bis maximal zehn Prozent Kostenreduktion, da das Bauen in der Weimarer Republik nie im größeren Maßstab industrialisiert ablief.

Abbildung 8

Neben Baustellenorganisation und Bauteil-Präfabrikation finden sich noch zwei weitere Rationalisierungsrichtungen: Materialeinsparung und Grundrissrationalisierung beziehungsweise -minimierung. Gegenüber dem schweren material- und zeitaufwendigen Massivbau, wirken die von den modernen Architekten bevorzugten Stahlbeton- oder Stahlskelettkonstruktionen mit großflächiger Verglasung schon vom Augenschein wie eine Demonstration des Rationalisierungsprinzips. Diese Tendenz zur Materialeinsparung – von der Kunstwissenschaft auch als „Schwebe-Syndrom"[10] der Moderne bezeichnet – wurde als Entwicklung zum Leichten, Beweglichen, zur Entmaterialisierung stilisiert und ästhetisiert. So sollte sich beispielsweise nach den Vorstellungen Marcel Breuers der Stuhl zuletzt in einen tragenden Luftstrahl auflösen und nach László Moholy-Nagy verlief die gesamte Kunstentwicklung vom massiven Block zu schwebenden, transparenten

Gestaltungen.[11] Zwar dienten ästhetische oder hygienische Argumente sowie Hinweise auf die „befreiende" psychologische Wirkung zur Begründung von Transparenz im Neuen Bauen, deren Basis sind jedoch zumeist unreflektierte ökonomische Maßgaben.[12]

Die vielleicht wichtigste Rationalisierungsstrategie zielte auf den Grundriss und damit direkt in das Leben des Menschen. Was mit Taylor und Gilbreth, mit der Vermessung von Arbeitsvorgängen begonnen und von Ford mit der Fließbandproduktion fortgeführt worden war, ergriff nun auch den Menschen in seinem Privatbereich. Die Rationalisierung beziehungsweise *Taylorisierung* des Grundrisses zielte in zwei Richtungen: einerseits wurden die Bewegungsabläufe in einer Wohnung minimiert und andererseits, komplementär dazu, die Wohnflächen verkleinert. Dabei konzentrierte sich die Organisation der Bewegungsabläufe besonders auf die Küche. In Nachfolge der Publikationen *The New Housekeeping, Efficiency Studies in Home Management* (1913) von Christine Frederick und *Der neue Haushalt* von Erna Meyer (1926, 30 Auflagen in einem Jahr) organisierte Grete Schütte-Lihotzky 1926 die berühmte *Frankfurter Küche*. Nach dem Vorbild perfekt taylorisierter Zugrestaurants kann dort die Frau von einem Punkt aus fast die gesamte Arbeit verrichten. Ausgehend von der Küche entwickelte dann besonders Alexander Klein geradezu einen Systematisierungsfanatismus zur Rationalisierung des gesamten Grundrisses.

Hinter der *Taylorisierung des Grundrisses* stand immer auch eine Minimierung der Flächen und damit die Frage nach dem Flächen- beziehungsweise Raummindestbedarf des Menschen. Für dieses Mindestmaß erfand der Generalsekretär der Vereinigung moderner Architekten (CIAM), Sigfried Giedion, 1929 den Begriff *Wohnung für das Existenzminimum* und unter diesem Motto wurde dann im selben Jahr der 2. CIAM-Kongress in Frankfurt/Main durchgeführt[13] (Abb. 9). Die Grundlagen zur Definition eines (räumlichen) Existenzminimums waren allerdings bereits vor der Jahrhundertwende in den großen Wohnungsenquêten der Stadthygieniker und Sozialreformer gelegt worden. Um überhaupt eine wissenschaftlich abgesicherte Handhabe gegen die verheerenden Wohnzustände in den Slums der Industriestädte zu bekommen, wurden von Hygienikern Mindeststandards erarbeitet, die sich dann noch vor dem Ersten Weltkrieg in den Baugesetzen der meisten deutschen Bundesstaaten niederschlugen: 10 m^3 Luft pro Person, etwas mehr als die Norm für eine Gefängniszelle in Preußen, galten als Mindestmaß, das durch Wohnungsinspektoren geprüft werden sollte. Ein Wohnstandard von 20 m^3 Luft, dem entsprechen circa 8 m^2 Wohnfläche pro Person, galt 1910 bereits als gut.

Abbildung 9

Diese Minimum-Standards waren natürlich allen Architekten der 1920er Jahre geläufig. Die ersten minimierten billigen Arbeitersiedlungen nach dem Ersten Weltkrieg – von J.J.P. Oud in Rotterdam und Kiefhoek oder von Martin Wagner in Berlin – knüpften daran an. Ab 1923/24 zeigte sich dann bei den Planungen vieler Wohnungen eine Art Minimalstandard von 10 bis maximal 14 m² pro Person, also 40 bis 56 m² für einen 4-Personen-Haushalt. Le Corbusier entwickelte mit der *Maison Loucheur* eine Minimal-Wohnzelle mit 12 m² pro Person, in der er durch Mehrfachnutzung von Flächen bei Tag und Nacht sogar 6 Personen auf 45 m² unterbrachte. Er errechnete aber eine Nutzfläche von 71 m², indem er die unterschiedliche Nutzung derselben Flächen einfach als Raumgrößen addierte. Nach dem Zweiten Weltkrieg wurde im sozialen Wohnungsbau dann die Förderquote wieder bei 12 m² pro Person angesetzt und diese Zahl stieg erst in den folgenden Jahrzehnten mit dem Wachsen des allgemeinen Lebensstandards kontinuierlich an.

Anlässlich des 2. CIAM-Kongresses in Frankfurt wurde eine Ausstellung über die *Wohnung für das Existenzminimum* (Abb. 10) zusammengestellt, die bezeichnenderweise nur aus Grundrissen im gleichen Maßstab bestand – Aufrisse und damit irgendeine Form von ästhetischer Anmutung spielten keinerlei Rolle – und die das Standardmaß von 10 bis 14 m² Wohnfläche pro Person für ganz Europa, zumindest nach Ansicht der Ausstellungsmacher, bestätigte. Neben der Grundfläche und dem umbauten Raum war als drittes Vergleichsmaß eine Angabe zur Fensterfläche verlangt, denn nach der besonders von Walter Gropius vertretenen Auffassung konnten die Räume verkleinert werden, wenn man gleichzeitig die Fenster vergrößerte. Licht und Luft konnten den Raumverlust angeblich kompensieren, wenn der Minimalraum nur „betriebstechnisch" richtig organisiert sei.

Abbildung 10

Schon Hannes Meyer, Hans Schmidt, Otto Voelckers oder Martin Wagner verwiesen auf die einseitigen Argumentationen, die auch den ganzen Kongress in Frankfurt bestimmten: die bautechnischen und biologischen Grundlagen der Wohnung wurden ausführlich diskutiert, aber die wirtschaftlichen und gesellschaftspolitischen Grundlagen blieben ausgeklammert. Die linken Kritiker erklärten deshalb, es ginge nicht darum, die Fenster, sondern die Kaufkraft der Familien zu vergrößern; die Wohnungen würden doch nur verkleinert, um die Mieten zu verringern und somit würden durch die kleinen Wohnungen letztlich auch noch die niedrigen Löhne gerechtfertigt. Martin Wagner und Bruno Taut rechneten zudem vor, daß alle Rationalisierungserfolge im Vergleich zu den Zinsbelastungen marginal waren, denn eine Reduktion der Baukosten um zehn Prozent würde durch eine Steigerung des Hypothekenzinses um ein Prozent wieder aufgehoben. Bezeichnenderweise lehnten es jedoch alle Redner in Frankfurt ab, vom Durchschnittsverdienst eines Arbeiters auszugehen oder über die vom Kapital gezogenen Grenzen zu reden. Hinweise, dass „nicht der Wohnraum der Armen, sondern die Bedürfnisse einzelner zugunsten der Masse" (Hans Schmidt) eingeschränkt werden müssten, wurden völlig unterdrückt.[14]

Damit kommen wir in den Bereich der Ideologien, die mit dem Konzept *Wohnung für das Existenzminimum* untrennbar verbunden sind. Letztlich handelt es sich darum, dass der Mangel, der das Bauen der Weimarer Republik beherrschte, verbrämt oder gerechtfertigt wurde, beziehungsweise dass die Formen der Armut überhöht, ästhetisiert und manchmal mit gesellschaftlichen Visionen verknüpft wurden, ohne dass die dem Mangel zugrundeliegende Gesellschafts- und Wirtschaftsstruktur in Frage gestellt wurde. Dass Rationalisierung und sachliche Form zunächst einmal der Stabilisierung der herrschenden politischen und wirtschaftlichen Systeme dienen, darauf verwies Ernst Bloch bereits 1935 in seiner Schrift *Erbschaft dieser Zeit*: „ ... die vielen technisch-kollektiven ,Ansätze' im Spätkapitalismus (können) nirgends bereits unmittelbar als ,sozialistisch' begrüßt werden." Die Hoffnung, daß aus der Rationalisierung eine gesellschaftliche Veränderung entstehe, nannte er eine „Architekten-Zuversicht, die überhaupt nicht aus der Politik, sondern aus technoid fortschrittlichem Können und dem Willen zu seiner Anwendung erwachsen ist." Die Vorstellung vom „friedlichen Hineinwachsen des Kapitalismus in den Sozialismus" sei eine „falsche Mittelbarkeit, nämlich gar keine; sieht sie in jedem Schiebefenster schon ein Stück Zukunftsstaat, so überschätzt sie offenbar das technisch-neutrale, unterschätzt das klassenhaft-parteiische Element. Sie überschätzt die neutrale Sauberkeit, Bequemlichkeit des Neuen Bauens, die Herkunft aus Fabrik, aus technischer Zweckmäßigkeit und genormter Maschinenware. Sie unterschätzt, dass dies ,gleichmäßige hygienische Wohnen' noch keineswegs auf eine klassenlose Gesellschaft ausgerichtet ist oder auch nur potentiell ausgerichtet sein kann, sondern auf jungen, modern fühlenden, geschmackvoll klugen Mittelstand."[15]

Mit gewissem Recht kann man – bei aller Anerkennung der Leistung und des Engagements vieler moderner Architekten – große Teile des Neuen Bauens als „Ästhetisierung des Taylorismus"[16] bezeichnen. Die aus Not und Armut geborene, der seriellen Herstellung entsprechende nackte geometrische Grundform wurde zum Schönheitsideal stilisiert. Die Monotonie der Zeilenbauten entlang der Kranbahnen in Dammerstock und Haselhorst beschönigte dann Walter Gropius als „Einheit in der Vielfalt" und Le Corbusier poetisierte die gläsernen Wohnblöcke in seiner Idealplanung *La ville contemporaine* 1922 als „glitzernde Kristalle zwischen der Begrünung". Adolf Behne kritisierte dagegen, dass hier Menschen am Stück verpackt würden. Die perfekt taylorisierte Küche wurde als „Befreiung der Hausfrau" gefeiert, obwohl sie doch zu einer völligen Fixierung der Person in der „Wohn-Zelle" führte und die Befreiung im wesentlichen darin bestand, dass die Hausfrau frei wurde, tagsüber zusätzlich Geld zu verdienen.

Das Menschenbild der Architekten ist hier aufschlussreich: wenn Gropius davon sprach, jedem müsse eine „Ration Wohnung" zugeteilt werden (Abb. 11), dann verweist das verdächtig auf den Gefängnis- oder Zoodirektor, der Mindestrationen verteilt. Analog berichtete Ernst May, dass er die Lebensbedingungen von Tieren im Zoo studiert habe, um für seine Planungen zu lernen, oder er verglich „die breite Masse des Volkes" mit den Arbeitsbienen, die abends in ihre Waben zurückkehren. Bezeichnenderweise entwickelte sich direkt aus der *Taylorisierung* des menschlichen Lebens in der Wohnung für das Existenzminimum die Normierung des Lebensraums nach Mindestmaßen, die Ernst Neufert im Auftrag von Albert Speer 1937 in seiner Bauentwurfslehre (Abb. 12) festschrieb (mit diesen Minimal-Maßvorgaben aus dem erfolgreichsten Architekturlehrbuch des 20. Jahrhunderts werden noch heute Architekturstudenten für den Bauwirtschaftsfunktionalismus konditioniert).

Abbildung 11

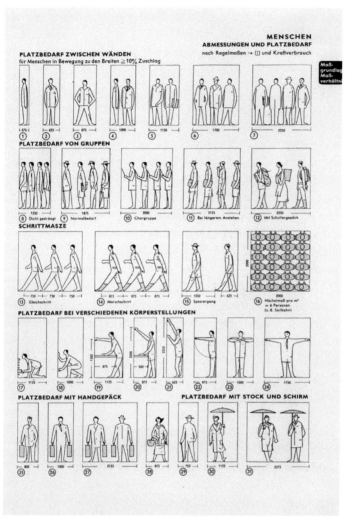

Abbildung 12

Ohne Zweifel wurde die Rationalisierung des Bauens von den meisten Vertretern des neuen Bauens mit besten Zielen verfolgt, aber der fundamentale Fehler der *Taylorisierung* liegt eben darin, dass der Mensch nur als isolierte Funktionsmaschine und nicht in seinem sozialen Umfeld gesehen wurde. Die *Taylorisierung* der Wohnung kennt nur die Erfüllung von physischen nicht aber psychischen oder sozialen Funktionen, und der rationelle Zeilenbau zerstört den sozialen Außenraum, nicht zu reden vom städtischen oder historischen Kontext. Rein technischer Funktionalismus führe zur Unmenschlichkeit erklärte schon Alvar Aalto gegen seine deutschen Kollegen, weshalb er sogenannte *flexible Standards*, also genau auf den jeweiligen Bedarf abgestimmte Details entwarf. Und ein sozial engagierter Architekt wie Bruno Taut bemängelte an den Kleinstwohnungen, dass die Lebensbedingungen des Arbeiters überhaupt nicht berücksichtigt würden: In Minimalwohnungen könnten keine Räume untervermietet werden, wovon ein Teil der Arbeiterhaushalte lebe. Da sich die Architekten überhaupt nicht um diese Finanz- und Mietsituation kümmerten, würden die Arbeiter in Minimalwohnungen nur „noch mehr als früher proletarisiert".

Die Mängel der Rationalisierung waren den Architekten des Neuen Bauens zumindest teilweise durchaus bewusst und deshalb versuchten sie, die Rationalisierung ideologisch zu überhöhen. Dies wird besonders an den Inkonsequenzen der Argumentationen deutlich: Obwohl Herbert Boehm und Emil Kaufmann, zwei Mitarbeiter Ernst Mays, auf dem Frankfurter Kongress 1929 präzise nachwiesen, dass der 4- bis 5-geschossige Reihenwohnungsbau am kostengünstigsten ist, propagierte May selbst das 2-geschossige Einfamilienhaus, da derjenige, der sich mit äußerster räumlicher Enge abfinden müsse, durch „die Verbindung mit dem Boden" eine Art psychischer Kompensation erhalte. Walter Gropius dagegen propagierte das Wohnhochhaus als neue und kostengünstigste Wohnform, da nach dem Parameter „gleiche Belichtung" im Vergleich zwischen Flach-, Mittel- und Hochbebauung das Hochhaus am wenigsten Fläche verbrauche.[17] Dass die Kosten für ein Hochhaus den geringen Gewinn an Grundfläche bei weitem übersteigen, wusste er zwar auch, unterschlug jedoch diese Zahlen. Während man also mit Wirtschaftlichkeit argumentierte, wurde nach ideologischen Prämissen geplant.

Walter Gropius ging noch einen Schritt weiter und parallelisierte sein Konzept der Kleinwohnung im Hochhaus mit einem Gesellschaftsmodell: In seinem Vortrag über „die soziologischen Grundlagen der Minimalwohnung" skizzierte er 1929 eine allgemeingesellschaftliche Entwicklung in der Industriegesellschaft zur mobilen Kleinfamilie in der Kleinwohnung (Abb. 13). Bereiche des täglichen Lebens wie Kochen, Essen oder Wäsche sollten zunehmend außerhalb der Wohnung in Speiseräumen und Wäschereien zusammengefasst werden, denn angeblich tendierte die Entwicklung zum Boardinghaus, zum Wohnen wie im Hotel oder auf dem Schiff. Dies war nun vollends illusionär, denn zentrale Einrichtungen und ein derartiger Lebensstil waren bestenfalls für den gehobenen Mittelstand erschwinglich.[18]

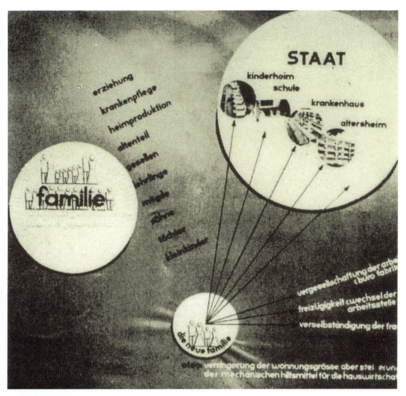

Abbildung 13

Im Gegensatz zu dieser Art von Minimalwohnung in bürgerlichem Gewande, die keinerlei Bezug zur gesellschaftlichen Realität hatte, vertrat der tschechische Architekturkritiker Karel Teige die Auffassung, dass das „Minimum auch das Maximum" sein könne, wenn es in einer neuen sozialistischen Gesellschaft verwirklicht würde, wenn also durch die Minimalwohnung eine „perfekte Gleichheit" für jeden und in jeder Beziehung erreicht würde. Wenn aller Komfort in kollektiven Einrichtungen für jeden vorhanden wäre – wie bei den Kommunehäusern (Abb. 14) –, dann empfände man eine große Wohnung nur noch als Belastung.

Diese Position wurde schon durch die Entwicklung im stalinistischen Kommunismus konterkariert. Als dann Bert Brecht 1948 Wohnungsbauten mit Max Frisch besichtigte, schrieb er in sein Tagebuch: „Frisch führt mich durch städtische Siedlungen ... Häuserfronten zur Sonne gewendet, zwischen den Häusern ein bisschen Grün, im Inneren 'Komfort' (Badewanne, elektrische Kochöfen), aber alles winzig, es sind Gefängniszellen, Räumchen zur Wiederherstellung der Arbeitskraft, verbesserte Slums."[19] Damit hatte er vielleicht recht, aber was sollten die Architekten tun. Für sie gibt es wahrscheinlich nur die banale Antwort: besser billige, kleine Wohnungen bauen als gar keine. Andernfalls müsste der Architekt zum Politiker oder Revolutionär werden. Weshalb Le Corbusier ja auch schon 1923 die Devise ausgab: „architecture ou révolution".[20]

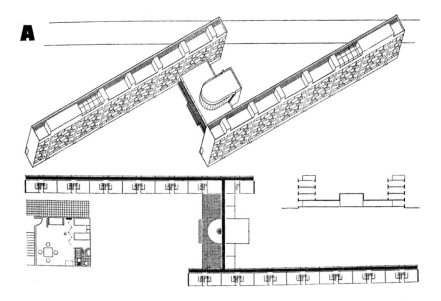

Abbildung 14

(Leicht überarbeiteter und mit Anmerkungen ergänzter Text eines Vortrags am Zentralinstitut für Kunstgeschichte in München.)

Anmerkungen

1   Eric Dluhosch, Teige's Minimum Dwelling as a Critique of Modern Architecture, in: Eric Dluhosch und Rostislav Svacha, Karel Teige 1900-1951, L'Enfant Terrible of the Czech Modernist Avant-Garde, Cambridge/Mass. 1999, S. 140-193

2   Albert Bemis, The Evolving House, Band 3, Rational Design, Cambridge/Mass. 1936; Barry Bergdoll (Hg.), Home on Delivery: Fabricating the Modern Dwelling, Basel 2008

3   Thomas Hughes, Die Erfindung Amerikas – Der technologische Aufstieg der USA seit 1870, München 1991

4   Siegfried Zielinsky, Zur Ökonomie der Zeit, in: Archäologie der Medien, Reinbek bei Hamburg 2002, S. 262-291

5   Friedrich von Gottl-Ottilienfeld, Fordismus, 3. Auflage Jena 1926; ders., Vom Sinn der Rationalisierung, Jena 1929; vgl. auch Helmut Lethen, Neue Sachlichkeit 1924-1932. Studien zur Literatur des „Weißen Sozialismus", Stuttgart 1970, S. 19-64

6   Jakob Walcher, Ford oder Marx, Berlin 1925; vgl. Stiftung Bauhaus Dessau (Hg.), Zukunft aus Amerika – Fordismus in der Zwischenkriegszeit, Dessau 1995

7   Günter Buchholz, Rationalisierung im Konjunkturverlauf, Spardorf 1983

8   Peter Mennicken, Anti-Ford oder von der Würde der Menschheit, Aachen 1924; H. Weiß, Rationalisierung und Arbeiterklasse, Berlin 1926

9   Winfried Nerdinger, Der Architekt Walter Gropius, Berlin 1996, S. 24; Gilbert Herbert, The Dream of the Factory-Made House – Walter Gropius and Konrad Wachsmann, Cambridge/Mass. 1984

10 Adolf Max Vogt, Das Schwebe-Syndrom in der Architektur der zwanziger Jahre, in: Ulrike Jehle-Schulte-Strathaus und Bruno Reichlin (Hg.), Das architektonische Urteil, Basel 1989, S. 201-233

11 László Moholy-Nagy, Von Material zu Architektur, München 1929

12 Andreas K. Vetter. Die Befreiung des Wohnens. Ein Architekturphänomen der 20er und 30er Jahre, Tübingen 2000

13 Internationale Kongresse für Neues Bauen und Städtisches Hochbauamt Frankfurt/Main, Die Wohnung für das Existenzminimum, Frankfurt/Main 1930

14 Die Dokumentation der Diskussionen in: Martin Steinmann (Hg.), CIAM – Dokumente 1928-1939, Basel und Stuttgart 1979

15 Ernst Bloch, Erbschaft dieser Zeit, zitiert nach der zweiten erweiterten Ausgabe, Frankfurt am Main 1962, S. 219

16 Günther Uhlig, Kollektivmodell Einküchenhaus. Wohnreform und Architekturdebatte zwischen Frauenbewegung und Funktionalismus 1900-1933, Gießen 1981

17 Winfried Nerdinger, Neues Bauen – Neues Wohnen, in: ders. (Hg.), 100 Jahre Deutscher Werkbund 1907/2007, München 2007, S. 142-145

18 Winfried Nerdinger, Zwischen Kunst und Klassenkampf – Positionen des Funktionalismus der zwanziger Jahre, in: ders., Architektur Macht Erinnerung, München 2004, S. 43-57

19 Bert Brecht, Große kommentierte Berliner und Frankfurter Ausgabe, Frankfurt/Main 1995, S. 271

20 Le Corbusier, Vers und architecture, Paris 1923, S. 213-230

Abbildungslegenden und Bildnachweise

Abb. 1   Gilbreth scaffold (Baugerüst)

Abb. 2a/b   Demonstration einer „taylorisierten" Baustelle

Abb. 3   „Kapitalistische Rationalisierung das heißt: Die Arbeitskraft des Menschen wird durch Maschinen ersetzt" (aus: Arbeiter Illustrierte Zeitung, 1929)

Abb. 4   Le Corbusier, Häuser wie Autos in Serie bauen, Vers une architecture, 1923
Abb. 5   Walter Gropius, Siedlung Dessau-Törten, Grundrißplanung nach der
            Kranbahn, 1926
Abb. 6   Siedlung Dessau-Törten, die Kranbahn bestimmt die Hauszeile, 1926
Abb. 7   Walter Gropius, prozessuale Darstellung des Baus eines Hauses in der Siedlung
            Dessau-Törten, 1926
Abb. 8   Walter Gropius und Otto Haesler, Zeilenbau der Siedlung Dammerstock,
            Karlsruhe, 1928/29
Abb. 9   Publikation zum 2. CIAM-Kongress „Die Wohnung für das Existenzminimum",
            Frankfurt a. M., 1929
Abb. 10   Blick in die Ausstellung zum 2. CIAM-Kongress „Die Wohnung für das Exis-
            tenzminimum", Frankfurt a. M., 1929
Abb. 11   Walter Gropius, minimiertes Badezimmer in der Siedlung Dessau-Törten, 1926
Abb. 12   Ernst Neufert, Bauentwurfslehre, 1936, Mindest-Platzbedarf
Abb. 13   Walter Gropius, Schema der gesellschaftlichen Entwicklung: die Familie wird
            kleiner, der Staat übernimmt ehemalige Familienfunktionen, 1929
Abb. 14   Baukomitee des Ökonomierates der UdSSR, Wohnhauskommune, Type A,
            Moskau, 1928 (aus: El Lissitzky, Russland, Neues Bauen in der Welt, Band 1,
            Wien 1930, S. 17)

Helmuth Kiesel

Gab es einen „rechten" Avantgardismus?
Eine Anmerkung zu Klaus von Beymes „Zeitalter der Avantgarden"

In Deutschland – und darauf soll der Blick hier gerichtet werden – hat es eine politisch ambitionierte literarische Avantgarde vor allem während der Zeit des Ersten Weltkriegs und der Weimarer Republik gegeben (vgl. von Beyme 2005: 539 ff.; Kiesel 2004: 233 ff.). Im „Dritten Reich" gab es für avantgardistische Künstler keinen Entfaltungsraum; sie waren Objekte der Verfemung und Verfolgung. In der DDR dominierte der anti-avantgardistische Sozialistische Realismus; avantgardistische Bestrebungen waren in begrenztem Umfang möglich, hatten auch namhafte Vertreter (wie etwa Heiner Müller und Volker Braun), blieben aber marginalisiert. In der Bundesrepublik gab die „Gruppe 47" den Ton an, die zwar politische Ziele verfolgte und sich dafür avantgardistischer Organisationsformen bediente, aber keine avantgardistisch zu nennende Poetik vertrat; neben ihr gab es avantgardistische Gruppierungen, die mitunter gesellschaftliche Ambitionen entwickelten, aber ebenfalls marginal blieben. Anders in der eingangs schon genannten Zeit des Ersten Weltkriegs und der Weimarer Republik: Hier verbanden sich politischer und künstlerischer Avantgardismus und setzten momentan kräftige und zum Teil nachhaltig wirksame Akzente.

Klaus von Beyme hat das in seinem „Zeitalter der Avantgarden" in zwei materialreichen Kapiteln über den Ersten Weltkrieg und die Weimarer Republik dargelegt, vorzugsweise mit Blick auf bildende Künstler und Architekten, aber auch unter Berücksichtigung von Wortkünstlern und im übrigen unter Verweis darauf, dass die Künste in dieser Zeit eifrig miteinander verknüpft und vermengt wurden. In den Blick gerückt werden vor allem die Zürcher und Berliner Dadaisten, der „Sturm"-Kreis um Herwarth Walden, der Kreis um Franz Pfemferts „Aktion", der im Dezember 1918 gegründete „Novemberrat" bildender Künstler, der auch als „Novembergruppe" bezeichnet wird, der im November 1919 gegründete „Arbeitsrat für Kunst", die 1924 aus der „Novembergruppe" sich herausbildende „Rote Gruppe", die bis 1927 bestand und 1928 in der „Association Revolutionärer Bildender Künstler" (Asso) eine Nachfolgeorganisation fand sowie Heinrich Vogelers Worpsweder Kommune.

Daneben werden natürlich auch eine Vielzahl von einzelnen Künstlern angeführt, die an dieser oder jener Gruppe partizipierten oder aber – wie etwa Kurt
Schwitters – keiner ganz uneingeschränkt zuzuordnen waren. Nicht ausdrücklich
genannt werden die „Gruppe 1925" um Alfred Döblin, Bertolt Brecht, Johannes R.
Becher u. a. sowie der 1927/28 gegründete „Bund proletarisch-revolutionärer
Schriftsteller" (BPRS), vielleicht weil sie reine Schriftsteller-Verbindungen waren,
vielleicht aber auch, weil sie keine avantgardistische Ästhetik vertraten.

Versucht man, von Beymes weit ausgreifende Darlegungen zusammenzufassen, so
ergeben sich folgende Befunde:

1.) Der Zug zur Politisierung der Künste, der mit dem Aktivismus in den Jahren
vor 1910 einsetzte, wurde durch den Krieg und die Revolution intensiviert und
ergriff fast alle Künstler von Rang und Namen. Er wurde für die Künstler aber
auch zum Problem, das in programmatischen Debatten erörtert und in Manifesten
und Werken reflektiert wurde.

2.) „Es gereicht der deutschen Avantgarde zur Ehre", schreibt von Beyme in seinem
Kapitel über „Kunst im Krieg", „dass sie mit Werken von Beckmann, Dix, Grosz,
Jaeckel oder Meidner künstlerisch bedeutende Anti-Kriegszyklen schuf" (von Bey-
me 2005: 592). Hinzuzufügen ist, dass sich in August Stramms „Tropfblut"-
Gedichten „aus dem Krieg" ein Pendant der avantgardistischen „Wortkunst" des
„Sturm"-Kreises findet. Und insgesamt ist festzustellen, dass es gerade die avant-
gardistische Kunst war, die das Grauen des Krieges mit einer bis heute wirksamen
Kraft auszudrücken vermochte. Man denke auch an Pfemferts einschlägige Rubrik
in der „Aktion" unter dem Kolumnentitel „Ich schneide die Zeit aus": Decouv-
rierung des Militarismus und der Deutschtumsmetaphysik durch pure Zitation!

3.) Am Ende des Krieges waren die deutschen Künstler – und zumal die avantgardistischen – stark revolutionär eingestellt, aber nicht auf die Demokratie vorbereitet. Sie bejahten die Beseitigung des Wilhelminismus und sympathisierten mit der
Revolution und der Rätebewegung, nicht aber mit der Republik der „Volksbeauf-
tragten" und mit der verfassungsgebenden Nationalversammlung in Weimar, die
von den Dadaisten als philisterhafte Veranstaltung mit Spott und Hohn überzogen
wurde.

4.) Das Verhältnis zur Republik blieb auf Dauer distanziert. Mehr als gegen die
republikanische Staatsform richtete sich die Abneigung der Avantgardisten gegen
die gesellschaftlichen Verhältnisse, den Kapitalismus, die Klassenstruktur, die

Bürokratie. Aber ein engagiertes Eintreten für Demokratie, Republik und Parlamentarismus war eine Seltenheit.

5.) Viele Avantgardisten unter den bildenden Künstlern rückten während der Weimarer Republik als Lehrende in akademische Positionen ein und erfuhren dadurch eine gewisse Sicherung ihrer materiellen Verhältnisse. Dennoch fühlten sie sich von der Kunstförderung der Weimarer Republik vernachlässigt; die Weimarer Republik wurde nicht zu ihrem Staat.

6.) Gegen Ende der Weimarer Republik kam es zu einer „Erstarkung der ultrarechten politischen Kräfte", wodurch „die Linke" – gemeint ist hier wohl auch die Avantgarde – „in die Defensive geriet" (von Beyme 2005: 563).

Dieses hier extrem komprimierte Bild der Avantgarde in der Weimarer Republik, das von Beyme materialreich entfaltet hat, muss m. E. allerdings um einen Aspekt ergänzt werden, der nicht etwa der vorstehenden Komprimierung zum Opfer gefallen ist, sondern in Beymes „Zeitalter der Avantgarden" vermutlich aus historischen und zugleich definitorischen Gründen unberücksichtigt blieb. Als „avantgardistisch" gilt nämlich, seit der Begriff „Avantgarde" zur Zeit Saint-Simons vom Militär auf die Künste übertragen wurde, was in politischer und sozialer Hinsicht progressiv oder emanzipatorisch ist oder „links" genannt werden kann. Konservative oder „rechte" Positionen scheinen sich mit Avantgardismus per definitionem nicht zu vertragen; eine „rechte" Avantgarde scheint es nicht gegeben zu haben. Und doch ist zu fragen, ob sich in der zweiten Hälfte der Weimarer Republik nicht etwas herausbildete, was als „rechte" Avantgarde zu bezeichnen wäre. Gemeint ist der „Neue Nationalismus" des Kreises um die Brüder Ernst und Friedrich Georg Jünger.

Dieser ist neuerdings von Ulrich Fröschle in einer Dissertation unter dem Titel „Friedrich Georg Jünger und der ‚radikale Geist': eine Fallstudie zum Radikalismus der Zwischenkriegszeit" (2008) noch einmal gründlich untersucht und als der forcierte Radikalismus einer „Avantgarde" und zumal einer „nationalistischen Avantgarde" gekennzeichnet worden (vgl. Fröschle 2008: bes. 229, 248 und 291). Die folgenden Ausführungen greifen immer wieder auf diese vorzügliche Arbeit zurück, stellen aber Ernst Jünger als den profilierteren Vertreter des „Neuen Nationalismus" ins Zentrum und versuchen, den avantgardistischen Charakter der Jüngerschen Bestrebungen zu verdeutlichen.

Ernst Jünger wurde 1895 geboren, sein Bruder Friedrich Georg 1898. Beide meldeten sich im Ersten Weltkrieg noch vor dem Abitur freiwillig zum Kriegsdienst. Ernst Jünger wurde im Oktober 1914 eingezogen und war von Januar 1915 bis Ende August 1918 an der nordfranzösisch-flandrischen Front im Einsatz; er wurde vierzehn Mal zum Teil schwer verwundet und erhielt mehrere Auszeichnungen, zuletzt den höchsten preußischen Militärorden, den „Pour le Mérite". Friedrich Georg Jünger trat den Dienst im Juli 1916 an, kam im Juli 1917 an der flandrischen Front zum Einsatz, wurde sofort schwer verwundet und konnte nach einer langen Genesungszeit nur noch leichten Garnisonsdienst leisten. Für Friedrich Georg wie für Ernst Jünger wurde der Krieg zum prägenden Erlebnis: Beide lernten sie in der extrem autoritär strukturierten Armee die erste nach-schulische Groß-Organisation kennen. Beide stiegen sie in dieser Organisation zu „Führern" auf. Beide bejahten sie die Unbedingtheit des Einsatzes und setzten ihr Leben aufs Spiel. Beide erfuhren sie den später vielfach beschworenen – und vielleicht auch verklärten – Wert der Kameradschaft. Durchweg waren dies Erfahrungen, die für den politischen Aktionismus der Brüder Jünger Bedeutung erlangten.

Nach dem Krieg gingen die Brüder unterschiedliche Wege: Friedrich Georg Jünger schied Ende 1919 / Anfang 1920 aus der Reichswehr aus und begann in Leipzig Jura zu studieren. 1924 wurde er aufgrund einer Arbeit über das „Stockwerkeigentum" promoviert. Danach absolvierte er den juristischen Vorbereitungsdienst und legte im Mai 1926 das Assessor-Examen ab, wandte sich dann aber von der Juristerei ab, da ihn die Anwaltspraxis langweilte, und begann, sich publizistisch und literarisch zu betätigen. Ernst Jünger wurde als einer der wenigen Leutnante in das Offizierskorps der auf 100.000 Mann reduzierten Reichswehr übernommen, leistete bei seiner Stammeinheit in Hannover Dienst, war für einige Zeit zur Vorschriftenkommission nach Berlin kommandiert und schied Ende August 1923 aus der Reichswehr aus, um in Leipzig Zoologie zu studieren. Gleichzeitig stärkte er durch einige kleinere Kriegsbücher seinen Namen als Kriegsschriftsteller, den er sich durch sein erstes Buch „In Stahlgewittern" (1920) erworben hatte. 1927 brach Ernst Jünger das Studium ab, siedelte nach Berlin über und lebte fortan als freier Schriftsteller. Im Januar 1928 folgte Friedrich Georg Jünger nach Berlin, und wie schon in Leipzig lebten die Brüder in einer engen Gesinnungs- und Arbeitsgemeinschaft.

Diese Gemeinschaft hatte sich unmittelbar nach dem Krieg herausgebildet, als die Brüder Jünger die Zeit der Rekonvaleszenz und der beruflichen Unsicherheit nutzten, um ihre eher schmale schulische Bildung durch ein ausgedehntes privates Literaturstudium zu ergänzen (vgl. Fröschle 2008: 158 ff.; Kiesel 2007, 142 ff.). Das Spektrum war breit und umfasste die Klassiker der deutschen wie der ausländischen Literatur. Im Hinblick auf den avantgardistischen politischen Aktionismus, der hier in den Blick gerückt werden soll, sind vor allem folgende Autoren nennenswert: Friedrich Nietzsche, Oswald Spengler, Thomas Mann, Maurice Barrès, Charles Baudelaire, Arthur Rimbaud. Nietzsche erlangte vor allem durch sechs

Momente Bedeutung: durch seine Philosophie des Willens zur Macht; durch sein Postulat des amor fati; durch seine Überzeugung, dass der Mensch ein „Experiment" und seine Entwicklung noch nicht abgeschlossen sei, vielmehr zu einem „Übermenschen" führen müsse; durch seine Nihilismusdiagnose, die nicht nur die Vernichtung aller Werte behauptete, sondern auch einen Umschlag in eine Phase der Neubildung von Werten in Aussicht stellte; durch die Vorstellung, dass der Stiftung neuer kultureller Werte eine barbarische Destruktion vorausgehen müsse; durch seinen apodiktischen und aufpeitschenden Stil. Aus Spenglers „Untergang des Abendlandes" (1918) war zu lernen, dass sich in der Niederlage die unumkehrbare Tendenz zum geschichtlichen Verfall manifestiere, aus seinem Pamphlet „Preußentum und Sozialismus" (1919) aber, dass man im preußischen Staatssozialismus ein heroisches Remedium gegen diesen Verfall habe. Von Thomas Mann hat Jünger die „Betrachtungen eines Unpolitischen" (1918) gelesen, später auch den „Zauberberg" (1924). In den „Betrachtungen" dürften ihm nicht nur die Passagen über die „Menschlichkeit" im Krieg gefallen haben, sondern auch die Passagen über die aristokratische Natur der Deutschen, die nicht zu einer Demokratie nach westlichem Muster paßte, sondern einen „organischen" „Volksstaat" brauchte. Bei der Lektüre des „Zauberbergs" dürfte er mit dem anti-aufklärerischen und sozusagen konservativ-revolutionären Prediger der Gewalt und der Unterwerfung Leo Naphta gegen den Humanisten und Demokraten Ludovico Settembrini sympathisiert haben. Von Barrès übernahm Jünger den Anti-Parlamentarismus, den integralistischen Nationalismus und die Blutmystik. Mit Baudelaire und Rimbaud erschloß sich Jünger nicht nur die Poetik der Moderne, sondern auch das Seinsgefühl der Obdachlosigkeit und der Selbstentfremdung. Am 6. September 1921 schrieb er an seinen Bruder Friedrich Georg:

> „Ich lese jetzt Arthur Rimbaud, einen Dichter, der als Jüngling die Feder beiseite warf, nachdem er mit Verlaine halb Europa als Vagabund durchzogen hatte, dann in den Urwäldern untertauchte und als Dreißigjähriger in Marseille starb. Sein großes Gedicht ‚Das trunkene Schiff' gehört zu den Zeugnissen, die in dämonischer Sprache geschrieben sind. Ich vergleiche es gern mit ‚Les Phares' von Baudelaire, aber während dort die Schönheit in vollkommener Rüstung und Besinnung erscheint, lodert sie bei Rimbaud in den bunten Farben des Unterganges auf" (DLA: Nachlass Ernst Jünger).

Vom „Trunkenen Schiff" war Jünger damals so hingerissen, dass er es eines Abends zwei Kameraden vorlas. Einer der beiden war der spätere Generaloberst Werner von Fritsch; er hat diese Lesung, wie Jünger am 6. Mai 1979 festhielt, damals in bemerkenswerter Weise kommentiert:

„Fritsch hat mich zusammen mit einem Kameraden einmal in der Hannoverschen Mittelstraße 7a parterre besucht. [...] Ich las ihnen ‚Das trunkene Schiff' von Rimbaud vor, ein Gedicht, das mich damals ungemein beschäftigte, fast eine Wende herbeiführte. Zwanzig Jahre später, als Fritsch [am 22. September 1939 beim Einmarsch in Polen] schon gefallen war, begegnete ich in Paris jenem Kameraden; er erzählte mir, dass Fritsch ihm auf dem Rückweg gesagt habe: ‚Der täte gut, wenn er bald seinen Hut nähme.' Ein treffendes Urteil, wahrscheinlich auch gut gemeint« (Jünger SW 5: 478; vgl. auch SW 11: 185).

Hinzuzufügen ist noch, dass Jünger während der ersten Nachkriegsjahre in Hannover auch mit dem Kreis um den Verleger Paul Steegemann in Berührung kam, zu dem unter anderem auch die Dadaisten Walter Serner und Kurt Schwitters gehörten; von Serners „manifest dada Letzte Lockerung" (1920) war Jünger nachhaltig beeindruckt (vgl. Jünger SW 20: 309 und 312 f.). Insgesamt heißt dies, dass Jünger der literarischen Moderne und auch der Avantgarde nicht fremd und ablehnend gegenüberstand, sondern offen, aufnahmebereit und teilweise sogar fasziniert, und dies war von Bedeutung sowohl für Jüngers „Neuen Nationalismus" als auch für seine literarische Entwicklung.

Und nicht nur mit einigen „Kirchenväter[n] der Moderne" – wie er sich mit Blick auf Rimbaud ausdrückte (SW 11: 185) – war Jünger vertraut, sondern speziell wohl auch mit den Exponenten des deutschen Aktivismus. Fröschle hat auch darauf hingewiesen, dass in Steegemanns Reihe „Die Silbergäule", in der Serners „Letzte Lockerung" erschien, 1919 auch Kurt Hillers Schrift „Gustav Wyneken's Erziehungslehre und der Aktivismus" publiziert wurde (Fröschle 2004: 111). Da Jünger – nach eigener Auskunft – alle „Silbergäule" besaß, kannte er auch dieses Heft und mithin den politischen Anspruch des literarischen Aktivismus. Dagegen verwahrte sich Jünger zwar, als er 1922 in seinem zweiten Kriegsbuch „Der Kampf als inneres Erlebnis" klagte: „Ach, über unsere paradoxe Zeit, die das Wort vom politischen Dichter erfand" (Jünger 1922: 89); aber bald darauf war er auf dem besten Weg, ein politischer Dichter mit dezidiert avantgardistischem Anspruch zu werden. Dies zeigt sich mit überraschender Deutlichkeit, sobald man den Blick auf die Schriften der Jahre zwischen 1923 und 1933 richtet, also auf Jüngers politische Publizistik, das „Abenteuerliche Herz" (1929), die Sammel- und Photobände der Jahre um 1930 sowie die größeren Abhandlungen „Die totale Mobilmachung" (1930) und „Der Arbeiter" (1932).

Ernst Jüngers politische Publizistik begann im Krisenjahr 1923 mit einem ersten Artikel im „Völkischen Beobachter". Unter der Überschrift „Revolution und Idee" stellte Jünger, von einer Hitler-Rede beeindruckt, fest, dass die deutsche Revolution noch ausstehe, dass ihre leitende Idee die „völkische" sein müsse und dass ihr „Banner" das Hakenkreuz sei (Jünger 2001: 36). Aber das Bekenntnis zum Hakenkreuz, das nicht lange anhielt, ist weniger wichtig als Jüngers Versuch, sich mit diesem Artikel zum Sprecher einer revolutionsbereiten deutschen „Jugend" zu machen (33), bald aber auch der „Frontsoldaten" (ebd. 57 ff.) und der „Neuen Nationalisten" (285 ff.). Das war die Rolle, die Jünger anstrebte und für die er – nach einer zweijährigen Pause – ab dem Sommer 1925 mit einer Vielzahl von Artikeln arbeitete. 1925 erschienen 22 Artikel, 1926 waren es 24, 1927 wiederum 24, 1928 nur 12, 1929 wieder 25, 1930 noch 14, dann ging die Zahl bis auf wenige zurück, weil Jünger sich nun auf größere Abhandlungen – „Die totale Mobilmachung" und „Der Arbeiter" – konzentrierte. Zusammen umfassen diese Artikel gut 600 Druckseiten. Bis 1926 erschienen die meisten in der „Standarte", der Beilage des „Stahlhelm", also jener in hohen Auflagen erscheinenden Verbandszeitung des gleichnamigen Frontsoldatenbundes. Nach ideologischen und organisatorischen Streitigkeiten mit der „Stahlhelm"-Führung erschienen Jüngers Artikel ab Herbst 1926 in verschiedenen – und deutlich auflagenschwächeren – Zeitschriften mit militärischem, nationalistischem, nationalbolschewistischem und bündischem Hintergrund. Von 1929 an ist eine Verlagerung des Interesses von der Politik auf die Literatur zu beobachten. Als tendenziell avantgardistisch erweisen sich Jüngers Publizistik und das aus ihr erwachsende literarische Werk nun durch folgende Momente:

1.) *durch den Manifestcharakter der Artikel:* Bekanntlich war das Manifest – die knappe und pointiert formulierte Deklaration mit programmatischem Inhalt, agitatorischer Tendenz und Anspruch auf Gehör und Gefolgschaft – die bevorzugte Äußerungsform der historischen Avantgarden. Die Avantgardisten des beginnenden zwanzigsten Jahrhunderts haben das Manifest zwar nicht erfunden, aber zur Kunstform erhoben und so exzessiv genutzt, dass man nachgerade von ihrem „Manifestismus" sprach (vgl. Fähnders 1997: 18 ff.). Diese Vorliebe zur manifestartigen Äußerung ist auch, worauf Fröschle hingewiesen hat (Fröschle 2008: 273), in der Publizistik der Brüder Jünger zu beobachten: Gleich in seinem ersten politischen Artikel von 1923 fällt Ernst Jünger in den proklamatorischen Ton der Manifeste, wenn er die „Diktatur" verlangt und zugleich verkündet, was sie bringen werde: „Sie wird ersetzen das Wort durch die Tat, die Tinte durch das Blut, die Phrase durch das Opfer, die Feder durch das Schwert" (Jünger 2001: 36). Im Januar 1926 verlangte er in einem „Standarte"-Artikel „Zum Jahre" das „nationalistische Manifest", das die „brennenden Fragen unserer Zeit [...] scharf und rücksichtslos" beantworten sollte (179). Drei Monate später, im März 1926, erschien dann im „Aufmarsch"-Verlag Friedrich Georg Jüngers Programmschrift „Aufmarsch des Nationalismus", die sich ausdrücklich als „Manifest" bekennt und im übrigen, wie Fröschle gezeigt hat, einige gedankliche und sprachliche Affinitäten zum „Kommunistischen Manifest" aufweist (vgl. Fröschle 2008: 284). Genretypische Merkmale sind in den Artikeln von Friedrich Georg und Ernst Jünger gleichermaßen zu beobachten: der Führungsanspruch; der bramarbasierende Duktus; der pseudoreligiöse Ton; die hemmungslose Radikalität; die Neigung zu verstiegenen Behauptungen aller Art, denen schwer zu folgen war. Ernst von Salomon, der damals zum Kreis um die Brüder Jünger gehörte, schrieb später in seiner Autobiographie: „Zweifellos war es Ernst Jünger, welcher der Zeitschrift [hier: dem „Vormarsch"] Rang und Ansehen verschaffte, durch Artikel, die so geistvoll waren und so gläsern klar in der Diktion, dass sie unsere Leser mit bedeutendem Respekt aus der Hand legten, mit Bewunderung und dem Gefühl, es genüge vollauf, wenn Ernst Jünger selbst sicher war, sie zu verstehen" (von Salomon 1951: 293). Für die Leserschaft des „Stahlhelm" waren sowohl Jüngers politische Radikalität als auch seine apodiktische und gedanklich nicht immer nachvollziehbare Ausdrucksweise zum Problem geworden; die „Stahlhelm"-Führung war deswegen froh, als es – allerdings wegen eines Artikels von Hans Schwarz van Berk – zum Konflikt mit dem Staatsanwalt kam und die „Standarte" bei dieser Gelegenheit eingestellt werden konnte.

2.) *durch die nachgerade futuristische Ausrichtung des Nationalismus:* In dem schon erwähnten Artikel „Zum Jahre" 1926 schrieb Ernst Jünger gleich im Anschluss an seinen Ruf nach einem „nationalistische[n] Manifest": „Wir sind nicht nur Tradition, wir sind auch Zukunft, vergessen wir das nicht und verlieren wir nicht mit Sentimentalitäten unsere Zeit" (Jünger 2001: 179). Der „Neue Nationalismus" wollte mit dem traditionalistisch sich gebenden Nationalismus der Wilhelminischen Ära nichts zu tun haben. Er wollte eine Kreation jener „neuen Rasse" oder Avantgarde sein, die der „Große Krieg" hervorgebracht hatte: der „Stoßtrupps des Frontsoldatentums" (178), die durch die Materialschlachten gegangen waren und in der beweglicheren Kriegsführung der Endphase eine Vorstellung von den Bewegungsarten der zukünftigen Welt glaubten gewonnen zu haben. Ausdrücklich und immer wieder sprach Jünger auch von einem „modernen Nationalismus" (179), und zweifellos hätte er, wenn das Wort „avantgardistisch" damals so en vogue gewesen wäre wie seit Beginn der Avantgarde-Forschung, auch von einem „avantgardistischen" Nationalismus geredet. Im Juni 1926 schrieb er geradezu im Geist Marinettis: „[...] der Nationalismus ist nicht [...] durch den letzten Krieg und seine Folgeerscheinung vernichtet, sondern eine Erscheinung, die erst mit ihm und durch ihn entstanden ist und von der man vorher gar keine Ahnung hatte. Er ist ein gänzlich unbürgerliches Gefühl, scharf unterschieden vom Patriotismus der Vorkriegszeit, beweglich, feurig, und der vitalen Energie unserer großen Städte verwandt, in denen er – und dies ist wiederum eine typische Unterscheidung – im Gegensatz zum konservativen Lebensgefühl in raschem Anwachsen ist. Er ist nicht reaktionär, sondern revolutionär von Grund auf" (218). Was schon manchen Zeitgenossen an dem „Staat der Zukunft", von dem Jünger träumte, reaktionär vorkam, nämlich seine „autoritative" Gliederung (218) nach Art eines militärischen Großverbandes, möglichst eines Kriegsschiffes (vgl. SW 8: 212 f.), war für Jünger – wie für andere Zeitgenossen – im Vergleich mit der parlamentarischen Demokratie, diesem Produkt des vermeintlich untergehenden bürgerlichen Zeitalters, die weitaus zukunftstauglichere gesellschaftliche Organisationsform: Voraussetzung für die soziale Mobilisierung und technische Aufrüstung, die Deutschland – Jünger zufolge – brauchte, wenn es eine Zukunft haben wollte. Und Deutschland sollte nicht nur eine Zukunft haben, sondern als militärisch-technokratische Großmacht bei der Vollendung der modernen Welt und bei der Herstellung einer neuen planetarischen Ordnung eine führende Rolle spielen. In diesem Sinn begrüßt Jünger 1932 zu Beginn des „Arbeiters" den „neuen Aufgang Deutschlands" (SW 8: 31).

3.) *durch einen rabiaten Anti-Traditionalismus:* Die Realisierung des „modernen nationalistischen Staat[s]" (Jünger 2001: 218) und der Aufstieg Deutschlands zur militärisch-technokratischen Führungsmacht setzte freilich voraus, dass aller – vermeintlich – zukunftsloser Traditionalismus verabschiedet wurde. Unablässig polemisierte Jünger deswegen gegen das auf Sekurität bedachte Bürgertum und beschwor statt dessen die „elementare" Erscheinung des neuen „Arbeiters" oder Technokraten, der auch zu „barbarischen" Destruktionen fähig sein musste (vgl. SW 8: 62). Mit anderen avantgardistischen Bewegungen (vgl. Ehrlicher 2001) teilt Jünger den Glauben an die Notwendigkeit von Zerstörung als Voraussetzung für Erneuerung und freute sich deswegen im „Abenteuerlichen Herzen" darüber, aktiv beteiligt gewesen zu sein, als das bürgerliche 19. Jahrhundert vier Jahre lang „in Grund und Boden geschossen" wurde (SW 9: 133); er konstatierte im ersten Teil des „Arbeiters" höhnisch das vermeintliche Ende des sicherheitsversessenen, blut- und leidenschaftslosen Bürgertums (vgl. SW 8: 23 ff. und 52 ff.), verlangte immer wieder die Preisgabe aller überholten Romantik (vgl. 57 f.) und plädierte für kulturelle „Gepäckerleichterung" (211).

4.) *durch die Wendung gegen künstlerischen Traditionalismus und „Heimatkunst":* Obwohl Jünger, wie oben dargelegt, 1919/20 die „Kirchenväter" der literarischen Moderne studiert hatte, bekannte er sich zunächst zu einer eher traditionalistischen Kunst. In seinem dritten Kriegsbuch, dem „Wäldchen 125", das im Herbst 1924 mit der Jahresangabe 1925 erschien, rühmte er den 1914 gefallenen „Heidedichter" Hermann Löns, der als ein Vertreter der volks- und altertümelnden „Heimatkunst" zu betrachten ist (und im übrigen Jüngers Regiment angehörte), als antimodernistisches literarisches Vorbild: „[...] aus allem, was er über Rasse und Landschaft geschrieben hat, widerklingt nicht das intellektuelle Geschwafel des Kaffeehauses, sondern der Atem einer großen und freien Natur. Hier finden wir keine Zersplitterung, sondern Zusammenfassung, begrenztes, doch klares Gefühl, Bodenständigkeit, Liebe zur Heimat und zum Volk, die ebenso tief wie einfach und unaufdringlich ist" (Jünger 1925: 155 f.). Aber dieses Bekenntnis zur „Heimatliteratur", das sich mit der Begeisterung für Rimbaud und Baudelaire nicht recht vereinbaren läßt, blieb einmalig. In den folgenden Jahren finden sich eher abschätzige Bemerkungen über die „provinzielle Schwerfälligkeit" der deutschen „nationalen" Literatur, womit eben die „Heimatliteratur" gemeint war (Jünger 2001: 413), und bei der Überarbeitung des „Wäldchens" im Jahr 1933 hat Jünger die Eloge auf Löns gestrichen. Nationalistische Literatur sollte nun auch entschieden modern sein. Ein erstes Beispiel dafür sah Jünger in dem 1929 erschienenen und großes Aufsehen erregenden Roman „O.S." des Brecht-Freundes Arnolt Bronnen, der in eben diesen Jahren von der Linken zur Rechten wechselte und Jüngers Freundschaft suchte. Jünger besprach Bronnens Roman, der den Kampf deutscher „Selbstschutzverbände" gegen widerrechtliche polnische Annexionsbestrebungen in Oberschlesien im Jahr 1921 schildert, und rühmte ihn mit Worten, in denen avantgardistisches Denken deutlich anklingt: „Rein am Stil und Aufbau gemessen, gehört dieser Roman jenem engen Kreis von Erscheinungen an, die den Anspruch auf Zugehörigkeit zur ‚modernen Literatur' umschließt. Dafür zeugt die Sprache, die an eine Arbeit erinnert, die durch den Gang von Maschinen hindurchgegangen ist, eine Prosa, die die überflüssige Mühe der schönen Rede scheut, auf lange Strecken mehr gestanzt als gefeilt, ferner die Traditionslosigkeit, der völlige Mangel an überkommenen ethischen Wertungen, die absolute Respektlosigkeit. Dies alles in einem Maße, das auch dem, der es noch nicht wußte, deutlich macht, dass im Zivilisatorischen das Barbarische als eine notwendige Konsequenz enthalten ist" (Jünger 2001: 484 f.). Jünger war bekanntlich alles andere als ein Verächter der „schönen Rede" in der Literatur; seine eigenen Texte sind von höchster artistischer Versatilität und zugleich von klassizistischer Strenge. Aber im Herbst 1929, im Umkreis nicht nur Bronnens, sondern auch Brechts, Benjamins, Döblins und anderer Exponenten der literarischen Moderne, gebärdete er sich ganz und gar modernistisch, ja avantgardistisch. In einer zweiten „O.S."-Rezension charakterisierte er seine – angeblichen – literarischen Wertungskriterien mit Sätzen, die an Döblin und Marinetti erinnern (und gleichwohl mit dem vormodern gravitätischen Dativ-e, das zu seinem klassizistischen Stile gehört): „Ich [...] gestehe, dass ich eine gute moderne Automobilreklame mit weit größerem Genusse lese als eines jener Produkte, in denen unter Voraussetzung völlig verfehlter Ansprüche versucht wird, Fragestellungen des deutschen Idealismus oder des Naturalismus wieder aufzuwärmen. Denn eine solche Reklame ist doch immerhin noch ein Spiegel unserer eigenen Existenz und nicht der Spiegel eines versunkenen Spiegelbildes" (511). Der folgende Satz zeigt dann, dass die wirklichen literarischen Orientierungsgrößen für Jünger – beispielsweise – „Hamann, Herder, Hoffmann, Laurence Sterne" hießen, der Avangardismus der vorausgehenden Sätze also nicht exklusiv war, ja – in Wahrheit – nicht einmal basal, sondern dem Moment geschuldet und provokativ gemeint.

5.) *durch die Integration der künstlerischen Moderne ins Bewusstsein des „neuen" und „soldatischen" Nationalismus:* 1928 gab Jünger im Berliner Andermann-Verlag ein repräsentativ aufgemachtes „Gedenkbuch" mit dem Titel „Die Unvergessenen" heraus. Gemeint waren vierundvierzig namhafte Gefallene des Ersten Weltkriegs. Die Auswahl ist bemerkenswert: elf Berufsoffiziere (darunter ein Admiral und drei Generäle); vier Kampfflieger (darunter selbstverständlich Manfred von Richthofen); ein Militärarzt; ein sozialdemokratischer Politiker (Ludwig Frank); zwei Gelehrte (Caspar René Gregory und der Hölderlin-Herausgeber Norbert von Hellingrath); dann aber eine große, zwanzig Namen umfassende Gruppe von Literaten und Malern: Hans Breuer (Herausgeber des Wandervogel-Liederbuchs *Der Zupfgeigenhansl*), Richard Dehmel, Walter Flex, Gorch Fock, Walther Heymann, Alfred Walter von Heymel, Alfred Lichtenstein, Friedrich Lißmann, Hermann Löns, Ernst Wilhelm Lotz, August Macke, Franz Marc, Adolf Petrenz, Gustav Sack, Reinhard Johannes Sorge, Ernst Stadler, August Stramm, Karl Thylmann, Georg Trakl, Albert Weisgerber. Über die Zugehörigkeit dieser Autoren zu den literarischen Richtungen jener Zeit kann man sich im einzelnen vielleicht streiten; aber fest steht, dass mit Lichtenstein, Sack, Sorge, Stadler, Stramm und Trakl Vertreter der literarischen Moderne und mit Macke und Marc Repräsentanten der bildkünstlerischen Avantgarde Aufnahme in den Band gefunden hatten, und bemerkenswert ist ferner, dass zu den Autoren der durchweg kenntnisreichen Gedenkartikel Lothar Schreyer zählte, ein aus dem avantgardistischen *Sturm*-Kreis kommender und vielseitig tätiger Künstler und Theoretiker, der zeitweilig auch am Bauhaus und an der Wegschule unterrichtete. Das „Gedenkbuch" für die „Unvergessenen" war zugleich ein Bekenntnis zur künstlerischen Moderne und ein Versuch, sie dem ideellen Fundus des „Neuen Nationalismus" einzuverleiben. Eine Scheu vor Avantgardisten und vor fragilen Persönlichkeiten wie Sack und Trakl gab es dabei nicht (vgl. auch die ausführliche Würdigung von Fröschle 2008: 347 ff.)

6.) *durch den persönlichen Lebensstil:* Jünger hatte 1925 geheiratet und war 1926 Vater eines ersten Sohnes geworden. In Berlin lebte er äußerlich in bürgerlichen Verhältnissen, zugleich aber mit den Freiheiten und Gepflogenheiten der Bohème: unregelmäßige Arbeitszeiten, langes Flanieren, lange Diskussionsabende (mit viel Alkohol) in verschiedenen, nicht selten konkurrierenden Zirkeln, umgeben von einem eigenen Kreis, in dem er als charismatischer Führer galt. Sehr bezeichnend für Jüngers Selbstgefühl wie für seinen Umgang ist, dass er sich 1929 von Rudolf Schlichter porträtieren ließ, dem ehemaligen Mitglied der avantgardistisch-revolutionären „Novembergruppe" und Maler der Linken, Brechts und Döblins, der nun freilich – wie Bronnen – zur Rechten gewechselt war. Schlichters Porträt (Reproduktion in Schlichter 1997: 215) zeigt Jünger in gebändigt expressiver Malweise vor einem rot glühenden Hintergrund, der an die Feuerwände der Materialschlachten denken lässt. Vor diesem Hintergrund steht der Porträtierte im blauen Anzug mit weißem Hemd und Fliege und blickt, die Arme vor der Brust verschränkt und den Oberkörper leicht zurückgebeugt, mit Augen, die wie von einer Schreckenswahrnehmung weit geöffnet sind, aber doch auch mit gefassten Gesichtszügen auf die vor ihm liegende, aber für den Bildbetrachter nicht sichtbare Szenerie: den geschichtlichen Raum, der ebenfalls in rotem Licht liegen muss, denn Rot schimmert reichlich auch auf dem blauen Anzug. Nicht der Weltkriegsoffizier ist auf dem Bild zu sehen, nicht der Verfasser der „Stahlgewitter", sondern der moderne Intellektuelle, der Autor des „Abenteuerlichen Herzens", der Zeitbeobachter, der weiß, dass er in einer Epoche der Gewalt lebt (vgl. dazu Sheehan 2008 und Traverso 2008).

7.) *durch die Zuwendung zu neuen Medien:* Obwohl sich Jünger zeitlebens als emphatischer Schriftsteller gab, als Mann der Feder oder des Wortes, und gelegentlich sehr ablehnend über die Photographie sprach (vgl. SW 9: 118), hat er sich um 1930 intensiv mit den damals neuen Medien befasst und medientheoretisch bemerkenswerte Einsichten formuliert (vgl. Prümm 2004). Zugleich hat er sich – in Kooperation mit dem Photographen Edmund Schulz – das Medium des Photobuches erschlossen. 1930 gab er den Photoband „Das Antlitz des Weltkrieges" heraus (vgl. dazu Encke: 2006), 1931 zusammen mit seinem Bruder Friedrich Georg den Band „Das Gesicht der Demokratie", ein „Bilderwerk zur Geschichte der deutschen Nachkriegszeit", und 1933 erschien mit einer Einleitung von Ernst Jünger der von Edmund Schulz herausgegebene Band „Die veränderte Welt", eine „Bilderfibel" der Zeit von 1918 bis 1932, in der vor allem die Modernisierung deutlich gemacht wird, welche die Welt in diesen vierzehn Jahren erfahren hat.

8.) *durch die Betrachtung von Kunst als Kampfmittel oder Waffe:* Jüngers Vorwort zu dem eben erwähnten Bildband erschien an anderer Stelle unter dem Titel „Das Lichtbild als Mittel im Kampf" (vgl. Jünger 2001: 629-635). Auch an anderer Stelle bediente Jünger sich in diesen Jahren, wenn er von künstlerischen oder wissenschaftlichen Werken sprach, der Waffenmetaphorik. 1930 schrieb er an den Staatsrechtler Carl Schmitt, ihm, Schmitt, sei mit seiner 1927/28 erschienenen (und später

vielfach skandalisierten) Schrift „Der Begriff des Politischen", die „die Unterscheidung von Freund und Feind" zum Wesensmerkmal des Politischen erhob, eine
„besondere kriegstechnische Erfindung gelungen: eine Mine, die lautlos explo-
diert" und solchermaßen Zerstörung wie durch Zauberei bewirkt (Jünger/Schmitt
1999: 7). Mit dieser Betrachtungsweise schloß sich Jünger jener avantgardistischen
Identifikation von Kunst, Krieg und Kampfmittel an, die gegen Ende der zwanziger Jahre besonders bei der Linken Zustimmung fand und programmatisch ausge-
spielt wurde. So gab der Dramatiker Friedrich Wolf, der dem BPRS angehörte,
einer 1928 publizierten Abhandlung über die politisch ambitionierte deutsche Literatur den Titel „Kunst ist Waffe / Eine Feststellung", und Walter Benjamin befand
1930 in der elften seiner dreizehn Thesen zur „Technik des Kritikers": „Kunstbe-
geisterung ist dem Kritiker fremd. Das Kunstwerk ist in seiner Hand die blanke
Waffe in dem Kampfe der Geister" (Benjamin 1972: 109).

9.) *durch den Anschluss an einen Modernisierungs- und Mobilisierungsverlag:* Von 1920
bis 1931 erschienen Ernst Jüngers Bücher in Militaria-Verlagen wie Mittler und
Frundsberg. Dann aber kam Jünger – vermutlich im Schlepptau Carl Schmitts – zur
„Hanseatischen Verlagsanstalt" in Hamburg, und dies ist unter dem Aspekt des
Avantgardismus von erheblicher Bedeutung. Denn die HVA mauserte sich, wie
Siegfried Lokatis in einer gehaltvollen Studie gezeigt hat, in den Jahren um 1933 zu
einem dezidiert politischen Verlag, betrieb die „Politisierung der Wissenschaften"
und wurde in den folgenden Jahren zum führenden herrschafts-, wehr- und han-
delswissenschaftlichen Verlag, zugleich aber auch zum wichtigsten Verlag der
sogenannten Inneren Emigration, da der Leiter, Benno Ziegler, ein entschiedener
Gegner des Nationalsozialismus war (Lokatis 1992). Jünger fand damit endlich
einen Verlag, der ihm für seine zeitdiagnostischen und prognostischen Überlegungen eine öffentlichkeitswirksame Plattform bot, was sich an den drei Auflagen, die
der „Arbeiter" gleich im Erscheinungsjahr 1932 erfuhr, deutlich zeigte. Zudem
brachte die HVA Jüngers Bücher mit einem neuen Design auf den Markt: Waren
sie früher mit eher romantisch wirkenden Umschlägen erschienen, so wurde die
graphische Gestaltung der Umschläge jetzt modern und plakativ, kombinierten
Züge der Neuen Sachlichkeit mit denen des Futurismus.

10.) *durch die innovative Struktur des „Abenteuerlichen Herzens":* Jene „Aufzeichnun-
gen bei Tag und Nacht", die 1929 unter dem Titel „Das abenteuerliche Herz" veröffentlicht wurden, sind – nach der Erzählung „Sturm", die im April 1923 im
„Hannoverschen Kurier" publiziert und rasch wieder in Vergessenheit geraten war
– Jüngers erstes dichterisches Werk, jedenfalls das Werk, das den ‚Kriegsschriftsteller' als genuinen ‚Dichter' erscheinen ließ. Zwar gibt es einige Korrespondenzen

zur politischen Publizistik und zur Kriegsbiographik; aber letztlich ist das „Abenteuerliche Herz" ein eigenständiges und in sich abgerundetes literarisches Werk mit einer durchaus avantgardistisch zu nennenden Struktur. Es umfasst fünfundzwanzig Textsequenzen von unterschiedlicher Länge und Thematik: Notizen, die kaum etwas mehr als eine Seite füllen und nur einen Traum oder eine bestimmte Beobachtung fixieren, aber auch Ausführungen, die sich über mehr als zwanzig Seiten erstrecken und ein bestimmtes Thema – etwa die Schulzeit oder die zoologischen Studien – in essayistisch freier Form erörtern. Zwischen den einzelnen Sequenzen kann man zwar Zusammenhänge feststellen, aus denen sich thematische Gruppierungen konstruieren lassen (vgl. Kiesel 2007: 350 f.); aber stark markiert sind diese Zusammenhänge nicht, und das „Abenteuerliche Herz" hat keinen ‚organischen', sondern eher einen montageartigen Charakter. Diese Art der Komposition hat Gottfried Benn 1950 in seiner Autobiographie „Doppelleben" als „Orangenstil" bezeichnet und als avancierteste Form des modernen Romans deklariert: „Der [moderne] Roman ist [...] *orangenförmig* gebaut. Eine Orange besteht aus zahlreichen Sektoren, den einzelnen Fruchtteilen, den Schnitten, alle gleich, alle nebeneinander, gleichwertig, die eine Schnitte enthält vielleicht einige Kerne mehr, die andere weniger, aber sie alle tendieren nicht in die Weite, in den Raum, sie tendieren in die Mitte, nach der weißen zähen Wurzel, die wir beim Auseinandernehmen aus der Frucht entfernen. Diese zähe Wurzel ist der Phänotyp [der Epoche], der Existentielle, nichts wie er, nur er, einen weiteren Zusammenhang der Teile gibt es nicht" (Benn 1991: 140 f.). Mit seinem „Roman des Phänotyp", den er im Frühjahr 1944 während seines Einsatzes in Landsberg an der Warthe schrieb, hat Benn ein Beispiel für diese avancierte Erzählweise vorgelegt; aber Jünger war dem anderthalb Jahrzehnte voraus, und vermutlich ist es nur seinem Ruf als einem nationalistischen, rechten, konservativen, (prä)faschistischen usw. Autor zuzuschreiben, dass das „Abenteuerliche Herz" bis heute nicht als die avantgardistische Leistung anerkannt wird, die es tatsächlich ist.

In Klaus von Beymes „Zeitalter der Avantgarden" wird Ernst Jünger sechs Mal erwähnt, freilich nur im Zusammenhang mit anderen Künstlern, die als avantgardistsich verstanden werden und denen daher Beymes Hauptinteresse gilt (von Beyme 2005: 414, 564, 739, 744, 749 und 758). Dass Jünger selbst als Avantgardist zu betrachten wäre, wird nicht in Erwägung gezogen. Damit wird allerdings nicht nur Jünger unterschätzt. Es wird auch übersehen, dass es um 1930 in Gestalt der Brüder Jünger und ihres Kreises eine publizistisch-literarische Avantgarde nationalistisch-faschistischer Ausrichtung gab, eine „rechte" Avantgarde, die aber aus verschiedenen – politischen und ethischen wie ästhetischen – Gründen auf Distanz zu den Nationalsozialisten ging und dies auch öffentlich anzeigte: Der Nationalbolschewist Ernst Niekisch, der zum engsten Kreis um die Brüder Jünger gehörte, publizierte 1932 das Pamphlet „Hitler – ein deutsches Verhängnis". Ernst Jünger verwahrte sich 1933 öffentlich gegen eine Aufnahme in die „gesäuberte" und „gleichgeschaltete" Dichterakademie. Und Friedrich Georg Jünger schrieb mit seiner Elegie „Der Mohn", die 1934 im Rahmen seines ersten Gedichtbandes erschien, einen ersten dichterischen Protest gegen die NS-Herrschaft, den sogar Thomas Mann im Schweizer Exil zur Kenntnis nahm und in einer Tagebuchnotiz vom 30. November 1934 dafür rühmte, dass er „von fabelhafter Aggressivität gegen die Machthaber" sei (Mann 1977: 578).

Literatur

Benjamin, Walter, 1972: Gesammelte Schriften. Unter Mitwirkung von Theodor W. Adorno und Gershom Scholem herausgegeben von Rolf Tiedemann und Hermann Schweppenhäuser. Bd. IV/1: Kleine Prosa. Herausgegeben von Tillmann Rexroth. Frankfurt am Main.

Benn, Gottfried, 1991: Sämtliche Werke. Stuttgarter Ausgabe in Verbindung mit Ilse Benn herausgegeben von Gerhard Schuster. Bd. V: Prosa 3. Stuttgart.

Beyme, Klaus von, 2005: Das Zeitalter der Avantgarden. Kunst und Gesellschaft 1905-1955. München.

Ehrlicher, Hanno, 2001: Die Kunst der Zerstörung. Gewaltphantasien und Manifestationspraktiken europäischer Avantgarden. Berlin.

Encke, Julia, 2006: Augenblicke der Gefahr. Der Krieg und die Sinne. 1914-1934. München.

Fähnders, Walter, 1997: „Vielleicht ein Manifest". Zur Entwicklung des avantgardistischen Manifestes. In: *Asholt, Wolfgang / Fähnders, Walter* (Hrsg.): „Die ganze Welt ist eine Manifestation". Die europäische Avantgarde und ihre Manifeste. Darmstadt, 18-38.

Fröschle, Ulrich, 2004: Oszillationen zwischen Literatur und Politik. Ernst Jünger und „das Wort vom politischen Dichter". In: *Hagestedt, Lutz* (Hrsg.): Ernst Jünger. Politik – Mythos – Kunst. Berlin und New York, 101-143.

Fröschle, Ulrich, 2008: Friedrich Georg Jünger und der „radikale Geist". Eine Fallstudie zum literarischen Radikalismus der Zwischenkriegszeit. Dresden.

Jünger, Ernst, 1978-2001 (=SW): Sämtliche Werke [in 18 Bänden und vier Supplementbänden]. Stuttgart.

Jünger, Ernst / Schlichter, Rudolf, 1997: Briefe 1935-1955. Herausgegeben, kommentiert und mit einem Nachwort von Dirk Heißerer. Stuttgart.

Jünger, Ernst / Schmitt, Carl, 1999: Briefe 1930-1983. Herausgegeben, kommentiert und mit einem Nachwort von Helmuth Kiesel. Stuttgart.

Jünger, Ernst, 2001: Politische Publizistik 1919 bis 1933. Herausgegeben, kommentiert und mit einem Nachwort von Sven Olaf Berggötz. Stuttgart.

Kiesel, Helmuth, 2004: Geschichte der literarischen Moderne. Sprache, Ästhetik, Dichtung im 20. Jahrhundert. München.

Kiesel, Helmuth, 2007: Ernst Jünger. Die Biographie. München.

Lokatis, Siegfried, 1992: Hanseatische Verlagsanstalt. Politisches Buchmarketing im „Dritten Reich". Frankfurt am Main.

Prümm, Karl, 2004: Gefährliche Augenblicke. Ernst Jünger als Medientheoretiker. In: *Hagestedt, Lutz* (Hrsg.): Ernst Jünger. Politik – Mythos – Kunst. Berlin und New York, 349-370.

Salomon, Ernst von, 1951: Der Fragebogen. Hamburg.

Schlichter, Rudolf, 1997: Gemälde, Aquarelle, Zeichnungen. Herausgegeben von Götz Adriani. München und Berlin.

Sheehan, James, 2008: Kontinent der Gewalt. Europas langer Weg zum Frieden. München.

Traverso, Enzo, 2008: Im Bann der Gewalt. Der europäische Bürgerkrieg 1914-1915. München.

Christian Schwaabe

Kunst und Politik in Zeiten ihrer kulturindustriellen Vereinnahmung

> *„Der obstinate Drang, lieber über die Richtigkeit von Irrelevantem zu wachen, als über Relevantes, mit der Gefahr des Irrtums, nachzudenken, zählt zu den verbreitetesten Symptomen regressiven Bewusstseins."*[1]

Im Folgenden soll über Kunst und Politik im Kontext dessen nachgedacht werden, was Theodor W. Adorno „Kulturindustrie" nannte. Damit wird ein Konzept aufgegriffen, das zu zahlreichen Missverständnissen, Fehl- und Uminterpretationen Anlass gab[2] und darüber hinaus im Mainstream der heutigen Forschung kaum noch ernsthaft rezipiert wird. Das ist u.a. deshalb bedauerlich, weil Adorno – anders als viele seiner Kritiker – bei allen Irrtümern im Einzelnen noch immer höchst Relevantes zu sagen hat. Es soll gezeigt werden, dass wir auch in der heutigen Spät- oder Postmoderne unter Bedingungen kulturindustrieller Vergesellschaftung leben, dass wir eben diese aber nur dann adäquat verstehen können, wenn wir Adornos Einschätzungen an etlichen Stellen korrigieren und um neuere Erkenntnisse erweitern. Das gilt für die soziologischen wie auch die ästhetischen Aspekte seines Denkens, im Übrigen auch für manch kulturwissenschaftliche Lücke der ganzen Theorie. Eine nicht unerhebliche Rolle wird dabei das Phänomen einer gesteigerten Selbstreflexivität der Kulturindustrie spielen: Deren Mechanismen und Wirkungen sind längst so gründlich durchschaut und werden sogar von ihr selbst entlarvend thematisiert, dass sich die Frage nach der politisch-gesellschaftlichen Bedeutung von Kulturindustrie anders stellt als in jener Perspektive, die Adorno sich vor über einem halben Jahrhundert zu eigen machte.

An Stelle einer Einleitung: Anspruch und Unverzichtbarkeit Kritischer Theorie

Politikwissenschaft hat es nicht zuletzt mit Phänomenen der Macht und der Herrschaft zu tun. Gerade diejenigen Vertreter der Disziplin, die sich ganz zu einem

---

[1] Adorno, *Negative Dialektik*, S. 172.
[2] Vgl. dazu: Resch / Steinert, Kulturindustrie.

unsentimentalen Realismus bekennen und sich auch deshalb von jeder Art kritischer Theorie distanzieren zu müssen glauben, stimmen dem zu. Ein wirklich konsequenter Realismus indes müsste noch nicht einmal von der „Werturteilsfreiheit" seiner Wissenschaft abschwören, würde er einen etwas erweiterten und damit den gesellschaftlichen Realitäten angemessenen Begriff von Herrschaft und Macht adaptieren. Eine empirische „Wirklichkeitswissenschaft", die sich ihrem Ahnherrn Max Weber verpflichtet fühlt, müsste keine Scheu haben, Herrschaft auch dort zu analysieren, wo sie sich in mentalen Dispositionen, Weltbildern und Einstellungen niederschlägt. Weber selbst hat solche Zusammenhänge in seiner Studie über die „Protestantische Ethik" herausgearbeitet und jene – bewusst vorsichtig – als ein „Adäquanz-Verhältnis" beschrieben, in welchem bestimmte Formen von „Lebensführung" zu bestimmten Wirtschaftsformen stehen.[3] Bei Adorno führt dies zu einem entsprechend umfassenden Verständnis von Politik wie auch Kritik: „Da jedoch Politik keine in sich geschlossene, abgedichtete Sphäre ist, wie sie etwa in politischen Institutionen, Prozeduren und Verfahrensregeln sich manifestiert, sondern begriffen werden kann nur in ihrem Verhältnis zu dem Kräftespiel der Gesellschaft, das die Substanz alles Politischen ausmacht und das von politischen Oberflächenphänomenen verhüllt wird, so ist auch der Begriff der Kritik nicht auf den engeren politischen Bereich zu beschränken."[4]

Man kann dies in verschiedenste Richtungen fortsetzen und hat dies ja auch getan: Ganz „unverdächtige" Forschungszweige wie die der politischen Kulturforschung stehen in dieser Tradition, wenn auch teilweise mit einem etwas verengten methodischen Selbstverständnis. Politikwissenschaft (auch) als Kulturwissenschaft zu verstehen und zu betreiben, steht in dieser Tradition, die heute vor allem an Foucault, Bourdieu oder auch Cassirer anknüpfen kann[5] – oder eben an Horkheimer und Adorno (auch wenn die beiden Denker sicher nicht ohne weiteres heutiger Kulturwissenschaft eingeordnet werden können und man heute gerade mit Blick auf die Kulturindustriethese eher die Gegensätze betont). So lässt sich bei einem nicht reduktionistischen Wissenschaftsverständnis die Auseinandersetzung mit Formen „symbolischer Macht" schlechterdings nicht ausklammern. Solche stabilisiert oder destabilisiert als „Macht, sichtbar zu machen (*theorein*) und glauben zu machen",[6] ein System mitunter nicht weniger wirkungsvoll, als konventionelle Formen von „hard power" dies vermögen. Im symbolischen Kampf gerade der Politik wird immer auch um die „Produktion des common sense"[7] gestritten.

[3] Weber, Kritiken und Antikritiken, S. 31.
[4] Adorno, Kritik, S. 785.
[5] Vgl. Schwelling, Politikwissenschaft als Kulturwissenschaft.
[6] Bourdieu, Sozialer Raum und „Klassen", S. 29, Hvbg. P.B.
[7] Bourdieu, Sozialer Raum und „Klassen", S. 23.

„Denn Erkenntnis von sozialer Welt und, genauer, die sie ermöglichenden Kategorien: darum geht es letztlich im politischen Kampf, einem untrennbar theoretisch
und praktisch geführten Kampf um die Macht zum Erhalt oder zur Veränderung
der herrschenden sozialen Welt durch Erhalt oder Veränderung der herrschenden
Kategorien zur Wahrnehmung dieser Welt."[8]

Eigentlich sollte diese Einsicht gerade für die wirklichkeitswissenschaftlichen
Realisten ganz „unproblematisch", ja herausfordernd und spannend sein – stünde
man mit ihr nicht schon inmitten einer stigmatisieren Tradition: der Kritischer
Theorie. Da nun regen sich reflexartig Vorbehalte, die kaum anders als ideologisch
zu nennen sind. Es besteht ein weit verbreitetes Unbehagen am kritischen Anspruch selbst: Nicht nur steht dieser seinerseits bei Kritikern (immer schon) unter
Ideologieverdacht; heute ist solcher Anspruch dem Mainstream der Sozialwissenschaftler schlicht fremd geworden. Letzteres mag u.a. mit der notwendigen fach-
wissenschaftlichen Spezialisierung erklärbar sein, auch mit einem Verzicht auf
Fragen von allzu großem Gewicht, die nach dem „Ende der Metaerzählungen"
ohnehin als unbeantwortbar gelten, am Ende sicher auch mit der fehlenden Vertrautheit mit philosophischem Denken und dem Corpus zumindest der wichtigsten klassischen Texte. Das ist das Los der Geisteswissenschaften im Allgemeinen,
es trifft im Besonderen aber die Kritische Theorie. „Adorno gilt bei denen, die es
gar nicht ernsthaft versucht haben, als ‚schwierig'."[9] Diese Ursachen einer modisch
gewordenen Rezeptionsverweigerung sind bedauerlich, und es sind erkennbar
schlechte Gründe, sich einer ernsthaften Beschäftigung zu widersetzen. Es gibt
andere, verständlichere Gründe für eine gewisse Distanz zur Kritischen Theorie
der ersten Generation: die Absolutheit mancher Diagnose über den Zustand einer
„heillosen" Welt, die Düsternis des Urteils, das Totale der hier geübten Vernunft-
kritik, auch die Unschärfe bei der empirischen Unterfütterung mancher These,
endlich die Frage danach, inwiefern der gesellschaftliche Wandel der letzten Jahrzehnte nicht tatsächlich Veränderungen mit sich brachte, die nach zumindest mo-
difizierten Erklärungen verlangen. Gerade Letzteres wird für unsere Analyse der
heutigen Gestalt von „Kulturindustrie" sehr ernst zu nehmen sein.

Ein kurzer Blick auf die genannten schlechten Gründe der Rezeptionsverweigerung kann helfen, das Anliegen Kritischer Theorie noch einmal kurz zu vergegenwärtigen und zugleich die mit Bourdieu angedeutete symbolische Dimension
von Macht zu verdeutlichen. Zunächst: Das verbreitete Selbstverständnis von Wissenschaft bezüglich ihrer Ziele, Aufgaben und Zuständigkeiten ist von großer Bedeutung nicht für die Wissenschaft selbst, sondern auch für die in einer Gesellschaft als gültig anerkannten Interpretationen von Welt. Das hat Kritische Theorie

---

[8] Bourdieu, Sozialer Raum und „Klassen", S. 18f.
[9] Steinert, *Kulturindustrie*, S. 43.

von Beginn an gegen „traditionelle Theorie" geltend gemacht – und dabei zugleich kritisch gegen deren gesellschaftliche Funktion gewendet. Etablierte Begriffe stellen immer ein *soziales* Verhältnis dar. Sie sind Teil der gesellschaftlichen Strukturen. Sie sind ein besonders wichtiges Moment der Herrschaftsbeziehungen. Auf das Ziel von Freiheit, Autonomie und Emanzipation normativ verpflichtet, weist Kritische Theorie insbesondere die Vorstellung einer „reinen", scheinbar wertfreien Wissenschaft zurück, wie sie das Vorbild der erfolgreichen Naturwissenschaften nahezulegen scheint. Grundlegend ist dabei die Annahme einer dialektischen Einheit von Theorie und Praxis. Das heißt nicht nur, dass Theorie auf bewusste Gesellschaftsveränderung bezogen sein soll. Es geht darum zu zeigen, dass Theorie sich in jedem Fall auf die Praxis, auf die Gesellschaft auswirkt – auch dann, wenn auf diesen Zusammenhang nicht kritisch reflektiert wird. Ein wichtiger Beitrag zur Emanzipation besteht demnach darin, aufzuzeigen, wie gesellschaftliche Zustände von den herrschenden Paradigmen zur Wahrnehmung der Welt geprägt werden, von den herrschenden Kategorien des Nützlichen, Guten, Zweckmäßigen – insbesondere auch von einem bestimmten Wissenschaftsverständnis. „Es gibt keine Theorie der Gesellschaft, [...] die nicht politische Interessen mit einschlösse, über deren Wahrheit – anstatt in scheinbar neutraler Reflexion – nicht selbst wieder handelnd und denkend, eben in konkreter geschichtlicher Aktivität, entschieden werden müßte."[10] Das vor allem übersieht „traditionelle Theorie" prinzipiell. Die scheinbar wertfreie Wissenschaft liefert Beherrschungswissen, aber sie reflektiert nicht kritisch auf diese ihre Funktion, nicht auf sich selbst, nicht auf ihren eigenen Beitrag zu den bestehenden Verhältnissen – und damit auch nicht auf eine mögliche Veränderung dieser Verhältnisse und ihren eigenen möglichen Beitrag dazu.

Die Analyse der gegenwärtigen Gesellschaft offenbart diese in den Augen Kritischer Theorie als eine vom Kapital beherrschte und von Entfremdung gekennzeichnete „Totalität". Weithin ohnmächtig sind die Menschen dem ausgeliefert, was bereits Max Weber als „Gehäuse der Hörigkeit" kommen sah. Kritische Theorie sieht ihre Aufgabe vor diesem Hintergrund vor allem als eine ideologiekritische: Es gilt, den herrschenden ideologischen Überbau zu entlarven und so jenen Verblendungszustand zu durchstoßen, der die Menschen daran hindert, ihre eigene Unterdrückung und Entfremdung überhaupt erst einmal zu erkennen. Kulturindustrie hat vor allem hier ihre Bedeutung. Wie auch die unkritische, dominierende Normalwissenschaft zementiert sie diesen Zustand, indem sie den Menschen die Welt als unverrückbare „Realität" vorstellen und damit unkritische Anpassung ans Bestehende als „vernünftige" und alternativlose Strategie aufdrängen: „Die gesamte wahrnehmbare Welt, wie sie für das Mitglied der bürgerlichen Gesellschaft vorhanden ist und in der damit in Wechselwirkung stehenden traditio-

---

[10] Horkheimer, Max, Traditionelle und kritische Theorie, S. 40.

nellen Weltauffassung interpretiert wird, gilt ihrem Subjekt als Inbegriff von Faktizitäten, sie ist da und muß hingenommen werden."[11]

Die Menschen sehen auf diese Weise nicht mehr, dass die Welt, wie sie ist und wie sie wahrgenommen wird, Produkt menschlicher, gesellschaftlicher Praxis ist – und das heißt: dass sie auch anders betrachtet werden, dass sie auch anders *sein* könnte. „Die kritische Theorie der Gesellschaft hat dagegen die Menschen als die Produzenten ihrer gesamten historischen Lebensformen zum Gegenstand. Die Verhältnisse der Wirklichkeit, von denen die Wissenschaft ausgeht, erscheinen ihr nicht als Gegebenheiten, die bloß festzustellen […] wären. Was jeweils gegeben ist, hängt nicht allein von der Natur ab, sondern auch davon, was der Mensch über sie vermag. Die Gegenstände und die Art der Wahrnehmung, die Fragestellung und der Sinn der Beantwortung zeugen von menschlicher Aktivität und dem Grad ihrer Macht."[12]

Das hier noch annähernd „kämpferisch" vorgetragene Verständnis von Praxis weicht jedoch schnell jener sehr pessimistischen Sicht der Dinge, für die die Namen Horkheimer und Adorno bis heute stehen. Wenige Jahre später, in seiner Kritik der herrschenden „instrumentellen Vernunft", ist für Horkheimer „die Denunziation dessen, was gegenwärtig Vernunft heißt, der größte Dienst, den die Vernunft leisten kann".[13] Der resignative Unterton ist kaum zu überhören, das Gesamtbild hat sich eklatant verdüstert. Das gilt nicht nur mit Blick auf Totalitarismus und Zweiten Weltkrieg. Das gilt auch mit Blick auf die Welt der westlichen Demokratien. Deren Herrschaftsmechanismen, allen voran die „Kulturindustrie", sind kaum weniger effektiv und gewaltsam als die der totalitären Regime. Und erst das Schicksal dieser „freien Welt" lässt die geschichtsphilosophische Gesamtdiagnose so aussichtslos erscheinen: als „Dialektik der Aufklärung".

„Kulturindustrie" und „Dialektik der Aufklärung"

„Seit je hat Aufklärung im umfassendsten Sinn fortschreitenden Denkens das Ziel verfolgt, von den Menschen die Furcht zu nehmen und sie als Herren einzusetzen. Aber die vollends aufgeklärte Erde strahlt im Zeichen triumphalen Unheils."[14] So beginnt die *Dialektik der Aufklärung*, einer der fulminantesten philosophischen Texte des 20. Jahrhunderts – und zugleich einer der düstersten. Statt den Fortschritt zu

---

[11] Horkheimer, Max, Traditionelle und kritische Theorie, S. 21.
[12] Horkheimer, Max, *Traditionelle und kritische Theorie*, Nachtrag: S. 57.
[13] Horkheimer, Max, Zur Kritik der instrumentellen Vernunft, S. 186.
[14] Horkheimer/Adorno, *Dialektik der Aufklärung*, S. 9; im Folgenden erscheinen die Seitenangaben aus der *Dialektik der Aufklärung* in Klammern direkt im Text.

einem „wahrhaft menschlichen Zustand" zu befördern, fällt die Aufklärung einer „rastlosen Selbstzerstörung" anheim. Aufklärung, Vernunft und Wissenschaft haben den Menschen zwar erfolgreich als „Herren" über die äußere Natur eingesetzt. Zum Herren seines eigenen Lebens im Sinne echter Autonomie – und damit im Sinne des klassischen Aufklärungsideals – wurde der Mensch im Zuge dieses Fortschritts aber keineswegs. Im Gegenteil, der Herrschaft über die äußere Natur entspricht die zunehmende Herrschaft auch über die innere Natur des Menschen. „Die Absurdität des Zustandes, in dem die Gewalt des Systems über die Menschen mit jedem Schritt wächst, der sie aus der Gewalt der Natur herausführt, denunziert die Vernunft der vernünftigen Gesellschaft als obsolet." (45) Die Vernunft dieser „vernünftigen" Gesellschaft ist die instrumentelle Vernunft, vor allem der Positivismus, der „Mythos dessen, was der Fall ist", wie Horkheimer/Adorno im Vorwort zur Neuausgabe 1969 noch einmal betonen. Die Vorherrschaft des Positivismus bedeutet eine fatale „Identität von Intelligenz und Geistfeindschaft" und zerstört die Möglichkeiten, dieses Paradigma selbst noch kritisch zu hinterfragen: „Auf dem Weg von der Mythologie zur Logistik hat Denken das Element der *Reflexion auf sich* verloren, und die Maschinerie verstümmelt die Menschen heute, selbst wenn sie sie ernährt." (44).

Mit düsterem Pathos werden der westliche Fortschrittsglauben und die Illusionen, die er verbreitet, entlarvt. Das Individuum dünkt sich frei – doch es wird vom Apparat verschlungen, zum Teilchen einer unmündigen Masse degradiert: „Der Einzelne wird gegenüber den ökonomischen Mächten vollends annulliert. Dabei treiben diese die Gewalt der Gesellschaft über die Natur auf nie geahnte Höhe. Während der einzelne vor dem Apparat verschwindet, den er bedient, wird er von diesem besser als je versorgt. Im ungerechten Zustand steigt die Ohnmacht und Lenkbarkeit der Masse mit der ihr zugeteilten Gütermenge." (4) Der verdinglichte Geist stirbt in der Flut von Information und Amüsement ab, wird zur bloßen Ware. Brot und Spiele sind der Kitt dieses Systems. Dem widmet sich das wohl bekannteste Kapitel des Buches, das über die „Kulturindustrie". Der Untertitel sagt schon (fast) alles: „Aufklärung als Massenbetrug".

Das Kulturindustrie-Kapitel[15] enthält eine Fundamentalkritik der modernen Massenkultur, wie sie von keinem konservativen Kulturpessimisten je überboten werden könnte. Mit Kulturindustrie ist zunächst das System der neuen Massen

---

[15] Weitere wichtige Texte zur Kulturindustrie, auf die im Folgenden eingegangen wird, sind neben dem Kapitel in der *Dialektik der Aufklärung*: „Prolog zum Fernsehen" und „Fernsehen als Ideologie" (Adorno, Gesammelte Schriften 10.2), „Résumé über Kulturindustrie" in *Ohne Leitbild. Parva Aesthetica*, daneben zahlreiche Texte in den vielen Schriften über Musik, insbesondere in „On popular music" von 1941 sowie in der Einleitung zur Musiksoziologie, und last but not least natürlich die *Ästhetische Theorie*.

medien und der Massenkommunikation gemeint, die Massenkultur.[16] Es umfasst vieles (leichte Musik, Jazz, Radio, Film und Fernsehen), entfaltet aber erst als Gesamtsystem seine eigentliche und dramatische Wirkung. Zentrales Bestimmungsmerkmal ist die Warenförmigkeit der untersuchten Phänomene, die unmittelbar mit der durch moderne Produktionsformen begünstigten Standardisierung zusammenhängt. Als Waren werden diese produziert, als Waren wollen sie verkauft werden, darum geht es, darum geht es einzig. „Lichtspiele und Rundfunk brauchen sich nicht mehr als Kunst auszugeben. Die Wahrheit, daß sie nichts sind als Geschäft, verwenden sie als Ideologie, die den Schund legitimieren soll, den sie vorsätzlich herstellen." (129)

Ihre gesellschaftliche Bedeutung hat Kulturindustrie als Instrument der Manipulation. Der Gesamteffekt der Kulturindustrie ist „Anti-Aufklärung", Aufklärung schlägt um in „Massenbetrug", wird zum Mittel der Fesselung des Bewusstseins: „Sie verhindert die Bildung autonomer, selbständiger, bewusst urteilender und sich entscheidender Individuen. Die aber wären die Voraussetzung einer demokratischen Gesellschaft, die nur in Mündigen sich erhalten und entfalten kann."[17] Das System der Kulturindustrie erweist sich als der neue Vormund des Massenpublikums. Die Reproduktion des Immergleichen begünstigt die Anpassung an das Immergleiche. Sie unterbindet jeden Widerspruch sperriger Elemente. In der Spekulation auf den überwältigenden Effekt wird das Spannungsverhältnis zwischen Ganzem und Einzelnem, wie es sich in wahren Kunstwerken findet, zerstört und mit ihm die kulturelle Resistenzkraft von Kunst. Ergebnis ist eine „Verkümmerung der Vorstellungskraft und Spontaneität des Kulturkonsumenten", insbesondere in den Produkten der Filmindustrie: „Sie sind so angelegt, daß ihre adäquate Auffassung zwar Promptheit, Beobachtungsgabe, Versiertheit erheischt, daß sie aber die denkende Aktivität des Betrachters geradezu verbietet, wenn er nicht die vorbeihuschenden Fakten versäumen will." (134f.)

Gerne betonen Vertreter der Kulturindustrie, dass man sich dabei ja nur an den Wünschen des Massenpublikums orientiere – wodurch eben dieses nur umso leichter manipulierbar wird. „Die Unverschämtheit der rhetorischen Frage ‚Was wollen die Leute haben!' besteht darin, daß sie auf dieselben Leute als denkende Subjekte sich beruft, die der Subjektivität zu entwöhnen ihre spezifische Aufgabe darstellt." (153) Das eben ist der Witz der Sache, „daß die Gewalt der Kulturindustrie in ihrer Einheit mit dem erzeugten Bedürfnis liegt, nicht im einfachen Ge-

---

[16] Mit dem Begriff „Massenkultur" wäre freilich das Entscheidende verfehlt: Kulturindustrie meint nicht so sehr die Kultur, den Geschmack und die Vorlieben der Masse, sondern ein System, dessen Zwänge und Mechanismen nicht einfach von unten, aus der Masse entstehen, sondern auf diese mindestens ebenso sehr einwirken.

[17] Adorno, Résumé über Kulturindustrie, S. 345.

gensatz zu ihm, wäre es selbst auch der von Allmacht und Ohnmacht". (145) Die Fans von „Big Brother" wollen das sehen – so erst schließt sich „der Zirkel von Manipulation und rückwirkendem Bedürfnis, in dem die Einheit des Systems immer dichter zusammenschießt". (129) Dabei ist zu betonen, dass „leichte Kunst" als solche, dass Zerstreuung für Adorno noch keine Verfallsform darstellt. Problema-

Doris Day, High Hat, 1964

tisch aber ist Amusement, wenn es uns als bloße Wiedergabe und Bestätigung der herrschenden Lebensformen dem unentrinnbaren Alltag nur umso mehr ausliefert, in ihn zurückführt – für Doris-Day-Filme lässt sich dies sehr schön nachvollziehen, und ebenso für die Fun-Orientierung in der heutigen Erlebnisgesellschaft (Schulze).[18] Hier gilt für Adorno: „Vergnügtsein heißt Einverstandensein." (153). Die Konsumenten der Kulturindustrie erfahren sich als vereinnahmt, nichtig, austauschbar und entbehrlich. Das Amusement zementiert ihre eigene Ohnmacht: „Es ist möglich nur, indem es sich gegenüber dem Ganzen des gesellschaftlichen Prozesses abdichtet [...]. Vergnügen heißt allemal: nicht daran denken

müssen, das Leiden vergessen, noch wo es gezeigt wird. Ohnmacht liegt ihm zu Grunde. Es ist in der Tat Flucht, aber nicht, wie es behauptet, Flucht vor der schlechten Realität, sondern vor dem letzten Gedanken an Widerstand, den jene noch übriggelassen hat. Die Befreiung, die Amusement verspricht, ist die von Denken als von Negation." (153)

Die soziale Wirklichkeit, deren Ausdruck Kulturindustrie ist, verlangt flexible Anpassung an den beständigen sozialen Wandel, liefert aber selbst keine stabilen Werte und Motive. Die Kulturindustrie füllt dieses Vakuum nur oberflächlich mit ständig neu erfundenen, bloß momenthaft wirkenden, aber ebenso schnell wieder zerfallenden Sinnsurrogaten. „Werturteile werden entweder als Reklame oder als Geschwätz vernommen. Die dadurch zur vagen Unverbindlichkeit getriebene Ideologie wird doch nicht durchsichtiger und auch nicht schwächer. Ihre Vagheit gerade, die fast szientifische Abneigung, sich auf irgend etwas festzulegen, das sich nicht verifizieren läßt, fungiert als Instrument der Beherrschung. Sie wird zur nachdrücklichen und planvollen Verkündigung dessen, was ist." (156) Kulturindustrie sichert so umso effektiver die Zustimmungsbereitschaft der Individuen,

---

[18] Vgl. Schulze, Erlebnisgesellschaft.

und dies vor allem durch systematische Förderung von Konsumpassivismus und eine entsprechend überformte und integrierte „Freizeit".[19]

Summa summarum festigt Kulturindustrie den blinden Fortbestand der gesellschaftlichen Herrschaftsverhältnisse. Ihre „Macht" bzw. „Herrschaft" kommt in Webers Definition von „Disziplin" am besten zum Ausdruck. „Disziplin soll heißen die Chance, kraft eingeübter Einstellung für einen Befehl prompten, automatischen und schematischen Gehorsam bei einer angebbaren Vielheit von Menschen zu finden. […] Der Begriff der ‚Disziplin' schließt dabei die ‚Eingeübtheit' des kritik- und widerstandslosen Massengehorsams ein."[20] „Disziplin" in diesem Sinn kommt dem Effekt kulturindustrieller Einflussnahme sehr nahe – auf die Frage, *wer* hier eigentlich „Befehle" gibt, wer hier zu herrschen trachtet, wird noch eingegangen werden. Es handelt sich jedenfalls um eine durchaus aktive Form der Selbst-Disziplinierung und -Instrumentalisierung der Menschen, eine Verinnerlichung von Anpassungszwängen, eine Angleichung an Erfolg versprechende Verhaltensmuster – privat wie nicht zuletzt natürlich beruflich.[21] Die Menschen versuchen, „sich selbst zum erfolgsadäquaten Apparat zu machen, der bis in die Triebregungen hinein dem von der Kulturindustrie präsentierten Modell entspricht" (176). Ergebnis dieser Selbstkonditionalisierung ist „Pseudoindividualität".

Kulturindustrie zementiert also eine Realität, die durch instrumentelles Denken und herrschende Interpretationen als alternativlos hingestellt wird, indem sie solche Alternativlosigkeit noch in die Denkmöglichkeiten einlagert. „Hier hat Kulturindustrie ihren Platz und Stellenwert: Sie ist eines der Mittel dieser Herrschaft, indem sie den Widerspruch kassiert, den bürgerliche Kunst einmal dargestellt hat."[22] Wichtig für ein angemessenes Verständnis der Theorie ist, dass hier von einem umfassenden Vorgang der *Vergesellschaftung* die Rede ist, nicht von einzelnen, isolierten Vorgängen, Phänomenen oder Produkten, die sich durchaus auch anders interpretieren ließen. Kulturindustrie ist eine Eigenschaft von heutiger Vergesellschaftung überhaupt. Insofern geht auch das von Kritikern zuweilen betriebene Aufzählen einzelner Gegenbeispiele an der Diagnose, ihrem Anspruch und wohl auch ihrer Berechtigung grundsätzlich vorbei. Jedenfalls ist die Kulturindustrie-These nicht schon dadurch widerlegt, dass man gerade heute auf Anhieb ein

---

[19] Vgl. Adorno, Freizeit.

[20] Weber, Wirtschaft und Gesellschaft, S. 28; vgl. dazu: Prokop, Der kulturindustrielle Machtkomplex, S. 20f.

[21] Sich den Erwartungen des Arbeitsmarktes anzupassen, bedeutet entsprechend: „Gut aussehen, make-up, die verzweifelt angestrengte ewige Jugend, die nur in der böse zuckenden Stirnfalte für Augenblicke zerbricht, all das Zuckerbrot wird mit der Peitsche des Personalchefs verteilt. Die Menschen bejahen die Massenkultur, weil sie wissen oder ahnen, daß sie hier die mores gelehrt werden, deren sie als Passierschein im monopolisierten Leben bedürfen." (Adorno, Das Schema der Massenkultur, S. 331).

[22] Steinert, *Kulturindustrie*, S. 76.

Dutzend Kinofilme nennen kann, die durchaus höheren ästhetischen oder auch kritischen Ansprüchen genügen.

Wichtig zu betonen ist auch, dass das Totale der Kritik, die vollständige Verwerfung des kulturindustriellen Systems wie auch der sehr hohe Gegenbegriff wahrer Kultur bei Adorno Ergebnis einer *historischen* Analyse sind – und nur so ist seine Analyse zunächst einmal angemessen zu würdigen: „Kultur ist in der bürgerlichen Gesellschaft als der Gegenbereich zur Wirtschaft eingerichtet worden, dort war man Mensch und nicht Funktionsträger, dort durfte man's sein. Die Künstler und Wissenschaftler haben diesen Status ausgebaut und verteidigt und Autonomie durchzusetzen versucht: Kultur sollte ein Bereich sein, der nur seinen eigenen Regeln folgt und genau dadurch seinen Beitrag der Kritik, der Innovation, des Eröffnens von Möglichkeiten leistet."[23] Damit ist auch bereits der hohe Stellenwert angedeutet, den Kunst für Adorno gerade als Widerpart zur Kulturindustrie hat. Eines lässt sich indes schon an dieser Stelle festhalten: Mit der modernen Massen-Kulturindustrie kommt es für Adorno gerade nicht zu einer Demokratisierung des Zugangs zur ehemals ständisch versperrten bürgerlichen Hochkultur. „Die Abschaffung des Bildungsprivilegs durch Ausverkauf leitet die Massen nicht in die Bereiche, die man ihnen ehedem vorenthielt, sondern dient, unter den bestehenden gesellschaftlichen Bedingungen, gerade dem Zerfall der Bildung, dem Fortschritt der barbarischen Beziehungslosigkeit." (169)

Nur am Rande: Kulturindustrie, Systemtheorie – und ein Webersches Motiv

So weit, so schlimm. Der Theorie der Kulturindustrie ist in vielerlei Hinsicht widersprochen worden. Auf die recht oberflächliche und ihrerseits normative Zurückweisung des „elitären" und daher wohl politisch nicht ganz korrekten Standpunktes soll hier nicht weiter eingegangen werden. Ernst zu nehmende Kritik kommt vor allem aus zwei Richtungen: Die Systemtheorie beklagt an Kritischer Theorie eine grundsätzlich falsche Vorstellung von der „Realität der Massenmedien" in modernen Gesellschaften, daneben prinzipiell den normativen Zugang. Die Cultural Studies, auf die weiter unten eingegangen wird, vermissen am gezeichneten Bild der Kulturindustrie die Berücksichtigung alltags- und lebensweltlicher Prozesse der Aneignung von und des durchaus „subversiven" Umgangs mit den Produkten der Massenmedien in der Populärkultur.

Die wohl anspruchsvollste Medien- und Kommunikationstheorie, die die Fundamente der Kulturindustriethese zu unterminieren scheint, ist zweifelsohne die Systemtheorie nach Niklas Luhmann. An dieser Stelle soll nur kurz angedeutet

---

[23] Steinert, *Kulturindustrie*, S. 158.

werden, dass Adornos Kritik mit wichtigen Grundannahmen einer systemtheoretischen „Beobachtung" von Massenmedien keineswegs inkompatibel ist. Das gilt prinzipiell für die von Luhmann herausgearbeitete Aufgabe von Massenkommunikation in funktional differenzierten Gesellschaften – die Herstellung allgemeiner thematischer Horizonte und einer Realität, an der sich die Gesellschaft orientieren kann, und dies nach teilsystemspezifischer Bereichslogik.[24] Das gilt ferner auch für die systemtheoretische Grundannahme, dass Kommunikation im System der Massenmedien gerade nicht mehr dem Grundmodell sozialer Interaktion (unter Anwesenden) folgt, sondern sich von diesen Beschränkungen abgekoppelt hat und daher zu seinem anonymen Publikum in einem rückkoppelungsarmen Verhältnis steht – das gerade beschreibt Adorno, freilich immer mit Blick auf die problematischen Folgen dieser Tatsache für den Menschen (und dafür interessiert sich Systemtheorie nun einmal nicht primär). Dass es auf dieser Grundlage gerade im Fernsehen zu Formen von Pseudo-Interaktion und diversen Inszenierungsstrategien kommt, die systemtheoretisch ganz der Selbstreproduktionslogik von Massenkommunikation zuzuschreiben sind, auch dies fügt sich noch in die Analyse von Kulturindustrie.[25]

Zudem benennt auch die Systemtheorie – bei aller Rückkoppelungsarmut – Beziehungen zwischen Massenpublikum und Massenmedien, die die obige Beschreibung des „Zirkels von Manipulation und rückwirkendem Bedürfnis" eher verfeinern als widerlegen: Soziale Systeme inkludieren psychische Systeme (also Menschen), indem sie diese als kommunikativ adressierbare Personen beobachten und behandeln. Neben der grundlegenden Allinklusion von Jedermann durch allgemeinen Zugriff auf die Medienangebote gibt es „unterschiedliche Inklusionsmodi auf der Ebene der Programmierung medial verbreiteter Kommunikationen. So setzen verschiedene Programmformen des Fernsehens (u.a. Nachrichten, Werbung und Unterhaltung) bestimmte Individuen voraus: als interessierte Beobachter, als nutzenmaximierende oder sich mit sich selbst auseinandersetzende Personen."[26] Massenkommunikation hat auch systemtheoretisch „Probleme der Annahmebereitschaft des Publikums zu lösen", hat „rezipierende Subjekte" zur Voraussetzung: „Sie muss deshalb nicht nur für die Verbreitung, sondern auch die

---

[24] Vgl. Luhmann, *Die Realität der Massenmedien*; ders., *Die Gesellschaft der Gesellschaft*, Teilband 1: S. 190ff.; Teilband 2: S. 1096ff.

[25] Es ist interessant (und bedauerlich) zu beobachten, wie Tilmann Sutter in Auseinandersetzung mit Oevermanns „normativer Medienkritik" dessen Klage über solche „Pseudointeraktion" zum Anlass nimmt, die Analyse von Kulturindustrie in der Tradition Kritischer Theorie in toto als wissenschaftlich unhaltbar zurückzuweisen (vgl.: Sutter, Medienanalyse als Beobachtung und als Kritik). Vielmehr handelt es sich um unterschiedliche Beobachtungsstandpunkte, von denen ja gerade nach systemtheoretischer Überzeugung keine mehr privilegiert ist. Man kann Massenkommunikation systemtheoretisch beobachten (und so auch besser verstehen) *und zugleich* aus einer anderen Perspektive heraus nach Maßgabe Adornos kritisch problematisieren.

[26] Sutter, Medienanalyse als Beobachtung und als Kritik, S. 23.

Verstehbarkeit und Attraktivität ihrer Kommunikationsangebote sorgen."[27] In genau diesem Punkt ist Adornos Auseinandersetzung mit Kulturindustrie anschlussfähig an die durchaus unverzichtbaren Einsichten der Systemtheorie.[28] Im Übrigen ist gerade Kritische Theorie dafür sensibel, dass Gesellschaftskritik immer zugleich „Teil des kritisierten Systems"[29] ist.

Ohne die fundamentalen Unterschiede zwischen Adorno und Luhmann irgendwie relativieren zu wollen – wer das Glück hat, sich nicht dogmatisch zur einen oder zur anderen „Schule" bekennen zu müssen, für den wird die systemtheoretische Beobachtung von Massenkommunikation eine willkommene Ergänzung der Analyse von Kulturindustrie sein. Der wirklich eklatante Unterschied zwischen beiden Positionen besteht wohl darin, dass Adorno Kulturindustrie aus der explizit normativen Perspektive des Individuums beobachtet. Man mag das „alteuropäisch" nennen; unmöglich oder in sich widerspruchsvoll ist das nicht. In dieser normativen Fragestellung wie auch im offenkundigen Pessimismus sind die Parallelen zum bereits erwähnten Max Weber besonders deutlich. Kritische Theorie ist hier als konsequenteste Fortsetzung des Weberschen Blicks auf die okzidentale Kulturentwicklung zu betrachten, als deren Ergebnis Weber bekanntlich die berüchtigten „Fachmenschen ohne Geist, Genußmenschen ohne Herz"[30] sich verbreiten sah. Eine bessere Formulierung für den von Adorno mit der Kulturindustrie beschriebenen Typus Mensch gibt es nicht. Und ebenso einhellig ist der beiden Denker Urteil mit Blick auf „die mechanisierte Abrichtung und die Einfügung des Einzelnen in einen für ihn unentrinnbaren, ihn zum ‚Mitlaufen' zwingenden Mechanismus".[31] Unzählige weitere Stellen und entsprechende Einschätzungen Max Webers ließen sich hier anführen.[32] Wichtiger aber ist das hier exemplarisch anzutreffende und mit Adorno geteilte Erkenntnisinteresse, das im Mainstream heutiger Sozialwissenschaft als „unwissenschaftlich" gilt, bei Max Weber freilich den Kern seiner Sozialwissenschaft ausmacht: die Frage nach dem „Schicksal des Menschentums"[33] unter den Bedingungen okzidentaler Rationalisierung (nicht zuletzt: funktionaler Ausdifferenzierung).

Niemand sollte sich davon abhalten lassen, „alteuropäische" Fragen zu stellen, nur weil sie „alteuropäisch" genannt werden. Gravierender als dies wäre vielleicht,

---

[27] Sutter, Medienanalyse als Beobachtung und als Kritik, S. 27.

[28] Und sie erscheint gerade vereinbar mit der „umfassenden mediensoziologischen Perspektive", für die Sutter ganz zu recht wirbt: als eine Integration system-, interaktions-, subjekt- und handlungstheoretischer Perspektiven (Sutter, Medienanalyse als Beobachtung und als Kritik, S. 28f.).

[29] Luhmann, *Die Gesellschaft der Gesellschaft*, Teilband 2, S. 1118.

[30] Weber, Die Protestantische Ethik, S. 204.

[31] Weber, Wirtschaft und Gesellschaft, S. 682.

[32] Vgl. Schwaabe, Freiheit und Vernunft in der unversöhnten Moderne, S. 112ff.

[33] Vgl. Hennis, Max Webers Fragestellung.

dass man bei Adorno nur tief schwarze Antworten bekommt. Der Tenor ist düster, pessimistisch, und man fragt sich, wo hier noch Auswege sein könnten. Vor allem: Ist diese Diagnose überhaupt zutreffend? Die Reduktion von Weltgeschichte auf das Muster einer ausweglosen Naturbeherrschung, so Wiggershaus, war eine Übertreibung, die indes „ihre Wahrheit als Korrektiv hatte".[34] Wenn man darauf aufbauen will, so muss man wohl dennoch mit Habermas fragen, ob die dieserart „total" gewordene Kritik nicht ihre eigenen Grundlagen zerstört habe.[35]

Was tun? „Nichts hilft als die standhaltende Diagnose seiner selbst und der anderen, der Versuch, durch Bewußtsein wenn schon nicht dem Unheil zu entweichen, so ihm doch seine verhängnisvolle Gewalt, die der Blindheit, zu entziehen."[36] Wenn es schon „kein richtiges Leben im falschen" gibt, wenn das gesellschaftliche Ganze das Unwahre ist, wenn der einzelne in eine solche Maschinerie gestellt ist, die ihn zum Mitlaufen und Funktionieren verurteilt, wenn die gesellschaftlichen Verhältnisse jede Form gehaltvoller Autonomie unmöglich machen, dann gilt es wenigstens bewusst zu leben, nicht naiv, den Blick in den Abgrund gerichtet – wieder ein Webersches Motiv: „Denn Schwäche ist es: dem Schicksal der Zeit nicht in sein ernstes Antlitz blicken zu können."[37] Adorno teilt Webers Pathos eines „heroischen Pessimismus".[38] Gerade mit Blick auf die Kulturindustrie und gegen das, was sie an Haltungen nahelegt, heißt bewusstes Leben auch Verweigerung gegen den schönen Schein, gegen das affirmative keep-smiling: „Es gibt nichts Harmloses mehr. Die kleinen Freuden, die Äußerungen des Lebens, die von der Verantwortung des Gedankens ausgenommen scheinen, haben nicht nur ein Moment der trotzigen Albernheit, des hartherzigen sich blind Machens, sondern treten unmittelbar in den Dienst ihres äußersten Gegensatzes. [...] noch das unschuldige Wie schön wird zur Ausrede für die Schmach des Daseins, das anders ist, und es ist keine Schönheit und kein Trost mehr außer in dem Blick, der aufs Grauen geht, ihm standhält und im ungemilderten Bewußtsein der Negativität die Möglichkeit des Besseren festhält."[39] Adorno erweist sich hier nicht nur einmal mehr als „Spaßverderber";[40] man ist damit auch bei dem, was autonome Kunst, die diesen Namen

---

[34] Wiggershaus, *Theodor W. Adorno*, S. 56.

[35] „Horkheimer und Adorno sehen die Grundlagen der Ideologiekritik erschüttert – und möchten doch an der Grundfigur der Aufklärung festhalten. So wenden sie, was Aufklärung am Mythos vollstreckt hat, noch einmal auf den Prozeß der Aufklärung im ganzen an. Die Kritik wird, indem sie sich gegen die Vernunft als die Grundlage ihrer eigenen Geltung wendet, total." (Habermas, *Der philosophische Diskurs der Moderne*, S. 143f.)

[36] Adorno, Minima Moralia, 13. Aph.

[37] Weber, Wissenschaft als Beruf, S. 605.

[38] Mommsen, Max Weber. Gesellschaft, Politik, Geschichte, S. 134.

[39] Adorno, Minima Moralia, 5. Aph.

[40] Steinert, *Kulturindustrie*, S. 14.

verdient, zu leisten hat und leisten kann: im Bewußtsein der Negativität die Möglichkeit des Besseren festhalten.

Autonome Kunst und das Leiden in der zerrissenen Welt

„Je mehr die allmächtige Kulturindustrie das erhellende Prinzip an sich reißt und in Menschenbehandlung zugunsten des fortbestehenden Dunklen verderbt, um so mehr tritt Kunst in Gegensatz zur unwahren Helle, setzt dem omnipotenten Zeitstil des Neonlichts Konfigurationen jenes verdrängten Dunklen entgegen und hilft zur Erhellung einzig noch, indem sie die Helligkeit der Welt bewusst ihrer eigenen Finsternis überführt."[41] Adornos *Ästhetische Theorie* ist der Versuch, autonome Kunst im Zeitalter ihrer Unmöglichkeit zu rechtfertigen. Kunst verfügt für Adorno über Möglichkeiten, die er in der Gesellschaft nicht mehr zu erkennen vermag: Möglichkeiten des Ausdrucks, Möglichkeiten, das Besondere, das Nicht-Identische und insbesondere das Leiden sichtbar zu machen. Avancierte, „wahre" Kunst hat Teil an der Aufgabe der Kritik: „Führen große Kunstwerke von bedeutendem Wahrheitsgehalt den Missbrauch des Ideologiebegriffs ad absurdum, so sympathisiert dafür stets das ästhetisch Schlechte mit der Ideologie. Immanente Mängel von Kunst sind Male gesellschaftlich falschen Bewusstseins. Der gemeinsame Äther aber von Ästhetik und Soziologie ist Kritik."[42]

Kunst hat damit Aufgaben, die dieser von außen scheinbar nötigend zugemutet werden. Obgleich Adorno als „Funktion der Kunst in der gänzlich funktionalen Welt" gerade ihre „Funktionslosigkeit" betont,[43] gibt es für ihn kein Zurück zum „hoffnungslos veralteten" Prinzip des l'art pour l'art: Kunst muss ablassen von der „Illusion eines reinen Reichs der Schönheit". So steht sie inmitten der Realität – und die ist nicht schön. Kunst ist autonom und zugleich „fait social", und sie ist, wie die Literatur bei Sartre, in der Gesellschaft „situiert".[44]

Ziel und Bezugspunkt der Ästhetik wie auch der Philosophie bildet bei Adorno das Nicht-Identische. Seine Philosophie wendet sich gegen einen verengten Rationalitätsbegriff, wie er sich, orientiert am Ideal mathematisch-naturwissenschaftlichen Denkens, in der Moderne durchgesetzt hat. Adorno wirbt hingegen für eine nicht-reduktionistische Hingabe an den spezifischen Gegenstand, an das Besondere, an das, was sich dem Zugriff des Begriffs entzieht, diesem nicht

---

[41] Adorno, Philosophie der neuen Musik, S. 23f.
[42] Adorno, Einleitung in die Musiksoziologie, S. 418.
[43] Adorno, *Ästhetische Theorie*, S. 475.
[44] Vgl. Adorno, *Ästhetische Theorie*, S. 16, 351ff.; keineswegs bedeutet dies, dass Adorno Kunst, die zu anderen Zeiten nach anderen Zwecken sich richtete, dadurch nicht mehr in ihrer Eigenständigkeit und in ihrem Eigenwert gewürdigt werden könnte. Es ist wichtig, dies zu betonen.

subsumierbar ist, was nicht in die falsche Identität von Allgemeinem und Besonderem gezwängt wird. „Identität" meint hier die abstrakte Zuordnung zu einem Begriff, der eben durch diese Abstraktion dem Besonderen nicht gerecht wird. Philosophie hat sich der Anstrengung zu unterziehen, „über den Begriff durch den Begriff hinauszugelangen".[45]

Damit ist natürlich auch das Problem gegeben, mit einer immer schon vorgefundenen Sprache, mit gewaltsam abstrahierten und herrschaftlich durchformten Begrifflichkeiten arbeiten zu müssen, die folglich nur im Bewußtsein der eigenen Verstrickung in solch Vorgefundenes, also nur reflexiv gebraucht werden können. Ziel der Adornoschen Dialektik ist es, solche (auch sprachlichen) Herrschaftsbeziehungen im eigenen kritischen Denken mitzureflektieren und jene Mechanismen bloßzulegen, die die Fähigkeit des Subjekts zu selbständigem Denken und unreglementierter Erfahrung behindern. Dem Subjekt – einem „neuen Subjekt" – Erfahrungsräume für das Nicht-Identische schaffen, andere als die in gesellschaftlichen Institutionen vorgegebenen Regeln und Normen zur Interpretation der Phänomene erschließen, die Erfahrung der überwältigenden inneren und äußeren Natur zu ermöglichen, das ist die Aufgabe solchen Denkens – und vor allem der Kunst. Erst so wird ein für die Analyse der Kulturindustrie entscheidender Satz wirklich klar: „Alle Massenkultur unterm Monopol ist identisch […]." (128) Das soll eben nicht bloß heißen, dass die Produkte der Massenkultur sich alle irgendwie ähneln, sondern dass Kultur Teil der instrumentellen Behandlung von Objekten wie auch von Menschen geworden ist, ihrer Einordnung und Kategorisierung (etwa als Verbraucher in sogenannte Zielgruppen) und ihrer Versorgung mit entsprechend vorgefertigten Gütern.

Kunst wird damit zum Organ der unterdrückten Natur. Sie ist genötigt, „die tragenden Widersprüche nicht zu überspielen, sondern sie in sich auszukämpfen".[46] Die Kunst allein kann fortsetzen, was die Vernunft nach der *Dialektik der Aufklärung* nicht mehr leisten kann: den Widerstand gegen das Gewaltsame, Unreflektierte und Scheinhafte traditioneller Sinn-Totalitäten, gegen die Ausgrenzung des Disparaten, Divergierenden, Nicht-Integrierbaren, Verschwiegenen und Verdrängten – sowohl in der Einheit des traditionellen Kunstwerks, wie in der Einheit des bürgerlichen Subjekts.[47] Was sich dem begrifflichen Zugriff des identifizierenden Denkens, der auf Beherrschung fixierten „instrumentellen Vernunft" (Horkheimer) entzieht, kann nur in den offenen Formen der modernen Kunst angedeutet werden: in Fragment und Montage, Dissonanz und Atonalität (Arnold Schönberg), über die Darstellung von Gewalt, Angst und Ekel wie auch in der Negation von

---

[45] Adorno, *Negative Dialektik*, S. 27.
[46] Adorno, *Ästhetische Theorie*, S. 294.
[47] Vgl.: Adorno, *Ästhetische Theorie*, S. 279ff.

Sinn (Samuel Beckett), in unfertigen Stücken und Improvisation (Bert Brecht). Die Kunst leistet einen Zugang zum nicht Subsumierbaren. Indem sie sich selbst aufhebt und alle übernommenen Voreinstellungen und Vorurteile unterbricht, macht sie die Antizipation der Wirklichkeit unmöglich. In diesem Sinne ist Kunst dialektisch: Sie zerbricht das Übernommene und gibt den Blick frei auf das Besondere, Einmalige. Nur sie kann die Singularität des Objektes bewahren statt sie zu tilgen. In der expressiv-mimetischen Berührung mit den Objekten werden diese gerettet, werden geschützt vor der Einverleibung durch ein verdinglichendes Subjekt.[48] Für Adorno soll Kunst daher auch die Selbstüberschätzung des Subjekts vergiften.

Das wahre Kunstwerk zeigt das Spannungsverhältnis zwischen Ganzem und Einzelnem. Spezifisch modern am modernen Kunstwerk ist das Verstörende und selber Verstörte an ihm, das Unharmonische. „Die Male der Zerrüttung sind das Echtheitssiegel von Moderne; das, wodurch sie die Geschlossenheit des Immergleichen verzweifelt negiert; Explosion ist eine ihrer Invarianten."[49] Das moderne Kunstwerk stößt auf Ablehnung in einer Gesellschaft, in der klassische Harmonievorstellungen dominieren und mit diesen die Verherrlichung der Herrschaft des Allgemeinen über das Besondere. Insofern ist das traditionelle Kunstwerk affirmativ, hilft es, durch den Schein von Harmonie über die unharmonische Realität hinwegzutrösten. Adorno wendet sich insbesondere gegen die Ästhetik des Schönen, wie sie in der philosophischen Ästhetik Mitte des 18. Jahrhunderts paradigmatisch bei Baumgarten ins Zentrum gerückt wird: In den Kunstwerken soll ideale Schönheit realisiert und so die Vollkommenheit dessen, was ist, entfaltet werden. Schönheit gilt hier als sinnliche Repräsentation des zweckmäßig geordneten Zusammenhangs der Dinge, Sinnlichkeit als Analogon der Vernunft. Das Hässliche wie auch das Absurde fallen als Widervernünftiges aus solcher Ästhetik heraus.[50] Bei Kant avanciert Schönheit zum „Symbol des Sittlichguten".[51]

In einer zerrissenen Welt wird das unreflektiert Schöne zur Ideologie. Gleichwohl sind das ideale Schöne und das sinnlich Harmonische damit nicht einfach vollständig widerlegt. Sie erhalten nun aber eine neue Funktion: Gleichsam als regulative Idee verweisen sie bei aller Zerrissenheit der Welt noch in der Kritik am realen Falschen über dieses hinaus – und sei es als uneinholbare Utopie.

Für Adorno gehört zur Kunst auch die „promesse du bonheur": „Weil aber der Kunst ihre Utopie, das noch nicht Seiende, schwarz verhängt ist, bleibt sie

---

[48] „Kunst ist für Adorno nicht Widerspiegelung, Abbildung oder Nachahmung von etwas Gegenständlichem an der Wirklichkeit. Das mimetische Verhalten der Kunst macht sich etwas Ungegenständlichem an der Realität gleich und überwindet damit die feste Gegenüberstellung von Subjekt und Objekt." (Knoll, *Theodor W. Adorno*, S. 58; vgl.: Adorno, *Ästhetische Theorie*, S. 86ff., 169f.).

[49] Adorno, Ästhetische Theorie, S. 41.

[50] Vgl. Baumgarten, *Ästhetik*.

[51] Kant, *Kritik der Urteilskraft*, B 258 / A 254.

durch all ihre Vermittlung hindurch Erinnerung, die an das Mögliche gegen das Wirkliche, das jenes verdrängte, etwas wie die imaginäre Wiedergutmachung der Katastrophe Weltgeschichte, Freiheit, die im Bann der Necessität nicht geworden, und von der ungewiß ist, ob sie wird. In ihrer Spannung zur permanenten Katastrophe ist die Negativität der Kunst, ihre Methexis am Finsteren mitgesetzt. Kein daseiendes, erscheinendes Kunstwerk ist des Nichtseienden positiv mächtig. [...] Versprechen sind die Kunstwerke durch ihre Negativität hindurch, bis zur totalen Negation [...]. Die ästhetische Erfahrung ist die von etwas, was der Geist weder von der Welt noch von sich selbst schon hätte, Möglichkeit, verhießen von ihrer Unmöglichkeit. Kunst ist das Versprechen des Glücks, das gebrochen wird."[52]

Die dem Denker wie auch dem Künstler sich zeigende Wirklichkeit ist von Unvernunft gezeichnet, ist die einer heillosen Zerrissenheit der Welt. „Die Zerrissenheit der Welt erhielt bei Adorno vielmehr messianischen Stellenwert. Es gab in seinen Augen keine Welt jenseits der zerrissenen. Soweit es Hoffnung gab, musste sie in den Trümmern selbst enthalten sein. Allein die zerfallene, zerrissene Welt konnte der Schauplatz der Erlösung sein."[53] Zunächst aber besteht diese zerrissene Welt aus maßlosem Leid. Und eben dieses hat der Künstler zu zeigen. „Worin der Gedanke hinaus ist über das, woran er widerstehend sich bindet, ist seine Freiheit. Sie folgt dem Ausdrucksdrang des Subjekts. Das Bedürfnis, Leiden beredt werden zu lassen, ist Bedingung aller Wahrheit."[54] Für Adorno besteht, *„die* Aufgabe der Kunst darin, das Leiden darzustellen bzw. zu objektivieren und dadurch Wahrheit über die Wirklichkeit zum Ausdruck zu bringen und diese zu kritisieren".[55] „Wenn der Kunst die unmittelbare Selbstgewißheit unbefragt hingenommener Stoffe und Formen zergangen ist, dann ist ihr im ‚Bewußtseyn von Nöthen‘, im grenzenlosen Leid, das über die Menschen hereinbrach, und in dessen Spuren im Subjekt selber ein Dunkles zugewachsen, das nicht als Episode die vollendete Aufklärung unterbricht, sondern ihre jüngste Phase überschattet und freilich durch seine reale Gewalt die Darstellung im Bilde fast ausschließt."[56] Gerade darin auch wird Kunst zum „Widerpart" nicht nur des Systems, sondern auch der System affirmierenden Kulturindustrie. Diese gibt durchaus die Existenz des Leidens zu, aber als unabänderlich und hinzunehmen – Affirmation dessen, was ist. Kunst dagegen kündigt „Widerstand gegen das Mitspielen" an, ist insofern „Statthalter einer besseren Praxis als der bis heute herrschenden".[57]

---

[52] Adorno, *Ästhetische Theorie*, S. 204f.
[53] Wiggershaus, *Theodor W. Adorno*, S. 29.
[54] Adorno, *Negative Dialektik*, S. 29.
[55] Knoll, *Theodor W. Adorno*, S. 45, Hvbg. im Orig.
[56] Adorno, Philosophie der neuen Musik, S. 23.
[57] Adorno, Ästhetische Theorie, S. 26.

Besonders eindrücklich wird Leiden in Picassos Gemälde Guernica (1937) thematisiert. Und zwar nicht einfach durch abbildende Widerspiegelung, sondern durch die „Kraft des Ausdrucks, durch dessen Spannung die Kunstwerke mit wortlosem Gestus beredt werden". Im Ausdruck, so Adorno, enthüllen sie sich „als gesellschaftliches Wundmal" und bewahren zugleich ihre Autonomie. „Kronzeuge dafür wäre Picassos Guernica-Bild, das bei strikter Unvereinbarkeit mit dem verordneten Realismus, gerade durch inhumane Konstruktion, jenen Ausdruck gewinnt, der es zum sozialen Protest schärft jenseits aller kontemplativen Missverständlichkeit. Die gesellschaftlich kritischen Zonen der Kunstwerke sind die, wo es wehtut; wo an ihrem Ausdruck geschichtlich bestimmt die Unwahrheit des gesellschaftlichen Zustands zutage kommt. Darauf eigentlich reagiert die Wut."[58]

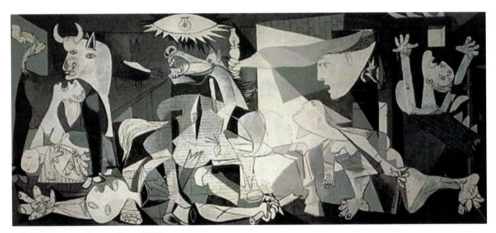

Pablo Picasso, Guernica, 1937

Ein anderes prominentes Beispiel bietet Max Beckmann. Wie kaum ein anderer hat Beckmann die Zerrissenheit der Welt in seinem Werk thematisiert. Zugleich ist hier aber auch eine erhebliche Distanz zu Adornos Ästhetischer Theorie zu registrieren, die in Beckmanns Distanz zu den Avantgarden seiner Zeit begründet ist, in seinem beinahe traditionalistischen Verständnis von den ewigen Gesetzen der Kunst und vor allem in seiner Ablehnung aller Tendenzen zur Abstraktion. Thematisch kehren einige Motive bei Beckmann immer wieder: das Chaos, der Un-Sinn einer Welt, in der der einzelne keinen angemessenen Lebensraum findet, in der er sich als Fremder existentiellen Bedingungen ausgeliefert sieht, deren Sinn und Zweck für ihn nicht erkennbar sind. Immer wieder konfrontiert uns Beckmann mit Situationen bedrückender Unfreiheit: „Diese können sich [...] als Vergitterung des Bildraumes zum Betrachter zeigen, als Fesselung, Versklavung und Verstümmelung des einzel-

---

[58] Adorno, *Ästhetische Theorie*, S. 353.

nen, als Verstellen des Bildraumes mit Dingen und Menschen, die dadurch in ihrem Bewegungsspielraum eingeschränkt sind, oder auch durch bewusst ‚falsche' Proportionierung der Größenverhältnisse von Innenraum und Individuum, das mit dem Kopf förmlich an die Decke stößt."[59] Unfreiheit kann sich dabei nicht nur auf die Menschen im Bild, sondern auch auf den Betrachter, den Künstler oder auf alle gemeinsam beziehen. In der Mappe „Die Hölle" erscheinen Unfreiheit und Brutalität besonders eindringlich. In „Das Martyrium" prägen sie die Atmosphäre des gesamten Bildes, nicht nur als Gewalt, die die Menschen sich gegenseitig antun, sondern bis ins kleinste Detail der Einrichtung. Es sind Schreckensvisionen einer pervertierten Weltordnung, einer zerrissenen Welt. Freilich – und hier liegt wohl ein zentraler Unterschied zu Adornos Ästhetik des Leidens – sind Beckmanns Bilder hierin Parabeln des Bösen schlechthin, bei denen die Rollenverteilung von Tätern und Opfern und damit auch die Frage nach Schuld und Unschuld zu verschwimmen beginnt: menschliche Bedingtheit und Unfreiheit als unausweichliches anthropologisches Schicksal, als Makel einer vom Demiurgen unmenschlich installierten, unabänderlichen Schöpfung. Beckmann macht „Leiden beredt" – aber nicht primär als eines, das auf gesellschaftliche Ursachen und darin auf zu leistenden Widerstand verweist. Der gesellschaftskritische Bezug verschwindet gleichsam hinter dem metaphysisch Erdrückenden. Gleichwohl genügt Beckmann einem Anspruch Adornos durchaus: „Aufgabe von Kunst heute ist es, Chaos in die Ordnung zu bringen."[60]

Max Beckmann, Das Martyrium, 1919

Noch besser ist für Adorno freilich in der „neuen Musik", insbesondere bei Schönberg, verwirklicht, was Anspruch und Aufgabe der Kunst ist: mit durchdacht konstruierter Expression und reflektierter Nichtreflexion das Denken über seine Grenzen zu treiben: „Die Analogien zwischen zeitgenössischer Malerei und Musik sind offenbar. In beiden Bereichen ist die zur zweiten Natur geronnene, konventionalisierte Formsprache der bürgerlichen Gesellschaft an sich zerfallen. Ihre Antithese ist die wie

---

[59] Schulz-Hoffmann, *Max Beckmann*, S. 8.
[60] Adorno, Minima Moralia, 143. Aph.

sehr auch bewußtlose Anstrengung des ästhetischen Bewußtseins, den Verblen-
dungszusammenhang der Ideologie zu durchschlagen und das Wesen zu treffen.
Dem Verzicht auf Ähnlichkeit mit dem Gegenstand in bildender Kunst entspricht
darin der Verzicht aufs tonale Ordnungsschema in der Musik."[61] Wie auch in Literatur und Malerei versuchen zeitgenössische Künstler, der Erfahrung ihrer Zeit
Ausdruck zu verleihen und dazu neue Ausdrucksmittel zu finden. Das Publikum
mit dem Bruch überlieferter Konventionen und der Zerstörung alter Formen zu
verschrecken, dies könnte durch das zunächst Unverständliche, Abgewehrte zu
einem tieferen Verständnis führen. Das wird an Schönberg und der Rezeption seiner Musik deutlich: „Während an der neuen Musik dem von der Produktion abge-
schnittenen Publikum die Oberfläche befremdend klingt, gingen doch ihre expo-
niertesten Phänomene aus eben den gesellschaftlichen und anthropologischen Voraussetzungen hervor, welche die eigenen der Hörer sind. Die Dissonanzen, die sie
schrecken, reden von ihrem eigenen Zustand: einzig darum sind sie ihnen unerträg-
lich. Umgekehrt ist der Gehalt des allzu Vertrauten so weit dem entrückt, was heute
über die Menschen verhängt wird, daß ihre eigene Erfahrung kaum mehr mit der
kommuniziert, für welche die traditionelle Musik zeugt."[62] Dissonanz, als Antwort
auf eine dissonante Welt, hat in der Kunst der Moderne, beginnend mit Baudelaire,
eine herausgehobene Bedeutung gewonnen, vor allem für die künstlerische Emanzipation vom traditionellen Ideal des Schönen und Harmonischen. „Dissonanz ist
der technische Terminus für die Rezeption dessen durch die Kunst, was von der
Ästhetik sowohl wie von der Naivetät hässlich genannt wird."[63]

Neben Schönberg fanden unter den zu seiner Zeit lebenden Künstlern nur
sehr wenige Adornos vorbehaltlose Anerkennung, insbesondere Beckett und Ce-
lan, auch Stockhausen oder Cage. Das ist recht wenig. Für den wenn auch wohlmeinenden heutigen Adorno-Leser und Konsumenten von Kultur stellt sich unmittelbar die sehr persönliche Frage, wie man solchen Ansprüchen genügen kann.
„Als simple Musikhörer sahen wir uns der Zumutung des nachkomponierenden
‚strukturellen Hörens' ausgesetzt, vor der die meisten von uns versagten. Der Verdacht von ‚Halbbildung' war ohnehin nicht zu entkräften."[64] Auf dieser sehr persönlichen Ebene findet ein Großteil jener Ablehnung seine Erklärung, auf die
Adornos „elitärer" Anspruch von Anbeginn gestoßen ist. Diejenigen, die auf
Adornos Einsichten gleichwohl nicht verzichten wollen, wählen zumeist eine andere, gleichsam lebbare Strategie: Anders als mit einem gewissen Maß ironisch
relativierender Distanz scheint Adorno heute kaum genießbar zu sein. Die Kunst

---

[61] Adorno, Zum Verhältnis von Malerei und Musik heute, S. 140.
[62] Adorno, Philosophie der neuen Musik, GS 12, S. 18.
[63] Adorno, Ästhetische Theorie, S. 74.
[64] Steinert, *Kulturindustrie*, S. 160.

besteht darin, über solcher Ironie nicht den Ernst der verhandelten Sache und nicht die Ernsthaftigkeit der eigenen Haltung preiszugeben.

Popular Music und Gesellschaftskritik – Only a Pawn in Their Game…?

Adorno hat an der Massenkultur seiner Zeit kein gutes Haar gelassen. Schon gar nicht an der *popular music*, was angesichts seiner Wertschätzung für Schönberg nicht verwundern kann. Gerade seine Kritik der *popular music* muss indes auch dem Wohlmeinenden als nicht immer überzeugend gelten. Adorno erweist sich als „prejudiced, arrogant and uninformed in this field", seine Position ist geprägt von „extreme and often dogmatic value judgements".[65] Dennoch lassen sich einerseits die von Adorno entwickelten Kriterien für eine fruchtbare Auseinandersetzung mit Produkten der Massenkultur so verwenden, dass auch in solch „leichter Musik" Momente „ernsten" Anspruchs aufgezeigt werden können. Und andererseits ist gegen Adorno zu fragen, ob der Widerspruch gegen das Leiden oder „das System" nicht durchaus auch auf dem Wege kulturindustriell vereinnahmter „leichter" Musik möglich und legitim ist. Mit Blick auf beide Fragen werden wir bei Bob Dylan nach Antworten suchen.

Zunächst zu Adornos Haltung bezüglich *popular music*. Adornos Ablehnung leichter Musik geht über die konventionelle kulturbürgerliche und längst von der Kulturindustrie berücksichtigte Unterscheidung von U und E, von unterhaltender leichter und ernster Musik hinaus.[66] „The split is much more between, on the one hand, music which accepts its character as commodity, thus becoming identical with its machinations of the culture industry itself, and, on the other hand, that self-reflective music which critically opposes its fate as commodity, and thus ends up by alienating itself from present society by becoming unacceptable to it."[67]

Die unkritische, nicht reflexive Musik ist identisch mit den kollektiven gesellschaftlichen Tendenzen, die sie bloß wiedergibt und bestätigt: totale Identifikation

---

[65] Paddison, The Critique Criticised, S. 201.

[66] Entsprechend in der *Dialektik der Aufklärung*: „Emphatische Differenzierungen wie die von A- und B-Filmen oder von Geschichten in Magazinen verschiedener Preislagen gehen nicht sowohl aus der Sache hervor, als daß sie der Klassifikation, Organisation und Erfassung der Konsumenten dienen. Für alle ist etwas vorgesehen, damit keiner ausweichen kann, die Unterschiede werden eingeschliffen und propagiert." (131)

[67] Paddison, The Critique Criticised, S. 204; entsprechend Adorno 1932: „Unterm gesellschaftlichen Aspekt läßt sich die gegenwärtige Musikübung, Produktion und Konsumtion, drastisch aufteilen in solche, die den Warencharakter umstandslos anerkennt und, unter Verzicht auf jeden dialektischen Eingriff, nach den Erfordernissen des Marktes sich richtet und in solche, die sich prinzipiell nicht nach dem Markt richtet." (Adorno, Zur gesellschaftlichen Lage der Musik, S. 733).

mit dem, was ist. Hingegen liegt allein in der sich nicht einfügenden Kunst eine Andeutung von Wahrheit, das Nicht-Identische, Authentische.

Popular music bzw. leichte Musik hat ihr fundamentales Charakteristikum in ihrer Standardisierung.[68] Sie ist standardisierte Ware für ein Massenpublikum, das abgelenkt und kulturindustriell manipuliert werden soll – und will: Sie ist „custom built". Ihr Prototyp ist für Adorno der Schlager. Der Schlager folgt einem simplen, unerbittlich strikten Schema, durch das von der Gesamtanlage bis zu den Einzelheiten alles standardisiert ist: „der Schlager führt zurück zu ein paar bis zum Überdruß vertrauten Grundkategorien der Wahrnehmung, nichts eigentlich Neues darf unterlaufen, nur kalkulierte Effekte, welche die Immergleichheit würzen, ohne sie zu gefährden, und selber wiederum nach Schemata sich richten."[69] Schlager absorbieren und fingieren weitgestreute Regungen. Gerade so erfüllen sie ihre kulturindustrielle Funktion. Die Wirkung von Schlagern ist die von Schemata der Identifikation: „Sie ist vergleichbar der der Filmstars, der Illustriertenkaiserinnen und der Schönheiten von Strumpf- und Zahnpastareklame. Nicht nur appellieren die Schlager an eine lonely crowd, an Atomisierte. Sie rechnen mit Unmündigen; solchen, die des Ausdrucks ihrer Emotionen und Erfahrungen nicht mächtig sind; [...] Sie beliefern die zwischen Betrieb und Reproduktion der Arbeitskraft Eingespannten mit Ersatz für Gefühle überhaupt, von denen ihr zeitgemäß revidiertes Ich-Ideal ihnen sagt, sie müssten sie haben."[70] Die strukturelle Standardisierung zielt auf standardisierte Reaktionen, leistet „Pseudo-Individualisierung" Vorschub.

Und weiter: „Der Hörer, der einen Schlager behält oder wiedererkennt, wird dadurch, in einem imaginären, aber psychologisch sehr besetzten Bereich, zu dem Subjekt, für das idealiter der Schlager spricht. Als einer der vielen, die mit jenem fiktiven Subjekt, dem musikalischen Ich, sich identifizieren, fühlt er zugleich seine Isolierung gemildert, sich eingegliedert in die Gemeinde der fans. Wer so einen Song vor sich hinpfeift, beugt sich einem Ritual von Sozialisierung."[71] Die Standardisierung der leichten Musik „etabliert in ihrem Opfer ein System bedingter Reflexe". *Easy Listening* von dieserart Vorverdautem untergräbt damit jene Spontaneität und Konzentration des Hörers, welche ihm im Falle ernster Musik abverlangt wird. Die so eingeübte Passivität des Menschen, die „sich dann wahrscheinlich auch auf sein Denken und seine gesellschaftlichen Verhaltensweisen überträgt", befördert also mit der Regression des Hörens auch die fortschreitende kulturindustrielle Verdummung der Massen: *popular music* als „social cement".[72]

---

[68] Vgl. insbesondere: Adorno, On popular music.

[69] Adorno, Einleitung in die Musiksoziologie, S. 204.

[70] Adorno, Einleitung in die Musiksoziologie, S. 205; vgl. dazu den ersten Teil von Adorno, On popular music.

[71] Adorno, Einleitung in die Musiksoziologie, S. 206.

[72] Vgl. dazu den dritten Teil von Adorno, On popular music.

Es muss betont werden, dass sich Adornos Kritik nicht nur auf *popular music*, auf den Schlager und seine Varianten wie auch den von ihm wenig geschätzten Jazz bezieht, sondern ebenso auf ernste Musik älteren Datums, sofern sie, zur Ware verkommen und kulturindustriell vereinnahmt, einem musikalisch ungeübten Publikum bei Klassik-Events zur Unterhaltung feilgeboten wird. Auch Beethoven kann zum Opfer vor sich hinpfeifenden *Easy-Listenings* werden. Ernste Musik heißt nun „Klassik" und wird entsprechend vermarktet. Kulturindustrie erschließt den Massen eben nicht vormals verwehrte hohe Kultur, sondern befördert bestenfalls die sich ausbreitende Halbbildung.[73]

Doch bleiben wir bei der *popular music* und wenden uns mit der Pop- und Rock-Musik der 60er Jahre exemplarisch Bereichen zu, zu denen Adorno wenig zu sagen hatte. Zunächst sei nur sehr kurz darauf hingewiesen, dass sich hier – freilich insbesondere in den Entwicklungen nach Adornos Tod – einige seriöse Beispiele nicht schlichtweg standardisierter Musik finden lassen, die nach Adornos eigenen ästhetischen Kategorien ernst zu nehmen wären, Formen durchaus radikaler avantgardistischer Musik, die sich werks- und rezeptionsästhetisch verbreiteten Mustern und Bedeutungen widersetzen: Man denke an Frank Zappa und die Mothers of Invention, The Velvet Underground und John Cale.[74] Des Weiteren wird man schlechthin zu akzeptieren haben, dass es unter den heute herrschenden musikindustriellen Bedingungen egal welcher Art von Musik wohl nicht mehr gelingen kann, ihrem Warenschicksal zu entgehen. Mit Blick auf die unentrinnbaren Vermarktungsmechanismen gilt dies für Velvet Underground genauso wie für Bruce Springsteen – und wohl auch für Arnold Schönberg.

---

[73] Halbbildung: „Inbegriff eines der Selbstbestimmung entäußerten Bewusstseins, klammert sie sich unabdingbar an approbierte Kulturelemente." (Adorno, Theorie der Halbbildung, S. 93f.)

[74] Paddison zeigt an diesen Beispielen (Adorno gegen Adorno), wie „radical popular music has tended to take on a critical character and to manifest this not only in the texts of the songs, but also within the construction of the music itself". (Paddison, The Critique Criticised, 215)

Für eine kritische Gesellschaftstheorie, die auf Praxis bezogen und dem Leiden der Menschen verbunden sein will, stellt sich in diesem Zusammenhang aber noch eine weit wichtigere Frage: die nämlich, ob der Widerspruch gegen als ungerecht oder unmenschlich beschriebene Zustände nicht durchaus auch auf dem Wege kulturindustriell vereinnahmter *popular music* zu akzeptieren wäre, ja ob dies vielleicht sogar weithin alternativlos ist. Damit ist man bei eben jener Form gesellschaftlichen Protests, der Adorno in den 60er Jahren bekanntermaßen sehr distan-

ziert gegenüberstand und die ihren musikalischen Ausdruck in den populär werdenden *protest songs* fand. Zu den herausragenden Gestalten dieser neuen Musikkultur gehört – durchaus entgegen eigener Absicht – der junge Bob Dylan, dessen kometenhafter Aufstieg von dieser stark politisierten Kultur und Zeit schwerlich zu trennen ist. Schnell sieht man in ihm das Sprachrohr einer neuen Generation, in seiner Musik den Ausdruck eines neuen Lebensgefühls. Dylan wird zum „Star", als solcher wird er ver-

Bob Dylan 1963 in Greenwood, Mississippi:
'Only a Pawn in Their Game'

marktet. Also auch nur Kulturindustrie in ihrer ganzen unterdrückenden Gesamtwirkung?

„Am 6. Juli 1963 versammeln sich am Rande eines Baumwollfeldes in Greenwood/ Mississippi Mitglieder der amerikanischen Bürgerrechtsbewegung. Einige Wochen zuvor war einer ihrer Führer dort vom Ku-Klux-Klan ermordet worden. Die Bürgerrechtler bringen ihre Empörung und ihren Protest zum Ausdruck nicht zuletzt durch den Vortrag von Liedern, sogenannten *topical songs*, die sich direkt auf das Verbrechen beziehen und Täter wie Umstände beim Namen nennen. Ein Song fällt aus dem Rahmen. Ein schmächtiger, fragiler, etwas heruntergekommen wirkender Jüngling ist da zu sehen und zu hören. Seltsam alterslos und zugleich elektrisierend ist seine Präsenz. Technische oder professionelle Fertigkeiten, die man als Ursache dafür dingfest machen könnte, lassen sich keine finden. Eher primitiv haut das Kid in die Klampfe, und seine Stimme klingt müde und gequält, nicht kraftvoll und rebellisch. [...] Obwohl nur wenig mehr als ein Minimum an musikalischem Handwerk geboten wird, liegt eine unheimliche, auch unwirkliche Entrückung über der Feldbühne von Greenwood."[75]

---

[75] Klein, My Name It Is Nothin', S. 13.

> From the poverty shacks, he looks
> from the cracks to the tracks,
> And the hoof beats pound in his brain.
> And he's taught how to walk in a pack
> Shoot in the back
> With his fist in a clinch
> To hang and to lynch
> To hide 'neath the hood
> To kill with no pain
> Like a dog on a chain
> He ain't got no name
> But it ain't him to blame
> He's only a pawn in their game.

Bob Dylan singt über den Mörder von Medgar Evers. Dieser ist nur ein „pawn", der Bauer im Schach. Es scheint andere Schuldige zu geben, es wird auf ein System verwiesen, in dem noch die Unterdrückten zur Unterdrückung anderer instrumentalisiert werden. Dylan trägt durchaus einen *protest song* vor. Aber zugleich ist er – wie viele weitere seiner frühen Songs – eben nicht einfach nur ein *protest song*. Auf die Texte allein – so anspruchsvoll sie bei Dylan oft tatsächlich sind – kommt es hier gar nicht primär an. Die „unheimliche, auch unwirkliche Entrückung" über jener Feldbühne verweist auf einen ästhetischen Gehalt, der Dylans Werk als eine „subversive Verwandlung der Rockmusik in eine besondere Form der autonomen Kunst"[76] erscheinen lässt. Schon bei jenem Auftritt in Greenwood scheint dies auf: „Elemente finden hier zusammen, die nach geläufigem Verständnis nicht miteinander vereinbart werden können, ein zündender Kontakt entsteht zwischen Extremen, die sich gegenseitig ausschließen. So sehen wir einen adoleszenten Jungen, aber was man hört, ist ein alter Mann. Aufgeführt wird ein Lied, das Anklage gegen einen Mord erhebt, der ein paar Wochen zurückliegt. Gleichzeitig jedoch stellen die Musik, ihr epischer Tonfall und die gebrochene Stimme des Sängers zumal, aber auch die Hinweise des Textes auf Grabsteine und deren Innschriften, eine fast schon religiöse Distanz zu allem Tagesgeschehen her. Im Outfit eines Halbwüchsigen hat hier ein Wanderprediger die Bühne betreten. Vor allem aber sind wir konfrontiert mit dem Paradox der Präsentation eines politischen Protestsongs sub specie aeternitatis, einem Event, das wie ein Blitz vorüberzieht, aber über alle Zeiten hinaus gedacht scheint."[77]

Dylan erscheint als ein Archetyp des Fremden, des Ortlosen. Das ist insbesondere auf seine Stimme und seine äußerst reflexive Aufführungspraxis zurückzufüh-

---

[76] Honneth / Kemper / Klein, Einleitung, in: dies. (Hrsg.), *Bob Dylan. Ein Kongreß*, S. 7.
[77] Klein, My Name It Is Nothin', S. 13f.

ren. Dylans Stimme verleiht dem ersten Album und dessen dominantem Todes-
thema erst seinen speziellen Expressionismus. Die Bilder existentieller Hoffnungs-
losigkeit (etwa in „Ballad Of Hollis Brown") kontrastieren mit der reduktionistischen Kargheit der Musik und dem Gleichmut der Gesangslinie, die zuweilen eine
Neigung ins Indifferente hat. Auch darin unterscheidet sich Dylan von üblichen
Protestsängern: Sein Understatement „erschöpft sich gerade nicht in dem aufkläre-
rischen Verfahren, das Böse durch Nennung von Namen und Adresse zu identifizieren. Singen wie eine Skulptur mit leeren Augen ist kein politischer Kommentar.
Viel zu nachhaltig auch bringt der Kontrapunkt von Worten und Klängen das Moment der Sinnferne, den Absturz von Bedeutungen ins Spiel [...]."[78]

„Die gesellschaftlich kritischen Zonen der Kunstwerke sind die, wo es wehtut;
wo an ihrem Ausdruck geschichtlich bestimmt die Unwahrheit des gesellschaftlichen Zustands zutage kommt."[79] Das trifft durchaus auf Dylan zu, auf das angedeutete Ausbrechen aus vertrauten Weisen des Hörens wie auf seine „hartnäckige,
trotzige, aggressive Verteidigung bedingungsloser Freiheit", ein Motiv, dem bei
Dylan „unvermittelt ein Klang des Abschieds, des Verlustes und der Trauer" ge-
genübersteht.[80] Mehr noch als in den frühen, durchaus unmittelbar politischen
Songs wie eben „Only a Pawn in their Game" wird dieser Kontrast zwischen einer
affektiv besetzten Vergangenheit zur Welt der Gegenwart in seinem weiteren
Werk deutlich. Mit der „Stumpfsinnigkeit und Verfallenheit vor allem der amerikanischen Großstädte" zeigt Dylan als „Poet der sozialen Pathologien" *seine* Bilder
der zerrissenen Welt: „die surrealistische Neigung seiner Texte findet vor allem
dort fruchtbare Nahrung, wo es um die Schilderung von krassen Formen der Entfremdung, des Zerfalls und der schleichenden Neurotisierung geht."[81] Dylans
Werk muss sich auch ästhetisch keineswegs verstecken. Insofern auch ist es eines
von etlichen Beispielen dafür, dass Adornos Kritik an *popular music* schlechthin
Wichtiges übersehen lässt. Andererseits: Für die Masse heute populärer Musik
bleibt Adornos Urteil durchaus berechtigt.

Doch zurück zum Protest: „Als ich an den Demonstrationen gegen den Vietnamkrieg teilnahm, als die Lieder von Bob Dylan gesungen wurden, hatte ich das
begrifflich schwer zu bestimmende Gefühl, daß dies die einzig revolutionäre Sprache ist, die uns heute noch bleibt."[82] Abgesehen davon, dass die Lieder von Dylan
von niemand anderem einfach so nachgesungen werden können – Marcuses hohe
Wertschätzung für Dylan zeigt, dass man sich auch als kritischer Theoretiker der

[78] Klein, My Name It Is Nothin', S. 16.
[79] Adorno, *Ästhetische Theorie*, S. 353.
[80] Honneth, Verwicklungen der Freiheit, S. 22.
[81] Honneth, Verwicklungen der Freiheit, S. 23.
[82] Marcuse, Kunst in der eindimensionalen Gesellschaft, S. 72.

Populärkultur öffnen kann. Anders Adorno: In einem Fernseh-Interview über *popular music* und Protest wendet er sich scharf gegen alle Versuche, mit *protest songs* etwa gegen den Vietnamkrieg zu protestieren, so wie es u.a. Joan Baez öffentlichkeitswirksam tat. Popmusik, so Adorno, tauge nicht zum Protest, weil sie unlösbar mit dem Warencharakter und mit dem Schielen nach Konsum verbunden sei. Man könne nicht mit „schnulzenhafter Musik" zum Ausdruck bringen, dass Vietnam nicht zu ertragen sei – für Adorno ist zunächst einmal solche Musik nicht zu ertragen.[83] Das hat neben ästhetischen Gründen natürlich auch mit Adornos Distanz zur gesamten Protestbewegung der damaligen Zeit zu tun, in deren Aktivismus er nur „Pseudoaktivität" zu erkennen vermochte.[84] Adorno begründet seine Zurückhaltung solcher Praxis gegenüber „mit dem steigend illusionären Charakter solcher Praxis", hält die Suche der Protestierenden nach Auswegen für illusorisch, den gesuchten Ausweg für „versperrt".[85] Aus guten Gründen lehnt er den damaligen „Gewissenszwang zur Aktion" und Tendenzen der „Kollektivierung" als „Nötigung" ab. Für Adorno hat solche Distanz zu verändernder Praxis auch nichts mit Resignation zu tun. „Pseudo-Aktivität ist generell der Versuch, inmitten einer durch und durch vermittelten und verhärteten Gesellschaft sich Enklaven der Unmittelbarkeit zu retten. Rationalisiert wird das damit, die kleine Veränderung sei eine Etappe auf dem langen Weg zu der des Ganzen."[86] Man kann Adorno zugestehen, dass er – als Denker – nicht „zum Handeln sich terrorisieren läßt", dass er das „universale Unglück" ausspricht und eben darin nach eigenem Verständnis durchaus nicht resigniert. Dennoch: Ist das nach einer derart fulminanten Kritik an den bestehenden Verhältnissen nicht doch zu wenig? Und was sollen die anderen tun, deren Beruf es eben nicht ist, Unglück auf den philosophisch-ästhetischen Begriff zu bringen? Schönberg hören und Adorno lesen?

Nein, dem Vorwurf der Resignation kann nur dann plausibel widersprochen werden, wenn neben aller legitimen Unbeugsamkeit und Kompromisslosigkeit auf der Ebene prinzipieller Analyse und Diagnose zumindest ein kleiner Schritt in Richtung Pragmatismus gewagt wird. An manchen, eher randständigen Stellen hat Adorno dies durchaus angedeutet, so in den kleinen Beiträgen und Interviews über eine „Erziehung zur Mündigkeit". Bei allem auch hier dominanten Pessimismus thematisiert Adorno doch wenigstens skizzenhaft, dass er auf eine „Erziehung zum Widerspruch und zum Widerstand", eine Erziehung des „Madig-Machens" hoffen würde.[87] Eine solche Erziehung könnte ihren musikalischen Aus-

---

[83] Auszüge des Interviews sind zu sehen unter: http://www.archive.org/details/RicBrown TheordorAdornoonPopularMusicandProtest
[84] Adorno, Kritische Theorie und Protestbewegung, S. 399.
[85] Adorno, Kritische Theorie und Protestbewegung, S. 399.
[86] Adorno, Resignation, S. 796.
[87] Adorno, Erziehung zur Mündigkeit, S. 145.

druck durchaus nicht nur in Schönberg, sondern ebenso in Bob Dylan finden – auch wenn dieser gewiss weit eher und öfter als jener Opfer „vor sich hinpfeifenden" *Easy-Listenings* wird. Es gibt, inmitten der Kulturindustrie, mehr als nur Amusement und Identisches. Oder ist auch dies naiv? Ist nicht vielmehr gerade Populärkultur, die sich kritisch dünkt, ein umso wirksamerer Zement des Gesamtsystems? Ist nicht gerade sie *only a Pawn in Their Game...*?

Gegenfrage: Wenn eben dieser Zusammenhang von allen längst durchschaut ist, ist dann nicht auch die kulturindustrielle Macht entscheidend relativiert?

Im Zwielicht des Zynismus: Die „zugleich durchschaute" Kulturindustrie

Eine These: Weil alle die Kulturindustrie im Grunde durchschauen, ist deren totale Macht gebrochen. Gegenthese: Wenn alle längst wissen, dass sie betrogen werden, dann läuft jede Art von Widerständigkeit ins Leere: der konventionelle *Protest Song* ebenso wie kritische Gesellschaftstheorie oder das autonome Kunstwerk. Beide Thesen haben ihre Berechtigung. Sie haben zu einem höchst interessanten Nebeneinander gefunden in dem, was Peter Sloterdijk als Zustand des modernen Zynismus beschrieben hat – mit hoffnungsfrohen Ausblicken auf eine „kynische" Neo-Aufklärung.

Auch bei Adorno selbst ist dieses Nebeneinander angesprochen – und auch bei ihm wird die darin potentiell enthaltene Widersprüchlichkeit nicht gänzlich aufgelöst. Vielleicht zu recht. Ganz am Ende des Kulturindustriekapitels in der *Dialektik der Aufklärung* findet sich der Hinweis auf „die zwangshafte Mimesis der Konsumenten an die zugleich durchschauten Kulturwaren". „Zugleich durchschaut" – auch an zahlreichen weiteren Stellen des Textes wird klar, dass Adorno die Menschen nicht als völlig passive, bewusstlose und vollständig manipulierte begreift.[88] „Daß der Unterschied der Chrysler- von der General-Motors-Serie im Grunde illusionär ist, weiß schon jedes Kind, das sich für den Unterschied begeistert." (131) Adorno hat diesen Aspekt 1963 in seinem „Résumé über Kulturindustrie" noch einmal besonders hervorgehoben. Zwar ist und bleibt der Abnehmer „Objekt" von Manipulation. Aber: mundus vult decipi, die Welt will betrogen sein. „Man darf annehmen, daß das Bewußtsein der Konsumenten selbst gespalten ist zwischen dem vorschriftsmäßigen Spaß, den ihnen die Kulturindustrie verabreicht, und einem nicht einmal sehr verborgenen Zweifel an ihren Segnungen. [...] Nicht nur fallen die Menschen, wie man so sagt, auf Schwindel herein, wenn er ihnen sei's noch so flüchtige Gratifikationen gewährt; sie wollen bereits einen Betrug, den sie selbst durchschauen; sperren krampfhaft die Augen zu und bejahen

---

[88] Vgl. die zusammengetragenen Beispiele bei Steinert, *Kulturindustrie*, S. 135.

in einer Art Selbstverachtung, was ihnen widerfährt, und wovon sie wissen, warum es fabriziert wird."[89] Das macht deutlich, dass Adorno in diesem Wissen ums Betrogen-Werden keinen Anknüpfungspunkt für emanzipatorische Praxis zu sehen vermag. Im Gegenteil: „der Mechanismus der Unmündigkeit heute ist das zum Planetarischen erhobene *mundus vult decipi*".[90]

Dieser Zustand hat sich verfestigt, zugleich aber nochmals gewandelt, indem dieses Durchschauen seinerseits längst reflexiv eingeholt ist – auch durch Kritik daran. Kritik und kritisches Bewußtsein wie auch das Unbehagen in der Kultur sind so omnipräsent, dass Aufklärung in Abstumpfung, in einen „universalen diffusen Zynismus" umzuschlagen scheinen. „Kein Denkvermögen hält mit dem Problematischen Schritt. Daher die Selbstabdankung der Kritik. In der Wurstigkeit gegen alle Probleme liegt die letzte Ahnung davon, wie es wäre, ihnen gewachsen zu sein. Weil alles problematisch wurde, ist auch alles irgendwo egal."[91] Es hat sich im heutigen modernen Bewusstsein ein „listiger multipler Realismus" ausgebreitet, vor dem traditionelle Ideologiekritik und Kritische Theorie mehr oder weniger ratlos stehen. Der Gestus der totalen Entlarvung und vollständigen Zurückweisung geht über das Maß des irgendwie noch Lebbaren hinaus. Jedenfalls sind auf die von 1968 längst Generationen gefolgt, die sich in Adornos Theorie und Weltbild nicht mehr finden (können): „Politisch und nervlich gründet die ästhetische, die ‚empfindliche' Theorie in einer aus Leid, Verachtung und Wut gemischten Vorwurfshaltung gegen alles, was Macht hat. Sie stilisiert sich zum Spiegel des Weltbösen, der bürgerlichen Kälte, des Prinzips Herrschaft, des schmutzigen Geschäfts und seines Profitmotivs. […] Sie inspiriert sich aus einem archaischen Nein zur Welt der Väter, der Gesetzgeber und Geschäftemacher. Ihr Vorurteil lautet, daß aus dieser Welt nur böse Macht gegen das Lebendige kommen könne. Hierin gründet die Stagnation der Kritischen Theorie. Die Offensivwirkung des Sichverweigers hat sich längst erschöpft."[92]

Betrachten wir einmal kurz (gleichsam „rezeptionsästhetisch") die Reaktion nach-kritischer Generationen auf die Zumutungen der Kritischen Theorie – und damit zugleich deren neuen Umgang mit der Kulturindustrie. Florian Illies hat deren Haltung sehr schön an der „Generation Golf" veranschaulicht.[93] Illies beschreibt eine Generation, die wesentlich von ihren privaten, alles in allem sehr positiven Erfahrungen und Erlebnissen geprägt ist, die in der wohl behüteten bürgerlichen Atmosphäre des konsolidierten bundesrepublikanischen Wohlstands

---

[89] Adorno, Résumé über Kulturindustrie, S. 342.
[90] Adorno, Erziehung zur Mündigkeit, S. 146.
[91] Sloterdijk, Kritik der zynischen Vernunft, S. 17.
[92] Sloterdijk, Kritik der zynischen Vernunft, S. 22.
[93] Illies, Generation Golf.

aufgewachsen ist und daher auch keinen Grund sieht, dieses System in irgendeiner Weise ändern zu wollen. Illies setzt sie als eine bewusst unpolitische und postideologische Generation von der hoch politisierten 68er-Generation ab und von deren Frankfurter Stichwortgebern. Diese Generation gibt sich gerne der bunten Kulturindustrie hin. Deren Produkte, Werbeslogans und Markennamen prägen das Lebensgefühl, die Wahrnehmung von Welt und der eigenen Person, dienen als Chiffren und Orientierungspunkte bei der Herstellung eigener Identität. Der bekennende Materialismus und Hedonismus dieser Generation will kein schlechtes Gewissen mehr haben, wenn Spaß und Lebensfreude im Mittelpunkt des eigenen Lebens stehen. In einer flapsig-nonchalanten Art ist dieser Typus unempfänglich und verständnislos für die „bewegten" 68er oder den Ernst Theodor Adornos.

Diese Generation, so Illies, wird „ewig infantil" bleiben, ausgestattet mit einer relativ kindlichen Ironie, die sie weitgehend aufklärungsresistent im Adornoschen Sinn macht. Nicht Marx oder Horkheimer, aber auch nicht Goethe, Heidegger oder Thomas Mann, sondern Stefan Raab und Dieter Bohlen sind Ikonen und Bezugspunkte, die dieser Haltung Ausdruck verleihen. Deren allabendlich zelebrierte Subversion aller Ernsthaftigkeit empfindet diese Nach-68er Generation wohl auch als ein Stück Emanzipation von einem Zu-ernst-nehmen egal welcher Dinge, vom dauernden Kritisieren der bestehenden Verhältnisse – all das ist der Generation Golf „zu schwermütig, misanthropisch, zu engagiert ablehnend". „Zu kämpfen, so sagen 56 Prozent der Generation Golf, lohnt sich vor allem gegen die Spaßfeindlichkeit der Gesellschaft."[94] Fest integriert in die Kulturindustrie, wird hier das Bestehende bejaht, das gesellschaftliche, ökonomische und kulturelle System – aber weder patriotisch noch verfassungspatriotisch, sondern als vertrauten und alles in allem bewährten Kontext des eigenen Lebens und der Suche nach individueller Optimierung von Bedürfnisbefriedigung. „Die Generation vor uns trieb der Gedanke an eine bessere Zukunft um, und sie versuchte, mit viel Energie, die Gesellschaft zu verändern. [...] Man glaubte an das Gute im Menschen und das Böse im Amerikaner. [...] An lauter Sachen eben, die davon ausgingen, daß sich die Welt verändern lasse. Die Generation Golf hat früh gelernt, daß das zu anstrengend ist. Sie sagt sich: Ich will so bleiben, wie ich bin. Und aus dem Hintergrund singt dazu der Chor: Du darfst. [...] Die Suche nach dem Ziel hat sich somit erledigt."[95]

Die Generation Golf steht einerseits für die Konsumenten der Kulturindustrie, die sich ihren Fun nicht verderben lassen wollen, andererseits aber auch für eine Form „trister Abgeklärtheit" in nachdenklicheren Momenten. „Zynismus ist das *aufgeklärte falsche Bewußtsein*. Es ist das modernisierte unglückliche Bewußtsein, an dem Aufklärung zugleich erfolgreich und vergeblich gearbeitet hat. Es hat seine

[94] Illies, *Generation Golf*, S. 169.
[95] Illies, *Generation Golf*, S. 185 und 188.

Aufklärungs-Lektion gelernt, aber nicht vollzogen und wohl nicht vollziehen können. Gutsituiert und miserabel zugleich fühlt sich dieses Bewußtsein von keiner
Ideologiekritik mehr betroffen; seine Falschheit ist bereits reflexiv gefedert."[96]

Diese Art von Zynismus kennzeichnet aber nicht nur die Konsumenten (mit
Adorno: die Objekte oder Opfer) der Kulturindustrie, sondern auch die andere
Seite, die der Macher, der Anbieter kulturindustrieller Waren. Hier stoßen wir auf
jene Variante eines „bösen Realismus, von dem die Menschen das schiefe Lächeln
offener Unmoral lernen"; hier „akkumuliert sich in weltläufigen intelligenten Köpfen mondänes Wissen, das sich elegant zwischen nackten Tatsachen und konventionellen Fassaden hin und her bewegt", von hier aus „dringen Signale in das seriöse Denken, die von einer radikalen Ironisierung der Ethik und der gesellschaftlichen Konvention Zeugnis ablegen, gewissermaßen als seien die allgemeinen Gesetze nur für die Dummen da, während um die Lippen der Wissenden jenes fatal
kluge Lächeln spielt".[97] Josef Ackermann ist heute vielen zum Symbol dieser Haltung geworden.

Damit kommt man unweigerlich zu einer Frage, die im Streit um die Theorie
der Kulturindustrie und ihre Brauchbarkeit eine ganz erhebliche Rolle spielt: Wer
herrscht in diesem kulturindustriellen Gesamtsystem eigentlich? Unentrinnbar
greift dieser Vergesellschaftungsmodus auf die von ihm Manipulierten aus, und für
alle gilt: *only a pawn in their game.* Aber in *wessen* Spiel eigentlich? Adornos Weltbild
erscheint vielen heute als allzu verschwörungstheoretisch angehaucht. Über die
Annahme von „dunklen Absichten der Generaldirektoren"[98] pflegt man heute gerne zu lächeln – in den Sozialwissenschaften wie auch in den Feuilletons. Müsste
man nicht viel eher sagen, dass hier eigentlich niemand irgendwen gezielt manipulieren und dadurch beherrschen will? Der Markt herrscht. Seine Logik ist beinahe
unentrinnbar. Die Suche nach dem, was auf diesem Markt ankommt, kennt kein
anderes (etwa politisches) Kriterium als eben das des Markterfolges. Und wenn der
Markt Subversives goutiert, wenn sich Widerständiges, Antiautoritäres verkauft, so
wird auch das gemacht. Herrschaft hat sich zu Systemimperativen und –mechanismen entpersonalisiert, „verflüssigt", wie man heute auch öfter liest.

Aber stimmt das überhaupt? Es gibt heute nur noch relativ wenige Sozialwissenschaftler, die dem im Geiste Kritischer Theorie widersprechen und, wie Dieter
Prokop, von einem „kulturindustriellen Machtkomplex" ausgehen, der auf gleiche
Interessenlagen bzw. auf ineinander spielende Partikularinteressen zurückzufüh-
ren ist. Davon zu reden, ist nicht mehr recht en vogue, weder in der Systemtheorie
noch in den Cultural Studies. Aber ist es wirklich so abwegig, die Macht und die

---

[96] Sloterdijk, Kritik der zynischen Vernunft, S. 37f.
[97] Sloterdijk, Kritik der zynischen Vernunft, S. 35.
[98] Horkheimer / Adorno, *Dialektik der Aufklärung*, S. 130.

156

Interessen von Konzernen und ihren Managern zu benennen, die in diesem Kom-
plex als Auftraggeber fungieren und in den „loyalen Zuarbeitern innerhalb der
Medien" ihre Partner finden? Es gibt in der Kulturindustrie nicht nur opakes Sys-
temgeschehen, nicht nur „Kommunikation", die Logiken folgt. *Es gibt* in ihr Akteure, und diese Akteure haben Interessen, die sie gezielt verfolgen, und sie haben die
Macht, dies zu erreichen. *Es gibt* Markt- und Machtstrukturen. Und *es gibt* ein Interesse daran, solche Strukturen zu erhalten. Und natürlich wird versucht, die Menschen zu manipulieren. Medien spielen dabei eine zentrale Rolle. Und diese Medi-
en sind nicht einfach nur das Ergebnis systemischer Evolutionsprozesse.[99] Prokop
erinnert an solche Zusammenhänge zu recht. Im übrigen fügt er hinzu, dass die so
beschriebene Macht zur Manipulation keineswegs uneingeschränkt oder gar total
ist. Eine kritische Theorie der Kulturindustrie heute hat insofern differenzierter
vorzugehen, kann „mit Adorno gegen Adorno" auch das Nichtidentische in der
Kulturindustrie entdecken.[100]

Kehren wir zum Zynismus der Spätmoderne zurück, zu den Konsumenten
und Machern der zugleich durchschauten Kulturindustrie. Für beide gilt, dass sie
sich je auf ihre Art dem beugen, was ist, und dieses so zugleich affirmieren. Eine
gewisse Bitterkeit untermalt das Handeln des falsch aufgeklärten Zynikers: „Denn
Zyniker sind nicht dumm, und sie sehen durchaus hin und wieder das Nichts, zu
dem alles führt. Ihr seelischer Apparat ist inzwischen elastisch genug, um den
Dauerzweifel am eigenen Treiben als Überlebensfaktor in sich einzubauen. Sie
wissen, was sie tun, aber sie tun es, weil Sachzwänge und Selbsterhaltungstriebe
auf kurze Sicht dieselbe Sprache sprechen und ihnen sagen, es müsse sein."[101] Mit
Blick auf das Anliegen Kritischer Theorie bedeutet das: „Der ‚engagierte' Aufklärer
rennt Türen ein, die zwar nicht richtig offen sind, aber auch nicht mehr eingerannt
werden müssen."[102] Das Bewusstsein des kulturindustriell sozialisierten Zynikers
ist kaum mehr kritisch erreichbar, „seine Falschheit ist bereits reflexiv gefedert".

Die heutige Kulturindustrie selbst hat diesen Zustand wie auch ihre gesamte
Manipulationsmaschinerie längst als interessante Thematik entdeckt. Frédéric
Beigbeders *99 Francs* ist dafür ein besonders prägnantes Beispiel. In die Abgründe
der Dialektik der Aufklärung und des menschlichen Leidens führen verlässlich die
Romane von Michel Houellebecq. Roger Waters Album *Amused to Death* von 1992
setzt die entsprechende Kritik Neil Postmans musikalisch bruchlos fort. Man kann

---

[99] „Da wirken keine Naturgesetze, die Medien werden von supranationalen Konzernen gemacht, und
jene sind keine ‚Evolutionstreffer', sie entstanden auch nicht durch eine evolutionäre ‚Ausdifferenzierung', sondern aufgrund von historischen Macht-Konstellationen und Kapitalbildungen." (Prokop, *Der
kulturindustrielle Machtkomplex*, S. 49).
[100] Vgl. Prokop, Mit Adorno gegen Adorno; ders., Das Nichtidentische der Kulturindustrie.
[101] Sloterdijk, Kritik der zynischen Vernunft, S. 37.
[102] Sloterdijk, Kritik der zynischen Vernunft, S. 181.

auch auf den Filmklassiker *Brazil* zurückgreifen oder die noch älteren von George Orwell oder Aldous Huxley… Wir haben das alles oft genug gesehen und gehört, es ist längst alles durchschaut – und wird zugleich in seinem ursprünglich kritisch-diagnostischen Anspruch nicht mehr zur Gänze ernst genommen. Die martialischen Dystopien der klassischen Moderne haben sich in ein buntes, sich aber auch gegenseitig relativierendes Nebeneinander unterschiedlichster Horrorszenarien bezüglich der Zukunft verwandelt.

Aufgeklärt, aber falsch. Was lässt sich von einem dieserart gespaltenen Bewusstsein noch erhoffen? Ist also die oben aufgestellte Gegenthese richtig: Im zynischen Stadium ist die Herrschaft des kulturindustriellen Systems unzerstörbar geworden? Jeder weiß, dass er betrogen wird, auch Kritik wird vereinnahmt und zur Ware gemacht, Widerstand wird unmöglich – und zwar verlässlicher als durch jeden noch so starken unmittelbaren Zwang. Sloterdijk hatte seiner Diagnose das Ideal des (wahren) Kynikers entgegengesetzt. „Aufklären bedeutet, alle antischizophrenen Bewegungen bejahen." Kynischer Widerstand gegen das gespaltene offizielle Bewusstsein sei Sache von Individuen und Gruppen, „die den kynischen Impuls weitertragen und die versuchen, was keine Politik und keine bloße Kunst ihnen abnimmt: mit ihrer Wachheit gegen das Einsickern der Spaltungen und der Unbewußtheiten ins individuelle Dasein angehen; in die eigenen Möglichkeiten hineinwachsen."[103] Also: ein richtiges Leben im falschen versuchen. Dass solche Potentiale im düster pessimistischen Gesamtszenario Adornos nicht recht sichtbar werden oder wohl auch gar nicht gewollt waren, hat man ihm oft zum Vorwurf gemacht.[104] Es wurde ja bereits verdeutlicht, dass es inmitten der Kulturindustrie ästhetisch Widerständiges sehr wohl gibt. Greifen wir im Folgenden also diesen Strang auf und halten uns an die oben aufgestellte erste These: Wenn die Kulturindustrie im Grunde durchschaut ist, dann ist ihre totale Macht dahin. Die Dialektik der Aufklärung ist ihrerseits längst dialektisch gebrochen. Erst auf Grundlage dieser These können vielleicht sogar emanzipatorische Potentiale und Freiräume des einzelnen inmitten der Kulturindustrie sichtbar werden.

---

[103] Sloterdijk, Kritik der zynischen Vernunft, S. 238.

[104] Eine bemerkenswerte Ausnahme findet sich in Adornos später kleiner Schrift über „Freizeit". Eine empirische Studie über die Wirkung des massenmedialen Großereignisses der Hochzeit von Prinzessin Beatrix veranlasst Adorno, seine pessimistischen Annahmen über die Urteilskraft des Publikums zu „berichtigen": Die Konsumenten wissen bei aller unmittelbaren Entzückung die Bedeutung des Ereignisses sehr wohl realistisch einzuschätzen. „Was also die Kulturindustrie den Menschen in ihrer Freizeit vorsetzt, das wird […] zwar konsumiert, aber mit einer Art Vorbehalt, ähnlich wie auch Naive Theaterereignisse oder Filme nicht einfach als wirklich hinnehmen. Mehr noch vielleicht: es wird nicht ganz daran geglaubt." (Adorno, Freizeit, S. 654f.). Adorno spricht von „gedoppeltem Bewußtsein" und sieht hier sogar „eine Chance auf Mündigkeit" angedeutet.

Postmoderne Subjekte und die emanzipatorischen Potentiale der Populärkultur

Gibt es in kulturindustrieller Massenproduktion emanzipatorische Potentiale? Gibt es Formen widerständiger Aneignung, die in der alleinigen Fokussierung auf das Werk wie auch in der einseitigen Manipulationsperspektive von oben verborgen bleiben? Und müssen wir nicht längst von einem („postmodernen") Subjekt ausgehen, auf das weder Adornos Hoffnungen noch seine Befürchtungen länger passen? Man kann diese Fragen allesamt mit Ja beantworten, ohne Adornos Analysen oder gar sein kritisches Anliegen komplett fallen lassen zu müssen.

Die Suche nach konkreteren Antworten kann sich jener Reflexivität[105] bedienen, wie sie in der Kunst des 20. Jahrhunderts durch die klassischen Avantgardebewegungen prominent wurde.[106] Der laut inszenierte Affront gegen etablierte Kategorien von „Sinn" und die Publikums-Schocks in Dadaismus und Surrealismus, Duchamps Reflexion auf die Produktion, Rezeption und überhaupt die Institution der Kunst in seinen Ready-mades bis hin zu Joseph Beuys' „sozialen Skulpturen" oder auch Christo & Jeanne-Claudes Verpackungsaktionen machen sich diese Reflexivität in der einen oder anderen Weise zu eigen. Das Publikum wird dazu gebracht, über Kunst wie auch über die eigene Rolle des Betrachters nachzudenken. Das ist ein Markenzeichen der klassisch modernen Avantgarden und der Kunst der Moderne. Solche Reflexion ist in eins eine gute Grundlage auch für einen kritischen Umgang mit Kulturindustrie. Gleichzeitig können die genannten Beispiele heute aber nicht mehr ungebrochen als avantgardistische Subversion rezipiert werden. Die einsetzende Institutionalisierung der Avantgarde als Kunst negiert ihre genuin avantgardistische Intention: „Nachdem einmal der signierte Flaschentrockner als museumswürdiger Gegenstand akzeptiert ist, fällt die Provokation ins Leere; sie verkehrt sich ins Gegenteil. Wenn heute ein Künstler ein Ofenrohr signiert und ausstellt, denunziert er damit keineswegs mehr den Kunstmarkt, sondern fügt sich ihm ein."[107]

Das Ende der Möglichkeit von (Neo-) Avantgarden muss uns hier nicht weiter interessieren. Für das Ziel, in emanzipatorischer Absicht nach Chancen reflexiver Rezeption zu fragen und dabei im Geiste Adornos an Kunst lernend anzuschließen, ist etwas anderes an dieser Entwicklung wichtig: „Gerade die von ihm zutreffend beschriebene Erweiterung von Kulturindustrie hat aber die kritischen Funktionen von Kunst verändert: Sie können nicht mehr vor dem Zugriff gerettet werden, sie müssen sich in den Apparaten der Kulturindustrie und ihren Produkten selbst durchsetzen – als kleine Subversion, als lokaler Widerstand, als Ironie und

---

[105] Vgl. dazu Steinert, *Kulturindustrie*, S. 92ff.
[106] Vgl. von Beyme, Das Zeitalter der Avantgarden.
[107] Bürger, Theorie der Avantgarde, S. 71.

Spott und Hohn, als Abbau der besonderen Bedeutung von ,ernster' und ,Hoch'kultur und angeblich seriöser Information und gepflegter Debatte."[108]

Wir sind in der Postmoderne angekommen.[109] Die künstlerische „Avantgarde" heute definiert sich nicht mehr hoch-kulturell, sondern gerade durch ihre Nähe zum kulturindustriellen Trash. Diesen Müll als Material einer bewusst post-hoch-kulturellen Ästhetik zu verwenden, kann durchaus kritischen Ansprüchen genügen. Das mag oft misslingen. Gerade aber für eine kritische Thematisierung von Kulturindustrie, für eine Reflexion auf das Verhältnis von Kunst, Gesellschaft und Politik, sind hier Möglichkeiten gegeben, die nicht von vornherein abzuwerten sind. Der Anspruch der Kunst, „die tragenden Widersprüche nicht zu überspielen, sondern sie in sich auszukämpfen", kann eben nur noch in kleiner Münze erhoben werden.

Zum postmodernen Ende der allzu großen modernen Erzählungen passt nun jene eher mikrologische Perspektive, die der genannten Reflexivität von Kunst bei den Rezipienten von Kunst, Kultur oder Kulturindustrie nachspürt. Dabei wurde Adornos „elitärer" These von der totalen Verblendung und vollständigen Verdummung der Massen das Bild vom „autonomen Rezipienten", „produktiven Zuschauer" und „aktiven Publikum" entgegengesetzt.[110] Insbesondere den *Cultural Studies* geht es auf diesem Gebiet vor allem darum, die Alltagskultur und Lebenswelt der Subjekte genauer zu erfassen und dabei zu zeigen, dass diese im Konsum bzw. in der individuellen Aneignung der Produkte der Massenkultur wesentlich aktiver und selbständiger sind, als es gerade die Kritische Theorie unterstellte.[111] Die vor allem von den Medien angebotenen Symbole und Mythen dienen den Individuen als Ressource für Sinn, Identität und Stilisierung der eigenen Existenz. Dabei wird auch die Möglichkeit einer Subversion der Inhalte in der Rezeption betont: „Populäre Vergnügen" befinden sich in einem durchaus widerspenstigen Verhältnis zur hegemonialen Ordnung.[112] Der Hinweis der *Cultural Studies*, dass man genauer hinsehen müsse und dass gerade in der Populärkultur mehr stecke als nur Manipulation von oben, ist kaum von der Hand zu weisen. Und weil hier (meist in Anschluss an Gramsci und vor allem Foucault) durchaus auch nach Machtstrukturen – aber eben auch nach minoritären Gegenmachtprozessen – gefragt wird, verabschieden solche Analysen durchaus nicht den kritischen An-

---

[108] Steinert, *Kulturindustrie*, S. 159.

[109] Vgl. für den Bereich politischer Theorie: von Beyme, *Theorie der Politik im 20. Jahrhundert*.

[110] Vgl. dazu u.a.: Ang, Living Room Wars; Moores, Interpreting Audiences; Mikos, Fernsehen im Erleben der Zuschauer; Becker / Wehner (Hrsg.), Kulturindustrie reviewed; Winter, Der produktive Zuschauer.

[111] Vgl. im Überblick: Göttlich / Winter, Die Politik des Vergnügens.

[112] So vor allem bei Fiske, *Understanding Popular Culture*; seinerseits kritisch gegen solch teils überzogenen Optimismus: McGuigan, *Cultural Populism*.

spruch. Die *Cultural Studies* eignen sich insbesondere, den gesellschaftlichen Wandel zur „Postmoderne" in die Analyse einzuholen: „Es entsteht eine Kultur der Entdifferenzierung, der Fragmentierung, des Pastiches und der Bricolage, in der Stile und Codes vermischt, neu arrangiert und an verschiedene Generationen von Konsumenten verkauft werden, die mittels des populärkulturellen Angebots ihre Identitäten konstruieren und spezialisieren."[113]

Diese im weitesten Sinn „postmoderne" Perspektive bezweifelt zwei von Adornos Grundüberzeugungen: einerseits dass Kulturindustrie „die Bildung autonomer, selbständiger, bewusst urteilender und sich entscheidender Individuen" verhindere,[114] und andererseits dass es „kein richtiges Leben im falschen" gäbe (geben dürfe). Die Postmoderne begreift vielmehr Zerrissenheit als normale Lebensform und den Abschied vom bürgerlichen Subjekt als postmoderne Befreiung zur Pluralität.

Cindy Sherman, Untitled Film Stills # 21, 1978

In diesem Zusammenhang geben die photographischen Arbeiten von Cindy Sherman ein sehr gutes Beispiel sowohl für das „postmoderne" Fragwürdigwerden von Identität wie aber auch für die gesuchten emanzipatorischen Potentiale. Die *Untitled Film Stills* genügen auf ihre Weise zudem weitgehend den von Adorno formulierten Ansprüchen an eine Kunst des Nichtidentischen. Sherman thematisiert unmittelbar die von Adorno kritisierte „Pseudoindividualisierung", indem sie an sich selbst die kulturindustriell erzeugten Vorgaben stereotypisierter Identitätsschablonen zeigt. Man kann diese Kritik feministisch lesen oder in einem weiteren Kulturindustrie-kritischen Sinn. Zugleich freilich zerfließt hier die klassisch moderne Vorstellung von wahrer, „eigentlicher" stabiler Identität. Und auch dies lässt

---

[113] Göttlich / Winter, Die Politik des Vergnügens, S. 15.
[114] Adorno, Résumé über Kulturindustrie, S. 345.

noch zweierlei Lesarten zu: die einer Emanzipation vom modernen Identitäts-
wahn, einer Aufforderung zum postmodernen Spiel mit der eigenen Identität, oder
aber die einer Kritik an solcher Auflösung in Beliebigkeit. Letztere ist die Position
Adornos: „Die Möglichkeit, wie sie heute vielfach gefordert ist und die – wie ich
zugestehe – unumgänglich ist, sich, statt ein festes Ich auszubilden, auf stets wech-

selnde Situationen umzustellen, harmo-
niert mit den Phänomenen der Ich-
Schwäche, die wir von der Psychologie
her kennen, in einer, wenn ich mich nicht
irre, doch sehr problematischen Weise."[115]
Wichtig ist für Adorno dabei nicht zuletzt,
„daß zur Mündigkeit eine bestimmte Fes-
tigkeit des Ichs, der Ich-Bindung hinzuge-
hört, wie sie am Modell des bürgerlichen
Individuums gebildet ist". Sind diese Vorstellungen aber nicht ebenso überholt wie
Adornos Ansichten über Kunst, Populärkultur und Bildung? Und liegt hier nicht
sogar der eigentliche Grund für das gänzlich Unzeitgemäße seiner Auffassung, im
Besonderen seines Verständnisses von
Kulturindustrie?

Cindy Sherman, Untitled Film Stills # 35,
1979

Die Postmoderne, beispielhaft einer
ihrer wichtigsten Vertreter, Jean-Francois
Lyotard, knüpft in vielfältiger Weise an
Adorno an. Für das Verständnis von Sub-
jektivität gilt das nicht. Oder sollte man sagen: Erst die Postmoderne macht mit
dessen Kritik am verdinglichenden, identischen, herrschaftlichen Subjekt wirklich
ernst? Das Selbst, seine Identität und die verunsicherte Suche nach einer solchen
sind populäre Themen der Postmoderne. Vester sieht darin eine „kompensatorische
Überthematisierung des Selbst", die als Versöhnungsarbeit der Individuen auf zunehmende (soziale) Ausdifferenzierung antwortet. Und er verzeichnet dabei eine
gewisse Ironie, die darin besteht, „daß der Dekomposition des Selbst in den philosophischen und literarischen Diskursen der Postmoderne immer verzweifeltere
Bemühungen der Konstitution des Selbst in den Diskursen und Praktiken der
postmodernen Alltagskultur gegenüberstehen."[116] Blickt man auf diese Alltagskultur, dann müssen klassisch-moderne Identitätsvorstellungen im Anschluss an Erik

---

[115] Adorno, Erziehung zur Mündigkeit, S. 143.
[116] Vester, Verwischte Spuren des Subjekts, S. 192.

H. Erikson[117] als mindestens relativiert gelten – und das gilt sicher auch für Adornos Ideal. Identitätsbildung mündet hier noch in eine stabile Ich-Identität, die sich durch Einheitlichkeit, Kontinuität und Kohärenz auszeichnet. Was diesem Bild nicht entspricht, gilt als Anomie. Empirische Studien belegen indes, dass das vormals klinische Bild der Identi-tätsdiffusion längst zur Beschreibung massenhaf-ter Normalität taugt: temporale Diskontinuität des Selbst, widersprüchliche Charakterzüge, Unklarheit über die eigene Geschlechterrolle, ethnischer und moralischer Relativismus.

Cindy Sherman, Untitled
Film Stills #15, 1978

Die Individuen passen sich hierbei gesell-schaftlichen Veränderungen an, die die Identi-tätsbildung zu einem prinzipiell unabschließ-baren, offenen Prozess gemacht haben. Der Ein-zelne muss seine Biographie selbst basteln: *bricolage, Collage, Patchwork*.[118] Er muss die eige-ne Kohärenzerfahrung dabei selbst organisieren, was angesichts der Vielfalt lebensweltlicher Selbsterfahrungen und der Abnahme gesellschaftlich verfasster Kohärenzmodelle sehr schwer sein kann. Überlebensfä-hig erscheint hier nur noch das „vielheitsfähige Subjekt", das sich vor allem durch „innere Pluralitätskompetenz" auszeichnet.[119] Reflexives Infragestellen, Ironie und ein spielerisches Erproben immer neuer Realitäten lösen die Vorstellung von der einen stabilen Realität ab. Das Subjekt konstituiert sich in der Pluralität seiner Ei-genschaften, Bezüge und Welten, in denen es lebt, zwischen denen es hin und her wandelt.

Ein oft geäußerter Einwand zielt darauf ab, dass hier allzu viel idealisiert wird, dass „Bricolage" mit Blick auf die meisten durchschnittlichen Menschen ein Euphemismus ist für reales Scheitern. Und im Sinne Adornos darf man hinzufü-gen, dass solches mit dem Aufklärungsideal von Mündigkeit in vielen Fällen wohl auch nicht allzu viel zu tun hat. Mit Vester könnte man indes entgegnen: „solange sich die Postmoderne der Vielfalt ihrer Zeichensysteme erfreuen kann und solange man ihr autopoietisches Spiel der Rekombination der Zeichen gewähren läßt,

[117] Vgl. u.a.: Erikson, Erik H., *Identität und Lebenszyklus*, Frankfurt a.M. 1973.
[118] Vgl. dazu Keupp, Heiner, Ambivalenzen postmoderner Identität, in: Beck, Ulrich / Beck-Gernsheim, Elisabeth (Hrsg.), *Riskante Freiheiten. Individualisierung in modernen Gesellschaften*, Frankfurt a.M. 1994, S. 336-350, sowie Hitzler, Ronald / Honer, Anne, Bastelexistenz. Über subjektive Konsequenzen der Indi-vidualisierung, in: ebd., S.307-315.
[119] Vgl.: Welsch, Wolfgang, Subjektsein heute. Überlegungen zur Transformation des Subjekts, in: *Deut-sche Zeitschrift für Philosophie*, 39.Jg. 1991, S.347-365.

bleibt Hoffnung auf die Pluralität der Klischees, die immer noch besser ist als eine zum Klischee erstarrte Moderne".[120]

Die Auseinandersetzung der Cultural Studies mit dem Phänomen der Populärkultur jedenfalls kann zeigen, dass solche Subjekte mit den angebotenen Versatzstücken der Kulturindustrie prinzipiell durchaus „autonom", kreativ und eigenwillig umgehen können, und dass sie auf solches Material nachgerade angewiesen sind. Die Frage bleibt, wie weit das trägt, und auch, ob damit wichtige Grundeinsichten der Kulturindustriethese wirklich widerlegt sind. Man kann es mit dem Differenzieren nämlich auch zu weit treiben und über lauter Mikrophänomenen den Blick fürs Ganze verlieren. Wie schwer wiegen denn die aufgezeigten prinzipiellen (und punktuell auch verwirklichten) Möglichkeiten individueller Widerständigkeit tatsächlich gegenüber der Tristesse massenhaften Alltags (außerhalb kulturwissenschaftlicher Seminarräume und einiger peppiger Subkulturen)? Haben sich mit dem neuen bunteren Anstrich auch die darunter liegenden Strukturen wirklich geändert? Wie weit? Dass die Doris-Day-Phase der Kulturindustrie längst hinter uns liegt, bestreitet niemand. In dieser Phase steckte sie auch noch in ihren Kinderschuhen. Ist die Kulturindustrie in der Postmoderne vielleicht allererst und endgültig zu sich selbst gekommen?

Reklame, Kunst und Kulturindustrie als postmoderne complexio oppositorum

Mit der Postmoderne hat die Analyse der Kulturindustrie scheinbar das für diese Epoche kennzeichnende Stadium erreicht: das der Unübersichtlichkeit. Und tatsächlich erscheint der Gesamtzusammenhang von Kunst, Kulturindustrie und Reklame – auf die sogleich noch eingegangen werden muss – nur mehr als *complexio oppositorum* dechiffrierbar, in der das Gegensätzliche freilich unvermittelt nebeneinander stehen bleibt. Um sich diesem Nebeneinander des Inkommensurablen zu nähern, kann man gut bei der Kunst und ihrem heutigen Markt ansetzen. Der heutige Kunstmarkt ist kein kleiner, elitärer mehr, sondern ist längst ein Massenmarkt geworden. Auf ihm tummeln sich Konsumenten aller Art, aber gewiss nicht mehr nur die kulturbürgerliche Oberschicht (die es auch längst nicht mehr gibt). Auch die historisch überkommene, längst populär gewordene Hochkultur ist damit unter die Imperative der Warenförmigkeit gezwungen. Es gibt Mega-Ausstellungen mit werbewirksam aufgepepptem Event-Charakter und unzählige kleine Ereignisse für ein eher minoritäres, aber darin auch nicht mehr hoch-kulturelles Publikum. Vermarktung und Merchandizing ergreifen (und alimentieren) alles, was sich eben vermarkten lässt: das autonome (?) Kunstwerk ebenso wie Pop und Kitsch.

---

[120] Vester, Verwischte Spuren des Subjekts, S.201.

Nicht zuletzt der Markt – und daneben die Erschöpfung der Avantgarde, der Verlust auch der ästhetischen Metaerzählungen – hat diese Entwicklung begünstigt, wenn nicht erzwungen. Insofern befinden wir uns heute tatsächlich und definitiv *nach* der klassischen Moderne. Man kann mit Steinert die gesamte Postmoderne-Diskussion durchaus als eine folgenreiche Umorganisation des herrschenden Kulturverständnisses auf diese neue Marktsituation verstehen: „Ein Massenmarkt braucht Gleich-Gültigkeit einer Vielzahl von verschiedenen angebotenen Waren und nachfragenden Geschmäckern und wird von einer Verpflichtung auf andere als die Verkaufs-Aufgaben, wie etwa Aufklärung, Befreiung oder Kritik, nur behindert. Durch solche Vornahmen und Verpflichtungen entsteht nämlich ‚eliminatorische' Konkurrenz, eine völlig überflüssige Verschärfung, die allen das Leben schwer macht und die konsumfreundliche Spaß-Atmosphäre gefährdet. Die Beliebigkeit der Stile und Formen, die einander freundlich tolerieren, so lange alle ihr Auskommen haben, ist in jeder Hinsicht günstiger. Die strenge ‚Moderne' wurde daher bei Produzenten wie Konsumenten verabschiedet."[121]

Das vom Markt geförderte und darin ja irgendwie demokratisierte Nebeneinander bestätigt zunächst einmal Adornos schlimmste Befürchtungen: In der Tat, das ist alles Kulturindustrie pur. Dennoch stecken darin sehr wohl Ansätze zu Aufklärung, Befreiung oder Kritik. Zunächst kann dies Nebeneinander von Verschiedenstem als ein gesellschaftlich-ästhetisches Gesamtkunstwerk neuer Art verstanden werden, das nicht nur dumpf konsumiert, sondern durchaus auch kritisch reflektiert werden kann. Eine Rezeptionsästhetik ganz eigener Art ist hier am Platze und hat sich womöglich auch schon herauszubilden begonnen. Das fügt sich gut in die oben beschriebene Populärkultur samt ihren neuen Formen von „Medienkompetenz". Emanzipatorische Potentiale stecken also einerseits und unverändert in den einzelnen Kunstwerken – in Sherman, Picasso, Beckmann; andererseits aber im neuen kulturindustriell-gesellschaftlichen Gesamtkontext – und der beginnt erst außerhalb des Museums, in einer von tausenden Bildern und Zitaten überfluteten und durchtränkten Alltagswelt, insbesondere in der Welt der Werbung.

Die besondere Nähe und Verbindung von Kunst und Werbung muss nicht eigens betont werden, auch nicht, dass Werbung nach heutigem Selbstverständnis längst Kunst geworden ist. Kunst wird gerade hier kulturindustriell ausgeschlachtet, wird für Verkaufszwecke instrumentalisiert wie aber auch für Herrschaftsdarstellung genutzt. Das ist fester Bestandteil der Theorie der Kulturindustrie.[122] Dies Ineinander von Kunst und Werbung hat sich seit Adornos Analysen weiter inten-

---

[121] Steinert, *Kulturindustrie*, S. 162.
[122] Dass es bei Adornos Analyse von Werbung nicht ausschließlich darum geht, die Manipulation von Konsumenten und deren Bedürfnissen anzuprangern, ist gut verdeutlicht bei Steinert, *Kulturindustrie*, S. 112ff.

siviert. Kunst bzw. Künstler haben in der Werbeindustrie wie auch im Kultur-Sponsoring eine neue ökonomische Basis gefunden und in den großen Agenturen und Marketingabteilungen die neuen Mäzene des Spätkapitalismus. Freilich geht es hier lange nicht mehr um das, worum es dem wahren, autonomen Adornoschen Kunstwerk zu gehen hatte. Mehr noch: Werbung ist als ästhetisierte mittlerweile längst selbst zur Unterhaltung geworden. Im „Erlebniskonsum" hat sich der Kaufakt vom Gebrauchswert der Waren vollständig emanzipiert.

Werbekampagnen mit Motiven "Elektrischer Stuhl" (1992) und "Sentenced to death" (2001) des italienischen Bekleidungsunternehmens Benetton Group (Fotos: Oliviero Toscani)

Es konnte nicht ausbleiben, dass Werbung sich auch bewährter Formen avantgardistischer Kunst der klassischen Moderne zu bedienen begann: Skandal und Schock, Tabubruch und Verletzung des Anstands etc. Über die Werbung ist es zu einer Veralltäglichung des Avantgardistischen auf dem Wege kulturindustrieller Vereinnahmung gekommen. Skandal und Skandalisierung sind heute omnipräsent, eine unverzichtbare Technik der Bearbeitung von Öffentlichkeit.[123] In der Werbung hat sich insbesondere Benetton mit seiner Schock-Werbung einen Namen gemacht. Anfang der 90er Jahre begann das Modeunternehmen damit, auf seinen Plakaten sterbende Aids-Kranke, blutige Säuglinge, elektrische Stühle und zum Tode Verurteilte zu zeigen. Was soll man davon halten? Kommerzialisiertes Leiden – Kulturindustrie total? Oder wird hier nicht auch dem Anspruch gefolgt, „Leiden beredt werden zu lassen"? Wird nicht auch hier falsche Harmonie dissonant unterbrochen? Trotz oder vielleicht sogar gerade wegen der realistischen Abbildlichkeit? Ist nicht gerade Werbung geeignet, die Augen der Menschen zu öffnen, „indem sie die Helligkeit der Welt bewusst ihrer eigenen Finsternis überführt"?[124] „[U]nd es ist keine Schönheit und kein Trost mehr außer in dem Blick, der aufs Grauen geht…"

---

[123] Vgl. Lull / Hinerman (Hrsg.), *Media Scandals*.
[124] Adorno, Philosophie der neuen Musik, S. 23f.

Benetton gibt diesen Blick frei, zwingt ihn den Passanten der Konsumgesellschaft auf, die daran gar nicht vorbeischauen können. Die Werbung war in aller Munde – der Name des Unternehmens natürlich auch. Egal, was solche Werbung sonst noch bezwecken konnte oder wollte, solche Motive lassen sich nicht von der kalkulierten Öffentlichkeitswirksamkeit trennen.[125] Gerade in der Modebranche ist es zum Einsatz von Antiwerbung gekommen. Angriffe auf die globale Werbung werden dabei geschickt in die eigenen Kampagnen integriert (neben Benetton beispielsweise Sisley, Diesel oder Calvin Klein). Im Kontext der Globalisierungskritik der 90er Jahre kam es zu einer regelrechten No-Logo-Bewegung und mit dem „Adbusting" zu einem Angriff auf die Vermüllung der semiotischen Umwelt mit Werbebotschaften. Hierher gehören neben der Antiwerbung selbst auch die kritischen Reflexionen von Künstlern wie Jeff Koons, Damien Hirst oder Daniel Buetti.[126]

Einmal abgesehen von den Adornoschen Kriterien wahrer Kunst: Stellen diese Formen von „Radical Advertising" nun das System im Ganzen irgendwie in Frage, nur weil sie mit ihrem „Reverse Psychology Marketing" die bisher konventionellen Formen von Werbung auf den Kopf stellen und es tatsächlich keine Tabus mehr zu geben scheint? Wie sehr geht denn solch „Radikales" wirklich an die „Wurzeln"? Lösen die Benetton-Plakate irgendeine Form von Reflexion aus, Problembewusstsein? Benetton gibt sich in den genannten Anzeigen nicht mehr als Verführer, sondern als Aufklärer – ist das nicht bloß eine besonders geschickte Strategie der Verführung? Oder lernen wir daraus etwas anderes: Kulturindustrie ist schlicht peppiger geworden, frecher, sucht nach immer Neuem, vor allem nach Aufmerksamkeit. Der Skandal ist fester Bestandteil der kulturindustriellen Erlebnis- und Ereignisorientierung geworden. Das Skandalöse führt noch nicht zum Erfahren des Nicht-Identischen. Schock und Tabubruch mit ihrem ursprünglich avantgardistischen Gehalt an Reflexivität können nur allzu schnell zur Wareneigenschaft „sensationell" verkommen.

Das Aufbrechende, Widerständige wird vereinnahmt, konventionell. Und doch geht es so eben auch in den Alltag, in Wahrnehmungsmuster ein. Nur schöner glättender Schein wird in der Kulturindustrie gewiss nicht produziert. Zynisch oder doch ein klein bisschen kynisch vielleicht? Wenigstens in der Rezeption? Vollends verschwimmen die Kategorien bei solchen Fragen, wenn wir an das kulturindustrielle Schicksal des Ernesto Che Guevara denken. Die Kulturindustrie und ihre Macher sind findig, und sie scheuen sich längst nicht mehr, en passant auch ein „kritisches" Teilsegment des Marktes zu bedienen. Zumindest weiß man,

---

[125] Im Falle Benetton führte dies freilich auch dazu, dass Magazine sich weigerten, entsprechend „schockierende" Anzeigen zu veröffentlichen, und Händler die Benetton-Produkte aus ihrem Sortiment nahmen.

[126] Vgl. die Ausstellung „Radical Advertising" in Düsseldorf im August 2008.

dass ein bedeutsamer Teil der Bürgerkonsumenten nicht mehr als autoritätsgläubige Untertanen angesprochen werden kann. Che Guevara verkauft sich. Che ist cool. Aufgestiegen zur Pop-Ikone, Sympathieträger der kapitalistischen Weltgesellschaft: Als solcher befriedigt er das gestiegene Bedürfnis nach Symbolischem, vielleicht auch nach Widerständigem, Nicht-Angepasstem. Dem Revolutionär selbst ging es bei seinem Kampf freilich um sehr Reales, nicht darum, die unpolitische Haltung von Wohlstandjugendlichen zu drapieren. Revolution in kulturindustrieller Aufbereitung ist noch nicht auf Praxis oder das Bewusstsein davon bezogen. Che Guevara auf den T-Shirts der Erlebnisgesellschaft: Das erst – und nicht die gutbürgerliche Unterdrückung von Rebellion – bedeutet den totalen Triumph des Systems über seine Feinde.

Ernesto „Che" Guevara

Auch das ist alles längst „durchschaut". So widersprüchlich manches im grellen Nebeneinander dieser spätmodernen Werbe-, Kunst- und Popwelten wirken mag, es fügt sich doch allzu gut ein. Kulturindustrie als Vergesellschaftungsmodus vermag all das problemlos zu integrieren. Und alle wissen es. Mehr noch: Wir alle sind längst zu Experten der Kulturindustrie geworden, auch wenn wir in einer ansonsten unübersichtlichen und viel zu spezialisierten und komplizierten Welt kaum noch etwas Anderes wirklich wissen oder verstehen. Gerade darin liegt, wenn man will, die letzte und vollendete Stufe dieser Entwicklung: Die Mechanismen der Kulturindustrie sind so omnipräsent und vertraut, dass der entlarvende Blick auf die manipulativen Kniffe kulturindustrieller Machart mittlerweile das Interesse an und die unmittelbaren Reaktionen auf letztlich alle denkbaren Phänomene völlig vereinnahmt, sei es in Kunst oder Politik. Die Reflexion auf Kulturindustrie hat eine Selbstverständlichkeit erreicht, „die es fast unmöglich macht, in einem Wahlkampf nach dem Programm eines Kandidaten und der Wahrscheinlichkeit zu fragen, dass er es durchsetzen kann, vielmehr wird bei jedem programmatischen Satz danach gefragt, an welches Segment der potentiellen Wählerschaft er gerichtet sein mag. Ähnlich wird jede (politische oder andere) Aktion statt auf ihre faktischen Wirkungen sofort auf ihre ‚Botschaft' befragt. Und ein Film kann nicht als Werk analysiert werden, sondern nur als Versuch, durch verschiedene Kunstgriffe, die man natürlich sofort durchschaut, man ist ja nicht naiv, ein bestimmtes oder ein möglichst großes Publikum zu erreichen. Wir kennen uns mit der Kulturindustrie so gut aus, dass uns nur die Inszenierung interessiert."[127] Führt diese reflexhafte Frage nach den Waren-Eigenschaften der Produkte und den Ma-

---

[127] Steinert, *Kulturindustrie*, 172.

nipulationsstrategien aller Beteiligten auf eine höhere Stufe kritischer Reflektiert-
heit? Begünstigt diese Entwicklung bei weit verbreiteter ästhetischer wie auch politischer Halbbildung den sukzessiven Verlust irgendwie bedeutsamer Kriterien
ernsthafter Auseinandersetzung?

„Das wache Misstrauen, Kultur sei doch nur Reklame und der Versuch, bei
möglichst vielen von uns Aufmerksamkeit zu finden (um uns zu Geldaus- oder
Stimmabgaben zu veranlassen), führt gerade zu besonderer Naivität dem Kunstwerk und seiner Interaktion mit dem Betrachter gegenüber: Die Kritiker und Interpreten sind mit der Witzfrage beschäftigt, ,Was will uns der Künstler sagen?', die
Kultur-Journalisten noch besonders damit, wie autobiographisch das ist, was er
uns sagt. Kulturindustrie hat mit der dem Star- und Prominenz-System geschuldeten Konzentration auf den Autor eine unglaubliche Regression hinter alle Einsichten der Interpretations-Wissenschaften und -Künste im Alltag des Verstehens von
kulturellen Äußerungen bewirkt."[128] Das gilt entsprechend für den politischen
Journalismus: Mangels fachlicher Kompetenz, politischer Bildung und kritischer
Urteilskraft halten sich immer mehr Journalisten an das, was sie auch bei fehlender
Sachkenntnis verstehen und worüber sie dann im Talk plaudern können: auf den
personellen Aspekt des Politischen, auf Ranküne und Intrigen, auf strategische
Winkelzüge und Werbestrategien. Für immer mehr – wenn auch bei weitem nicht
alle – Politik-Journalisten gilt: Sie haben ihre kulturindustrielle Lektion nicht nur
gelernt, sondern mit der Muttermilch eingesogen. Damit kommen wir abschließend zur nicht unwichtigsten Dimension unserer Thematik: zur kulturindustriellen Veränderung des Politischen.

Kulturindustrielle Kolonialisierung des Politischen in der Mediokratie

Dass es autonome Kunst heute so wenig noch geben kann wie die alte Hochkultur,
dass kulturindustrielle Vergesellschaftung das Schicksal der Moderne ist und ihre
Auswirkungen auch und gerade auf die Kunst solcher Gesellschaften hat – damit
können moderne Gesellschaften wie auch der Mainstream moderner Gesellschafts-
wissenschaftler recht gut leben. Die Auswirkungen von Kulturindustrie und Massenmedien auf die Demokratie aber stoßen auf ein reges und berechtigtes Interesse.
Sofern Adorno überhaupt noch rezipiert wird, dann im Kontext dieser Problematik,
im Umfeld der Diskussionen über Mediokratie und Politainment.[129] Hier auch werden der „Kulturindustrie" Aktualität und Relevanz attestiert: „Die Personalisierung

---

[128] Steinert, *Kulturindustrie*, 172.
[129] Vgl. stellvertretend für mittlerweile unzählige andere Veröffentlichungen: Dörner, *Politainment*, und
Meyer, *Mediokratie*.

von Sachfragen, die Vermischung von Information und Unterhaltung, eine episodi-
sche Aufbereitung und die Fragmentierung von Zusammenhängen schießen zu
einem Syndrom zusammen, das die Entpolitisierung der öffentlichen Kommunikation fördert. Das ist der wahre Kern der Theorie der Kulturindustrie."[130]

Die mittlerweile sehr breite Diskussion dieser Zusammenhänge muss hier
nicht noch einmal ausführlich rekonstruiert werden. Vielmehr soll nach Bezügen
zu Adornos Konzept der Kulturindustrie und seinen ursprünglichen Schwerpunkten und Intentionen gefragt werden. Die potentiell gravierendste Folge einer
„Mediokratisierung" findet sich schon bei Adorno thematisiert: „Sie [die Kulturin-
dustrie] verhindert die Bildung autonomer, selbständiger, bewusst urteilender und
sich entscheidender Individuen. Die aber wären die Voraussetzung einer demokratischen Gesellschaft, die nur in Mündigen sich erhalten und entfalten kann."[131] Das
wird dort untergraben, wo Politik derselben Gefährdung ausgesetzt ist wie – oben
beschrieben – die Kunst: der der Warenförmigkeit. Für die Politik bedeutet das
Warenschicksal u.a., dass sie zu einer Art Unterhaltung wird, zu infotainment. Die
anderen Bereiche der Kulturindustrie lassen Politik, insbesondere die politische
Klasse dabei sehr alt aussehen: Die Stars der Musik- und Sportindustrie sind un-
gleich cooler. Maßstäbe sickern so ins Politische ein, die ihm zumindest in seiner
bisherigen Gestalt durchaus fremd waren. So kommen Ernst und Ernsthaftigkeit –
Tugenden, die Adorno nachgerade verkörperte – im grassierenden Infantilismus
der neuen Lockerheit einigermaßen unter die Räder, zumindest in Bedrängnis.
Ausnahmen (die es gibt) bestätigen hier eher die Regel.[132]

Die andere Seite des Infotainment betrifft den Gehalt dieserart transportierter
Information. Was die Massenmedien eigentlich (das heißt: im demokratietheoretischen Idealfall) ermöglichen sollten, wäre die Verbesserung der Entscheidungs-
und Urteilsgrundlagen für den wohl informierten, mündigen Bürger. Die Entwicklungen der letzten Jahrzehnte lassen gewisse Zweifel aufkommen, ob das noch
gelingt oder überhaupt angestrebt wird. Die Massenmedien überfluten den Rezipienten zunehmend mit Fakten und immer neuen Fakten – entscheidend für demokratische Politik aber wäre darüber hinaus ein wirkliches Verstehen und kritische Urteilskraft. Die Massenmedien indes steuern „mit unermesslicher Fassungs-
kraft [...] auf das zu, wovon die große Philosophie immer nur träumen konnte: die
Totalsynthese – freilich auf dem Nullpunkt der Intelligenz, in Gestalt einer Total-
addition. Sie lassen tatsächlich einen universellen chaotischen Empirismus zu,

---

[130] Habermas, Faktizität und Geltung, S. 456; vgl.: Peters, Der Sinn von Öffentlichkeit.
[131] Adorno, Résumé über Kulturindustrie, S. 345.
[132] Vgl. dazu insbesondere Benjamin Barbers Sorgen in *Consumed* – eine Studie, die man durchaus als
pragmatistisch-populärwissenschaftliche Variante Kritischer Theorie in der Tradition Adornos betrachten kann.

können von allem berichten, alles berühren, alles speichern, alles nebeneinander-stellen. [...] Die Medien können alles geben, weil sie den Ehrgeiz der Philosophie, das Gegebene auch zu verstehen, restlos haben fallenlassen. Sie umfassen alles, weil sie nichts erfassen; sie bringen alles zur Sprache und sagen über alles nichts."[133] Ergebnis, so Sloterdijk ganz im Geiste Adornos: „Der Empirismus der Medien duldet nur isolierte Berichte, und diese Isolation ist wirkungsvoller als jede Zensur, weil sie dafür sorgt, daß das, was zusammengehört, nicht zusammen-kommt und auch in den Köpfen der Menschen nur schwerlich sich findet."[134]

Von Adornos Kulturindustriekonzept kann man dabei lernen, dass es hier nicht allein auf Einzelheiten ankommt, die man so oder anders interpretieren könnte, sondern auf kulturindustrielle *Vergesellschaftung*. Die mittelbaren Folgen und Zusammenhänge sind die für demokratische Politik wichtigeren. Kulturin-dustrie formt unsere Wahrnehmung von Welt, die Ausbildung unserer „morali-schen Landkarten" (Charles Taylor), unsere Aufmerksamkeitsökonomie und unse-re Erwartungen, unser kritisches Bewusstsein, unsere Vorlieben und Präferenzen. Und sie tut das auf Ebenen, die zunächst noch nichts mit Politik im engeren Sinne zu tun haben, die aber auch den Umgang des Bürgers mit Politik bestimmen. Der heutige Bürger ist ein kulturindustriell sozialisierter und tief geprägter. Er reagiert anders und auf andere Formen politischer Kommunikation, Information und Sym-bolik als der Vollbürger der Polis Athen oder der Wilhelminische Zeitungsleser. Es gibt nicht „den" a-historischen und gar noch rationalen Akteur, von dem die be-sonders wissenschaftlichen unter den Sozialwissenschaftlern gerne ausgehen – weil man mit einem solchen Wesen methodisch sauberer rechnen kann. Es gibt immer nur von gesellschaftlichen und historisch je unterschiedlichen Kontexten geprägte Akteure, und es gibt Strukturen, innerhalb derer sie allererst zu Akteuren werden. Was Adorno „Kulturindustrie" nennt, hat hier seinen Platz und seinen wichtigen Einfluss.

Die Kolonialisierung des politischen Systems durch das Mediensystem, für die sich noch unzählige weitere Beispiele anführen ließen, ist zentraler Befund einer kritischen Theorie der Kulturindustrie. Auch dieser Befund entspricht den system-theoretischen Hinweisen auf die Realität und die Selbstreproduktionserfordernisse der Massenmedien: „Unter dem Zwang der Eigenlogik massenmedialer Präsenta-tionsformen wandelt sich Politik zunehmend zu Symbolpolitik, die sich nicht an Argumenten, sondern an medialen Wirkungen ausrichtet. Ein Abend bei Sabine Christiansen ist wichtiger als eine gute Parlamentsdebatte. Man kann dann natür-lich geltend machen, die Medien sollten sich der sachlichen, unvoreingenommenen Berichterstattung widmen, so dass Politik wieder zu sich selbst kommen könne.

133 Sloterdijk, Kritik der zynischen Vernunft, S. 570f.
134 Sloterdijk, Kritik der zynischen Vernunft, S. 572.

Aber die Medien übermitteln nicht einfach, sondern sie selegieren, inszenieren und präsentieren. Politische Kommunikation ist dann zunächst einmal Material, mit dem attraktive Medienangebote hergestellt werden können, wobei Attraktion in zunehmendem Maße heißt: dem Unterhaltungsbedürfnis der Rezipienten Rechnung zu tragen."[135] Wie oben bereits ausgeführt: Das ist absolut anschlussfähig an Kritische Theorie – sofern man diese nicht auf ein ohnmächtiges Festhalten an gesellschaftlich längst überholten interaktionstheoretischen Idealisierungen von Öffentlichkeit oder Kommunikation reduziert.

Die für Systemtheoretiker typische Nonchalence kühler Distanziertheit führt uns zur Frage nach einem abschließenden Befund und seiner Einordnung. Auch mit Blick auf Mediokratie und Politainment kann der Einwand erhoben werden, die negativen Folgen würden überzeichnet, der Anspruch des demokratietheoretischen Ideals sei zu hoch – zu elitär. Muss für die Politik in modernen Massengesellschaften nicht das Gleiche gelten wie oben schon für Kultur und Kulturindustrie: Die beschriebenen Veränderungen sind am Ende immer auch Folge von Demokratisierung in einem weiten Sinne. Wer diese akzeptiert, muss jene nolens volens in Kauf nehmen. Es ist ja womöglich bezeichnend, dass der von Adorno analysierte Zusammenhang von Massenkultur und Demokratisierung schon bei Tocqueville beschrieben wird, insofern dieser den marktvermittelten künstlerischen Produkten der Demokratie Mittelmaß, Publikumsorientierung, unterhaltenden Charakter und soziale Indifferenz attestiert.[136] Die Kritik an der Masse und ihrem Geschmack aber ist letztlich undemokratisch.

Demgegenüber kann im Anschluss an Adorno – und hier auch: an Jürgen Habermas – eingewandt werden, dass in kulturindustrielle Politik ein „struktureller Populismus" eingebaut ist, der der politischen Kultur der Demokratie auf Dauer nicht gut tun kann.[137] Die Öffentlichkeit verändert sich, sie droht sich in jener Form aufzulösen, wie sie zumindest für ein deliberatives Demokratieverständnis unabdingbar wäre. In einem weiteren Zusammenhang müsste man zudem problematisieren, ob darüber hinaus nicht auch das Phänomen der Hegemonie trotz aller Hoffnungen, die man mit „Zivilgesellschaft" heute gerne verbindet, bei realistischer Betrachtung von Kulturindustrie und Öffentlichkeit stärker berücksichtigt werden müsste.[138]

---

[135] Sutter, Medienanalyse als Beobachtung und als Kritik, S. 28.

[136] Vgl. dazu: Sommer, Dominik, Marktvermittelte Massenkunst. Der Anfang von Horkheimers und Adornos Kulturindustriethese in Tocquevilles Kunstdiagnose demokratischer Gesellschaften, in: *Berliner Journal für Soziologie*, Vol. 15, 1/2005, S. 25-36; Sommer geht im Weiteren mit Blick auf die Kulturindustriethese von einer „integrativen Adaption" der Tocquevilleschen Diagnose durch die Frankfurter Theoretiker aus.

[137] Steinert, *Kulturindustrie*, S. 144ff.

[138] Vgl. Demirovic, Alex, Hegemonie und Öffentlichkeit.

Egal wie man zu diesen Fragen normativ steht: „Die Träume von Demokratie durch öffentliche Kommunikation […] bekommen unter den Bedingungen der erweiterten Kulturindustrie etwas liebenswürdig Nostalgisches. Aber auch die Alpträume von der totalen Manipulation wirken angesichts der verbreiteten Distanz zu Medieninhalten und der dauernden Selbstkritik der Medien ein wenig vorgestrig."[139] Dass Manipulation nicht mehr „total" ist, dieser Befund wurde oben schon mehrfach bestätigt – allerdings blieb bislang und bleibt auch hier offen, ob Kulturindustrie dadurch geschwächt oder nicht gerade gestärkt wurde. Wieder stellen sich die schon vertrauten Fragen: Ist es wirklich so schlimm, wenn Information ein wenig unterhaltsam präsentiert wird? Immerhin erreicht man so womöglich Schichten, die sich sonst gar nicht für Politik interessieren würden. Oder ist Politainment unabhängig von allen Inhalten selbst die Botschaft, indem sie im Subtext zur Affirmation dessen beiträgt, was ist? Ist die ständige und sehr populäre Skandalisierung, deren sich ja auch Greenpeace bedient, Teil eines kritischen Journalismus oder ist sie zum inszenatorischen Selbstzweck verkommen, der gründlicher und kritischer Reflexion den dazu nötigen langen Atem raubt? In eine ähnliche Ambivalenz führt uns das Beispiel der Indienstnahme der Medien für Zwecke der Kriegsführung, wie dies in Gestalt eines „eingebetteten Journalismus" in den amerikanischen Golfkriegen der letzten beiden Jahrzehnte sehr schön zu beobachten war,[140] einschließlich des guten Geschäfts, das bestimmte Nachrichtensender damit machen und das sie sich durch teilweise erschreckende Formen der Selbstzensur auch nicht durch die Lappen gehen lassen möchten. Das sind Entwicklungen, die für die (in diesem Fall: amerikanische) Demokratie als durchaus bedrohlich gelten können.[141] Immerhin aber wurde genau dies von der Kultur- bzw. Filmindustrie zugleich thematisiert und vorgeführt, so in *Wag the Dog* (1997) oder in Michael Moores kritischen Dauerinterventionen. Hinweise auf eine funktionierende kritische Öffentlichkeit oder nur mehr Facette des alles durchschauenden, aber nichts ändernden Zynismus?

Eines wird klar, und das ist und bleibt ein ganz entscheidender Beitrag Adornos zu all diesen Diskussionen über Mediokratie, Info- und Politainment: Wenn an den genannten Diagnosen etwas dran ist (und das scheint der Fall zu sein), dann kann man diese Phänomene adäquat nur verstehen, wenn sie im Sinne Adornos als Teil eines Vergesellschaftungsmodus' begriffen werden und nicht nur als isolierte Einzelerscheinungen. Kulturindustrie ist eine Eigenschaft von heutiger Vergesellschaftung überhaupt, und als solche hat sie fundamentale Auswirkungen auf Politik. Mehr noch: Indem sie das Bedeutungsgewebe bildet, ohne das wir Poli-

---

[139] Steinert, *Kulturindustrie*, S. 152.
[140] Vgl. Beham, Kriegstrommeln.
[141] Vgl.: Fallows, *Breaking the News*, und natürlich die zahlreichen Interventionen und Veröffentlichungen zur Thematik von Noam Chomsky.

tik gar nicht wahrnehmen können, ist sie Teil des Politischen. *Das* ist „der wahre Kern der Theorie der Kulturindustrie".

Schluss

„Was überhaupt ohne Phrase Kultur konnte genannt werden, wollte als Ausdruck von Leiden und Widerspruch die Idee eines richtigen Lebens festhalten, nicht aber das bloße Dasein, und die konventionellen und unverbindlich gewordenen Ordnungskategorien, mit denen die Kulturindustrie es drapiert, darstellen, als wäre es richtiges Leben und jene Kategorien sein Maß."[142] Wir werden bei Adorno mit einer Ernsthaftigkeit und Unnachgiebigkeit der Haltung und des Denkens konfrontiert, die wir als postmoderne Menschen nicht mehr gewöhnt sind. Wir werden mit einer Analyse von Herrschaft und Vergesellschaftung konfrontiert, von der sich der Mainstream der Sozialwissenschaft längst verabschiedet hat. Und wir sehen uns einem ästhetischen Artikulations- und Erfahrungsreichtum gegenüber, von dem die meisten Welten trennen. Dies alles aber – so die hier vertretene These – macht Adorno nur umso unverzichtbarer.

Kritische Theorie hat es heute auch deshalb schwer, weil sich natürlich alles und jeder ohnehin für „kritisch" hält, und zwar gerade die im Kontext von Kulturindustrie Kritisierten: Journalisten, Konsumenten, Bürger, Pop-Musiker, Filmemacher, Sozialwissenschaftler, Moderatoren. Kritisch im reflexiv-dialektischen Sinne, der auch eine Kritik verbreiteter Ausdrucksformen von Kritik hinterfragt, sind die meisten aber eben nicht. Hingegen gibt es, wie schon einleitend erwähnt, einige bessere, verständliche Gründe dafür, Adorno und seine Theorie der Kulturindustrie nur noch unter Vorbehalten zu rezipieren. Da ist zunächst einmal der Rigorismus des Anspruchs: „Adorno hat eine Erfahrung von autonomer Kunst aus der Jahrhundertwende zur Folie seiner hellsichtigen Kritik von Kulturindustrie gemacht und spätere Entwicklungen der Kunst nicht mehr als solche erkannt, sie nur mehr als fortschreitende Auslieferung an die Kulturindustrie verstanden. Er konnte ‚Kulturindustrie' nur kritisch fassen, weil er einen Begriff von Kunst und Kultur hatte, nach dem dieser Bereich sich widerständig zur Gesellschaftsverfassung verhielt."[143] Außer Schönberg und wenigen anderen konnte da kaum etwas dem gestrengen Verdikt entgehen.

Dennoch ist gerade in diesem Zusammenhang einem Missverständnis vorzubeugen: Bei allem scheinbar kulturbürgerlich-elitären Anspruch, der manchem als ebenso „konservativ" erscheint wie die Fundamentalkritik an der oberflächlichen

---

142 Adorno, Résumé über Kulturindustrie, S. 342f.
143 Steinert, *Kulturindustrie*, S. 158.

verdummenden Kulturindustrie, war Adorno eben nie Kulturkritiker in diesem
platten Sinn und schon gar nicht anti-modern wie so viele Vertreter ebensolcher
Kritik.[144] Insofern kann man gerade von Adorno lernen, gegen die konventionelle
Litanei selbstgefälliger Kulturkritiker Skepsis zu bewahren: „Der Kulturkritiker
kann kaum die Unterstellung vermeiden, er hätte die Kultur, welche dieser abgeht.
Seine Eitelkeit kommt der ihren zu Hilfe: noch in der anklagenden Gebärde hält er
die Idee von Kultur isoliert, unbefragt, dogmatisch fest. Er verschiebt den Angriff.
Wo Verzweiflung und unmäßiges Leiden ist, soll darin bloß Geistiges, der Be-
wußtseinszustand der Menschheit, der Verfall der Norm sich anzeigen."[145] Es geht
gerade Adorno nicht einzig darum, Schönberg oder Hölderlin vor der Banalität der
heutigen Gesellschaft zu retten und sie zu Ikonen eines kulturbürgerlichen Rück-
zugs von Gesellschaft zu stilisieren. Es geht immer um die leidvolle Wirklichkeit
selbst. Mit dieser wollen allzu viele Kulturkritiker gar nichts zu tun haben – und
sind doch in sie verstrickt: „Die Komplizität der Kulturkritik mit der Kultur liegt
nicht in der bloßen Gesinnung des Kritikers. Vielmehr wird sie von seiner Beziehung zu dem erzwungen, wovon er handelt. Indem er Kultur zu seinem Gegenstand macht, vergegenständlicht er sie nochmals. Ihr eigener Sinn aber ist die Sus-
pension von Vergegenständlichung. Sobald sie selber zu ‚Kulturgütern' und deren
abscheulicher philosophischer Rationalisierung, den sogenannten ‚Kulturwerten'
gerinnt, hat sie bereits gegen ihre raison d`être gefrevelt."[146]
     Es ist wahr: Die klassische Kulturindustrietheorie enthält Einseitigkeiten und
Pessimismen, die es zu relativieren gilt. Sie überschätzt die Totalität möglicher und
gewollter Manipulation; sie übersieht Ausnahmen und Gegenbeispiele, sie unterschätzt die Eigenwilligkeit kulturindustrieller Produkte und das emanzipatorische
Potential ihrer Aneignung. Die heutigen Möglichkeiten eröffnen neue, mannigfaltige Räume und Mittel des Ausdrucks, von denen Adorno nichts wusste oder wenig verstand. Indes sollte man es sich angesichts solcher Relativierungen auch
nicht zu leicht machen: Die Einsicht, alles komme auf den entsprechenden Gebrauch eines Produktes an, es gäbe innerhalb der unvermeidlichen Kulturindustrie
auch positive Möglichkeiten, mithin: man könne Kulturindustrie, wie alles eben,
nur in seiner ganzen Ambivalenz adäquat würdigen und deswegen auch nicht
ablehnen, – diese Einsicht droht leicht in Ideologie umzuschlagen, Ausdruck der
Kristallisation einer vollständig durchschauten und gerade so gegen Kritik immu-
nisierten Kulturindustrie. Dass alles eben gute und schlechte Seiten habe, das ist

---

[144] Unter anderem hier liegt ein gravierender Unterschied zu Heidegger, so nah beide sich in manch
entscheidender Diagnose waren – vor allem aber liegt hier der entscheidende Unterschied zu jenen, die
sich an Heideggers philosophischer Fundamentalkritik bloß esoterisch erbauen, um so die eigenen platt
anti-modernen Vorbehalte ein wenig mit Anspruch zu unterfüttern.

[145] Adorno, Kulturkritik und Gesellschaft, S. 11.

[146] Adorno, Kulturkritik und Gesellschaft, S. 15.

die sanfte, in ihrer Toleranz und Nachdenklichkeit scheinbar unwiderlegbare Position, die mit dem Ende ernst gemeinter, aussichtsreicher Kritik in eins fällt.

An ihr Ende kann Kritik aber auch dort kommen, wo sie sich allzu rigoros und unversöhnlich zeigt, wo sie „total" wird (Habermas). Nicht weil uns eine solche Haltung etwa den Spaß verderben könnte, sondern weil sie in Adornos Fall dazu beiträgt, allzu vieles zu übersehen oder zu einseitig zu beurteilen. Adorno bleibt aktuell, weil er es vorgezogen hatte, „über Relevantes, mit der Gefahr des Irrtums, nachzudenken", statt „über die Richtigkeit von Irrelevantem zu wachen".[147] Die Irrtümer, die ihm dabei unterlaufen sind, hat man zu korrigieren. Den Sinn fürs Relevante sollte man sich darüber nicht nehmen lassen.

Literatur

Adorno, Theodor W., On popular music, in: *Studies in Philosophy and Social Science*, New York: Institute of Social Research, 1941, IX, S. 17-48

Adorno, Theodor W., Erziehung zur Mündigkeit. Vorträge und Gespräche mit Hellmut Becker 1959-1969, hrsg, v. Gerd Kadelbach, Frankfurt a.M.1971

Adorno, Theodor W., *Negative Dialektik*, Frankfurt a.M. 1975

Adorno, Theodor W., *Ästhetische Theorie*, Frankfurt a.M. 1995

Adorno, Theodor W., Das Schema der Massenkultur, in: Theodor W. Adorno, *Gesammelte Schriften*, hrsg. von Rolf Tiedemann, Band 3, Darmstadt 1998, S. 299-335

Adorno, Theodor W., Minima Moralia, *Gesammelte Schriften* 4

Adorno, Theodor W., Theorie der Halbbildung, *Gesammelte Schriften* 8, S. 93-121

Adorno, Theodor W., Kulturkritik und Gesellschaft, *Gesammelte Schriften* 10.1, S. 11-30

Adorno, Theodor W., Résumé über Kulturindustrie, *Gesammelte Schriften* 10.1, S. 337-345

Adorno, Theodor W., Freizeit, *Gesammelte Schriften* 10.2, S. 645-655

Adorno, Theodor W., Kritik, *Gesammelte Schriften* 10.2, S. 785-793

Adorno, Theodor W., Resignation, *Gesammelte Schriften* 10.2, S. 794-799

Adorno, Theodor W., Philosophie der neuen Musik, *Gesammelte Schriften* 12

Adorno, Theodor W., Einleitung in die Musiksoziologie, *Gesammelte Schriften* 14, S. 169-433

Adorno, Theodor W., Zum Verhältnis von Malerei und Musik heute, *Gesammelte Schriften* 18, S. 140-148

Adorno, Zur gesellschaftlichen Lage der Musik, *Gesammelte Schriften* 18, S. 729-777

Adorno, Theodor W., Kritische Theorie und Protestbewegung, *Gesammelte Schriften* 20.1, S. 398-401

---

[147] Adorno, *Negative Dialektik*, S. 172.

Ang, Ien, Living Room Wars. Rethinking Media Audiences for a Postmodern World, London 1996

Barber, Benjamin, Consumed! Wie der Markt Kinder verführt, Erwachsene infantilisiert und die Bürger verschlingt, München 2007

Baumgarten, Alexander Gottlieb, *Ästhetik*, 2 Bände, Hamburg 2006

Becker, Barbara / Wehner, Josef (Hrsg.), Kulturindustrie reviewed. Ansätze zur kritischen Reflexion der Mediengesellschaft, Bielefeld 2006

Beham, Mira, Kriegstrommeln. Medien, Krieg und Politik, München 1996

Beyme, Klaus von, Das Zeitalter der Avantgarden. Kunst und Gesellschaft 1905-1955, München 2005

Beyme, Klaus von, Die Kunst der Macht und die Gegenmacht der Kunst. Studien zum Spannungsverhältnis von Kunst und Politik, Frankfurt a.M. 1998

Beyme, Klaus von, Theorie der Politik im 20. Jahrhundert. Von der Moderne zur Postmoderne, Frankfurt a.M. 2007

Bourdieu, Pierre, Sozialer Raum und „Klassen", in: ders., *Sozialer Raum und „Klassen". Leçon sur la leçon. Zwei Vorlesungen*, Frankfurt a.M. 1985, S. 7-46

Bürger, Peter, *Theorie der Avantgarde*, Frankfurt a.M. 1974

Chomsky, Noam, Media Control. Wie die Medien uns manipulieren, München 2007

Cook, Deborah, The Culture Industry Revisited. Theodor W. Adorno on Mass Culture, Boston 1996

Demirovic, Alex, Hegemonie und Öffentlichkeit, in: *Das Argument*, Heft 206, 1994, S. 675-691

Demirovic, Alex, Der nonkonformistische Intellektuelle. Die Entwicklung der Kritischen Theorie zur Frankfurter Schule, Frankfurt a.M. 1999

Dörner, Andreas, Politainment. Politik in der medialen Erlebnisgesellschaft, Frankfurt a.M. 2001

Fallows, James, Breaking the News. How Media Undermine American Democracy, New York 1996

Fiske, John, Understanding Popular Culture, London 1989

Göttlich, Udo / Winter, Rainer, Politik des Vergnügens. Aspekte der Populärkulturanalyse in den Cultural Studies, in: dies. (Hrsg.), *Politik des Vergnügens. Zur Diskussion der Populärkultur in den Cultural Studies*, Köln 2000, S. 7-19

Habermas, Jürgen, *Der philosophische Diskurs der Moderne*, Frankfurt a.M. 1985

Habermas, Jürgen, Faktizität und Geltung. Beiträge zur Diskurstheorie des Rechts, Frankfurt a.M. 1992

Hennis, Wilhelm, Max Webers Fragestellung. Studien zur Biographie des Werks, Tübingen 1987

Honneth, Axel, Verwicklungen der Freiheit. Bob Dylan und seine Zeit, in: ders./Kemper, Peter/Klein, Richard (Hrsg.), *Bob Dylan. Ein Kongreß*, Frankfurt a.M. 2007, S. 15-28

Honneth, Axel/Kemper, Peter/Klein, Richard (Hrsg.), *Bob Dylan. Ein Kongreß*, Frankfurt a.M. 2007

Horkheimer, Max, Traditionelle und kritische Theorie. Vier Aufsätze, Frankfurt a.M. 1986

Horkheimer, Max, *Zur Kritik der instrumentellen Vernunft*, Gesammelte Schriften Band 6, Frankfurt/M. 1991

Horkheimer, Max / Adorno, Theodor W., *Dialektik der Aufklärung*, Frankfurt a.M 1992

Illies, Florian, Generation Golf. Eine Inspektion, Berlin 2000

Kant, Immanuel, *Kritik der Urteilskraft, Werkausgabe Band X*, hrsg. v. Wilhelm Weischedel, Frankfurt a.M. 1974

Kellner, Douglas, *Media Culture*, London 1995

Klein, Richard, My Name It Is Nothin'. Bob Dylan. Nicht Pop. Nicht Kunst, Berlin 2006

Knoll, Manuel, Theodor W. Adorno. Ethik als erste Philosophie, München 2002

Kohler, Georg / Müller-Doohm, Stefan (Hrsg.), Wozu Adorno? Beiträge zur Kritik und zum Fortbestand einer Schlüsseltheorie des 20. Jahrhunderts, Weilerswist 2008

Kunneman, Harry / de Vries, Hent (Hrsg.), *Die Aktualität der „Dialektik der Aufklärung"*, Frankfurt a.M. 1989

Lindner, Burkhardt / Lüdke, W. Martin (Hrsg.), Materialien zur ästhetischen Theorie Th. W. Adornos. Konstruktion der Moderne, Frankfurt a.M. 1980

Luhmann, Niklas, *Die Realität der Massenmedien*, Opladen 1996

Luhmann, Niklas, *Die Gesellschaft der Gesellschaft*, 2 Teilbände, Frankfurt a.M. 1997

Lull, James / Hinerman, Stephen (Hrsg.), Media Scandals. Morality and Desire in the Popular Culture Marketplace, Cambridge 1997

Marcuse, Herbert, Kunst in der eindimensionalen Gesellschaft, in: ders., *Kunst und Befreiung. Nachgelassene Schriften*, Band 2, Lüneburg 2000

McGuigan, Jim, *Cultural Populism*, London 1992

Meyer, Thomas, Mediokratie. Die Kolonisierung der Politik durch die Medien, Frankfurt a.M.2001

Mikos, Lothar, Fernsehen im Erleben der Zuschauer. Vom lustvollen Umgang mit einem populären Medium, Berlin 1994

Mommsen, Wolfgang J., Max Weber. Gesellschaft, Politik, Geschichte, Frankfurt a.M. 1982

Moores, Shaun, Interpreting Audiences. The Ethnography of Media Consumption, London 1993

Müller-Doohm, Stefan, *Adorno. A Biography*, Oxford 2004

Müller-Doohm, Stefan / Neumann-Braun, Klaus (Hrsg.), *Kulturinszenierungen*, Frankfurt a.M. 1995

Paddison, Max, The Critique Criticised: Adorno and Popular Music, in: *Popular Music, Vol. 2, Theory and Method*, hrsg. v. Richard Middleton und David Horn, Cambridge 1982, S. 201-218

Paddison, Max, Adorno, Modernism and Mass Culture. Essays on Critical Theory and Music, London 1996

Peters, Bernhard, *Der Sinn von Öffentlichkeit*, Frankfurt a.M. 2007

Prokop, Dieter, Mit Adorno gegen Adorno. Negative Dialektik der Kulturindustrie, Hamburg 2003

Prokop, Dieter, Das Nichtidentische der Kulturindustrie. Neue kritische Kommunikationsforschung über das Kreative der Medien-Waren, Köln 2005

Prokop, Dieter, Der kulturindustrielle Machtkomplex. Neue kritische Kommunikationsforschung über Medien, Werbung und Politik, Köln 2005

Resch, Christine / Steinert, Heinz, Kulturindustrie: Konflikte um die Produktionsmittel der gebildeten Klasse, in: Demirovic, Alex (Hrsg.), *Modelle kritischer Gesellschaftstheorie. Traditionen und Perspektiven der Kritischen Theorie*, Stuttgart 2003, S. 312-339

Schulze, Gerhard, Die Erlebnisgesellschaft. Kultursoziologie der Gegenwart, Frankfurt a.M.1992

Schulz-Hoffmann, Carla, *Max Beckmann. „Der Maler"*, München 1991

Schwaabe, Christian, Freiheit und Vernunft in der unversöhnten Moderne. Max Webers kritischer Dezisionismus als Herausforderung des politischen Liberalismus, München 2002

Schwelling, Birgit (Hrsg.), Politikwissenschaft als Kulturwissenschaft. Theorien, Methoden, Problemstellungen, Wiesbaden 2004

Sloterdijk, Peter, *Kritik der zynischen Vernunft*, Frankfurt a.M. 1983

Sommer, Dominik, Marktvermittelte Massenkunst. Der Anfang von Horkheimers und Adornos Kulturindustriethese in Tocquevilles Kunstdiagnose demokratischer Gesellschaften, in: *Berliner Journal für Soziologie*, Volume 15, 1/2005, S. 25-36

Steinert, Heinz, Die Entdeckung der Kulturindustrie. Oder: Warum Professor Adorno Jazz-Musik nicht ausstehen konnte, Münster 2003

Steinert, Heinz, Das Verhängnis der Gesellschaft und das Glück der Erkenntnis: Dialektik der Aufklärung als Forschungsprogramm, Münster 2007

Steinert, Heinz, *Kulturindustrie*, Münster 2008

Sutter, Tilmann, Medienanalyse als Beobachtung und als Kritik, in: Becker, Barbara / Wehner, Josef (Hrsg.), *Kulturindustrie reviewed. Ansätze zur kritischen Reflexion der Mediengesellschaft*, Bielefeld 2006, S. 13-31

Vester, Heinz-Günter, Verwischte Spuren des Subjekts - Die zwei Kulturen des Selbst in der Postmoderne, in: Koslowski, Peter / Spaemann, Robert / Löw, Reinhard (Hrsg.), *Moderne oder Postmoderne? Zur Signatur des gegenwärtigen Zeitalters*, Weinheim 1986, S.189-204

Weber, Max, Wirtschaft und Gesellschaft. Grundriß der verstehenden Soziologie, Studienausgabe, 5. Aufl., Tübingen 1980

Weber, Max, Wissenschaft als Beruf, in: ders., *Gesammelte Aufsätze zur Wissenschaftslehre*, Tübingen 1988, S. 582-613

Weber, Max, Die Protestantische Ethik und der Geist des Kapitalismus, in: ders., *Gesammelte Aufsätze zur Religionssoziologie I*, Tübingen 1988, S. 17-206

Weber, Max, *Die Protestantische Ethik II. Kritiken und Antikritiken*, hrsg. v. Johannes Winckelmann, Gütersloh 1995

Wiggershaus, Rolf, Die Frankfurter Schule: Geschichte – Theoretische Entwicklung – Politische Bedeutung, München 1986

Wiggershaus, Rolf, *Theodor W. Adorno*, München 1987

Winter, Rainer, Der produktive Zuschauer. Medienaneignung als kultureller und ästhetischer Prozeß, München 1995

B: Kunst in der Politik

Harald Kimpel

Jenseits des Abendlands: Visionen einer neuen Weltkunst.

*Die documenta unter Globalisierungsdruck**

Vom Ziehen an einem Strang

Als Roger M. Buergel seine ersten öffentlichen Auftritte als frisch installierter künstlerischer Leiter der für 2007 angesetzten documenta 12 absolvierte, hatte er stets eine unerwartete Abbildung zur Hand: Zur Verblüffung der neugierigen Kulturbetriebsbeobachter griff er bei seinen Werbeveranstaltungen tief in den Fundus kunstgeschichtlicher Reproduktionen und wartete er mit einem Ausschnitt aus Ambrogio Lorenzettis Allegorie der guten und der schlechten Regierung im Palazzo Pubblico von Siena auf. In diesem Freskenzyklus des 14. Jahrhunderts – bereits von Buergels Vorläuferprojekt „Die Regierung" (Lüneburg, Barcelona, Miami, Wien, Rotterdam 2003-05) in Anspruch genommenen – hatte er jenen roten Faden entdeckt, durch den er seine künftigen Kasseler Exponate unter Zuhilfenahme des Begriffs „Integration" mit einer politischen Dimension von globalem Ausmaß zu verknüpfen gedachte: „Alle ziehen an einem Strang. Dieser Strang ist eine Kordel", interpretierte er zum Beispiel in einem programmatischen Beitrag für die Frankfurter Allgemeine Zeitung[1], „die, vermittelt durch die Figur der Concordia, von Justitia an die Bürger weitergereicht wird". Im Gegensatz zu Jan Hoet, dem belgischen Leiter der documenta 9 (1992), der bei seinen präludierenden „Marathongesprächen" in Gent und Weimar die Erwartungshaltungen mit der Projektion unendlichen Dia-Anschauungsmaterials flutete, um die Unüberschaubarkeit der zeitgenössischen Bildproduktion vor Augen zu führen, rekurrierte Buergel beharrlich auf eine herrschaftspolitische Utopie der frühen Neuzeit, um über „die Projektion eines Gesellschaftskörpers im Sinne einer Gemeinschaft der Gleichen" seine Vorstellung von der Funktion künstlerischer Praxis der Gegenwart zu illustrieren. Im Zeichen des Strangs stellte das Organisatorenpaar Buergel/Noack das anstehende Ausstellungsereignis als ein weltumspannendes ästhetisches Netzwerk in Aussicht, in welchem „auf der Grundlage formaler Bezüge" für die aktuellen Exponate

---

* Geschrieben 2007 während documenta 12
[1] Buergel, Roger M.: Die Migration der Form. In: Frankfurter Allgemeine Zeitung, 21.4.2007

immer wieder „eine neue Bedeutungsebene, ein neuer Kontext entstehen" sollte. Ein Konstrukt mehr oder weniger vager und gewagter Formanalogien bildete jenen Seiltrick, über den der künstlerische Leiter und seine Kuratorin Ruth Noack die Einzelposten ihrer extrem individualistischen Werkauswahl in einen gesellschaftspolitischen Traditionsstrang einzubinden versuchten. Und indem sie parallel zur „historischen Migration" eine „Migration der Formen" ausmachten, sollte sich durch deren Dokumentation die 12. documenta als ein internationales „Flechtwerk politischer Formbeziehungen" profilieren, „das die Globalisierung als ein sehr altes Phänomen ausweist".

Diesseits des Abendlands

Nun waren allerdings sowohl der politische Impetus als auch der geographische Erfassungsradius der documenta nicht immer so ausgeprägt, weitreichend und dezidiert vorgetragen wie im Sommer des Jahres 2007. In der Frühzeit der Ausstellungsreihe – unter der kunsttheoretischen Hegemonie Werner Haftmanns – sind die Kasseler Bestandsaufnahmen des zeitgenössischen Kunstaufkommens vielmehr darauf aus, sich als Gegenpol zur Politik zu stilisieren. Politisches Denken und Handeln wird in größtmöglicher Distanz zu künstlerischem positioniert. Denn bereits 1950 hatte der spätere documenta-Chefideologe das ambivalente Verhältnis von Kunst und Demokratie unter Berufung auf eine Formulierung Gottfried Benns definiert: „Das Abendland", zitierte Haftmann den Kämpfer „gegen die furchtbare moderne Allgewalt des Politischen und Soziologischen", „geht meiner Meinung nach gar nicht zugrunde an den totalitären Systemen oder den SS-Verbrechen, [...] sondern an dem hündischen Kriechen seiner Intelligenz vor den politischen Begriffen. Das Zoon politikon, dieser griechische Mißgriff, diese Balkanidee, – das ist der Keim des Untergangs, der sich jetzt vollzieht."[2] In argumentativer Verlängerung dieser apokalyptischen Perspektive befand Haftmann, „daß Kultur und Kunst – das Feld des Geistes – nicht soziologischer Überbau sind, keine Emanationen des Volkes, auch keine Massenbetreuung mit daraus folgender Kulturindustrie, aber auch kein soziologisch fixierbares Kastenreservat, sondern daß sie Vor-Würfe einsamen, sozial-ungerichteten Charakters sind, Entwürfe und Entscheidungen aristokratischer Natur, tragisch und existentiell entfernt von jeder Idee vom Massenglück."[3] Kunst im Allgemeinen und die des 20. Jahrhunderts im Besonderen benötige zwar die demokratische Toleranzatmosphäre politischer Freiheit als Existenz-

---

[2] Haftmann, Werner: Gottfried Benn und das Problem des Ästhetischen. In: Ders.: Skizzenbuch. Zur Kultur der Gegenwart. Reden und Aufsätze. München 1960. S. 40-52. S. 41
[3] Ebda.

bedingung, richte sich aber zugleich „gegen die Verhärtungen, Vereinfachungen und Verallgemeinerungen des politischen und staatlichen Denkens innerhalb dieser Massenordnung". Zwar sei die „moderne Kunst nur im politischen Klima der Demokratie möglich oder – vorsichtiger gesprochen – duldbar. Dennoch kann man sie selbst nicht ohne weiteres demokratisch nennen [...], weil die kennzeichnenden Akzessorien der politischen Demokratie – das Mehrheitsverhältnis und das Abstimmungsergebnis – in ihrem Bereich gänzlich unverwendbar" seien. In einem furiosen Angriff gegen die Anwendung soziologischer Terminologie auf bildende Kunst suchte er diese vor ihrer Vereinnahmung durch „das politische Engagement" zu schützen, liefere sie doch in „ihrem Beharren auf dem Recht des Einzelnen zur persönlichen Definierung seiner Wirklichkeit und auf der Würde der isolierten Handlung [...] das anschauliche Beispiel für eine menschliche Haltung, die gegen die nivellierende Gruppenanschauung, das Übergewicht des Mittelmaßes durch die große Zahl und den geistigen Konformismus gerichtet ist – will sagen gegen die gefährlichen Unzuträglichkeiten der Demokratie. Sie steht gegen die Macht der Zahl und für das Gewicht des einzelnen als Mensch in seiner Freiheit."[4] Die moderne Kunst „steht also aus ihrer ganzen Konstitution gegen den Führungsanspruch der totalitären Machtsysteme; sie steht aber auch gegen die Nivellierungstendenzen, die Macht der größeren Zahl und den Konformismus der Demokratien. Sie verwaltet und verteidigt die Zonen des Menschen, in die die Staatsräson nicht hinreichen kann noch darf [...]."[5]

Indem nun diese (mit dem Etikett „anarchisch" kokettierende) Attitüde bruchlos auf die documenta übertragen wird, kann die Ausstellung als Manifestation einer gänzlich politikfern gedachten Avantgarde für den nun auch kulturellen Neuanfang der Bundesrepublik in Anspruch genommen werden: Sie wird politisch durch eben diese Entpolitisierungsambition – und sie wird es durch ihren Argumentationsradius. Denn wer 1955 das Museum Fridericianum betritt, um die sich im Untertitel „europäisch" nennende Kunstschau zu besuchen, sieht sich bereits in der Eingangs- und Kassenhalle konfrontiert mit einer großen räumlich-zeitlichen Perspektive, mit der die Ausstellungsmacher die von ihnen gezeigte „Kunst des XX. Jahrhunderts" in ein Kontinuum mit dem bildnerischen Denken und Handeln seit dessen Anfängen stellen (Abb. 1a, b). Bevor das Publikum das erste Exponat der ersten documenta zu sehen bekommt, hat es eine Initiationspassage zu durchlaufen, die als „fotografische Ahnengalerie der modernen Kunst" (Eduard Trier) gemeint ist. Zwei einander gegenüberliegende, vom Boden bis zur Decke reichende Fotowände formieren sich mit visuellen Exzerpten aus dem Arsenal von 5000 Jahren Kulturgeschichte zum Sockel, auf dem die aktuelle Werkaus-

---

[4] Haftmann, Werner: Moderne Kultur und ihre ‚politische Idee'. In: Skizzenbuch. S. 66-76. S. 72
[5] Ebda. S. 76

wahl der Ausstellung ruhen soll. Eine Collage aus Reproduktionen eiszeitlicher Höhlenmalerei, Zeugnissen der Stammeskulturen Afrikas und der Südsee, Beispielen der Kunst der Maja und Inkas, der Etrusker, Kelten, Römer und frühen Christen fügt sich unter bewusster Außerachtlassung jeglicher chronologischer und geographischer Ordnung zu einem kulturhistorischen Kaleidoskop, dessen Facetten spiegeln, wie das im Hause Folgende gesehen werden will: die von der documenta thematisierte Moderne als lebendige Spitze eines unveränderlichen Kunstwollens, das sich seit seinen Anfängen überall mit ein und derselben Formproblematik beschäftigt.[6]

Abbildung 1 a, b

Wie das Bildprogramm im Sinne seiner Erfinder rezipiert wird, zeigt exemplarisch die inspirierte Deutung eines Kunstwissenschaftlers: „Große, schachbrettartig an die Wände geheftete Fotos geben wieder, was erst unser Jahrhundert sehen und würdigen gelernt hat: die Kunst der Vorgeschichte und der frühen Stilstufen, der altasiatischen und altamerikanischen Hochkulturen, der Naturvölker. [...] Kultbilder und Fetische, von Mythen geborene, aus alten Religionen stammende Bildwerke, stumm in unsere technisch zivilisierte Welt herüberblickend: der Auftakt zur großen Ausstellung moderner europäischer Kunst hätte nicht besser gewählt werden können. Denn die Kunst unserer Zeit ist zwar der Ausdruck der Bewußtseinslage des heutigen Menschen, hat aber den weiten Raum der alten Mythen und Kulte, hat frühe Menschheitserfahrungen zum Hintergrund. Sie vollzieht sich [...] in einem imaginär anmutenden Raum, in dem der intelligente, seiner selbst bewußte Homo faber unserer Zeit dem ‚magischen Menschen' begegnet. Die Kunst unseres Jahrhunderts sucht nicht das Vollendete, sondern das Ursprüngliche, den anonymen Anruf vitaler Daseinsformen; sie sucht – in Wahlverwandtschaft des in

---

[6] Zur Identifizierung der Motive siehe Kimpel, Harald: documenta. Mythos und Wirklichkeit. Köln 1997. S. 376-377

ihr wirkenden Unterbewußten mit frühen Bewußtseinsstufen – nicht die äußere, sondern die innere Gestalt der Dinge."[7]

Diese Eloge (zugleich ein typisches Zeugnis für die Art und Weise, wie die documenta-Intentionen massenmedial aufgegriffen und argumentativ weitergeführt werden) kann als symptomatisch gelten für das Argumentationsmuster, in das zu diesem Zeitpunkt – also unmittelbar nach dem Erlebnis des 2. Weltkriegs – alles Außereuropäische im westlichen Teil Deutschlands eingebunden ist: Das gesamte „Weltkulturerbe" wird reklamiert als Voraussetzung und Basis einer Kunst, die sich – Haftmanns Evolutionstheorie gemäß – von einem „reproduktiven" zu einem „evokativen" Wirklichkeitsverständnis durchgerungen hat: von einer das Sichtbare abbildenden zu einer das Unsichtbare sichtbar machenden Praktik. Gleichzeitig dient – wie Walter Grasskamp betont – die Kasseler Bilderpassage zu den „Wurzeln der Moderne" (Eduard Trier) auch dazu, „reduzierte oder stilisierte Formen aus allen Zeiten und Kulturen gegen einen Kunstgeschmack zu setzen, der beim Besucher der ersten documenta zu vermuten war": Der durch die faschistische Kulturpropaganda erzeugten „Suggestion einer Kontinuität des Klassizismus" wird nun „mit der Behauptung einer Kontinuität des Archaischen begegnet".[8]

Bereits die erste, sich „europäisch" verortende Ausstellung von 1955 erweitert also ihren europäischen Blickwinkel, wenn es ihr darum geht, die belastete Gegenwart aus einer unbelastet geglaubten Ursprünglichkeit abzuleiten und die Moderne durch ihre Verbindung mit einer als unschuldig ausgegebenen Archaik zu legitimieren. Um das skandalöse Gestern vergessen zu machen, wird auf „frühe Menschheitserfahrungen" rekurriert, die gar nicht früh genug ansetzten können, um das Zeitlose der verbesserten Gegenwart unter Beweis zu stellen. („Rettung aus der Zeit-Schlamastik / suchend in der Negerplastik", hatte schon Franz Werfel in seiner Diagnose der 20er Jahre auf einen von vielen Widersprüchen seiner Epoche hämisch gereimt.)

Dabei ist der mit der Ausstellung des Jahres 1955 verbundene „Gedanke einer gemeinsamen europäischen Kunst im Zeichen der Europa-Bewegung" – wie Gründungsvater Arnold Bode seine Absicht beschreibt – bereits ein Zugeständnis an den politisch korrekten Sprachgebrauch für das eigentlich Gemeinte: Gegenstand des Interesses der ersten documenta-Macher ist die „Abendländische Kunst des XX. Jahrhunderts", und so nennt sich auch der Verein, der die organisatorische Grundlage des Unternehmens bildet. Obwohl der sich als „Freundeskreis" begreifende Zirkel von Aktivisten um Bode leugnet, mit der Namensgebung mehr als

---

[7] Pérard, Eduard: Genius der Kunst. In: Darmstädter Echo, 15.7.1955
[8] Grasskamp, Walter: Die unbewältigte Moderne: Entartete Kunst und documenta I. In: Museum der Gegenwart – Kunst in öffentlichen Sammlungen bis 1937. Kunstsammlung Nordrhein-Westfalen 1987. S. 13-24. S. 16

eine griffige Kennzeichnung des geographischen Einzugsbereichs seines Projekts beabsichtigt zu haben, fügt sich das Schlagwort zu passgenau in die Stimmungslage des Ost-West-Antagonismus nach dem 2. Weltkrieg, als dass es lediglich als leichtfertig gewähltes Synonym für Westeuropa akzeptiert werden könnte. Vielmehr ist die als Unbedachtheit entschuldigte Verwendung der pathosgeladenen Bekenntnisvokabel geeignet, bereits mit dem Aufkommen der documenta-Idee diese einer radikalkonservativen, klerikal-monarchistischen Manifestation zu verdächtigen. Als die Verantwortlichen dieses Entgleisen ihrer harmlos gemeinten Werbestrategie bemerken, reagieren sie erschrocken mit dem Umsteigen vom Abendland- auf den ohnehin zeitgemäßeren Europa-Begriff.[9] Doch werden die frühen Veranstaltungen das Image eines kulturellen Kampfmittels im Kalten Krieg so einfach nicht los, beansprucht man doch 1955 explizit, „den Europagedanken 30 km von der Zonengrenze entfernt der Welt ins Bewußtsein zu rufen".[10] Eingekeilt zwischen eine Freiheitsideologie (der zufolge die geographische Lage des Veranstaltungsortes als Vorposten des „Freien Westens" gegen das auch in kultureller Hinsicht unterdrückt gesehene „Reich der Unfreiheit" instrumentalisiert werden soll) und das riskante Abendland-Konstrukt, kann die sich unpolitisch missverstehende Ausstellungsreihe eine politische Mission erfüllen, die sie wiederholt auch für eine bundespräsidiale Schirmherrschaft relevant werden lässt.

Von der Westkunst zur Weltkunst

Die visuelle Vorspann-Argumentation durch ein „Imaginäres Museum" Malraux'scher Prägung, in dem die reproduzierten Bildwerke „alles Spezifische zugunsten einer Stilgemeinschaft" aufgeben,[11] ist allerdings nur das Vorspiel zu der Rolle, welche die documenta anschließend bei einem der wesentlichsten kulturpolitischen Vorgänge zu Beginn der 2. Hälfte des 20. Jahrhunderts spielt: bei ihrem aktiven Eingreifen in die ideologische Begründung der abstrakten Kunst als „Weltsprache" mit Hilfe der Ausstellungen 1959 und 1964. Denn zur vollen Entfaltung kommt jenes Weltbild der „Einheit von früh und spät" mit seiner „Gleichgültigkeit des Neuen und Alten" im „Nebeneinander von Nähe und Ferne" (Oto Bihalji-

---

[9] Zur Problematik des Verhältnisses von documenta und Abendland siehe auch Kimpel, Harald: documenta. Mythos und Wirklichkeit. Köln 1997. S. 162ff.; Wedekind, Gregor: Abstraktion und Abendland: Die Erfindung der documenta als Antwort auf „unsere deutsche Lage". In: Doll, Nikola u.a. (Hrsg.): Kunstgeschichte nach 1945. Kontinuität und Neubeginn in Deutschland. Köln/Weimar/Wien 2006. S. 165-181

[10] „Unterlagen zum Plan einer ‚Europäischen Kunstausstellung des 20. Jahrhunderts' während der Bundesgartenschau 1955". Undat., documenta Archiv Kassel

[11] Vgl. Malraux, André: Psychologie der Kunst. Das imaginäre Museum. Baden-Baden 1949

Merin) als Bestandteil des Legitimationskonzepts für gegenstandsbefreites Bild-schaffen. Dieser erste Globalisierungsversuch zu einer Zeit, als die Welt noch ge-teilt ist, will die Abstraktion als international verbindliches Kommunikationsmittel installiert sehen. „Die Kunst ist abstrakt geworden", lautet das lapidare Kuratoren-credo, mit dem einem „Modellfall von Weltkultur" – wenn nicht gar von „Mensch-heitskultur" – das Wort geredet wird. Wenngleich Ursprung und Impuls dieses vermeintlich letzten Stadiums eines „allgemeinen Ablösungsprozesses von einer langgültigen kulturgeschichtlichen Epoche" im „europäischen Lebensentwurf" und dessen abendländischen Extensionen liegen, so weitet sich doch für Haftmann der geographische Rahmen rasch zur weltweiten Vision einer „großen Gemein-schaft aller Menschen". Seine Entwicklungsgeschichte der Kunst im 20. Jahrhun-dert gipfelt im Entwurf eines Weltkunst-Konzepts, von dem letztlich jedes nationa-le Denken weggewischt werde, da – so Haftmann bereits 1954 – „der europäische Lebensentwurf, den wir im letzten halben Jahrhundert entwickelt haben und des-sen ästhetischer Ausdruck die moderne Kunst und Architektur ist, heute Geltung um den ganzen Erdkreis erlangt hat. Von Europa bis Amerika, von Kanada bis Brasilien, von Persien bis Japan hat er die oft über Jahrtausende aufgebauten und gehaltenen Kulturbastionen der Folklore überwältigt und an der Oberfläche ver-nichtet."[12] Indem der „abendländische Realismus" als „untergegangen" ausgege-ben wird, kann Haftmann der auch auf dem kulturellen Sektor noch um Identität bemühten Bundesrepublik die Perspektive bieten, sich an einer historisch undiskreditierten „künstlerischen Gemeinschaft von wahrhaft globalem Ausmaß" (Gottfried Sello)[13] zu beteiligen. Die documenta gewinnt also in ihrer Frühzeit poli-tische Brisanz auch durch ihre Absicht, zu dokumentieren, „daß die ganze europä-ische Malerei in breiter Front in das abstrakte Lager eingeschwenkt ist". Alle, die sich dieser „globalen Signatur unseres Jahrhunderts"[14] nicht bedienen, müssen daher in Kauf nehmen, durch das Sieb einer Institution zu fallen, die sich nichts Geringeres als die Definition des zeitgenössischen ästhetischen Kanons zur selbst-gestellten Aufgabe gemacht hat.

Von Anfang an ist also mit der nordhessischen Provinzveranstaltungsreihe ei-ne Weltkunst-Perspektive verknüpft – doch hat sie sich das, was für sie die Welt bedeutet, immer wieder den eigenen Vorstellungen gemäß zurechtgelegt: Welt-kunst ist stets Westkunst. Und keiner der für dieses defekte Weltbild Verantwortli-chen kann sich damit herausreden, ihm sei die Diskrepanz zwischen objektiver Dokumentationsbehauptung und subjektivem Durchsetzungsinteresse nicht be-wusst gewesen. Denn so regelmäßig, wie die Kasseler Kunstinszenierungen von

---

[12] Haftmann, Werner: Malerei im 20. Jahrhundert. Eine Entwicklungsgeschichte. München 1954. S. 522
[13] Sello, Gottfried: Am Beginn einer Weltkunst. In: Handelsblatt, 17.7.1959
[14] Vgl. Poensgen, Georg / Zahn, Leopold: Abstrakte Kunst – eine Weltsprache. Baden-Baden 1958

sich reden machen, werden deren Regisseure mit Klagen über das Fehlen solcher Exponate in Bedrängnis gebracht, die ein vollständigeres Bild vom Zustand der weltweiten ästhetischen Produktion, von den inhaltlichen Fragestellungen und formalen Lösungsangeboten jenseits der Limitierungen durch das abendländisch-westeuropäische Selbstverständnis vermitteln könnten. Der Vorwurf an die Weltausstellung lautet, stets nur einen Teil der Welt zur Anschauung zu bringen.

Und die Beschuldigten setzen sich mit sehr unterschiedlichen Argumentationsstrategien zur Wehr. So macht es sich beispielsweise Rudi Fuchs, der 1982 mit der musealisierenden Konzeption seiner documenta 7 die Gegenwartskunst gegen das, was er als gesellschaftliche Inanspruchnahmen begreift, in Schutz zu nehmen sucht, diesbezüglich einfach. Indem er die Rhetorik des Kalten Krieges unverhohlen aktualisiert, wird von dem niederländischen Museumsmann – unter Berufung auf ein wiedererstarktes Selbstbewusstsein europäischer Künstler – kurzerhand alles, was in den Ländern außerhalb des traditionellen Einzugsbereichs der documenta entstanden ist, als Nicht-Kunst abgetan: im Osten als Produkt der Unfreiheit indiskutabel, im Rest der Welt als lediglich epigonale Übung und verspätete Reaktion auf einen westlichen Kunstbegriff, für den sich seit Mitte des 20. Jahrhunderts das Kriterium der formalen Innovation als Wertmaßstab etabliert hatte. Wenngleich sich Fuchs an dieser „hektischen Jagd" nach dem Neuesten nicht beteiligen möchte und auch die Weltsprache-Funktion von Kunst verwirft, sieht er doch seine als „postmodern" rezipierte, malereidominierte documenta als den Ausdruck eines Zeitgeist-Vektors, der „sich immer mehr in Richtung einer einheitlichen westeuropäisch-atlantischen Kunst bewegt"[15]. So führt dieser Versuch der Erneuerung europäischer Hegemonieansprüche zu einer als weltkunstausstellungsunwürdig kritisierten Verfassung – denn mit „europäischer, westlicher Arroganz wurde hier Kunst, wurde Kultur auf ein geographisches Minimum der Erdkugel reduziert"[16], während die Auslandspresse resümiert: „Eurocentric thinking that could prove as perilous for the arts as for politics and economics".[17]

Filigraner – und pragmatischer – als Fuchs argumentiert Manfred Schneckenburger, der künstlerische Leiter von documenta 6 (1977) und 8 (1987). Als Mitorganisator der Olympia-Ausstellung „Weltkulturen und moderne Kunst" (München 1972) der Berührungsängste mit dem Außereuropäischen unverdächtig, bedeutet für ihn die Berücksichtigung der Kunst Lateinamerikas, Asiens, Afrikas bei einer documenta primär ein Kontext-Problem. Denn die Isolierung das ästhetisch Unvertrauten im White Cube, jenem unspezifischen Ambiente, das die Kunstver-

---

[15] Zit. nach Zindler, Norbert: documenta 7. Weiter auf dem Westkunst-Trip. In: Unsere Zeit, 8.7.1982

[16] Burkamp, Gisela: Weltschau mit Löchern probt das Mysterium. In: Neue Westfälische, 22.6.1982

[17] Galloway, David: Documenta: 180 Artists In a One-Man Show. In: International Herald Tribune, 28.6.1982

mittlung im 20. Jahrhundert für die Präsentation von künstlerischer Gegenstände zum Standard erhoben hat, bewirke allenfalls Exotisierung: eine Reduzierung auf das Spektakuläre, das Folkloristische, eine Betonung des Fremdartigen, des zivilisatorisch Konträren – jedenfalls Bedeutungszuweisungen, die gerade nicht auf Erkenntnis und Information aus sind, sondern darauf, das fremde Werk zusätzlich zu verfremden und dem Voyeurismus des Zivilisierten auszuliefern. Da Kunst nur verständlich sei vor dem gesellschaftlichen Hintergrund, der sie hervorgebracht habe, konnte die documenta in ihrer bisherigen Konstitution daher nur in dem Maße als eine reine Kunstausstellung funktionieren, wie an ihrem nordhessischen Standort dieser Background vorauszusetzen war. Wolle man am selben Ort auch die künstlerischen Hervorbringungen anderer Kulturregionen präsentieren, so müsste zugleich deren jeweiliger sozialer Kontext mitgeliefert werden – eine Vermittlungsleistung, mit der selbst eine Ausstellung von der Größenordnung der documenta finanziell wie inszenierungstechnisch überfordert sei. Konsequenterweise sind die beiden von Schneckenburger verantworteten documenta-Versionen doch wieder – wenn auch notgedrungen und im Bewusstsein der Problematik – primär dem westlichen Kunstbegriff verpflichtet.[18]

Obwohl sich die documenta 7 um die Revision der sozialkritischen Ansätze bemüht, die das Unternehmen mit Harald Szeemanns und Bazon Brocks gesellschaftsorientiertem „Bildwelten"-Konzept der documenta 5 (1972) sowie Manfred Schneckenburgers daran anknüpfendem „Medienkonzept" der documenta 6 gewonnen hatte, um mit dem Rückzug aus den gesellschaftlich definierten Räumen der zeitgenössischen Kunst wieder mit „Würde" und „Respekt" zu begegnen und sie „von den verschiedenen Zwängen und gesellschaftlichen Verdrehungen zu befreien", in die Fuchs sie „verstrickt" sieht[19], enthält diese ostentativ entpolitisierte Ausstellung ein Exponat, das dokumentiert, wie sich die dem Image objektiver Bilanzierung des zeitgenössischen Kunstaufkommens verpflichtete Institution documenta den Einflüssen eines sich zu globalisieren beginnenden Wirtschaftssystems nicht entziehen kann: Robert Longos Installation „Corporate Wars: Wall of Influence" (Orangerie, OG.) reflektiert einen Wallstreet-Besuch des Künstlers. Formal angelehnt an Michelangelos „Kampf der Kentauren", zeigt das Aluminiumrelief die Generation junger Business-Strategen im Kampf jedes gegen jeden um Wirtschaftsmacht und Einfluss (Abb. 2). Eine um sich schlagende Geschäftswelt, ortlos im leeren Raum, erstarrt im ewigen Kriegszustand, wird flankiert von zwei

---

[18] Schneckenburgers „Kurzführer"-Autor Günter Metken fällt 1987 allerdings hinter die Argumentation seines Chefs zurück: „Außer dem Schmelztigel [sic] Israel ist die Dritte Welt kaum vertreten, weil die Kunst dort ästhetische Nachhutgefechte liefert oder in Regionalprobleme verstrickt ist." Vgl. Metken, Günter: documenta 8. Führer durch die Ausstellung. Kassel 1987. S. 5

[19] Vgl. Kat. documenta 7. Kassel 1982. Bd. 1. S. XIII

massiven Formen, mit denen zeichenhafte Verkürzungen von Verwaltungspalästen, Konzernzentralen und anderen Kulminationspunkten der globalen Machtausübung über Ökonomie, Politik und Kultur assoziiert werden dürfen. Indem sich so die Ausstellung als Schauplatz der Konkurrenz internationaler Konzerne präsentiert, wird die Involviertheit auch dieser Kunstvermittlungsinstitution in die ideologischen und ökologischen Strategien der Globalisierung symbolisch sichtbar.[20]

Abbildung 2

Im documenta-üblichen Rhythmus von Aktion und Reaktion ist es 1987 die 8. Version, die die bislang offensivsten politischen Bezüge der Kunst thematisiert. Unter dem Aspekt des Verlustes positiver Utopien kann eine Kunst fokussiert werden, die mit Themenkomplexen wie Gewalt und Krieg, Unterdrückung und Überwachung, Bedrohung und Gefährdung die aktuellen kollektiven Problemlagen und individuellen Befindlichkeiten der Gesellschaft in den 1980er Jahre reflektiert. „Die Kunst gewinnt eine neue historische und soziale Dimension", lautet Schneckenburgers Kernthese, die vom Wiedererstarken gesellschaftlicher Bezugnahmen in der zeitgenössischen Kunstproduktion ausgeht.

---

[20] Siehe auch Kimpel, Harald: „Twingo grüßt documenta X". Zur Kommerzialisierung der Kasseler Weltkunstausstellung oder: Wenn der Sponsor zweimal klingelt. In: Stötzel, Regina (Hrsg.): Ungleichheit als Projekt. Globalisierung – Standort – Neoliberalismus. Marburg 1998 (Forum Wissenschaft Studien 43). S. 271-283

Abbildung 3

Seitdem ist in Vor- und Rückschritten eine allmählich wachsende politische und geographische Expansion de Kasseler Vermittlungsunternehmens festzustellen. Zunächst allerdings hat Jan Hoets documenta 9 1992 zum globalen Kulturdiskurs wenig mehr beizutragen als zwei Exkursionen ins ostentativ Exotische: zum einen die figürlichen Plastiken des Senegalesen Ousmane Sow, die, wie selbst der Katalog zugibt, auf den ersten Blick wie „Exponate in einem ethnologischen Museum" wirken – ein Eindruck, der freilich umgehend revidiert werden soll, denn „mit diesen expressiven Werken" werde „das Vorurteil der Europäer über die afrikanische Kunst korrigiert, das durch den jahrhundertealten Exotismus geprägt ist"[21]; zum anderen der Nigerianer Mo Edoga, der am Rande des Friedrichsplatzes hölzernes Fundmaterial zu einem statisch abenteuerlichen „Signalturm der Hoffnung" verknüpft (Abb. 3) und – wie 1972 schon Joseph Beuys – 100 documenta-Tage lang mit den Passanten über seinen Kunstbegriff diskutiert, der wesentlich auf Kommunikation mit dem Ausstellungspublikum basiert.

Wie fremd dem Westkunst-Begriff der documenta die außerhalb liegenden Kunstregionen im Jahr 1992 noch sind, demonstriert symbolisch auch die Installation „Die Fremden", die Thomas Schütte zur documenta 9 in Kassel hinterlässt (Abb. 4). An vorderster Kante des Portikus vor einem innerstädtischen Modehaus ist eine Reihe fremdartiger Personen angekommen: Auf den historischen Überresten des „Roten Palais" – unmittelbar parallel zum Museum Fridericianum – ist eine Gruppe lebensgroßer Keramikfiguren platziert. Menschen am Rande der Gesellschaft haben ihre exotischen Gepäckstücke mit sich geschleppt: Kisten und Säcke, Gebinde und Gefäße zweifelhaften Inhalts. In erstarrter Pose am hochgelegenen Ufer gestrandet, verharren diese Migranten in sich gekehrt, mit geschlossenen Augen und ausdruckslosen Gesichtern, Repräsentanten fremder Kulturen, ohne Anspruchshaltung, aber auch ohne Möglichkeiten, am gesellschaftlichen Leben, das sich unter ihnen abspielt, teilzunehmen. Es sind Fremde ohne Integrationschancen, konfrontiert mit dem sozialen und kulturellen Kontext, in den sie geworfen sind, desorientierte Individuen mit einer anderen Herkunft, einer anderen Geschichte und wohl auch einer anderen Zukunft als die unten auf dem Friedrichsplatz, in Kassels öffentlicher „guter Stube". Und die Fremdheit gilt auch in umgekehrter Richtung: Die Außenseiter bleiben auf Distanz, eine Nahsicht ist unmöglich, Verständnis scheint auch in dieser Hinsicht ausgeschlossen.

Und wie diese Fremden stehen auch die documenta-Macher noch am Ende des 20. Jahrhunderts vor den Anforderungen einer Weltlage, die eine Begrenzung ihrer Perspektive auf den westlichen Kunstbegriff als provinziell und die Bezeichnung „Weltkunstausstellung" als Etikettenschwindel erscheinen lässt.

---

[21] DOCUMENTA IX. Kurzführer. Kassel 1992. S. 183

Thomas Schütte: Die Fremden. *1992*

Abbildung 4

Jenseits des Abendlands

Der Prozess der Enteuropäisierung der documenta erfährt seinen entscheidenden Durchbruch erst mit dem ethischen und politischen Anspruch, den Catherine David bei ihrer „kritischen Auseinandersetzung" mit der „neuen globalen Unordnung" erhebt. Indem 1997 die französische Kuratorin den Begriff „Ausstellung" zugunsten einer „kulturellen Manifestation" verwirft, fließen mit „Globalisierung", „(De)kolonialisierung", „Urbanität" erstmals zentrale Stichwörter in die Kasseler Institutionsgeschichte ein, über die nun auch „bestimmte ‚andere' Formen der zeitgenössischen Kultur" – Produktionen von Künstlerinnen und Künstler aus anderen Kulturkreisen als den westlichen – Zugang zur Weltkunstausstellung erhalten. Auf Jan Hoets Emotionalisierung und Popularisierung des Ausstellungsgeschehens reagiert die erste Frau in Leitungsfunktion am Ende des Jahrhunderts mit einer konsequenten und radikalen Politisierung und Theoretisierung des Unternehmens. Um dem mit der Vorgängerveranstaltung eingetretenen „Kirmeseffekt" (C. David) Einhalt zu gebieten, schickt die documenta 10 ihr Publikum vom Jahrmarkt direkt in den Hörsaal, in dem sie den diskursiven Umgang mit weltweitem Konfliktpotential an die Stelle des individuellen ästhetischen Erfahrungsraums setzt und „Erkenntnis" Vorrang vor „Erlebnis" einräumt.[22] Der Preis für diesen Gewinn an gesellschaftspolitischer Brisanz und globalem Wissensbestand ist allerdings ein Verlust an emotionalisierender Qualität, den die Rezeptionsmedien der intellektualisierten documenta mehrheitlich als „Entsinnlichung" anlasten: die Reduzierung des visuellen Erlebnischarakters zugunsten der didaktisch geprägten Atmosphäre eines Lernortes. Denn Instrument solchen Paradigmenwechsels ist die Verlagerung der Ausstellung auf zwei neue Standbeine: ein Diskussionsprogramm und eine Drucksache – zwei Formate, in denen die diskursive Struktur des Unternehmens angemessener zum Ausdruck zu kommen vermag als im Medium der Kunstwerkpräsentation. Primärer Ereignisort der politisierten Ausstellung ist daher zum einen das „Buch zur documenta X", in dessen Titelkonstrukt „POLITICS" und „POETICS" programmatisch zusammenfließen und das (gemeinsam mit dem „Kurzführer") den traditionellen Ausstellungskatalog ersetzt durch ein – wegen seiner unhandlichen Monumentalität (800 Seiten) und der sperrigen Komplexität seiner Struktur schwer rezipierbares und wenig rezipiertes – Text-Bild-Kompendium für die Zeit seit 1945. Die voluminöse Materialcollage gibt sich als der dezidierte Versuch, „einen politischen Kontext für die Interpretation von künstlerischer Tätigkeit am Ende des 20. Jahrhunderts abzustecken", verschiebt jedoch die Präzision seiner Absichtsbeschreibung umgehend ins Unbestimmte: „bestimmte Linien ästhetischer Produktion und politischer Bestrebungen werden verfolgt, die in der notwendigen zeitgenössischen Debatte als Instrument einer produktiven Analyse dienen könnten".[23]

Zum anderen erweist sich parallel zu der Aufwertung des Printmediums eine Etappe des „Parcours" genannten linearen topographischen Ablaufs zwischen Kulturbahnhof und Fulda-Ufer im Konzept der documenta 10 als besonders folgenreich: Als Reaktion auf eine veränderte künstlerische Praxis, die sich immer stärker in kommunikativen Prozessen als im Erstellen materieller Objekte ausdrückt, dient der Standort documenta-Halle als Schauplatz einer täglichen Talk-

---

[22] Zur Programmatik vgl. das Vorwort in: documenta X. Kurzführer. Kassel 1997. S. 7-13. Siehe auch Heinrichs, Hans-Jürgen: Der Künstler als globaler Player. Mit ethnologischem Blick – Die Kunst im Zeichen der Globalisierung. In: Kunstforum. 138/1997. S. 96-99; Marchart, Oliver: Hegemonie im Kunstfeld. Die documenta-Ausstellungen dX, D11, d12 und die Politik der Biennalisierung. Köln 2008

[23] Politics-Poetics. Das Buch zur documenta X. Ostfildern 1997. S. 24

Show mit wechselnden Gästen. International renommierte Experten unterschiedlicher Disziplinen – Architekten, Filmemacher, Musiker, Literaten, Soziologen, Philosophen und andere Vor-Denker – stecken im Veranstaltungsprogramm „100 Tage – 100 Gäste" mit Vorträgen und Diskussionen die Problemfelder ab, in welche die aktuelle Kunst eingebunden ist (Abb. 5). Entwickelt werden soll ein Panorama weltweiter Diskurse, ein „politisches Forum für Debatten und Reflexionen", um dem „weltweiten Prozeß der Entpolitisierung" entgegenzuwirken. Thematische Schwergewichte wie „Urbanismus, Territorium, Identität, Bürgerrechte, ‚sozialer Nationalstaat', Staat und Rassismus, Globalisierung der Märkte und nationale Politik, Universalismus und Kulturalismus, Kunst und Politik"[24] stehen nun erstmals auf der Tagesordnung einer documenta.

Abbildung 5

In diesem strengen didaktischen Kontext erfasst Catherine Davids „Retroperspektive" – ihr Blick in den Rückspiegel auf wichtige Positionen der vergangenen Jahrzehnte, um Perspektiven nach vorn zu gewinnen – Namen mit unvertrautem Klang und Themen weit jenseits des Wahrnehmungshorizonts des europäischen Szenegängers – so zum Beispiel Helio Oiticica, brasilianischer Avantgardist der 60er und 70er Jahren, mit seiner farbenfrohen Installation aus Textilien, oder Tunga, ebenfalls aus Brasilien, mit einer kannibalistischen Performance auf den

---

[24] Vorwort in: documenta X. Kurzführer. Kassel 1997. S. 7-13

Bahnsteigen des Kulturbahnhofs. Und Oladélé Ajiboyé Bamgboyé aus Nigeria visualisiert den interkontinentalen Anspruch der documenta 10 bereits in den Eingangssituationen von Fridericianum und documenta-Halle (Abb. 6). Mit seinen Video-Installationen verbindet sich nichts Geringeres als die Absicht, das traditionelle Afrika-Bild des Europäers zu revidieren: „Meine Arbeit", so der Künstler, „wendet sich gegen jeden Versuch, auch weiterhin noch systematisch zu leugnen, daß es in Afrika jemals Errungenschaften gegeben hat oder heute gibt, die denen des Westens vergleichbar wären."[25]

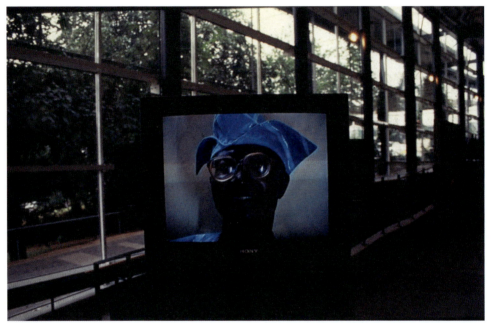

Abbildung 6

Ausstellung mit Migrationshintergrund

Zu extremer Entfaltung gelangt das globalpolitische Vokabular mit der Nachfolgeveranstaltung, die „das Globale auf dem Höhepunkt seiner eigenen Rekonstituierung" zu fassen sucht.[26] 2002 ist nämlich der Unterschied des Projekts des aus Nigeria stammenden, in den USA arbeitenden künstlerischen Leiters Okwui Enwezor (der 1997 selbst auf der Gästeliste von Catherine Davids Debattensalon stand)

---

[25] documenta X. Kurzführer. Kassel 1997. S. 28
[26] Zur Legitimationsrhetorik der documenta 11 siehe Enwezor, Okwui: Die Black Box. In: Documenta11_Plattform5: Ausstellung. Katalog. Kassel 2002. S. 42-55

zu den vorangegangenen Versuchen nicht nur terminologischer und thematischer, sondern struktureller Art. Hatte die letzte documenta des 20. Jahrhunderts Globalisierung partiell zum Gegenstand, ist nun die erste des neuen gleichzeitig auch als Ausstellung globalisiert. Denn bereits ein Jahr bevor es in Kassel zu einer Ausstellung kommt, beabsichtigt das Unternehmen eine kritische Befragung der weltweiten Rahmenbedingungen für Produktion, Rezeption und Vermittlung von Kunst, um „die vielfältigen gegenwärtigen Wechselbeziehungen zwischen Kunst, Politik und Gesellschaft interdisziplinär, international und öffentlich zu untersuchen". An gesellschaftspolitisch brisanten Punkten des Globus werden vier Diskussionsevents – so genannte „Plattformen" – organisiert, in denen Experten Grundfragen von Politik, Ökonomie, Rechtssystemen, Urbanität und anderen Problemzonen einer globalisierten Welt reflektieren (Abb. 7). Über diese Struktur tangiert die documenta nunmehr auch Regionen, die während des Primats des westlichen Kunstbegriffs aus der Betrachtung der Weltkunstausstellung ausgeklammert waren.[27] Sie sagt sich los von ihrem Ursprungsort, um erst nach einjähriger Kreuzfahrt um die Welt wieder dorthin zurückzukehren, wo schließlich noch eine Kunstausstellung ansteht. Entscheidend an diesem Projekt ist, dass diese vier Fünftel seines Gesamtvolumens nicht nur als vorbereitende Phase oder Werbemaßnahme für Kassel gesehen werden sollen, sondern als die Sache selbst: Die Kunstausstellung gibt sich nicht mehr damit zufrieden, in einer immer stärker marginalisierten Nische des alten Europa als Kunstausstellung von sich reden zu machen, sondern vollzieht eine Zellteilung, mit der sie sich über den Zeitraum eines Jahres dehnen und mit vier ihrer fünf Segmente um Inhalte kümmern kann, die nur am Rande mit ästhetischen Problemstellungen zu tun haben. „Ob die umfangreichen Akten dieser Konferenzen die Globalisierungsdebatte wirklich bereichern, das hat noch keiner so richtig überprüfen wollen", mutmaßt Walter Grasskamp: „Fest steht jedoch – und stand von vornherein – daß bei diesen ‚Plattformen' Kunst im traditionellen europäischen Verständnis keine Rolle spielen sollte."[28]

---

[27] Plattform1: „Demokratie als unvollendeter Prozess". Wien, März/April 2001; Berlin, Oktober 2001 – Plattform2: „Experimente mit der Wahrheit: Rechtssysteme im Wandel und der Prozess der Wahrheitsfindung und Versöhnung". Neu-Delhi, April 2001 – Plattform3: „Créolité and Creolization". St. Lucia, November 2001 – Plattform4: „Unter Belagerung: Vier afrikanische Städte, Freetown, Johannesburg, Kinshasa, Lagos", Lagos, März 2002 – Plattform5: „Ausstellung Documenta11", Kassel, Juni-September 2002

[28] Grasskamp, Walter: Kunst, Medien und Globalisierung. Ein Rückblick auf die documenta 11. In: Liessmann, Konrad Paul (Hrsg.): Die Kanäle der Macht. Herrschaft und Freiheit im Medienzeitalter. Wien 2003. S. 195-212. S. 203

Abbildung 7

Getragen von einer Flut aktueller Schlagwörter zur Erfassung einer „postkolonialen, postideologischen, transnationalen, deterritorialisierten, diasporischen, globalen Welt", präsentiert sich die dergestalt globalisierte documenta 11 im neuen Format: als „Verlagerung der Sphäre des Galerieraumes in diejenige des Diskursiven" (Enwezor). Mit Hilfe ihrer Plattform-Struktur trägt sie der Argumentation Schneckenburgers bezüglich der Kontext-Frage Rechnung. Allerdings liefert nun den Kontext nicht die Ausstellung, sondern diese selbst bewegt sich in die Kontexte in aller Welt.

Zu einem besonders signifikanten Stützpunkt dieses Konzepts entwickelt sich die „Plattform3", veranstaltet im Januar 2002 unter dem Motto „Créolité and Creolization" im Hyatt Regency Hotel von St. Lucia, Westindische Inseln. Was in der Karibik verhandelt wird, kann als das zentrale Stichwort für die gesellschaftspolitischen Intentionen des Gesamtunternehmens documenta 11 gesehen werden. Der Terminus – aufgekommen während der 1990er Jahre im Zusammenhang mit den Debatten um das neu entstehende Wissenschaftsfeld der „Cultural Studies" – benennt einen sich beschleunigenden Prozess der kulturellen Vermischung: das Hinfälligwerden (bzw. längst hinfällig Gewordensein) geographisch definierter Kulturräume und nationaler kultureller Traditionen. Obwohl einen weltweiten Vorgang bezeichnend, wurde der Begriff entwickelt gegenüber der kulturellen Situation in Teilen der Karibik, wo einander überschneidende Einflüsse und die Durchdringung disparater, postkolonialer Traditionen zu einer kaleidoskopischen

Kultur geführt haben, die die Bedeutungslosigkeit von Abstammung, von Rasse, von Hautfarbe propagiert. Der „Modus der Kreolisierung" steht für ein neues kulturelles Selbstbewusstsein, das – mit einer eigenen Sprache als Basis – sich unabhängig von nationalen Begrenzungen und nationalstaatlicher Identität artikuliert, eine produktive Entwicklung in unvorhersehbare Richtung, eine dynamische Situation kreativer Unordnung und Entregelung, die das Chaos als den gegenwärtig angemessenen Weltzustand akzeptiert: Modell einer Weltkultur im Zeitalter der Globalisierung, deren grenzüberschreitende Dimension sich auch in den Biografien der Kunstproduzenten spiegelt – nicht zuletzt in der des künstlerischen Leiter selbst.

Die Phänomene der „Deterritorialisierung" und „Transkulturalität" stehen zur Diskussion losgelöst von dem geographischen Milieu, in dem sie entstanden sind. Die 3. Plattform analysiert die kreolische Situation als weltweiten Zustand, als eine „vorherrschende Modalität zeitgenössischer Lebenspraxis" (Enwezor), die längst „Anspruch auf die modernisierte, metropolitane Welt des Imperiums" geltend macht und als Gegengewicht zu den Folgen neoliberalen Wirtschaftsgebarens auftritt: „Wenn die Globalisierung alte Kreisläufe des Kapitals definiert und umgestaltet hat, dann bildet die Kreolisierung ihren stärksten kulturellen Kontrapunkt."

Gleichzeitig wird in St. Lucia auch – und durchaus kontrovers – diskutiert, ob mit diesem Konzept einer entgrenzten und entregelten Kulturgemeinschaft nicht ein Idealbild propagiert wird, das in dieser positiven Form keine Entsprechung in der Wirklichkeit hat, sondern eher ein weiterer Mechanismus zur Erzeugung von Ungleichheiten, Dominanzen und subtiler Ausgrenzungen gegeben ist. Jedenfalls aber leistet die 12. documenta mit der Übertragung des kreolischen Zustands auf die Multikulturalität der westlichen Großstädte auch einen Beitrag zu der heiklen „Leitkultur"-Debatte, die zu diesem Zeitpunkt das kulturelle Klima der Bundesrepublik affiziert.

Als schließlich das weltweite Diskurspotential der „diagnostischen Prozesse" in Kassel als 5. Plattform Ausstellungsgestalt annimmt, reichen die visuellen Einlassungen auf gesellschaftliche Realitäten (viele Kritiker vermeiden es mittlerweile, von Kunst zu sprechen) von dokumentarischen Erfassungen sozialer Sachverhalte bis zu hochgradig symbolischen Verschlüsselungen. Eine besondere Rolle kommt dabei den Materialarrangements zu: privaten Archiven, enzyklopädischen Sammlungen in ausufernden, wuchernden Rauminstallationen, mit denen sich das künstlerische Individuum in einer immer komplexer werdenden Weltsituation zurechtzufinden sucht. Die Hi-Tech-Künste werden konterkariert von den Fleißarbeiten der Bastler. Denn so, wie sich die synkretistischen, kreolisierten Kulturen ihr Selbstverständnis aus disparaten Einflüssen zusammensetzen, akkumuliert ein Materialarrangeur wie Georges Adéagbo aus Benin mit der saalfüllenden Ausbrei-

tung der verstörenden Bewusstseinsinhalte eines kulturell verunsicherten Individuums postkolonialer Herkunft seine Welt zu einer Installation, wie sie bei Szeemanns documenta 5 unter dem Label der „Individuellen Mythologien" firmiert
hätte (Abb. 8).[29]

Abbildung 8

Mit diesem Ansatz präsentiert sich die 11. documenta als ein komplexer Themen-
park zur Frage „Wie lebt der Mensch?" Dargelegt werden die Resultate visueller
Recherchen zu den Existenzbedingungen im „gegenwärtigen Globalisierungs-
stand". Für diese Aufgabe der Berichterstattung verpflichtet die Ausstellung die
Kunst weitgehend auf eine dokumentarische Funktion. Aus dieser Rolle erklärt
sich die Dominanz des vorherrschend objektivierenden Gebrauchs der Medien
Fotografie, Video, Film – von Medien also, denen die Verantwortlichen am ehesten
die Qualität des Authentischen zutrauen. Ausgebreitet sind zum Beispiel umfangreiche Bildsequenzen fotojournalistischer Reiseberichte wie der Indien-Report von
Ravi Agarwal oder die „visuelle Biographie" der Stadt Lagos von Olumuyiwa
Olamide Osifuye, letzterer eine „gespenstische Romanze zwischen dem Künstler
und der geliebten Stadt. [...] Die Bilder halten die bittere Realität einer Gesellschaft
fest, die seit langem unter dem Joch einer Militärdiktatur steht und zu großen Tei-

---

[29] Siehe Documenta11_Platform5: Ausstellung. Kurzführer. Kassel 2002. S. 8-9

len materielle Not leidet, und deuten zugleich eloquent und ohne in visuelle Klischees zu verfallen auf ein stolzes und unverwüstliches Volk"[30]. Ähnliches gilt für die Südafrika-Dokumentation David Goldblatts über „die dunklen Zwischenräume, welche die Erinnerung, das Land, die Geschichte, die Architektur der Apartheid prägen und reflektieren", und die über eine Strecke mit zahlreichen Monitor-Stationen gedehnten Video-Episoden zu den Lebensweisen und Traditionen der Inuit durch die kanadische Produktionsgruppe Igloonik Isuma Productions.

Dass es die Problemregionen des Globus sind, denen die Aufmerksamkeit der documenta-Macher und -Künstler gilt – und nicht die Wohlstandsmeridiane –, versteht sich von selbst und macht den kritischen Impetus des Kasseler Projekts aus. Auf diese Weise konstituiert sich eine Weltausstellung der Kunst, die als Pendant zur Weltausstellung des Vorjahres in Hannover gesehen werden kann: Hatte die EXPO die geschönten, problembefreiten, touristisch präparierten Fassaden der Teilnehmerländer aufgezogen, zeigt die documenta kurz darauf mit künstlerischen Mitteln die prekären Kehrseiten.

Obwohl die Ausstellungsleitung 2002 keine strenge Führungslinie vorgibt, werden unter der zentralen Aufgabe der Vernetzung globaler Problemkreise einige Leitmotive sichtbar: thematische Schneisen durch das weltweite Problemgefüge. Einer dieser Themenkomplexe heißt Urbanität. Immer wieder finden sich in allen Ausstellungsgebäuden – besonders konzentriert jedoch in den Räumen des Standorts „Kulturbahnhof" – Städtebau, Architektur, Wohnen in unterschiedlichen Facetten thematisiert: von utopischen Planungskonzepten als Kontrastmittel konkreter Lebensumstände (Ideal und Wirklichkeit aufgehoben zum Beispiel in den Projekten des Kubaners Carlos Garicoa oder des Kongolesen Bodys Isek Kingelez mit seinen spielerisch-naiv aus Second-Hand-Materialien collagierten, fröhlich-bunten Traumstädten) bis zu Ryuji Miyamotos atemberaubender Fotodokumentation über das erdbebenzerrüttete Kobe.

Zu den imaginären Un-Orten des Utopischen kommen die Nicht-Orte der realen Entwurzelung: Migration auf der Grundlage von Unfreiwilligkeit, von politischen oder wirtschaftlichen Zwängen, Vertreibung, Flucht im weltweiten Maßstab, die Unbehaustheit von Millionen, zugleich aber auch die freiwillige Nomadisierung durch touristische Anlässe mit deren „transnationalen Nicht-Orten" (wie Flughäfen, Autobahnen und ähnlichen Schaltstellen des Transitorischen). Parallel dazu wird die ökonomische Bodenlosigkeit thematisiert, wie in Allan Sekulas „Fish Story", einem Seemannsgarn über die Arbeitswelt des „maritimen Proletariats" in den Häfen und auf den Weltmeeren.

Und das Fluktuieren von Ideen, Medien, Präsentationsweisen und Auffassungen von visueller Produktion mit künstlerischem Anspruch spiegelt sich im Rezep-

---

[30] Documenta11_Platform5: Ausstellung. Kurzführer. Kassel 2002. S. 174

tionsverhalten des Publikums. Im Ausstellungslabyrinth, das jegliche didaktische Lenkung, jede systematische Orientierungshilfe vermeidet, sollen auch die Besucher jenes nomadische Verhalten zwischen den Kulturen, Themen, Kontinenten an den Tag legen, das die Kuratoren, die Künstler und ihre Fragestellungen kennzeichnet.

Es ist ihre weitgehende Konzentration auf eine dokumentarische, informative Rolle der Kunst, mit der es der documenta 11 gelingt, den gefürchteten Exotismus zu vermeiden – es sei denn, er wäre bewusst als pseudo-naives Zitat eingesetzt. Dies bedeutet aber zugleich, dass die Künstler aus aller Welt nur in dem Maße in Kassel zum Zuge kommen, wie sie die Medien westlicher Provenienz beherrschen. Kunst ist zwar nicht mehr das, was der westlichen Autonomie-Ideologie unterliegt, wohl aber dem Entwicklungsstand der – auf westlichen Erfindungen beruhenden – Weltabbildungstechnologien. Voraussetzung für die ästhetische Konkurrenzfähigkeit der geographisch divergenten Exponate ist also deren Kompatibilität mit den Standards der in den aktuellen Medien entwickelten Sehgewohnheiten.

Mit ihrer spezifischen Funktion der visuellen Kommentierung weltweiter Problemfelder – d.h. mit dem Gewinn neuer Parameter für die Dokumentationsabsichten der documenta – widerlegt also das Unternehmen einen Abgesang wie den des Kunstkritikers Hans-Joachim Müller, der davon aus geht, dass „angesichts des Zerfalls der Westkunst-Dominanz klassische Übersichtsausstellungen wie die documenta obsolet geworden sind" und „die Zeiten wohl endgültig vorbei sind, als Kassel noch logistisches Zentrum der Globalkunst sein wollte, sein konnte".[31] Denn mit Enwezors Plattform-Struktur ist ein Format gefunden, das die traditionelle Bilanz- und Übersichtsambition der documenta noch einmal mit Legitimation auszustatten vermag. „Mit der documenta 11", resümiert Walter Grasskamp die „weltprovinzielle Vielsprachigkeit" dieses Musterprojekt kultureller Globalisierung, „erwies sich eine internationale Kunstausstellung als unverzichtbarer Ort, die Allgegenwart der Bildmedien auf ihre Lesbarkeit und Verständlichkeit hin zu befragen, und damit als wichtige kulturelle Instanz der Globalisierung. Gerade wenn sich die Gattungen der Kunst zunehmend mit den Medien verschleifen, wird eine Kunstausstellung dadurch nicht überflüssig."[32]

Bereits 1923 hatte der Kunsttheoretiker Oskar Beyer bei der Darlegung seines „Weltkunstgedankens" für einen „universalen Kunsthorizont" plädiert, der „über die Mauern Europas" reicht, und im Zuge einer „Umwertung der Kunstgeschichte" die Vision propagiert, dass „man in Zukunft alle Kunstgebiete wie auf einer

---

[31] Kritikerumfrage: Was bleibt von der Documenta 10. In: Art. 6/2002. S. 26-29
[32] Grasskamp 2003. S. 209
Zur Rezeption siehe auch Hellinger, Ariane: Die „documenta11" im Kreuzfeuer der Kritik. Konzept, Umsetzung, Bewertung. Saarbrücken 2007

riesigen Ebene nebeneinander ausgebreitet sehen" wird.[33] Genau 80 Jahre später haben Okwui Enwezors Plattformen diese gemeinsame Ebene für das interkulturelle Gespräch hergestellt.

Allerdings macht sich zur Beruhigung nicht weniger Beobachter bemerkbar, wie die Ausstellung an einigen ihrer Kulminationspunkte den Anspruch sabotiert, den die Plattformen im Vorfeld erhoben haben. Denn steht nicht mit Hanne Darboven eine Künstlerin im Zentrum des Fridericianums, die mit ihren obsessiven Rechenoperationen, ausgebreitet über drei Etagen – zusammen mit On Kawaras Millionen-Jahre-Vorlesung – nachdrücklich die ungebrochene Gültigkeit europäischer Kulturtraditionen bestätigt, und repräsentiert nicht Ecke Bonk (der Wortmarken-Erfinder der „Documenta11") mit seiner voluminösen Hommage an die Brüder Grimm und ihr „Deutsches Wörterbuch" mustergültig den abendländischen Bildungskanon und die rationalen europäischen Zivilisationstechniken? Dieser Vorwurf einer Feier des überwunden Behaupteten ist allerdings nur stichhaltig, wenn das Museum Fridericianum sein bisheriges Image als traditionelles Zentrum des documenta-Geschehens, an dem sich stets Maßgebliches für die Konzeption jeder Ausstellung ereignet, aufrechterhalten will. Dies ist jedoch 2002 nicht der Fall. Enwezors Standortkonzept inauguriert die periphere, exterritoriale Binding-Ruine als Fluchtpunkt, während das klassizistische Architekturdenkmal des Museums der Aufklärung leerläuft und sich als „die hochdekorierte Sackgasse der Westkunst" (Grasskamp) zu erkennen gibt.

Ein anderer Widerspruch aber bleibt. Er liegt darin, dass diese documenta wie keine zuvor aus der gesellschaftlichen Sphäre kommend in die gesellschaftliche Sphäre einwirken will, dabei aber eine nahezu vollständige Vernachlässigung des öffentlichen (also vergesellschafteten) Raums betreibt. Der Friedrichsplatz – urbanes Schwerkraftzentrum in documenta-Zeiten – bleibt 2002 so leer wie nie zuvor. Lediglich alibihaft und spürbar unengagiert wird der Tatsache Rechnung getragen, dass sich eine documenta mittlerweile obligatorisch auch auf irgend eine Weise im Stadtbild niederzuschlagen hat. Vier Projekte, unsystematisch über die Parkanlage der Karlsaue verstreut, machen auf den diesbezüglichen Mangel erst aufmerksam. Denn auch das, was gemeinhin als öffentlicher Raum bezeichnet wird, soll von der documenta 11 um- und neudefiniert werden: „Transdisziplinäres Handeln im globalen öffentlichen Raum" (Enwezor) interessiert nicht mehr Platz und Park, nicht mehr Straße und Gebäude in der documenta-Stadt, sondern eben jene multikulturelle, multimediale, exterritoriale Welt, in der das Projekt documenta mit seinen Plattformen nunmehr zuhause ist. Die aktuellen Exponate bedeuten also keine Interventionen (wie beispielsweise 1987 die Strategien von Schneckenburgers stadtbildkommentierenden Außenobjekten), sie wollen nicht mehr eingreifen, son-

---

[33] Beyer, Oskar: Welt-Kunst. Von der Umwertung der Kunstgeschichte. Dresden 1923. S. 14

dern berichten; die exponierten Bildwelten und Weltbilder erheben keinen Anspruch auf Veränderung der protokollierten Verhältnisse, wohl aber auf kritische Reflexion und somit auf Veränderungen im Bewusstsein des internationalen Ausstellungspublikums.

Aus der globalisierungstypischen Marginalisierung des Standortes, mit der die 5. Plattform „den historischen Documenta-Raum von Kassel in entfernte Sphären" versetzt, erklärt sich auch der vollständige Verzicht auf die Nutzung architekturspezifischer Besonderheiten ihrer Ausstellungsgebäude. An keiner Stelle ist eine visuelle Wechselwirkung mit dem Außenraum intendiert. An sämtlichen Ereignisstätten vollzieht sich der Rückzug der Kunst in White Cube und Black Box: in die von äußeren Einflüssen abgeschotteten Dunkelkammern für Video- und Filmprojektionen ohne jegliche lokalspezifische Anmutung.

Doch wie auch immer die ästhetische und theoretische Leistungsfähigkeit des 11. documenta-Unternehmens beurteilt werden mag – Okwui Enwezors allseitige Grenzniederlegungen markieren für die Zukunft der Institution einen entscheidenden Schritt: Die Globalisierung der Weltkunstausstellung ist nicht mehr rückgängig zu machen. Von nun an muss jede documenta stets die ganze, die eine Welt im Blickfeld haben.

Eine neue Weltkunst (Vom Ziehen an einem Strang II)

Allerdings scheint es, als sei durch Enwezors Entzeitlichung, Entortung und partielle Entkunstung die Ausstellungsreihe an ein natürliches Ende gebracht worden. Nach fünf Jahrzehnten hochtourigen Betriebs hat Bodes „visuelle Maschine"[34] sich konzeptuell festgefahren, in ihre Einzelteile zerlegt und in gänzlich veränderte Fahrtrichtung neu orientiert. Da es nun aber einmal eine 11. gegeben hat, muss notwendigerweise eine 12. Version folgen. Diese von der institutionellen Eigendynamik geforderte Neuauflage erweist sich allerdings als ein Unterfangen, so schwierig, wie seit langem nicht mehr. Denn wo bereits der „Ort der Kultur und ihre Schnittstellen mit anderen komplexen globalen Wissenssystemen" (Enwezor) zum allumfassenden Gegenstand eines „intellektuellen Projekts" geworden ist, gerät ein Darüberhinausgehenwollen zum Problem.

Zunächst sehen sich all diejenigen düpiert, die auf eine immanente Logik gebaut hatten und die Herkunft der neuen künstlerischen Leitung aus jenen Breiten erwarten, in denen auch Enwezors Postkolonialismus-Atlas weiße Flecken aufwies: auf dem Sektor Ost/Südost-Asien oder im Rahmen der postkommunistischen

---

[34] Vgl. Celant, Germano: Eine visuelle Maschine. Kunstinstallation und ihre modernen Archetypen. In: Kat. documenta 7. Bd. 2. S. XIX-XXIV

Staaten. Um aber das globale Karussell noch eine Runde weiter zu drehen, besinnt sich die Findungskommission unvorhergesehenerweise erneut auf einheimische Kräfte: Dem in Berlin geborenen, in Wien und Lüneburg tätigen Roger M. Buergel fällt die Aufgabe zu, unter Globalisierungsdruck die Institution – wieder einmal – von Grund auf neu zu erfinden, um der documenta-Idee einen weiteren „Jahresring" (Schneckenburger) hinzufügen und traditionsgemäß dem Konzept seines Vorgängers eine nochmals expandierte Dimension abzuringen. Den Ansatz dafür findet Buergel (außer in der Strapazierung der drei ominösen Leitfragen zu „Moderne", „Leben" und „Bildung") unter Besinnung auf die Vergangenheit: In einem multidimensionalen Eklektizismus werden Errungenschaften der gesamten documenta-Geschichte reanimiert. Fragmente aus einem halben Jahrhundert Institutionsentwicklung formieren sich zu Modulen seiner Neuerfindung des documenta-Gedankens aus dem Geist des Gewesenen. Buergels Ausstellung geriert sich als Wiederaufbereitungsanlage für Inszenierungsideen und Präsentationsstrategien, die ihre Herkunft aus Vorläuferveranstaltungen nur unvollständig durch ein notdürftig überholtes Äußeres zu tarnen suchen.[35]

Zentrales Element dieses Fortschreitens als Rückwendung ist die vermeintliche Neuentdeckung jenes Phänomens, das Buergel „Migration der Formen" nennt. Mit dieser Neuauflage einer alten Idee rekurriert er auf einen wesentlichen Punkt der „heroischen" Phase der documenta: Seine zentrale Entdeckung ist nichts anderes als der neuerliche Versuch der Konstituierung einer Weltkunst im Sinne einer überzeitlichen und überregionalen Stilgemeinschaft Haftmannscher Prägung. Indem er den Sachverhalt der Migration von der sozialen auf die materielle, von der politischen auf die formalästhetische Ebene herunterbricht, reaktiviert er das alte Ideal einer universellen Verständigungsmethode, mit der kreative Individuen über Kontinente, Epochen und Gesellschaftsmodelle hinweg miteinander Umgang pflegen: die aufklärerische Utopie eines globalen Esperanto, in dem Zugehörige aller Zonen und Zeiten alle Gegenstände kommunizieren können. Buergels Modell der „verdrehten" Kordel entspricht eben jener „Verschwörung der Formen über alle Zeiten und Kunstformen, alle Kontinente hinweg", wie sie von Haftmanns Weltsprache-Theorie in Anspruch genommen und mit documenta-Hilfe durchgesetzt werden sollte. Es gibt der romantischen Hoffnung Raum, die sich immer intensiver und folgenschwerer bemerkbar machenden Widersprüche eines globalisierten Wirtschafts- und Politiksystems mit ästhetischen Mitteln versöhnen zu können. Wenn nun aber die documenta nach fünf Jahrzehnten die Entdeckung der Wiederkehr afrikanischer, arabischer oder asiatischer Textilmuster und weiterer Früchte auswärtiger Webstühle der Vergangenheit in den ornamentalen Strukturen von

---

[35] Zum Ausmaß dieser Reversion siehe Kimpel, Harald: Der Wille zu den Wurzeln. Beobachtungen zu Präsentationspraxis und -theorie der documenta 12. In: BDK-Mitteilungen. 1/2008. S. 22-26

Neo-Geo-Tendenzen des 20. Jahrhunderts mit großer Geste zelebriert und der Gegenwart zum Vergleich ausrollt, hatte Bode diese Entdeckung bereits 1955 vorweggenommen und in Form des imaginären Museums der Fotografie schlüssig visualisiert.

Abbildung 9

Und hatte bereits Enwezor Kreolisierung als „Prozess der Herausbildung einer Weltkultur" begriffen, fällt Buergel hinter dessen Ansatz zurück, indem er die Verlautbarungen seiner eigenen Weltsprache-Entdeckung von ihren konkreten historischen Umständen ablöst und ihre Vokabeln aus den Nischen des vom Zeitgeist Übersehenen bezieht: Bei seiner Kolportage von „Formschicksalen" interessieren ihn „andere Handelswege als die klassischen, ausgetretenen". In McLuhans „globalem Dorf" richten Buergel/Noack ihr globales Heimatmuseum der 100 Tage ein, ausgestattet mit den Exponaten einer „planetarischen Folklore", die ihr Repertoire an Motivsträngen – „ineinander verdreht, mit Gummiarabikum verklebt und mit leuchtend rotem Kurkuma eingefärbt" (Buergel) – durch Zeiten und Räume spinnt, bis sie in der Beliebigkeit ihrer Verknüpfungen, in der alles mit allem vergleichbar wird, persiflagefähig wird: „Bei seinen zahllosen vorbereitenden Dienstreisen um die ganze Welt ist dem Ehepaar Buergel […] aufgefallen, daß bestimmte Motive; Themen und Ideen überall grenz- und kulturüberschreitend immer wieder vorkommen. Beispiel: Hund, Katze Maus; Liebe und Tod; Äpfel und Birnen. Ein anders Beispiel wäre die Schnur, das Seil, der Faden, Strick, Schnur oder Kordel. Mit dieser neuartigen Reflexionstechnik wollen die beiden sympathischen Kunstfreaks ,historisch-politische Kontexte' öffnen", spottet beispielsweise das Satireblatt „Titanic"[36] über die Art, wie Buergel sein Publikum an die Leine nimmt und über diffuse Deutungsofferten wie jene zu Sheela Gowdas Strick-Installation im Museum Fridericianum (Abb. 9): Bei ihr nämlich ist die Kordel „ein Medium, das sich mit Assoziationen anreichert, in der bei langer Betrachtung unbewusste Erinnerungen Einzug halten. Die Kordel holt einiges ans Licht, sie reicht tief, gerade aufgrund ihrer materiellen Gegenwärtigkeit."[37]

Doch der künstlerische Leiter und seine Kuratorin begegnen solcher Kritik bei Bedarf durch die Relativierung ihrer Konzeptstrenge und das Abbiegen der Grundidee ins Mutwillig-Spielerische, wobei noch der Widerspruch zur didaktischen Figur umdeklariert werden kann: „In der Migration der Formen fanden wir [...] eine Metapher, über die sich Dinge vergleichen lassen, die nur auf den ersten Blick etwas miteinander gemeinsam habe. Wenn die BetrachterInnen selbstständig zu diesem Schluss kommen, das manche Bezüge unsinnig sind, haben wir eines unserer Ziele erreicht."[38]

Eine Rauminszenierung, die der in Peru geborene, in Kanada lebende Fotograf Luis Jacob im 2. Obergeschoss des Fridericianums eingerichtet hat, kann als mottoartige Illustration des Konzepts der Formmigration gesehen werden (Abb. 10). In einem end- und grenzenlosen Strom massenmedial reproduzierter Bilder treibend – Aby Warburgs MNEMOSYNE-Atlas grüßt von Ferne –, arrangiert der Motivsammler seine Trouvaillen in seinem „Album III" gemäß einer assoziativen Kombinatorik, in der alles mit allem in Zusammenhang gebracht werden kann: ein in sich zirkulierender Kosmos formaler Relationen, ein Kaleidoskop von Wahlverwandtschaften und Zwangspartnerschaften, ein eklektizistischer Kunstgriff, der Beziehungen herbeizaubert, wo lediglich Analogien vorliegen, der künstlich Kontexte insinuiert, wo allenfalls formale Kongruenzen zu beobachten sind. Laut Katalog macht Jacob mit der Gleichzeitigkeit des Ungleichzeitigen „uns unsere eigenen assoziativen Prozesse bewußt, durch die wir unsere Welt ordnen und interpretieren". Sein Materialfluss zeigt „Bewegung und soziale Partizipation" ebenso wie „den symbolischen Raum der künstlerischen Produktion" und „eine Gegenüberstellung von sozialen ‚Geweben' und Textilien". Dieses Bildgeflecht wird schließlich „grenzenlos, nicht vorherbestimmt und unendlich differenziert."[39]

---

[36] Schmitt, Oliver Maria: Die weichen Wände des Möglichkeitsraums. Kassel ruft die Kunst der Welt zur documenta XII. In: Titanic. 6/2007. S. 24-25. S. 25

[37] Buergel in Kat. documenta 12. Kassel 2007. S. 252. Sheela Gowda: „And…". 2007

[38] Buergel im Interview: Die Lehre des Engels. In: Kunstforum. 187/2007. S. 103-139. S. 109

[39] Kat. documenta 12. Kassel 2007. S. 172
Vergleichbar mit Jacobs Installation reaktiviert bereits die documenta 10 im „Prolog" zu ihrem „Buch" die zeit- und kulturübergreifende Formidentität im Sinne der Bodeschen Bilderwand in einer Kurzstre-

Abbildung 10

Eine solche Unverbindlichkeit des grenzenlosen Fluktuierens im Formalen gilt für die 12. documenta insgesamt: Indem sie die Frage nach einer Grammatik der zeitgenössischen Bildmedien in einem eigenwilligen Provinzialismus mit einem individuell-beliebigen Vokabular beantwortet, bringt sie sich selbst um ihre Wirkung. Zu besichtigen ist 2007 die 50 Jahre lange institutionelle Evolution der documenta von einer Ausstellung, die sich als gänzlich politikfern definierte, mit ihrem Weltkunstanspruch aber hochpolitisch war, zu einer, die sich zwar politisch gebärdet, aber beim Versuch, im Nachvollzug der „in sich beweglichen Formschicksale" eine neue Weltkunst zu etablieren, weitgehend entpolitisiert.

---

cke zur Migration des Kubus mit Aldo van Eycks Fotografie eines Dogon-Dorfes, Philipp Johnsons Glashaus, Tony Smiths Stahlwürfel „Die" (1962) und einer kubischen Architektur von Rem Koolhaas. Das Buch zur documenta X. S. 9.
Die Aktualität der Idee freier Formfluktuation demonstriert auch deren jüngste Ausformulierung im Analogie-Konzept von Cyprien Gaillards „globaler" Serie der „Geographical Analogies", in der der französische Künstler „Polaroids, die Orte aus der ganzen Welt abbilden, in eine visuelle Korrespondenz zueinander setzt" (Ausstellungsinformation), gezeigt 2009 in der Kunsthalle Fridericianum, wenige Meter entfernt von Luis Jacobs documenta 12-Installation.

Bildunterschriften

Abb.: 1a,b   documenta 1, 1955: Eingangshalle Museum Fridericianum

Abb.: 2   documenta 7, 1982: Robert Longo: Corporate Wars: Wall of Influence", 1982, Mittelteil, Aluminiumguss, Orangerie

Abb.: 3   documenta 9, 1982: Mo Edoga: „Signalturm der Hoffnung", Friedrichsplatz Kassel

Abb.: 4   documenta 9, 1992: Thomas Schütte: „Die Fremden" (Detail), 1992, Portikus Kaufhaus Sinn-Leffers, Kassel

Abb.: 5   documenta 10, 1997: „100 Tage – 100 Gäste", documenta-Halle

Abb.: 6   documenta 10, 1997: Oladélé Ajiboyé Bamgboyé: „Homeward Bound", 1997, Video, documenta-Halle

Abb.: 7   documenta 11, 2002: Plattform1, Akademie der bildenden Künste Wien, März/ April 2001

Abb.: 8   documenta 11, 2002: Georges Adéagbo: „L'explorateur et les explorateurs devant l'histoire de l'exploration...! Le theatre du monde", 2002, Installation, Binding-Brauerei

Abb.: 9   documenta 12, 2007: Sheela Gowda: „And...", 2007, Installation, Museum Fridericianum

Abb.: 10   documenta 12, 2007: Luis Jacob: Album III", 2004, Installation, Museum Fridericianum

Nachweise

1 a Aus: Harald Kimpel: documenta. Die Überschau. Köln 2002. S. 20
1b Aus: Harald Kimpel: documenta. Die Überschau. Köln 2002. S. 21
3 Aus: Harald Kimpel: documenta. Die Überschau. Köln 2002. S. 123
4 Aus: Harald Kimpel: documenta. Die Überschau. Köln 2002. S. 117
5 Aus: Harald Kimpel: documenta. Die Überschau. Köln 2002. S. 136
7 Aus: Harald Kimpel: documenta. Die Überschau. Köln 2002. S. 140
2, 8: Harald Kimpel
6, 9, 10: Foto Ryszard Kasiewicz

Ariane Hellinger

„*A plan wholly new*" – Pierre Charles L′Enfants Plan für Washington
Neue Achsenprinzipien für die junge Demokratie – oder Übernahme tradierter Muster europäischer Stadtgestaltung?

Innerhalb der westlichen Stadtplanung und Stadtentwicklung nimmt Washington, die Hauptstadt der Vereinigten Staaten von Amerika, aus mehreren Gründen eine herausgehobene Stellung ein. Zum einen markiert sie als Hauptstadt der ersten neuzeitlichen Demokratie mit ihrer republikanischen Verfassung einen Wendepunkt der politischen Herrschaftsform – *„[...] an experiment, on which the eyes of the world were focused"*[1], zum anderen bietet sie als Großstadtplanung ex nihilo die Möglichkeit, ein städteplanerisches Konzept einer bestimmten Epoche in seiner Gänze zu untersuchen, Der ursprüngliche Planentwurf des französischen Ingenieurs und Architekten Major Pierre Charles L′Enfant (1754-1825) aus dem Jahre 1791, dessen gestalterische Grundzüge bis heute das Stadtbild bestimmen, steht dabei im Zentrum des Forschungsinteresses. Als einzige vollständig geplante Großstadt der USA entspricht Washington nicht den bis dato typischen regelmäßigen Rasterplänen wie sie in New York, Baltimore oder Philadelphia umgesetzt wurden, sondern weist eine in ihrer von L′Enfant entwickelten Gesamtkomposition bis dahin neuartige Verknüpfung orthogonaler und diagonaler Achsen auf (Abb. 1).

Die Einschätzungen bezüglich des Planes und seiner möglichen urbanistischen Vorbilder variieren: Er wird zum einen als *„masterpeace of civic art"*[2] bezeichnet, der Vorbildcharakter für die weitere Stadtplanung in Amerika und Kanada besaß – gleichzeitig wird L′Enfant als *„baroque-city planer"* eingestuft, der in erster Linie europäische Stadtkonzepte nach Amerika importierte.[3] Die Thesen zu Vorbildern reichen von barocken, pittoresken und absolutistischen Einflüssen über die neoklassizistische Revolutionsarchitektur bis hin zum Symbolismus der Freimaurer. Hinzu kommen politische, pragmatische und topographische Gegebenheiten

---

[1] MILLER (2002), S. 12.
[2] CAEMMERER (1939), S. 25.
[3] Ausführungen bei DOUGHERTY (1974), Zitat S. 33.

und Überlegungen im Zuge der Stadtplanung, die einen nicht unwesentlichen Einfluss auf die Entstehungsprozess des Planes hatten. Nicht zuletzt sind es die schriftlichen Zeugnisse L'Enfants selbst, die zwar keine direkte Aussage zu Vorbildern oder Adaptionen bereithalten, aber dennoch Rückschlüsse auf seine persönlichen Intentionen zulassen und entsprechend bei der Analyse seiner planerischen Vorgehensweise eine zentrale Quelle darstellen. Die Frage, in wie weit der französische Stadtplaner sein Ziel, einen *„plan wholly new"* zu konzipieren verwirklichte und angesichts der funktionalen Erfordernisse ein adäquates (Haupt)Stadtbild für die junge Demokratie entwarf, soll im Folgenden in Form eines Überblicks dargestellt werden.

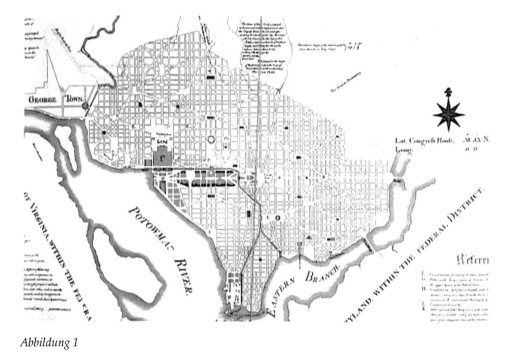

Abbildung 1

Funktionale Erfordernisse und topographische Gegebenheiten

Die Bedeutung einer Stadt als „Haupt" eines Landes zeichnet sie gegenüber anderen Städten aus, als Stadt „[...] *deren Größe immer auch Architektur geworden ist."*[4] Als erste Demokratie der Neuzeit stellte das politische System der Vereinigten Staaten eine bis dahin völlig neue Herrschaftsordnung dar, die sich auch in einer Neuge-

---

[4] BRAUNFELS (1976), S. 243.

wichtung der politischen Organe und somit neuen Bauaufgaben für den haupt-
städtischen Regierungssitz widerspiegelte: Die *novus ordo saeculorum* war erstmals
ein Reich ohne alleinigen (absoluten) Herrscher, so dass die traditionelle Herr-
schaftsarchitektur der Residenz in Form von Palast oder Schloss innerhalb des
Stadtgebiets entfiel. Beeinflusst von den Schriften des französischen Philosophen
Charles de Secondat, Baron de Montesquieu (1689-1755) und seinem Modell der
Gewaltenteilung, sah die Verfassung der Föderation nach mehreren Disputen eine
zweigeteilte Lösung vor: Ein Bundestaat, an dessen Spitze ein Präsident stehen
sollte, dem eine unabhängige Legislative in Form eines Kongresses gegenübergestellt wurde. Für L´Enfant bedeutete dies, in dem für die Hauptstadt ausgewählten
Distrikt die sich aus dem neuen Herrschaftssystem ergebenden Gebäude in seine
Stadtplanung mit einzubeziehen: Einen Sitz des Präsidenten (das *President´s House*
beziehungsweise spätere *White House*) sowie ein Kongressgebäude und zudem
einen obersten Gerichtshof.[5] Zudem galt es die zahlreichen Gegner der Hauptstadt
zu überzeugen, die Sorgen der Einzelstaaten hinsichtlich ihres zu befürchtenden
Machtverlustes zu entkräften und eine gemeinsame nationale Identität auch baulich zu untermauern. Daneben musste Raum für potentielle Erweiterungen des
Staatsgebietes bleiben, da die Besiedelungsströme Anlass zu der Prognose gaben,
dass sich das Staatsgebiet an der Ostküste weiter ausdehnen würde. Nicht zuletzt
galt es, die junge Nation baulich mit den entsprechenden Würdeformeln einer
Hauptstadt zu versehen, um das *„vast empire"*[6] zu nobilieren.

Der Entscheidungsprozess für die genaue Ortswahl der neuen Hauptstadt verlief keineswegs linear, sondern war von Zwischenfällen, Disputen und Hindernis-
sen bestimmt, die das Spannungsverhältnis der Föderation und ihrer zunächst 13
Mitgliedsstaaten verdeutlichten.[7] Als ehemalige britische Siedlungskolonie besaß
die Konföderation zwar jeweils neu gegründete Hauptstädte in ihren Einzelstaaten, aber keinen zentralen Regierungssitz – eine Situation vergleichbar mit der
zweiten britischen Siedlungskolonie Australien, deren Hauptstadt Canberra 1912
ebenso wie Washington als Planstadt entstand. Nachdem die Konföderation sechs
Jahre lang abwechselnd in verschiedenen Städten getagt hatte, wurde dieses Modell einer Interims-Hauptstadt zugunsten einer festen Hauptstadt auf neutralem

---

[5] Die genaue Zahl der weiteren erforderlichen administrativen Gebäude wurden nicht angegeben,
L´Enfant bat aber in einem Brief an Jefferson um die genaue Anzahl der zu veranschlagenden Regierungsgebäude, die er in den Begleittexten auf seiner Karte detailliert ausführt und erläutert. Vgl. Brief
L´Enfants an Jefferson vom 4. März 1791, u.a. in CAEMMERER (1950), S. 146.
[6] Vgl. Brief L´Enfants an Washington vom 11. September 1789, in: CAEMMERER (1950), S. 127.
[7] Die Verfassung der Vereinigten Staaten von Amerika wurde am 7. Januar 1789 von 12 der 13 ehemals
britischen Kolonialstaaten unterzeichnet: Massachusetts, Virginia, Maryland, North Carolina, South
Carolina, Connecticut, New Hampshire, Pennsylvania, New Jersey, Georgia und New York. Rhode
Island folgte im Mai 1790.

Boden aufgegeben und am 12. Juli 1790 die Etablierung eines permanenten Regie-
rungssitzes durch den sogenannten Residence Act (Art.1, Sec.8, §17) beschlossen.
Vorgesehen wurde ein ein föderaler Distrikt, dessen Territorium die Größe eines
Quadrates mit zehn Meilen Seitenlänge nicht überschreiten sollte (*ten miles square*).
Die Wahl fiel auf das zwischen den Nord- und den Südstaaten gelegene Potomac-
Gebiet in der Mitte der Ostküste, das seinen unabhängigen Status in weiten Teilen
bis heute erhalten hat. Da somit der Standort für Washington unabhängig von
einem bestimmten Planentwurf erfolgte, hatte sich die Stadtplanung L'Enfants den
konkreten Gegebenheiten anzupassen (s. Abb. 2).

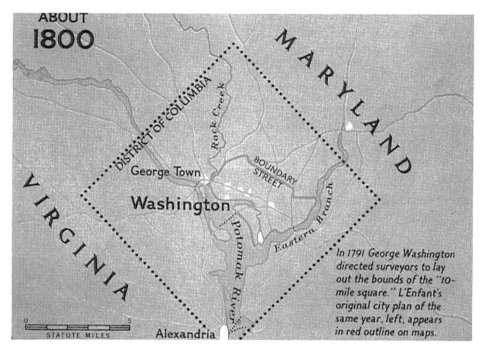

Abbildung 2

Der damals zehn Quadratmeilen umfassende föderale District of Colombia liegt
gleich einem auf der Spitze stehenden Quadrat zwischen den Staaten Virginia und
Maryland. Das im Zentrum der amerikanischen Ostküste gelegene Areal befindet
sich ca. 35km westlich der Bucht *Cheasapeake*, der Mündung des Flusses *Potomac* in
den Atlantik. Dominiert wurde und wird das Gebiet vom Verlauf des *Potomac*, der
sich von der südlichen Spitze des Quadrats zentral in den Distrikt erstreckt und
sich nach einem Drittel seines Verlaufs in einen kleinen östlichen verlaufenden
(*Anacostia*) und einen breiteren westlichen Arm gabelt.

Zum Zeitpunkt der Stadtgründung wird das Areal als ein bewaldetes und den Quellen nach relativ ödes Sumpfgebiet beschrieben („[...] *at present only a forest and wasteland"*[8]), dass vom Fluss und der Höhenlage des nördlichen Gebietes dominiert wird. Vergleicht man die im Folgenden vorgestellten Planentwürfe L´Enfants (Abb. 1) und Jeffersons (Abb. 3) mit der Topographie des Distrikts, so wurde bei beiden die Hauptstadt in das natürliche niedrig gelegene durch die Flussgabelung gebildete Dreieck eingepasst, so dass ihr Verlauf von den beiden Flussarmen des *Potomac* begrenzt wird. Dass sich vor allem L´Enfant bei seinem Planentwurf von den natürlichen Begebenheiten vor Ort inspirieren ließ, ist insbesonders im Fall der Platzierung des Kongressgebäudes auf einem kleinen Hügel namens Jenkins Hill belegt, den er in einem Briefwechsel mit George Washington „als Podest in Erwartung eines Monumentes" beschreibt.[9]

Planerische Vorbereitungen und Ortsbesichtigung

Als die entscheidende Persönlichkeit und *„driving force"*[10] im Zuge der Hauptstadtplanung gilt nach Forschungsmeinung George Washington selbst, dem die Planung seitens des Kongresses übertragen worden war. Er war es auch, der den französischen Major Pierre Charles L´Enfant zum Stadtplaner bestimmte. Jener hatte bereits im Verlauf der Hauptstadtdebatten in einem Brief an den Präsidenten um Übertragung der Planungsaufgaben gebeten – als eine großartige Gelegenheit um zu Ruhm zu gelangen und sich als nützlicher Bürger zu erweisen.[11] Besagter Major L´Enfant, Sohn eines französischen Hofkünstlers, war der französischen Armee La Fayettes beigetreten, um die Kolonisten im Unabhängigkeitskrieg zu unterstützen und hatte sich bereits als Architekt der Federal Hall in New York

---

[8] CAEMMERER (1950), S. 149.

[9] „After much menutial search for an eligible situation, [...] I could discover no so advantageously to greet the Congressional building as is that on the west of Jenkins heights which stands as a pedestal waiting for a monument and I am confident, where all the wood cleared from the ground no situation could stand in competition with this." Aus dem Begleitbrief L´Enfants an George Washington vom 22. Juni 1791, dem ein erster Entwurf des Planes für die Hauptstadt beigelegt ist. In: CAEMMERER (1950), S. 152.

[10] ADAMS (1935), S. 125. Angeführt werden der persönliche Bezug des Präsidenten zur Gegend seiner Kindheit und seiner Farm nahe des Potomac sowie strategische Absichten und die Funktion George Washingtons als Vorsitzender der Potomac River Company seit 1783.

[11] „The late determination of Congress to lay the foundation of a city which is to become the Capital of this vast Empire, offers so great an occasion of acquiring reputation, to whoever may be appointed to conduct the execution of the business, that your Excellency will not be surprised that my Ambition and the desire I have of becoming a useful citizen should led me to wish a share in the undertaking." Brief L´Enfants an George Washington vom 11. September 1789, in: CAEMMERER (1950), S. 127-128.

einen Namen gemacht. L´Enfant begann im März 1791 mit den Planungsarbeiten und Vermessungen im Distrikt und lieferte den ersten Planentwurf für die zukünftige Hauptstadt nur wenige Monate später. Trotz mancher Verzögerungen und der frühen Kündigung des Stadtplaners nach einem Zerwürfnis mit dem Präsidenten und der Kommission[12], konnte der straffe Zeitplan des Kongresses eingehalten werden. Thomas Jefferson, der ehemalige Außenminister, legte 1801 als dritter Präsident der Vereinigten Staaten erstmals den Amtseid in der neuen Hauptstadt ab.

Exkurs: der erste skizzierte Hauptstadtentwurf – Thomas Jeffersons Rasterplan für Washington

Wie stark die externe Einflussnahme auf die Stadtplanung L´Enfants war, verdeutlicht der erste Planentwurf für die Hauptstadt seitens Thomas Jeffersons, der dem Franzosen knapp drei Wochen nach seiner Ankunft gemeinsam mit einem Brief Washingtons zugestellt wurde. L´Enfant machte jedoch recht deutlich, dass für ihn die von Jefferson präferierte gitterförmige Lösung nach Art der meisten Stadtgründungen des 18. Jahrhunderts, die er selbst als ermüdend und langweilig empfand, nicht in Frage kam[13]: *„Grandeur überlagerte die Einfachheit."*[14] Jeffersons Entwurf sah eine gleichmäßige Rastergliederung der Straßen entlang des westlichen *Potomac*-Flussarmes vor (durch Punkte angedeutet), mit einem dominanten Regierungsbezirk, der sich horizontal entlang des *Tyber Creek* von Westen nach Osten erstreckte (s. Abb. 3).

---

[12] Nachdem es einerseits zu Terminverzögerungen bei der Herstellung der Druckvorlage der Karte als auch zu Auseinandersetzungen zwischen L´Enfant und zahlreichen Grundstücksbesitzern gekommen war, zerwarf sich der Stadtplaner mit dem Präsidenten und der Kommission. Die Order Washingtons, sich von nun an ausschließlich an den Vorgaben der Kommission zu orientieren war für L´Enfant inakzeptabel, woraufhin er am 27. Februar 1792 in einem Brief Jeffersons über die Beendigung seines Arbeitsverhältnisses informiert wurde. Brief Jeffersons vom 22.2.1792 in: CAEMMERER (1950), S. 212-213.

[13] „Such regular plan indeed however answerable as they may appear on paper or seducing as they may be on the first aspect of the eyes of some people must even when applied upon that ground the best calculated to admit of it become at last tiresome and insipide". Mitteilung L´Enfants an George Washington vom 28.März 1791; Papers of Charles Pierre L´Enfant, Manuskript Abteilung, Library of Congress.

[14] BEYME (1998), S. 355.

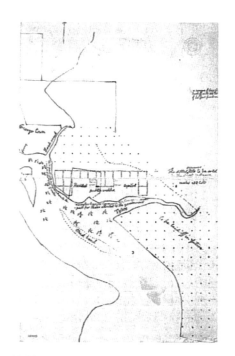 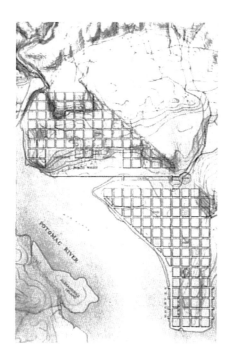

Abbildung 3

Die beiden zentralen Regierungsgebäude, *President´s House* und *Congress* wurden nebeneinander angeordnet, mit der Schauseite nach Süden zum Fluss hin und einem vorgelagerten breiten *Public Walk*. Für die Anfangszeit sollte das nordwestlich gelegene Georgetown als Wohnstadt dienen, insgesamt war nur ein Fünftel des von L´Enfant vorgesehenen Stadtgebietes vorgesehen. Die Entscheidung Jeffersons für einen Rasterplan fiel nicht unbedingt aus pragmatischen Gründen der schnellen Umsetzbarkeit, sondern spiegelt das unterschiedliche ästhetische Empfinden der beiden Stadtplaner wider. Ganz im Gegensatz zu L´Enfant, der die gleichmäßige Rasterung wie zitiert als „langweilig" und „ermüdend" empfand, sah Jefferson darin ein planerisches Ideal antiker Vorbilder wie das Hippodamische System, welches er in Philadelphia verwirklicht sah.[15] Auch hinsichtlich der repräsentativen Hauptstadtgebäude zielte er auf eine Nobilitierung der jungen Demokratie durch ihr römisches Vorbild beziehungsweise die Anlehnung an einhellig als gelungen bewertete moderne Gebäude ab.

---

[15] „Carlsruhe, Amsterdam, Strasburg, Paris (all somewaht radiocentric in plan) – and none of them comparable to the old Babylon, reviewed in Philadelphia". Zitiert bei PADOVER (1946), S. 31.

Die Lage des Zentrums sowie das Konzept eines *Public Walks* wurde von L´Enfant beibehalten, wenn auch in modifizierter Ausführung.

Aufbau und Gliederung des L´Enfant Planes

Die Achsenprinzipien des L´Enfant Planes (Abb. 4) bestimmen bis heute das Stadtbild Washingtons, wenngleich sie erst Anfang des 20. Jahrhunderts in ihrer Gesamtheit umgesetzt wurden.

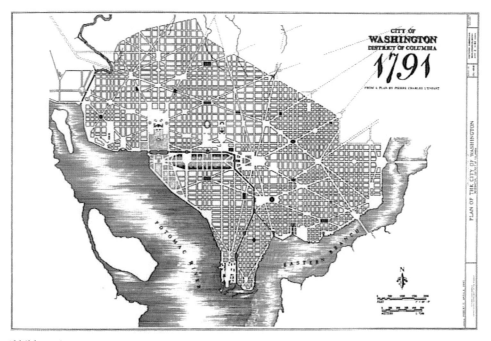

Abbildung 4

Dem Plan ersichtlich wird die Stadt „organisch" in das natürlich Dreieck der beiden Flussarme des Potomac eingepasst und schließt nach einer gerundeten westlichen Ausbuchtung bei Georgetown am Rande der nördlichen Berge ab. Das Stadtgebiet füllt das gesamte Areal zwischen den beiden Flussarmen aus und umfasst eine Fläche von 16 Quadratmeilen, fünfmal größer, als der von Jefferson verfasste Rasterentwurf veranschlagt hatte. Wenngleich nicht nach einem streng symmetrischen System angeordnet, sieht der Plan ein Netz diagonaler breiter Avenuen vor, die sich ausgehend von Plätzen radial über eine orthogonal ausgerichtetes Gitter kleinerer Straßen ziehen.

Leicht westlich auf halber Distrikthöhe angesiedelt (allerdings nicht exakt mittig), bildet der Regierungskomplex das Zentrum der Stadt, wobei die beiden Hauptgebäude durch eine breite Avenue verbunden sind, die bis heute als *Pennsylvania Avenue* die zentrale Prachtstraße und gleichzeitig Sichtachse der Hauptstadt bildet. L´Enfant führt in seinen Anmerkungen drei Grundprinzipien an, nach denen der Aufbau des Stadtplanes erfolgte und die das Grundgerüst seines Entwurfes bilden:

1. Positionierung der verschiedenen großen Gebäude und Plätze/Viertel nach der vorteilhaftesten Lage und dem schönsten Ausblick[16]
2. Direkte Kommunikationsachsen beziehungsweise -avenuen, um die getrennten und weit entferntesten Objekte mit den Hauptgebäuden zu verbinden und zugleich eine Reziprozität der Sicht zu schaffen[17]
3. Unterteilung der Stadt in Straßen und Viertel mittels von Norden nach Süden verlaufender Linien, die ihrerseits durch von Westen nach Osten verlaufende Linien geschnitten werden. Diese sind zudem so angeordnet, dass sie die radialen Avenuen an bestimmten festgelegten Punkten treffen, wobei die einzelnen Plätze im Größenverhältnis zu der Anzahl der Avenuen stehen, die zu ihnen führen[18]

Diese Absicht, ein orthogonales Straßennetz mit darüber liegenden radialen Diagonalen/Avenuen mittels Fixpunkten (Plätzen) zu verknüpfen, verdeutlichen die beiden schematischen Darstellungen von André Corboz (Abb. 5 und 6). Dieser attestiert dem Plan gerade aufgrund seines fehlenden streng geometrischen Rasters eine *„poétique de l´irrégularité"*[19], von Michael Hesse als *„Hierarchie des Unhierarchischen"*[20] bezeichnet.

Sowohl die vertikalen als auch die horizontalen Straßenläufe durchziehen das komplette Stadtgebiet von Norden nach Süden beziehungsweise von Osten nach Westen – angesichts der stellenweise unterbrochenen oder verkürzten Achsen lässt sich jedoch nicht von einem streng umgesetzten Rastergitter sprechen. Gleiches gilt für die diagonalen Achsen des Planes, die keinem symmetrischen Schema folgen, sich aber grob in drei Verlaufsrichtungen einteilen lassen.

---

[16] S. Anmerkungen L´Enfants zum Plan von 1791, veröffentlicht in der *Gazette of the United States*, Philadelphia, am 4. Januar 1792. Entnommen CAEMMERER (1950), S. 163-165.
[17] Ebd.
[18] Ebd.
[19] CORBOZ (2003), S. 72.
[20] HESSE (2003), S. 98.

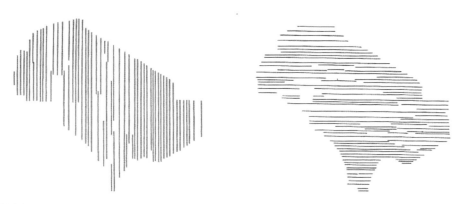

Abbildung 5

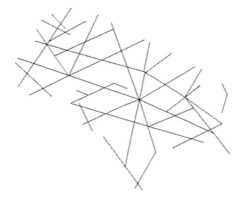

Abbildung 6

Die diagonale Rasterung ist dabei jedoch nicht durchgängig parallel, sondern wurde an mehreren Stellen modifiziert, vermutlich aufgrund der gewählten topographischen Ausgangspunkte, die L'Enfant vorfand. In die Schnittstellen der diagonalen Achsen sind Plätze beziehungsweise Viertel eingezeichnet, die von L'Enfant für die 15 Unionsstaaten vorgesehen waren und von denen aus die Besiedelung rasch voran getrieben werden sollte.[21] Zudem bestehen Vermutungen, dass die Hautstadt die tatsächliche geographische Verteilung der bestehenden Föderation widerspiegeln sollte, da die Straßennamen diese Verteilung innerhalb des süd-

---

[21] „The squares coloured yellow, being fifteen in number, are proposed to be devided among the several states of the union, for each of them to improve, or subscribe a sum additional to the value of the land; that purpose and the improvements around the square to be completed in a limited time." Anmerkungen L'Enfants zum Washington-Plan von 1791, n.a. bei CAEMMERER (1950), S. 165.

lichen und nördlichen Stadtgebietes vornehmen. Als *„multinuclear plan"*[22] ließe sich dem Plan somit die Absicht entnehmen, die individuellen Nord- und Südstaaten in einer gemeinsamen Hauptstadt zusammenzuführen und eine gemeinsame nationale Identität, orientiert an Freiheit und Gleichheit zu schaffen. Für Egon Verheyen eines der Schlüsselargumente, dass die Absichten L´Enfants *„[...] in der amerikanischen Gedankenwelt und nicht in formalen europäischen Stadtplänen zu suchen sind"*[23].

Der Mittelpunkt jedes Platzes sollte mit Statuen, Obelisken oder Ähnlichem nach Wunsch des jeweiligen Staates ausgestattet sein, um Individuen zu ehren, die sich durch militärische Leistungen oder vorbildhaften Charakter zur Ehre des Landes hervorgetan hatten. Für einige Autoren lässt dies die Interpretation zu, die Hauptstadt spiegele (zum damaligen Zeitpunkt) quasi als *Mikrokosmos* in ihrer Gliederung die junge Nation wider[24], andere sehen in der Anordnung eine Adaption der Anordnung der Sterne auf der amerikanischen Flagge. Gleichzeitig wird im direkten Vergleich des Planes mit der Topographie deutlich, wie stark die Platzwahl seitens L´Enfants entlang zentraler Punkte auf bestimmten Höhenlinien getroffen wurde und somit durchaus auf eine starke Orientierung an den natürlichen Rahmenbedingungen vor Ort geschlossen werden kann.[25]

Das Zentrum des Planes bildet jedoch der Regierungsbezirk. Durch die Wahl des Jenkins Hill war die Position des Kongressgebäudes festgelegt. Die Lage des Präsidentenhauses zwischen Georgetown und dem Tyber war durch die Entscheidung George Washingtons (beziehungsweise den Entwurf Jeffersons) bestimmt worden. L´Enfant setzte die beiden Gebäude zum einen mittels einer etwa im 45° Winkel nord-östlich verlaufenden Verbindungs- und Blickachse (*Pennsylvania Avenue*) in Beziehung, sowie durch eine 400m breite Prachtavenue, die so genannte *Mall*. Diese Prachtavenue wird von der südlichen Achse des Präsidentenhauses in einem rechten Winkel geschnitten, so dass die beiden Regierungsgebäude mit dem geplanten Reiterstandbild des Präsidenten ein Dreieck bilden (Abb. 7).

Die Dritte Gewalt, der *Supreme Court*, wurde von L´Enfant nicht in einer vergleichbar prominenten Position platziert oder in das Regierungszentrum eingebunden. Mögliche Erklärungen über seine Gründen bleiben spekulativ, möglicherweise sollte sich die starke Stellung der Judikative erst noch herauskristallisieren, zumal auch L´Enfant in zahlreichen Äußerungen die prominente Stellung „seines" Präsidenten betonte. Innerhalb des Entwurfes sah L´Enfant für die 3. Gewalt einen Platz südlich zwischen Präsidentenhaus und Kongress vor, faktisch verblieb der Oberste Gerichtshof bis 1932 in den Räumen des Kongresses.

---

[22] GUTHEIM (1977), S. 27.
[23] VERHEYEN (1991), S. 218.
[24] (2003), S. 53.
[25] S. Kartenvergleich bei Peets (1928), in : SPEIREGEN (1968), Figure 8, S. 7.

Die beiden Regierungsgebäude bilden jedoch das Zentrum des Planes, dessen Zweiteilung entspricht somit der neuen Funktionalität der zwei Gewalten in Form von Legislative und Exekutive. Die Aufgabe, das Zentrum der Stadt repräsentativ mit den neuen nationalen Gewalten auszustatten und die Gründerstaaten konzeptionell einzubeziehen, ließe sich somit als gelöst bewerten. Dass diese Symbolik von Zeitgenossen durchaus bemerkt wurde, versucht Corboz mit einem Auszug aus dem *„L´Essay sur la ville de Washington par un citoyen des Etas-Unis"* zu belegen, welcher 1795 auf Französisch in Washington erschien und die Stadt im Zentrum der Vereinigten Staaten „als Tempel zur Ehren der Freiheit preist, auf die sich die Blicke aller wahren Freunde des Vaterlandes richten".[26]

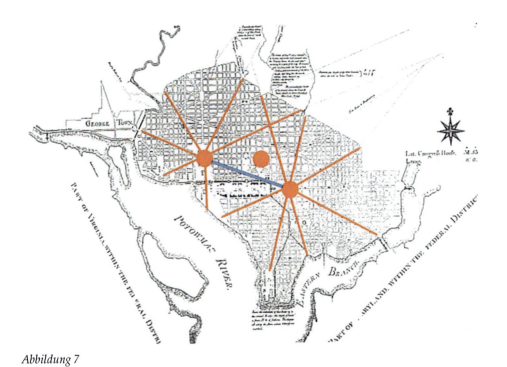

Abbildung 7

---

[26] „La ville fédérale placé au centre des Etats-Unis est un temple érigée à la liberté et c´est vers ce temple que seront dirigés le vœux et les regards de tous les vrais amis de la patrie. Chaque rue est l´emblème d´autant de rayons lumineux qui du capitol se dirigent vers tous les points de l´Amerique pour l´éclairer sur ses vrais interêts [...]. Le seconde réseau d´avenues, issu du palais présidentiel, signifié au président que sa vue doit être portée sur les points les plus éloignés de l´Empire et cette allégorie ingenieuse prise dans un sens inverse le fera souvenir en même temps que ses actions sont dans une évidence continuelle et inévitable." Essay aufgeführt in GOHET (1976), S. 26.

Thesen zu möglichen Vorbildern

Im Zusammenhang mit den genuin „neuen" Elementen des Planentwurf L´Enfants und seiner axialen Komposition für die demokratische Hauptstadt, stellt sich die Frage nach Vergleichsbeispielen beziehungsweise einer Einordnung des Planes innerhalb der abendländischen Stadtplanung. Hinsichtlich der genauen Inspirationsquellen und Vorbilder besteht keine einheitliche Forschungsmeinung. Zumeist wird der Plan für Washington als ein Stadtgrundriss bewertet, in dem unterschiedliche Auffassungen von Raumordnung zusammentreffen, der gewissermaßen „[...] *die Wende zwischen neuzeitlichen und aufgeklärt-absolutistischen Ordnungsvorstellungen markiert"*[27] und erstmals den neuen Zusammenhang der Republik als Herrschaftsordnung fasst.[28]

Grob gegliedert lassen sich die Interpretationen in vier Einflussfaktoren oder Vorbilder unterteilen, wobei die Grenzen fließend sind:

a. das Prinzip der großen Verbindungsachsen, wie es unter Papst Sixtus Ende des 16. Jahrhunderts in Rom verwirklicht wurde

b. Die Schloss-, Garten-, und Stadtanlage Versailles (Dreistrahl, große Prachtavenue, quadratische Rasterung) als Vorbild für den Regierungsbezirk

c. Formalistisch-geometrische Gestaltungsprinzipien des barocken französischen Gartens und Jagdwaldes (*„city as garden"*)

d. Das Prinzip der *Place Royale* französischer Prägung, also von Plätzen – mit Denkmal oder prominenten Gebäuden – ausgreifende Achsen, die gleichzeitig als Blickachsen zu einem (ferngelegenen) *Point de Vue* führen

Schon die Zusammenstellung der einzelnen Punkte verdeutlicht, dass sich bestimmte Einzelelemente der Stadtgestaltung oft nicht trennscharf isolieren lassen oder bestimmten Stilepochen zugeordnet werden können – beispielsweise das System der großen Verbindungsachsen mit ihren Verknüpfungen als Vorläufer der *Place Royale*. Es handelt sich vielmehr um grundlegende Elemente der Stadtgestaltung, die für verschiedene politische Herrschaftssysteme genutzt wurden und bis heute werden. Werner Sonne verweist in diesem Zusammenhang auf die gleichbleibenden Gestaltungsformen (kreisförmige Anlage, breite Prachtstraße, Monumentalbauten), die belegen „[...] *that it´s obvious that political meaning is not indissolubly linked to specific forms in architecture and urban design."*[29]

---

[27] HESSE (2003), S. 98.
[28] Ebd. S. 96-98 und auch PEETS (1961), S. 86.
[29] Ausführungen und Beispiele bei SONNE (2003), S. 40-41.

Die gängigsten Interpretationen und Thesen werden in den folgenden Abschnitten überblicksartig vorgestellt:

Das System der großen Verbindungsachsen – Rom unter Sixtus V.

Das Prinzip, einzelne zentrierte Punkte einer Stadt (meist Bauwerke oder Plätze) mittels breiter Achsen in Form von (Pracht-)Straßen oder Avenuen zu verknüpfen, wie es L´Enfant in seinem Entwurf entfaltete, war nicht neu. Als frühestes prominentes Beispiel gilt die Stadtmodernisierung Roms Ende des 16. Jahrhunderts unter Papst Sixtus V. (1521-1590) „[...] *die Maßstäbe für die Modernisierung der Städte in der frühen Neuzeit setzte.*"[30] Dieses sogenannte *Prinzip der großen Verbindungsachsen*, insbesondere der „Dreistrahl", die drei fächerförmig von der Piazza del Popolo in die Stadt hineinreichenden Achsen „[...] *that formed the jewel of Roman civic art"*[31] lässt sich optisch auch im Plan L´Enfants wieder finden. Ende des 16. Jahrhunderts hatte der Papst seinen Architekten Domenico Fontana beauftragt, die sieben (später neun) berühmtesten Pilgerkirchen der Stadt mit breiten, geraden Straßen zu verknüpfen, vergleichbar „*Gelenken bei einem Richtungswechsel"*.[32] Mittels der Achsen wurde nicht nur eine direkte Wegverbindung zwischen den einzelnen Kirchen/Heiligenstätten geschaffen, sondern auch die Blickrichtung bestimmt und auf das jeweilige prominente Heiligtum gelenkt, vergleichbar einem visuellen Leitsystem, welches die Pilgerscharen durch die Heilige Stadt führen sollte (Abb. 8).

Man erkennt den ganz im Norden liegenden Dreistrahl (3), der dem Betrachter von einem einzigen Standpunkt aus drei Perspektiven in die Stadt hinein ermöglicht, und dessen Wirkung als stilbildend eingeschätzt wird. Übertragen auf L´Enfants Plan für Washington ließe sich zum einen das generelle Prinzip der Verbindung prominenter Punkte innerhalb der Stadt mittels breiter Achsen anführen. Im Unterschied zu der Umgestaltung Roms waren die einzelnen Punkte (durch die Kirchen) allerdings nicht vorgegeben, so dass bei der Verbindung und Zusammenführung einzelner Stadtteile (Viertel) sowie der Anbindung an das (zweigeteilte) Regierungszentrum eine individuelle Symmetrie und Anordnung gewahrt werden konnte, die sich an natürlichen Gegebenheiten orientierte. Zum anderen findet sich der Dreistrahl in der Gestaltung der Mall wieder, wenngleich er als bewusst gesetztes Gestaltungsmittel L´Enfants eine spezielle Gewichtung des Kongressgebäudes als Ausgangspunkt des Strahls voraussetzen würde.

---

[30] HESSE (2003), S. 54.
[31] PEETS (1928): The Backround of L´Enfants Plan", in: The Town Planning Review, Juli 1928, S.30-49, in: SPEIREGEN (1968), S. 24.
[32] HESSE (2003), S. 54.

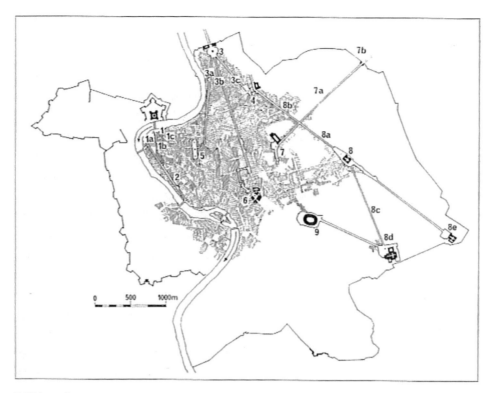

Abbildung 8

Die Place Royale und das radiale Achsensystem

Eine axiale Neuschöpfung innerhalb der Stadtplanung folgt dem Prinzip der Radialität, das heißt sich strahlenförmig von einem Zentrum (= meist einem Platz, eventuell mit Gebäude und/oder Denkmal) entfernende oder darauf zulaufenden Achsen. Unter dem Stichwort *„french neo-classicism abroad"*[33] untersucht Helen Rosenau in ihrem Buch „The ideal city" die Einflüsse der französischen Stilmittel unter anderem auf die amerikanische Hauptstadt. Ihrer Einschätzung nach inspirierten die Pläne für das Monument zu Ehren des französischen Königs Ludwig XV. in Paris, die von Pierre Patte in einem einzigen Plan zusammengestellt worden waren, *„undoubtly"* L'Enfants Konzeption für Washington.[34] Das Gestaltungselement der *Place Royale*, des repräsentativen Denkmalplatzes, bezeichnet die Zusammenführung des (einheitlich gestalteten) Platzes mit dem Element des (zen-

---

[33] ROSENAU (1973), S.107.
[34] Ebd. S. 108.

trierten) Denkmals, wodurch die städtebauliche Akzentuierung auf den Herrscher (beziehungsweise vergleichbar prominente Persönlichkeiten) erreicht wird. Als Ausgangspunkt gilt die Errichtung repräsentativer Denkmalsplätze zu Ehren Ludwig XIV. (1638-1715), die sich aus dem 1678 in Auftrag gegebenen Ehrenstandbild des Königs und einer seitens der Stadt bereitgestellten Platzanlage, der Place des Victoires, ergaben – zahlreiche weitere absolutistische Place Royales folgten. Rund 50 Jahre später sollte auch Ludwig XV. (1710-1774) mit einem Reiterstandbild geehrt werden, wofür unterschiedliche Konzepte und Entwürfe zur Platzwahl eingingen, die von besagtem Pierre Patte, dem seinerzeit bedeutendsten Theoretiker der Stadtbaukunst, 1765 visualisiert wurden (Abb. 9).

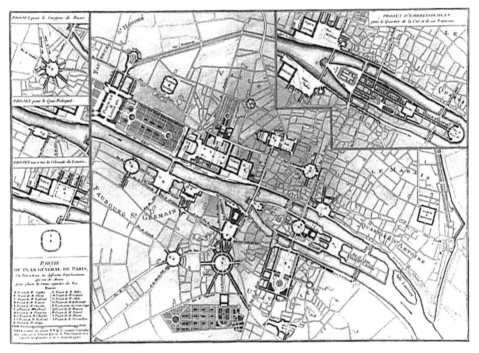

Abbildung 9

Man erkennt auf Pattes Plan am oberen linken Rand die *Place de Louis XV*, die heutige *Place de la Concorde*, auf dem Gelände zwischen dem Tuileriengarten und den Champs-Elysées, welches der König 1750 zur Verfügung gestellt hatte. Das Prinzip des einheitlich gestalteten Platzes mit einem zentrierten Denkmal findet sich auch im Plan L'Enfants, der nicht nur eine Reiterstatue George Washingtons auf einem Ehrenplatz errichten lassen wollte, sondern auch für die 15 Plätze der Nationenstaaten zentriert Statuen oder Obelisken zur Ehrung des jeweiligen Staates und seiner Helden vorsah. Ob L´Enfant den Patte-Plan kannte bleibt ungewiss – als Gestaltungsprinzip dürfte ihm das Konzept der Place Royale aus eigener Anschauung in Paris jedoch hinlänglich bekannt gewesen sein.

Die Übernahme absolutistischer Raumordnungen – Versailles als Vorbild für die Mall?

Als gängigste These gilt die Annahme, L´Enfant habe sich bei seinem Entwurf des Regierungsviertels in Washington an Versailles orientiert – der absolutistischen Schloss- und Gartenanlage Frankreichs, die ihm durch seine Kindheit als Sohn eines Gobelin-Herstellers in königlichen Diensten vertraut war. Die so genannte *Mall*, „[...] *the aesthetic backbone of the Washington Plan*"[35] war von L´Enfant als breite „Prachtmeile" im Wortsinn, zugleich öffentliche Promenade und Verbindungsachse entlang des *Tyber* vorgesehen. Gemäß seines Plans erstreckte sie sich beginnend mit einem großen (aus dem Fluss gespeisten) Springbrunnen westlich vor dem Kongressgebäude mit doppelreihiger Baumbepflanzung zum Reiterstandbild des Präsidenten und war sowohl für Fuhrwerke und Kutschen als auch für Spaziergänger und politische Paraden konzipiert worden. Der Mall wird die Anlage Versailles gegenüber gestellt, das als größtes Schloss Europas Maßstäbe für nachfolgende Palastbauten setzte und sich als architektonische Verkörperung des Absolutismus lesen lässt. Zunächst ein bescheidenes Jagdschloss, wurde es 1661 unter Ludwig dem XIV. zunächst zur Maison de Plaisance ausgebaut und bis 1682 kontinuierlich zur festen Residenz des Sonnenkönigs erweitert (Abb.10).

Der Vergleich mit L´Enfants Plan bezieht sich im Wesentlichen auf die streng geometrisierte Anlage des Schlosses, seine von André Le Nôtre entworfenen Gärten und die dazu gehörige Stadtanlage – vor allem als Vorbild für den Dreistrahl (Dreieckskomposition) als Element des Regierungsviertels. Zudem wird auf den ganzen Plan bezogen die axiale Anordnung mittels Plätzen und Natur als Kulisse aufgegriffen. Einen direkten visuellen Vergleich nimmt der amerikanische Landschaftsarchitekt Elbert Peets im Zuge seiner Nachforschungen zur Genese Washingtons vor, indem er die Grundrisse der Mall und der Schlossanlage in symmetrischer Anordnung gegenüberstellt (Abb. 11).

---

[35] PEETS (1928), S. 30-49, zitiert in SPEIREGEN (1968), S. 24.

Abbildung 10

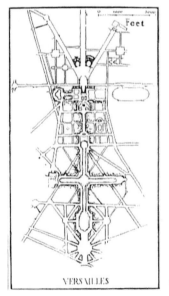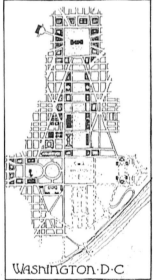

Abbildung 11

Die Parallele drückt sich für Peets vor allem in der besagten Dreieckskomposition aus, die in Washington das Regierungsviertel dominiert. In Versailles sieht Peets dieses Dreieck ebenfalls verwirklicht – allerdings *„less exact"*, mit den Ecken Schloss, *Grand Trianon* (ein Festbau mit offener Säulenhalle) und dem Schnittpunkt des *Petit Canal* mit dem *Grand Canal*.[36] Allerdings bezieht sich Peets in der linken Abbildung ein Stück weit schon auf die Erweiterungspläne der Mall, die erst 100 Jahre später umgesetzt wurden und das ursprüngliche Dreieck des L´Enfant Planes mit dem südlichen *Jefferson Memorial* und dem westlichen *Lincoln Memorial* zur Form eines lateinischen Kreuzes erweitern. Ob sich die Konzeption der Mall mit dem streng geometrischen Raster des französischen Gartens gleichsetzen lässt, bleibt fraglich. Bemängelt wird an Peets Analyse in erster Linie der ausschließlich optisch-formalistische Vergleich der beiden Grundrisse, der die theoretischen Konzepte des Barockgartens als *Teatro Mundi* und seine inszenatorischen Elemente außer Acht lässt.[37] Direkte schriftliche Aussagen L´Enfants lassen keine Rückschlüsse auf eine bewusste Anlehnung der Mall an die Anlage Versailles zu – dass es dem Franzosen jedoch um den Entwurf einer *„magnificient"* Avenue ging, ist belegt.[38]

Die Genealogie Washingtons nach Elbert Peets

Die ausführlichste und komplexeste Analyse der Genese des L´Enfant Planes stellen die Aufsätze des amerikanischen Landschaftsarchitekten, Stadtplaners und Autors Elbert Peets (1886-1968) dar, die zwischen 1927 und 1954 in Zeitschriften und Büchern veröffentlicht wurden.[39] In mehreren Essays untersucht Peets die möglichen Vorbilder L´Enfants, wobei er dessen Plan nicht als neu, sondern vom europäischen Gedankengut beeinflusst erachtet. Peets geht bei seiner Analyse von den beiden augenfälligsten Phänomenen des L´Enfant Entwurfes aus, die er auf zwei unterschiedliche Quellen zurückführt: die Kombination eines orthogonalen Straßensystems sowie das spezifische Achsenschema des Planes, der alle Achsen auf die beiden dominierenden Plätze Kapitol und Präsidentenhaus zurückführt. Letzteres Prinzip interpretierte Peets als deutlich von französischen Ideen beein-

---

[36] PEETS (1929), zitiert in SPEIREGEN (1968), S. 23.

[37] VERHEYEN (1991), S. 217.

[38] Eine vollständige Tabelle der originären Anmerkungen L´Enfants sowie der Korrekturen Jeffersons finden sich bei STEPHENSON (1993), S. 41-43.

[39] Peets war Anfang der 50er Jahre als Berater für die amerikanische *National Capital Park and Planning Commission* tätig gewesen und hatte zwischen 1950 und 1960 an der Weiterentwicklung und Neugestaltung des südwestlichen Teiles Washingtons mitgewirkt. Ausgewählte Essays von Peets herausgegeben von SPEIREGEN (1968).

flusst, genauer von der Schlossanlage, der Stadt und der Gärten Versailles – die Kombination der beiden Straßenmuster führt er auf den Entwurf Christopher Wrens für London aus dem Jahre 1667 zurück. Zusammengenommen mit ihren Vorläufern erstellt Peets bereits 1922 eine Genealogie Washingtons (Abb. 12).

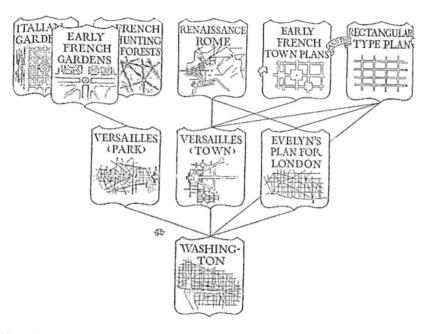

Abbildung 12

In seiner Genealogie unterteilt Peets die stadtplanerischen Einflüsse in zwei unterschiedliche Stränge, die Garten- und die Stadtarchitektur einerseits sowie die nationalen Einflüsse Frankreichs, Italiens und Englands, aus denen sich die <u>sechs</u> "Grundbausteine" des Planes zusammensetzen: Der italienische Garten, der (frühe) französische Garten, die Struktur der französischen Jagdwälder sowie frühe französische Stadtpläne, daneben das römische Achsensystem der Renaissance und das Prinzip des rechteckigen Rasterplans. Aus diesen sechs Bausteinen kristallisieren sich laut Peets die <u>vier</u> direkten Einflüsse auf die Konzeption Washingtons heraus: Der Garten und die Stadt Versailles, der Grundbaustein des Rasterplans sowie der Plan Christopher Wrens für London von 1667. Dieser sogenannte „Wren-Plan" entstand, nachdem 1665 die Pest in der Stadt gewütet und ein Jahr später ein großer Brand weite Teile des Stadtgebietes zerstört hatte. Es bot sich die Möglichkeit, eine von ihrem mittelalterlichen Kern aus gewachsene Stadt großflächig planerisch umzugestalten – allerdings wurde der Plan Wrens nicht verwirklicht. Der Architekt hatte eine an den Vorgaben des Kommittees für Wiederaufbau orientierte, neuartige axiale Lösung für den Wiederaufbau Londons vorgesehen (Abb. 13).

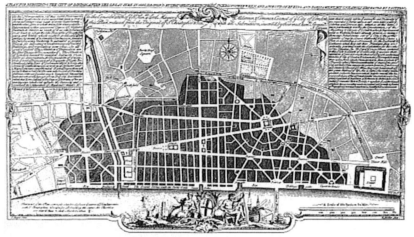

14. Wren's Plan of London, as reproduced by J. Gwynn in 1749

Abbildung 13

Der Entwurf sah zwei breite Ost-West Achsen vor, die durch eine diagonale Achse verbunden wurden, wodurch eine „[...] *an ein in die Breite gezogenes Z erinnernde"* Figur entstand, welche die wichtigsten Institutionen der Stadt mit einschloss. Darunter sollte ein rechteckiges Gitterraster kleinerer Straßen liegen, wodurch sich die dem Washington-Entwurf ähnelnde Kombination breiter, diagonaler Achsen mit orthogonalen Straßennetzen ergibt. Ob und wie weit L´Enfant Kenntnisse über den besagten Wren-Plan besaß lässt sich nicht eindeutig beantworten und wird von Peets selbst thematisiert, der auf eine großangelegte Sammlung von Büchern und Karten im Besitz des Franzosen verweist.[40] Als Gegenargument zu der Geneaologie von Peets führt André Corboz zum einen die neue urbanistische Ästhetik an, die sich seit dem Barock bis zu L´Enfants Wirkungszeit entwickelt hat. Corboz spielt damit auf die die nicht wirklich konsequent regelmäßig konzipierte Rasterung des Washington-Planes, die damit nicht der bewussten Symmetrie eines Barockgarten entspricht. Zudem verweist der Kunsthistoriker auf die topographischen Gegebenheiten und die politischen Erfordernisse, die seitens Peets vernachlässigt würden, der rein anhand des optischen Vergleichs argumentiert.

---

[40] Peets (1929), in Speiregen (1968), S. 21.

Seine eigene Analyse des L´Enfant Plans anhand zahlreicher zeitgenössischer Beispiele, die von Projektplänen für Marseille und Bordeaux bis zu Modellplänen für Brücken und Straßen reichen, lassen ihn zu dem Fazit kommen, dass die Entstehung des L´Enfant Planes weitaus komplexer einzustufen ist – „[...] *en effet beaucoup plus riche qu´on ne l´admet ordinairement.*"[41]

Quellen zu möglichen Vorbildern innerhalb der Planungsphase

Angesichts der angeführten möglichen Vorbilder für die amerikanische Hauptstadt stellt sich die Frage, ob sich die Annahmen neben dem rein visuellen Vergleich der jeweiligen Stadtpläne auch anhand von Quellen erhärten lassen. Belegt ist, dass sich L´Enfant am 4. April 1791 mehrere Stadtpläne europäischer Großstädte (*„whatever map of any of the difference grand cities"*) wie London, Madrid, Paris, Amsterdam, Neapel, Venedig, Genua und Florenz zusammen mit Plänen von Hafenstädten, Werften und Arsenalen von Thomas Jefferson zur Ansicht erbat.[42] Sechs Tage später sendet ihm Jefferson zwölf aus eigener Hand angefertigte Pläne von Frankfurt am Main, Karlsruhe, Amsterdam, Straßburg, Paris, Orléans, Bordeaux, Lyons, Montpellier, Marseilles, Turin und Mailand mit einem Begleitschreiben zu.[43] (Jefferson war selbst Sohn eines Kartographen und passionierter Hobby-Architekt). Gleichzeitig betont L´Enfant seine Bestrebungen, den Plan für Washington auf neue und originäre Art zu kreieren und weist jeden Verdacht der Imitation von sich.[44] Vielmehr erhofft er sich von den Plänen eine besseren prakticheren Nutzen vor Ort, da die örtlichen Gegebenheiten ein breites Feld an Kombinationsmöglichkeiten zu bieten hätten: „[...] *these plans will by means of comparing enable me the better to determine with a certainty the propriety of a local which offer an extensive field for combinations".*[45] Als sicher gilt somit, dass L´Enfant – zumindest bewusst – keine Stadt als dezidiertes Vorbild auswählte, das er erkennbar im Stadtbild zu zitieren beabsichtigte. Vielmehr schien ihm an einem Überblick über die aktuellsten und am besten gelösten städtebaulichen Konzepte seiner Zeit gelegen, um vor Ort die – gemessen an den örtlichen Gegebenheiten – optimale Entscheidung treffen zu können.

---

[41] CORBOZ (2003), S. 96 und Beispiele S. 73-81.
[42] Brief L´Enfants an Jefferson vom 4. April 1791, in: CAEMMERER (1950), S. 146.
[43] Brief Jeffersons an L´Enfant vom 10. April 1791, ebd. S. 147.
[44] „I wish I would reprobate the idea of imitating and that contrary of having this intention it is my wish and shall be my endeavor to delinate on a new and original way the plan the contrivance of which the President has left to me without any restriction so ever." In: Brief L´Enfants an Jefferson, Ebd. S. 146.
[45] Ebd. S. 147.

Fazit: Neue Achsenprinzipien oder tradierte Muster?

Es ist sicher nicht möglich, angesichts der komplexen Einflussfaktoren und der unterschiedlichen Thesen zu möglichen bewusst oder unbewusst adaptierten Vorbildern eine abschließende und eindeutige Bewertung hinsichtlich der „neuen" Elemente innerhalb des Stadtentwurfs von Pierre Charles L´Enfant für die amerikanische Hauptstadt zu treffen. Verglichen mit den angeführten Beispielen städtebaulicher Konzepte und Stadterweiterungen lassen sich die axialen Elemente seines Stadtplanes – Verknüpfung von Platzanlagen mittels radialer Achsen, die breite Prachtmeile, diagonale Grand Avenues in Kombination mit einem orthogonal angeordneten Achsensystem kleinerer Straßen – für sich genommen sicher nicht als „wholly new" bezeichnen. Vielmehr finden sie sich als axiale Grundformen in zahlreichen verwirklichten und nicht verwirklichten Stadtentwürfen und –erweiterungen wieder und lassen sich demnach nicht ausschließlich auf eine bestimmte politische Herrschaftsordnung beschränken.

Ob ausgehend von der Verwendung bestimmter bekannter axialer Einzelelemente tatsächlich von einem *„baroque-imitating"* Entwurf gesprochen werden kann, bleibt jedoch fraglich. L´Enfant betont nicht nur mehrfach seine Absicht, die „neue" Nation entsprechend mit einem neuen Plan auch städtebaulich zu nobilitieren, er hatte sich zudem freiwillig gemeldet, um die amerikanischen Kolonisten im Unabhängigkeitskrieg zu unterstützen und verstand sich als amerikanischer *citizen*, was auf eine Befürwortung der amerikanischen Ideale und Ziele schließen lässt. Auch die schriftlichen Zeugnisse im Zusammenhang des Planungsprozesses verdeutlichen, dass der Entwurf des Franzosen in weitaus stärkerem Maße von örtlichen Gegebenheiten und pragmatischen Erfordernissen geprägt war und somit zentrale Elemente des Planes – wie beispielsweise die Lage des *President House* – von äußeren Faktoren bestimmt wurden. Auch der Umgang mit den natürlichen Gegebenheiten lässt sich weniger im Sinn einer axial zu gestaltenden (Garten)kulisse deuten, sondern vielmehr als Nutzung landschaftlicher Möglichkeiten, die Gebäude und Platzanlagen mittels ihrer Höhenlage, Perspektive oder ihrem Ausblick (auf den Fluss oder zu den Regierungsgebäuden hin) in besonderem Maße auszustatten und somit gleichsam die amerikanische Nation als Empire zu würdigen.

Als wirklich *new* hingegen lässt sich das seinem Entwurf zu Grunde liegende Konzept bewerten, sich nicht nur an den pragmatischen Erfordernissen einer Regierungsstadt zu orientieren, sondern auch und vor allem den nationalen politischen Erfordernissen des *Nation Building* mittels einer Stadtplanung gerecht zu werden und das Zusammenwachsen der Unionsstaaten auch städtebaulich zu fördern: Die Stadt als Corpus, dessen Teile durch Achsen miteinander verbunden sind und sich alle trotz ihrer Einzelzentren auf einen Kern (Herz), zusammengefasst in den zentralen Organe der Demokratie, ausrichten. Dass dabei innerhalb des Regierungsbezirkes, auf den sich die meisten Thesen beziehen, auf tradierte Gestaltungselemente wie Prachtavenuen, Sichtachsen und Platzanlagen zurückgegriffen wurde, lässt sich auch als Würdigung eines neuen Regierungssystems lesen, welches den alten europäischen Herrschaftsformen in punkto Repräsentanz in nichts nachstehen sollte. Dieses eigentliche Novum seines Planes, die städtebauliche Umsetzung des Zusammenwachsens einer Nation, die Hauptstadt als Instrument des Nation Building wurde zunächst jedoch in der Umsetzung nicht verwirklicht. Deutlich macht dies eine Karte Washingtons um 1802, die einen Überblick über den damaligen Bebauungszustand der Hauptstadt gibt (Abb. 14).

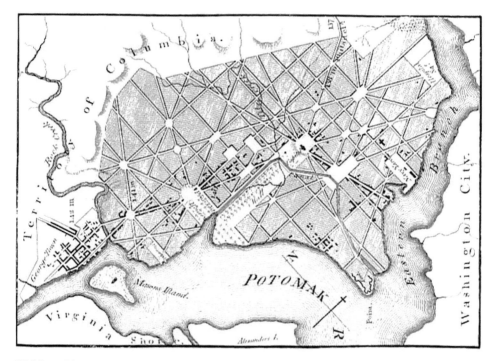

Abbildung 14

Die meisten Gebäude wurden nicht, wie von L´Enfant angestrebt, ausgehend von den Zentren der für die einzelnen Unionsstaaten vorgesehenen Viertel errichtet, sondern siedelten sich weitestgehend am Regierungsbezirk und entlang der Avenuen von Georgetown nach Carrolsburg an – gemessen an der Funktionalität der Stadt sicher sinnvoll, da zunächst die Arbeit des Regierungsapparates sicher gestellt werden musste. Gleichzeitig wurde so das ursprüngliche Ziel L´Enfants, einzelstaatliche Vielfalt mit nationaler Einheit sowohl pragmatisch (Besiedelung) als auch ideell (Statuten der Einzelstaaten) zu verbinden, zwar aus stadtplanerischer Perspektive erfüllt, zunächst aber nicht umgesetzt.

In der *half-formed City* erfüllte sich L'Enfants Vision der 500.000 Einwohner erst um 1930 und Washington blieb bis zum Bürgerkrieg (1861-65) eine sich nur langsam entwickelnde (und wohl recht trostlose[46]) Provinzstadt. Betrachtet man den heutigen Ausschnitt Washingtons rund um den Regierungsbezirk, so zeigt sich jedoch die Zeitlosigkeit L'Enfants ursprünglicher Dreieckskomposition, die ausgebaut wurde, im Kern aber unverändert geblieben ist (Abb. 15).

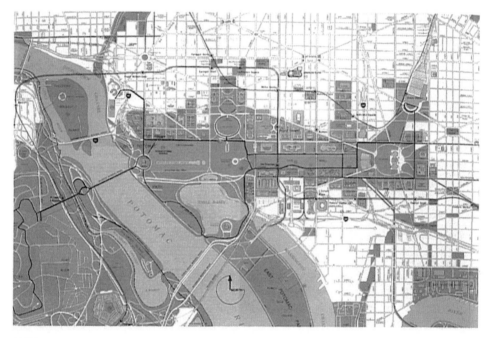

Abbildung 15

Fast spiegelbildlich wurde die Erweiterung vorgenommen, welche die Mall als Sicht- und Verbindungsachse zum einen nach Westen über das Lincoln-Memorial und die Arlington Bridge bis zum Arlington Friedhof verlängert und zum anderen die Verbindung zwischen President's House und Washington Monument mittels des Jefferson-Memorials nach Süden streckt. Die jetzige Form des Regierungsbezirkes in Form eines lateinischen Kreuzes geht auf einen Entwurf der sogenannten McMillan-Kommission aus dem Jahre 1901/02 zurück, nachdem der L'Enfant-

---

[46] Überliefert ist die Aussage des französischen Botschafters, der noch ein halbes Jahrhundert nach der Stadtgründung verlauten ließ, Washington sei im Winter noch trostloser als Karlsruhe; vgl. HESSE (2003), S. 96.

Entwurf im Zuge der *City-Beautiful* Bewegung eine Renaissance erfahren hatte und sich als Grundlage für die weitere Stadtentwicklung der Hauptstadt endgültig durchsetzen konnte.

Der Stadtplan L'Enfants stellt somit gut 200 Jahre nach seiner Entstehung eine *Story of Success* dar, der sein Ziel des *Nation Building* Amerikas zwar nicht wie ursprünglich konzipiert über die Besiedelung der axial verknüpften Einzelviertel erreichte, sich aber dennoch im Laufe der Zeit mittels der Denkmäler und Memorials sowie der zahlreichen Museen und Gedenkstätten, die sich inzwischen entlang der Mall befinden, – wie von L'Enfant beabsichtigt – als *„worthy of the nation"* erwiesen hat. Zusammengenommen lässt sich somit die Bewertung Werner Sonnes hinsichtlich des besagten Erweiterungsplanes der McMillan Kommission für die Mall (1901) auch auf den ursprünglichen Entwurf L'Enfants übertragen, wenngleich sich seine endgültige Umsetzung erst Jahrzehnte nach seinem Plan durchsetze: *„ [...] a simple, complete and effectively designed plan [...] which aesthetically pursit and utopian aspect contributed to its practical implementation."*[47]

Literatur

BEYME, Klaus von: *Die Kunst der Macht und die Gegenmacht der Kunst*. Suhrkamp, Frankfurt a.M., 1998.

BOWLING, Kenneth: *Creating the Federal City, 1774-1800: Potomac Fever*. The American Institute of Architects Press, Washington D.C., 1988.

BRAUNFELS, Wolfgang: Abendländische Stadtbaukunst – Herrschaftsform und Baugestalt. DuMont, Köln, 1976.

CAEMMERER, Hans Paul: The life of Pierre Charles L'Enfant – Planner of the City Beautiful, the City of Washington. National Republic, Publishing Company, Washington, 1950.

CORBOZ, André: Deux capitals français – Saint Petersbourg et Washington. Infolio éditions, St. Gallen, 2003.

GUTHEIM, Frederick : Worthy of the Nation – *The History of Planning for the National Capital*. National Capital Planning Commission, Smithsonian Institution, 1977.

HESSE, Michael: Stadtarchitektur – von der Antike bis zur Gegenwart. Deubner Verlag, Köln, 2003.

HESSE, Michael: Klassische Architektur in Frankreich. Kirchen, Schlösser, Gärten, Städte 1600-1800. Primus Verlag, Darmstadt, 2004.

---

[47] SONNE (2003), S. 87.

KLOTZ, Heinrich: Von der Urhütte zum Wolkenkratzer – Geschichte der Gebauten Umwelt. Prestel, München, 1991.

SONNE, Wolfgang: Representing the State – Capital City Planning in the Early Twentieth Century. Prestel, München, 2003.

SPEIREGEN, Paul (Hrsg): *On the Art of Designing Cities: Selected Essays of Elbert Peets*. M.I.T Press, Cambridge, Massachusetts, London, 1968.

Stephenson, Richard W. (1993): „A plan whol(l)y new" – Pierre Charles L´Enfants Plan of the City of Washington ; Library of Congress, Washington.

VERHEYEN Egon/HAWKINS, Don A. (Hrsg.): *Bemerkungen zur Planung von St. Petersburg und Washington, D.C.* In: Klar und licht wie eine Regel – Planstädte der Neuzeit: vom 16. bis zum 18. Jahrhundert, Ausstellungskatalog, Badisches Landesmuseum Karlsruhe (15. Juni bis 14. Oktober 1990), Bad. Landesmuseum, Karlsruhe, 1990.

Abbildungsverzeichnis

Abb.10   Versailles Ende des 17. Jahrhunderts, Plan von Pierre Le Pautre. Sonne, Wolf-
            gang: Representing the State – Capital City Planning in the Early Twentieth
            Century. Prestel, München, 2003. Fig. 5, S. 41.
Abb. 11   Versailles und Washington nach Elbert Peets, 1922. In: Corboz, André: *Deux
            capitals français – Saint Petersbourg et Washington*. Infolio éditions, St. Gallen,
            2003, Fig. 53, S. 69.
Abb. 12   Die Genealogie der Stadt Washington nach Elbert Peets, 1922. Urspr. in:
            Hegemann Werber/Peets, Elbert: *The American Vitruvius: An Architects Handbook
            of Civic Art*. Paul Wenzel & Maurice Krakau, New York, S. 53.
Abb. 13   Christopher Wrens Wiederaufbauplan für London, 1667 (Reproduktion 1749).
            In: Hesse, Michael: *Stadtarchitektur – von der Antike bis zur Gegenwart*. Deubner
            Verlag, Köln, 2003, Abb. 54, S. 69.
Abb.14   Fertiggestellte Gebäude in Washington im 1802. In: Corboz, André: *Deux capitals
            français – Saint Petersbourg et Washington*. Infolio éditions, St. Gallen, 2003, Fig.
            51, S. 66.
Abb. 15   Die Innenstadt Washingtons, 2003. In: Corboz, André: *Deux capitals français –
            Saint Petersbourg et Washington*. Infolio éditions, St. Gallen, 2003, Fig. 50, S. 60.

Werner Schaub

Kunst- und Kulturförderung

Dass sein Name noch 2000 Jahre nach seiner Wirkungszeit in vielen Sprachen der Welt einen festen Begriff umschreiben würde, hätte sich Maecenas wohl nicht träumen lassen. Ein Mäzen ist, laut Meyers Lexikon „ein vermögender Privatmann, der mit finanziellen Mitteln Künstler oder Sportler bez. Kunst, Kultur oder Sport fördert." Und zwar selbstlos, also ohne damit direkt einen für sich vorteilhaften Zweck zu verfolgen. Nachdrücklich abgesetzt vom Mäzen ist im Lexikon der Sponsor, „ der seine Förderung mit der Vermarktung eines Produktes verbindet."

Ein Mäzen im heutigen Sinne war Maecenas allerdings keineswegs. Als Ritter begleitete Gaius Cilnius Maecenas (79 – 8 v. Chr.) Oktavian, den späteren Kaiser Augustus, auf dessen Feldzügen, beriet ihn politisch im Kampf um die Macht gegen den Rivalen Marcus Antonius, und seit 36 v. Chr. war er Siegelbewahrer. Damit war Maecenas eine der wichtigsten Figuren im Machtzentrum des Imperium Romanum, bei Abwesenheit des Kaisers führte er zeitweilig sogar die Regierungsgeschäfte. Dass Augustus ausgerechnet ihn mit solch wichtigen Aufgaben betraute, lag nicht nur an seinen herausragenden Fähigkeiten: Maecenas war gar kein Römer, sondern ein Etrusker aus königlichem Geschlecht. Und an den Etruskern hatte Augustus einiges gut zu machen: 40 v. Chr. hatte er in einer Strafexpedition den gesamten Stadtrat und 300 der vornehmsten Bürger der etruskischen Stadt Perugia vor seinen Augen hinrichten lassen, demonstrativ an den Iden des März, dem Todestag von Gaius Julius Cäsar. Einen Etrusker in herausragender Position in die Staatsgeschäfte mit einzubinden war also ein kluger politischer Schachzug.

Maecenas erfüllte das in ihn gesetzte Vertrauen. Seine etruskischen Landsleute wurden durch gezielte Wirtschaftsförderung zufrieden gestellt, beispielsweise avancierte die Keramikproduktion von Arezzo, der Geburtsstadt des Maecenas, zunächst zum kaiserlichen Tafelgeschirr. Damit stieg die Nachfrage nach „Arretiner Ware", es gab einen regelrechten Boom, der sogar über das Reich hinaus schwappte; Funde in England und sogar Indien belegen das. Seinen noch heute glänzenden Ruhm verdankt Maecenas – der auch selbst Gedichte schrieb – indes der Unterstützung, die er Künstlern und vor allem Schriftstellern zukommen ließ, so etwa Properz und Vergil. Solche Intellektuelle brauchte Augustus dringend für die Ausformung einer nationalen gesellschaftlichen Identität, eine Kultur als verbindenden Kitt nach der Zeit der Bürgerkriege und internen und externen Ausein-

andersetzungen und nach der geografischen Arrondierung des Reiches. Vergils
Aeneis etwa, die Homers Ilias und Odyssee gewissermaßen fortsetzt und in die
römische Geschichte überleitet, erfüllte diesen Zweck nachhaltig und demonstriert
augenfällig die römische Kultur als die Nachfolgerin der griechischen.

Vor allem der Werdegang des Horaz ist kennzeichnend für die kulturpolitischen Maßnahmen des Maecenas: Horaz stammte aus niederem sozialen Umfeld.
Sein Vater, ein „Freigelassener", hatte sein ganzes Vermögen daran gegeben, dem
Sohn eine exklusive Ausbildung angedeihen zu lassen – in Athen. Später „kaufte"
er dem jungen Horaz sogar eine Tribunenstelle, was nicht unüblich war, wohl aber
ungewöhnlich für einen ehemaligen Sklaven. Der junge Horaz allerdings war –
wie viele seiner Altersgenossen – begeistert von Brutus, dem überzeugten Repub-
likaner und Kopf der Gruppe von Verschwörern, die Cäsar ermordeten. Damit
stand er auf der „falschen" Seite. In der Schlacht bei Philippi vernichtete Oktavian
das Heer der Cäsarmörder. Nicht nur deren Vermögen wurde konfisziert, sondern
auch das ihrer Anhänger, so auch das väterliche Erbe des Horaz. Dieser konnte
froh sein, dass er wenigstens noch eine Stelle als Amtsschreiber in Rom bekam.
Davon leben konnte er aber kaum, und so trieb ihn – wie er später schrieb – der
Hunger zur Schriftstellerei. Er verkehrte nun in Kreisen um Vergil, und dort wurde endlich Maecenas auf ihn aufmerksam. Dieser linderte erst mal seine schlimmste Not, und Horaz wurde regelmäßig in dessen Palast eingeladen. Schließlich bekam er ein komplettes Landgut in den Sabiner Bergen geschenkt, und damit war
Horaz endgültig aller finanziellen Sorgen ledig.

Horaz seinerseits revanchierte sich und setzte seinem Gönner literarische
Denkmäler. Das erste seiner Oden-Bücher widmete er ausschließlich Maecenas,
seines „Lebens erhabene Zier und Stütze." Vor allem aber Augustus wurde ver-
herrlicht:

> „Herzog, guter, dein Licht
> gönne dem Vaterland.
> Denn, wenn Frühlingen gleich
> wieder dein Angesicht
> bei den Deinen erschien,
> wandert der Tag gelind,
> leuchten hellere Sonnen uns."

Die Verherrlichungen gipfelten darin, dass Horaz seinen Kaiser zum gottgleichen
Wesen erklärte, zum „deus praesens" und damit distanzierte er sich endgültig von
seinem früheren epikureischen Weltbild.

Horaz wie auch seine Kollegen beschränkten sich aber nicht darauf, den Kaiser zu „erquicken". Sie unterstützten ihn propagandistisch, verherrlichten seine kriegerischen Erfolge, lobten seine Verwaltungsreform und unterstützten seine Kampagne, mit der „mos majorum" eine Art Leitkultur zu definieren und zu verbreiten und Verhaltensnormen zu propagieren. So etwa Horaz: „Strebe immer nach dem, was die zukommt, und halte es für Sünde, auf mehr zu hoffen, als du darfst. Meide deshalb, was die nicht gehört." Selbst für die Moral des Militärs fühlte Horaz sich zuständig: „Dulce et decorum est pro patria mori." (süß und ehrenvoll ist es, für das Vaterland zu sterben) Solche moralischen Postulate waren durchaus wichtig, weil Augustus eine Heeresreform durchgeführt und zum ersten Mal ein stehendes Heer organisiert hatte, dessen Soldaten im Gegensatz zu früher nicht mehr im Bewusstsein der Heimatverteidigung agierten.

Dass Maecenas die Kultur im Interesse des staatlichen Systems instrumentalisiert hat steht außer Frage. Dennoch aber ging das augusteische Zeitalter als kulturelle Blüte in die Geschichte ein, die Literatur beschränkte sich ja nicht ausschließlich auf gefällige Lobhudelei oder staatstragende Texte, die Bildhauer schufen nicht nur Bildnisse des Augustus. Aber solche Aufträge waren eben auch eine wirtschaftliche Basis für die Kulturschaffenden, von der sie leben und auch andere Werke schaffen konnten. Und im Rom der Kaiserzeit wurde es üblich, dass wohlhabende Bürger einen Teil ihres Vermögens für soziale und kulturelle Zwecke stifteten. Nicht nur die römische, nahezu jede Hochkultur der Menschheitsgeschichte entwickelte sich immer auch in Abhängigkeit von den jeweiligen gesellschaftlichen und politischen Determinanten. Beispiele dafür bietet jede Epoche.

Dass autoritäre Gesellschaftssysteme ein Interesse daran haben, Kultur zu instrumentalisieren, ist nahe liegend. Die Frage ist, ob und wie eine parlamentarische Demokratie wie in Deutschland Kunst und Kultur fördert, ob an diese Förderung politische Bedingungen geknüpft sind oder völlig „mäzenatisch" umgesetzt wird.

Die Enquete-Kommission „Kultur in Deutschland", eingesetzt vom deutschen Bundestag, hat im Dezember 2007 nach vierjähriger Arbeit ihren Schlussbericht vorgelegt. Unter den etwa 470 Handlungsempfehlungen an die Kommunen, die Länder und den Bund findet sich auch die Forderung an den Gesetzgeber, folgende Formulierung ins Grundgesetz aufzunehmen: *„Der Staat schützt und fördert die Kultur."*

Neu ist diese Forderung nicht, Aussichten auf Umsetzung hat sie dennoch kaum – die Parlamentarier sind sich uneins, eine Mehrheit quer durch alle Fraktionen ist dagegen, aus ganz verschiedenen Gründen. Einer dieser Gründe ist das Bedenken, dass sich als Konsequenz aus der grundgesetzlichen Verankerung eine Vorstellung von Staatskunst entwickeln könnte. Auch wenn solche Vorbehalte vordergründig erscheinen, ein Problem kann man darin schon sehen, allerdings ein durchaus lösbares.

In seiner Publikation mit dem Titel „Öffentliche Kunstförderung zwischen Kunstfreiheitsgarantie und Kulturstaat" (1) schreibt der Jurist Wolfgang Palm in der Einleitung: „Kunstförderung durch den Staat birgt für die Verfassungsinterpretation eine Reihe erheblicher Probleme. Das Aufeinandertreffen von Kunst und Recht in der Zentralperspektive des Leistungsstaates schafft eine Beziehung, die von Vertretern beider Lebensbereiche mit Skepsis bis offenem Unbehagen betrachtet wird. Zu den verfassungsrechtlich nicht abschließend geklärten Fragen des gewährenden Staatshandelns tritt mit der Kunst ein Lebensbereich auf den Plan, der sich gerade aus der Bemühung zu speisen scheint, Festlegungen zu vermeiden, Unsicherheiten zu schaffen und eine politisch geprägte Lebenswirklichkeit zu hinterfragen. Die rechtliche Verklammerung so unterschiedlicher Wirklichkeitsebenen mit der Hoffnung auf wechselseitige Bereicherung darf nicht zur Umklammerung der Kunst durch ein Staatskunstkonzept pervertieren. Diese Gefahr ist umso größer, je allgemeiner Aufgabenzuweisungen im Bereich staatlicher Kunstförderung begründet werden."

Das klingt ja fast gefährlich, wird aber von Palm denn doch im weiteren Text relativiert: „Auf der freiheitsorientierten Fortentwicklung dieser Formen des Zusammenwirkens staatlicher und gesellschaftlicher Kräfte, die Ergebnis langwieriger Erfahrungsprozesse im Umgang mit der künstlerischen Freiheit sind, ist gegenüber kulturmodischen Postulaten zu insistieren, die auf die Privatisierung der Kunstförderung drängen. Wenn es für die verfassungsrechtliche Bestimmung der staatlichen Kunstförderung gelingt, die Feststellung: ‚Je mehr für die Kultur geschieht, desto schlechter für sie' (Adorno), im dialektischen Sinne aufzuheben, sollte dieser Aufgabenbereich einer rationalen Konstruktion zugänglich sein. Es gilt zu zeigen, dass nicht jedes staatliche Engagement à priori eine Minderung der künstlerischen Freiheit bedeutet, sondern in einer präzisen verfassungsrechtlichen Bestimmung und Begrenzung erst die Voraussetzungen der künstlerischen Freiheit im Zusammenhang staatlicher und gesellschaftlicher Kraft schafft."

Mit anderen Worten: Die im Grundgesetz verankerte Freiheit der Kunst impliziert letztlich auch die Verpflichtung, diese Freiheit nicht nur zu garantieren, sondern sie auch zu ermöglichen durch entsprechende Förderung. Diese Verpflichtung hat das Bundesverfassungsgericht in einer Grundsatzentscheidung nachdrücklich bekräftigt (BVerGE 81, S. 108 ff., 116)

Künstlerinnen und Künstler werden das gern hören. Denn den meisten von ihnen geht es nicht anders als Horaz vor der Förderung durch Maecenas. Eine vom Bundesverband Bildender Künstlerinnen und Künstler in Auftrag gegebene Studie von 2008, basierend auf einer bundesweit durchgeführten Umfrage, zeigt die tatsächliche Situation: Mehr als die Hälfte dieses Berufsstandes verdient aus dem Verkauf ihrer Werke weniger als 5000,- Euro im Jahr, der Durchschnitt liegt wenig über 8000,- Euro (2). Das bedeutet für die große Mehrzahl, dass sie wie Horaz zusätzlich eine andere Tätigkeit für ihren Lebensunterhalt ausüben müssen, um überhaupt als Künstlerin oder Künstler arbeiten zu können.

Und in den übrigen kulturellen Sparten sieht es kaum besser aus. Es stellt sich also die Frage, ob und inwieweit eine Förderung der Kulturszene in einer demokratisch verfassten Gesellschaft stattfinden kann, sei es durch die öffentliche Hand oder durch private „Mäzene".

In den Ländern der westlichen Welt gibt es hier eine durchaus unterschiedliche Praxis, und dabei zeigt der Vergleich zwischen der Situation in den USA und in Deutschland wohl die beiden extremsten Beispiele: In den Vereinigten Staaten ist die öffentliche Hand nur mit 10% an der Kulturförderung beteiligt, 90% kommen von privater Seite. In Deutschland zeigt sich die Förderpraxis diametral entgegengesetzt, nur 10% private Förderung, 90% aber von der öffentlichen Hand. Bedeutet dies etwa, in den USA gäbe es eine weitaus freiere Kulturszene als hierzulande, wo man bereits Ansätze von Staatskunst ausmachen könnte? Dies gilt es näher zu beleuchten.

In beiden Ländern verbirgt sich hinter der privaten Förderung in den meisten Fällen ein Geflecht von *Stiftungen*. Dass in den USA weit mehr Stiftungen kulturelle Projekte aller Art unterstützen, liegt an der Gesetzgebung, am Stiftungsrecht, das den Stiftern erlaubt, ihre kulturellen Förderungen von der Steuer abzuschreiben. Und in dieser Beziehung ist die Steuergesetzgebung der USA weit kulturfreundlicher als in Deutschland. Zwar wurde hierzulande unter dem Kanzler Schroeder das Stiftungerecht erheblich verbessert, woraufhin die Zahl der Stiftungen deutlich zunahm: Allein 2000 wurden 681 neue Stiftungen gegründet, 2001 sogar über 1000. Das ist beachtlich, der amerikanische Standard wurde damit aber noch nicht erreicht. Immerhin aber fördern inzwischen etwa ein Viertel der mehr als 10.000 Stiftungen in Deutschland Kunst und Kultur.

Das ehrt die Stifter. In Wirklichkeit verbirgt sich dahinter indes doch auch eine – zumindest indirekte – staatliche Förderung, denn immerhin verzichtet der Staat auf Gelder, die von der Steuer abgesetzt werden. Den Einfluss darauf aber, welche Kultur und Kunst gefördert wird, gibt er aus der Hand, denn darüber entscheidet der Stifter. Das ist nicht nur nachvollziehbar, sondern auch dessen gutes Recht: Denn wie andere Stiftungen müssen Kulturstiftungen nur ein Organ, nämlich einen Vorstand haben. Und dieser wird vom Stifter bestimmt, er selbst kann auch diesem Vorstand vorstehen, wenn er es wünscht. Und er kann testamentarisch festlegen, was und wie seine Stiftung auch nach seinem Ableben fördert. Damit können Stiftungen tatsächlich Einfluss nehmen auf die kulturelle Entwicklung.

244   *Werner Schaub*

Gerade das aber wird in den USA von vielen Kulturschaffenden bisweilen auch als Hemmschuh empfunden, etwa wenn der Stifter direkt Einfluss nimmt auf den Spielplan etwa eines Theaters, eines Opernhauses oder eines Orchesters. Und das ist dort durchaus gängige Praxis.

Die Szene der Stiftungen ist in Deutschland absolut vielfältig: „Es gibt die Eine-Person-Stiftung, z. B. den Rechtsanwalt, der als Stiftungsvorstand ein Mal im Jahr die Erträge an das örtliche Museum zum Ankauf eines Exponats übergibt. Und es gibt größere und kleinere Stiftungen, die in den Künsten, in der kulturellen Bildung, in den Kunstwissenschaften tätig sind. Das Umfeld der privaten Kulturszene haben sie ebenso im Blick wie die großen Kulturinstitutionen der öffentlichen Hand. Sie sind vertraut mit allen Förderinstrumenten wie Druckkostenzuschüssen, Preis- und Stipendienvergabe, mit der Ausrichtung von Tagungen und dem Ankauf von Kulturgut" (3). Nicht nur die selbst gesetzten Ziele von Stiftungen sind vielfältig, sondern auch deren Konstruktion, abhängig nicht nur vom BGB, sondern auch von 16 (!) Landesstiftungsgesetzen: „ Kulturstiftungen sind Stiftungen – in der Regel – des bürgerlichen oder – seltener – des öffentlichen Rechts, die sich im kulturellen Bereich engagieren. Sie sind – wie meist – gemeinnützig, sofern sie die Anforderungen des § 52 der Abgabenordnung (AO) erfüllen, d. h. wenn ihre Tätigkeit darauf gerichtet ist, die Allgemeinheit auf dem Gebiet der Kunst und Kultur selbstlos zu fördern. Sie können mit eigener Rechtspersönlichkeit ausgestattet sein (rechtsfähige Stiftung) oder als unselbständige Stiftung ohne eigene Rechtspersönlichkeit von einem anderen Rechtsträger, z. B. einer Kommune oder einer Universität, treuhänderisch verwaltet werden (nichtrechtsfähige Stiftung). Kunststiftungen können operativ tätig sein, d. h. selbst Projekte planen, steuern und durchführen oder die Betriebsführung einer der Stiftung gehörenden Einrichtung, z. B. eines Theaters oder eines Museums übernehmen (Anstaltsstiftung). Die erforderlichen Geldmittel können sie durch die Verwaltung des Stiftungsvermögens erwirtschaften (Kapitalstiftung) oder sich daraus beschränken, kulturelle Aktivitäten oder Initiativen Dritter zu unterstützen (Förderstiftung). (4)

Privates Kulturengagement ist natürlich nicht ausschließlich über Stiftungen organisiert. Im Bereich der Bildenden Kunst etwa spielen zum Beispiel *Sammlungen* eine nicht zu unterschätzende Rolle. Eine Studie, basierend auf einer Umfrage unter den 300 umsatzstärksten Unternehmen in Deutschland, belegt dies mit aller Deutlichkeit: „37 % der deutschen Großunternehmen haben eine eigene Sammlung, weitere 41 % besitzen immerhin einzelne Kunstwerke." (5) Und die interessante Antwort auf die Frage, warum Unternehmen Kunst sammeln, erläuterte Hanna Marie Ebert 2008 auf einem Symposion in der Akademie der Künste in Berlin: „Angesichts des permanenten Anstiegs der Kunstpreise läge es nahe zu vermuten, dass Unternehmen Kunst mit dem Motiv sammeln, diese auch als rentable Geldanlage zu betrachten. Nach meiner Erfahrung – ich habe mittlerweile weit über 100 Corporate Collections analysiert – hat keine davon tatsächlich dieses Motiv. Die meisten Kunstsammlungen widmen sich zeitgenössischer Kunst. Wer mit zeitgenössischer Kunst Geld verdienen möchte, muss sich hervorragend im Markt auskennen. Er muss fast hellseherische Fähigkeiten haben, Trends voraussehen und zum richtigen Zeitpunkt kaufen bzw. verkaufen. Diese Kompetenzen sind in der Regel in Unternehmen nicht vorhanden, darüber hinaus findet in nur wenigen Sammlungen eine Fluktuation statt. Unternehmen sammeln Kunst, um sie im Unternehmen zu hängen, und nicht um sie irgendwo zu einzulagern oder auf einen Wertzuwachs zu warten. Die Mitarbeiter haben oft eine emotionale Bindung zu Werken, die ihren speziellen Platz im Unternehmen haben." Vielmehr sind „Kunstsammlungen oft Teil einer internen und externen Unternehmenskommunikation. (-) Sie sind eine sehr gute Art und Weise, dem Unternehmen ein Stück Identität zu geben." (6) Unterschiedlich sind allerdings die Sammlungskonzepte der Unternehmen, die bei demselben Symposion ausführlich dargestellt wurden. Auch wenn solche Sammlungen nicht als reine mäzenatische Kunstförderung zu sehen sind, sie haben doch auch diesen Sekundäreffekt. Eindeutiges Kennzeichen dafür ist, dass nicht wenige dieser Sammlungen den Rechtsstatus einer Stiftung haben und damit als gemeinnützig anerkannt sind.

Aber es sind nicht nur Unternehmen oder Privatleute, die das Instrument einer Stiftung für die Kulturförderung wählen: Zahlreiche Kommunen und Landkreise wählen diesen Weg in der Erwartung, auf diese Weise weitere Mittel einwerben zu können, da diese dann von den Gebern wiederum von der Steuer abgesetzt werden können. Die Förderzwecke und -ziele sind dabei völlig unterschiedlich, sie reichen von der Unterhaltung von Museen, der Finanzierung von „Stadtschreibern", der Auslobung von Stipendien und Preisen in allen Kunstgattungen, der kulturellen Bildung bis zu Ankäufen oder Atelierförderung.

Ähnlich verfahren auch die Länder. Sie alle haben eine oder gar mehrere Kunst- oder Kulturstiftungen, etwa für die Vergabe von Stipendien, zur Nachwuchsförderung, zur Vergabe von gut dotierten Preisen für ein Lebenswerk, für Künstlerhäuser oder Autorengalerien, für Konzerte, für Ausstellungen und auch für Kunstankäufe.

Selbst der Bund hält inzwischen Stiftungen zur Förderung von Kultur, der Weg dahin war aber recht beschwerlich: Die Kulturstiftung des Bundes wurde erst 2002 ins Leben gerufen, obwohl sie als Idee bereits Anfang der 70er Jahre von Willy Brandt und Günther Grass angeregt worden war: Hinderlich dabei war die in der Verfassung festgeschriebene Kulturhoheit der Länder, und deren Bedenken gegen eine solche Einrichtung verhinderten über Jahrzehnte die Gründung einer Stiftung, die unabhängig von den Initiativen der einzelnen Bundesländer national herausragende Projekte ermöglichen sollte. Immerhin gibt es seit 1987 als Alternative die Kulturstiftung der Länder, die – finanziert nicht nur von den Ländern, sondern auch vom Bund – solche Aufgaben erfüllt und vor allem national agierende Organisationen und Initiativen unterstützt. Die angedachte Zusammenführung dieser Länderstiftung und der neu gegründeten Kulturstiftung des Bundes und damit die Bündelung der finanziellen Möglichkeiten scheiterten am Veto weniger Länder, sodass beide Stiftungen heute parallel agieren.

Was die Kulturstiftung des Bundes betrifft, so hat sich der Bund festgelegt, die dauernde und nachhaltige Erfüllung des Stiftungszweckes durch jährliche Zuschüsse zu sichern, das sind etwa 38 Millionen Euro im Jahr. Unterstützt werden nicht nur einzelne herausragende Projekte und Ausstellungen von internationalem Rang, auch Ankäufe von nationalem Interesse werden ermöglicht. Die Bundeskulturstiftung lässt aber auch anderen Stiftungen finanzielle Mittel zukommen wie etwa der Stiftung Kunstfonds, die seit ihrer Gründung 1981 mehr als 1700 künstlerische Projekte aller Kunstsparten ermöglicht hat und neuerdings sogar eine Unterstiftung installierte für die Bewahrung von Künstlernachlässen als einem Teil unseres kulturellen Erbes.

Der wesentliche Unterschied zwischen privaten und öffentlichen Stiftungen besteht darin, dass der private Stifter nicht nur dem Vorstand seiner Einrichtung vorsteht, sondern auch die übrigen Vorstandsmitglieder selbst bestimmt und damit direkt Einfluss darauf nimmt, welche Art von Kunst gefördert wird – allenfalls lässt er sich fachkundig beraten. Oberste Instanz staatlicher Stiftungen dagegen sind Gremien von unabhängigen Kunstsachverständigen, allenfalls flankiert von Persönlichkeiten des politischen Lebens. Die Beförderung der Entstehung einer „Staatskunst" ist in unserer parlamentarischen Demokratie dadurch ausgeschlossen. Hinzu kommt die Tatsache, dass die öffentliche Förderung von Kunst und Kultur durch Stiftungen auf so vielen verschiedenen Feldern stattfindet, dass ein programmatischer Roter Faden, Voraussetzung für die Entstehung einer Staatskultur, gar nicht erst möglich ist. Die Diversität der Genese, der Ziele und der Praxis staatlicher Kulturstiftungen hat durchaus fraktale Züge, es gibt kein Konzept, das alle Fördermaßnahmen auf einander abstimmt.

Kulturförderung durch die öffentliche Hand findet in Deutschland jedoch nicht nur über Stiftungen statt. Bund, Länder und Kommunen fördern Kunst und Kultur auch ohne dieses Instrument.

Der Deutsche Bundestag etwa hat seit Anfang der 70er Jahre einen eigenen Etat zum Erwerb zeitgenössischer Kunst, damals initiiert von Prof. Georg Meistermann (Akademie Karlsruhe). Jährlich werden weitere Werke dazu gekauft – bisher sind es mehr als tausend – mit dem Ziel, eine zwar nicht lückenlose aber doch repräsentative Sammlung über die Entwicklung der Kunst zusammen zu

tragen. Die Auswahl trifft ein Gremium aus Abgeordneten und Kunsthistorikern –
Künstler werden vom Parlament nicht als sachkundig akzeptiert, was nur schwer
nachvollziehbar ist.

Die Bundesregierung übt in dieser Beziehung eine andere Praxis, vor allem im
Bereich Kunst am Bau: Ein entsprechender Beschluss des Bundestages vom 25.
Januar 1950, der an das staatliche Engagement der Weimarer Republik anknüpfte,
fand seinen Niederschlag in der legendären Verordnung K 7 und ist seit 2005 in
einem Leitfaden konkretisiert, der für alle Baumaßnahmen des Bundes verbindlich
ist und nachdrücklich die Berufung von Künstlern in die Jurys vorsieht. Zusammen mit den anderen Sachverständigen – mit Kunsthistorikern und dem jeweilige
Architekten – müssen diese „Fachpreisrichter" sogar die Mehrheit haben. Bei allen
Bundesbauten – Neu-, aber auch Umbauten – wird je nach Umfang des Bauvolu-
mens 0,5 % bis 1,5 % der Gesamtkosten für Kunst ausgegeben. Das betrifft nicht
nur die Regierungsgebäude, sondern auch die zahlreichen nachgeordneten Behör-
den, die Botschaften und die über 600 deutschen Schulen im Ausland, anteilig
auch die Universitäten, soweit der Bund als Geldgeber involviert ist.

Gerade in diesem Spannungsfeld würde es nahe liegen, dass der Staat sich mit
einer Art offizieller Kunst darstellt. Dieses Ziel verfolgt der deutsche Staat nicht,
und schon allein die Praxis der Entscheidungsfindung durch unabhängige Jurys
würde derartigem Ansinnen entgegenstehen. Intention der Regierung ist es vielmehr, den Anspruch, eine Kulturnation zu sein, auch visuell in und vor ihren Bauten erfahrbar zu machen – und damit gleichzeitig auch Kunst und Künstler zu
fördern.

Auch der Bundespräsident, der sonst eher repräsentative Aufgaben hat, fördert Künstler direkt: Auf Vorschlag von Ländern oder Kommunen vergibt er einen
Ehrensold an zwar anerkannte, aber doch eher mittellose, vor allem ältere Künst-
lerpersönlichkeiten. Etwa 450 Künstler und Schriftsteller erhalten diesen Ehrensold, prozentual gestreut nach Größe der Bundesländer. Etwa 200 weitere Künstler, die sich in einer momentanen Notlage befinden, erhalten einmalige Zuwen-
dungen. In 2008 gab der Bundespräsident hierfür mehr als 3 Mio. Euro aus.

Seit unter Bundeskanzler Schröder 1998 das Amt eines „Beauftragten der
Bundesregierung für Kultur und Medien" eingerichtet und seither beibehalten
wurde, hat der Bund mehr finanziellen Spielraum als früher, kulturelle Institutionen, Initiativen und Aktivitäten, vor allem im Bereich des Films, zu fördern.

Wichtig in diesem Zusammenhang ist – neben anderen – das Stipendium der
Villa Massimo in Rom, wo Künstlerinnen und Künstler aller Sparten als Stipendiaten leben und arbeiten können, zusätzlich ausgestattet mit einer monatlichen Zuwendung von 2500,- Euro. Dabei ist nicht nur die gute Ausstattung des Stipendi-
ums, sondern vor allem das damit verbundene Renommé von großer Bedeutung.

Trotz dieser verstärkten Aktivitäten des Bundes beträgt dessen Anteil an der Kulturförderung in Deutschland nur etwa 12,4 %, den wesentlichen Teil tragen die Länder mit 43 % und die Kommunen mit 44,6 %.

Die Förderprogramme der Landeskulturstiftungen werden ergänzt durch eine überaus breite Palette von Maßnahmen, die direkt von den jeweils zuständigen Ministerien umgesetzt werden. Das sind Arbeits- oder Aufenthaltsstipendien, Projekt- und Einzelförderung, z.B. Kunstpreise, institutionelle Förderung von Kunstvereinen, Museen, Künstlerhäusern oder Autorengalerien, Zuschüsse für Orchester, Chöre oder Theater und viele andere Maßnahmen. Allerdings gibt es ein deutliches Gefälle zwischen den einzelnen Bundesländern. Was Kunst am Bau betrifft, hat beispielsweise Sachsen ein Programm, das dem des Bundes relativ nahe kommt, während Hessen überhaupt keines hat. In Sachsen gibt es ein Programm für Katalogzuschüsse, Baden-Württemberg hat ein solches vor Jahren wieder abgeschafft. Und vor allem die Programme „Künstler an Schulen" differieren völlig von Land zu Land, sofern überhaupt ein solches aufgelegt wurde (7). Was die Arbeitsstipendien betrifft, so gibt es ganz unterschiedliche Ausformungen in den Ländern selbst, aber alle verfügen über – unterschiedlich viele – Ateliers in der Pariser Cité des Arts, die auf Zeit vergeben werden. Je nach kulturpolitischer Intention halten etliche Länder zusätzlich solche Ateliers auch in Berlin, New York oder in anderen kulturellen Brennpunkten für Stipendiaten bereit.

Die Kommunen leisten den Hauptteil der Förderung von Kunst und Kultur, und deren Engagement ist insoweit gekoppelt mit dem der Länder, als deren Fördermaßnahmen – jedenfalls viele davon - nach dem Prinzip der Subsidiarität greifen: Die Landeszuschüsse fließen nur dann, wenn auch die Kommunen fördern, und zwar nach einem bestimmten Prozentsatz. Das erklärt zumindest teilweise, dass die Kulturausgaben von Ländern und Kommunen etwa gleich sind. Aber natürlich fördern die Kommunen auch parallel zu diesem subsidiären System ihre lokale Kulturszene. Der prozentuale Anteil der Ausgaben für Kultur im Haushalt der Kommunen differiert erheblich. Voraussetzung für diesen Prozentsatz ist die Frage, inwieweit die Fraktionen im Gemeinderat kulturpolitisches Handeln als Aufgabe sehen, ob sie z. B. der These von Dr. Christophe Amman folgen wollen: „Kunstförderung ist keine kunsumptive, sondern eine investive Ausgabe! Sie ist eine Investition in die „Entschleunigung", dahingehend, dass die übergreifende kulturelle Kompetenz zum strategischen Motor für wirtschaftliche Kompetenz wird." (8). Solches Kulturverständnis darf man sicher nicht bei allen Volksvertretern voraussetzen, vielerorts scheint da immer noch die legendär gewordene Feststellung eines schwäbischen Ortsvorstehers durch: „Mir brauchet kei Kunscht, mir brauchet Grumbere.", das sind Kartoffeln. Solche Grundeinstellung ist jedoch keineswegs eine spezifisch schwäbische, vielmehr ist es so, dass in vielen Kommunen bei Sparmaßnahmen zuerst bei der Kultur angesetzt wird. Diese Praxis steht in völligem Kontrast zur wirtschaftlichen Realität: „Mit circa 125 Milliarden Umsatz pro Jahr ist hierzulande der Anteil der Kultur- und Kreativwirtschaft am Bruttosozialprodukt etwa genau so hoch wie der der Automobilbranche." So Kulturstaatsminister Neumann in einem FOCUS-Interview vom 31. 12. 2007.

Die kommunalen Kulturausgaben sind zwar statistisch erfasst, es gibt ein bundesweites Ranking, aber dieses ist mit großen Vorbehalten behaftet. Die Angaben der Kommunen differieren nämlich deshalb stark voneinander, weil deren Kulturbegriff nicht einheitlich definiert ist. Da finden sich schon auch mal die Ausgaben für die Blumenkübel am Ortseingang im Kulturhaushalt. Kleine Gemeinden im dörflichen Umfeld haben ohnehin manchmal gar keinen Kulturhaushalt, solche Aufgaben übernehmen dann eher die Landkreise. Und bei den Städten verschlingt häufig das Theater oder das Orchester oder beide den weitaus größten Teil des Kuluretats, selbst mittelgroße Städte geben bisweilen allein für ihr Theater pro Jahr die doppelte Summe des Finanzvolumens aus, das der Kulturstiftung des Bundes zur Verfügung steht. Hier kann man durchaus von einer gewissen Schieflage sprechen.

Gerade weil die Förderung von Kunst und Kultur in Deutschland so vielfältig ist, gerade weil sie von unterschiedlichen öffentlichen wie privaten Einrichtungen getragen wird, und weil sogar die Gesetzeslage für Kulturförderung in den Bundesländern differiert, ganz zu schweigen von der Praxis in den Kommunen, ist es unmöglich, verlässliche statistische Daten zu bekommen. Selbst das Statistische Bundesamt ist in dieser Beziehung überfordert, weil es sich auf die Angaben vor Ort verlassen muss, und die gehen meistens von ganz verschiedenen Definitionen von Kultur aus.

Auch Publikationen wie das Handbuch „Kulturförderung in Deutschland" (9) können nur ansatzweise einen Überblick bieten, alle Fördermaßnahmen erfassen können sie nicht. Dies lässt sich aber auch sehr positiv sehen, eine solche Unübersichtlichkeit ist auch Index für die Vielfalt und Lebendigkeit nicht nur der Kulturszene selbst, sondern auch für deren Förderpraxis. Die Förderung von Kunst und Kultur in Deutschland ist meistens punktuell ausgerichtet, entweder projektbezogen oder zeitlich begrenzt oder an eine Institution wie das Theater, das Museum, das Orchester gekoppelt. er Staat verfügt aber auch über indirekt wirkende Instrumente, die dem einzelnen kreativen Individuum zugutekommen können.

Die Künstlersozialkasse ist z.B. ein solches Instrument. Grundlage dafür ist ein Gesetz, das von der Intention ausgeht, dass in einer Kulturnation die öffentliche Hand dafür Sorge tragen sollte, dem kreativen Potenzial des Volkes eine Art soziale Grundsicherung zukommen zu lassen was die Gesundheitsversorgung betrifft.

Weitere gesetzliche Rahmenbedingungen, die ebenfalls kulturfördernd wirken, sind das Urheberrecht und das Folgerecht. Die Verwertungsgesellschaft Bild Kunst – ein rechtsfähiger Verein kraft staatlicher Verleihung – vertritt die urheberrechtlichen Interessen von Künstlerinnen und Künstlern der Sparten Kunst, Design, Fotografie und Film, vergleichbar der Verwertungsgesellschaft Wort für die Schriftsteller oder der GEMA für die Musiker und Komponisten. Die VG Bild Kunst unterhält dazu noch die Stiftung Sozialwerk, die pro Jahr etwa eine Million Euro für Künstlerinnen und Künstler in sozial schwieriger Lage bereithält. Auch der ermäßigte Satz von 7% bei der Mehrwertsteuer für den Kulturbereich kann als eine indirekte Fördermaßnahme begriffen werden, die allerdings auch schon mal zur Disposition stand.

Dennoch wären hier weitere flankierende Maßnahmen denkbar:

- Das so genannte Ausstellungshonorar, das vorsah, bildende Künstlerinnen und Künstler für ihre kulturelle Leistung ebenso zu entlohnen wie etwa die Musiker bei einem Auftritt, gibt es bis heute nicht, trotz einiger verzagter Anläufe im Parlament. Dazu hätte es einer Gesetzesänderung im Urheberrecht bedurft.
- Die Hartz IV Empfänger unter den Künstlern haben das Problem, dass ihnen von der Behörde oft kein entsprechendes Atelier zugestanden wird, das aber doch für sie Voraussetzung ist, um überhaupt wieder Einkünfte zu erzielen.
- Die Steuergesetzgebung berücksichtigt nur unzureichend die wirtschaftliche Realität von Kulturschaffenden, die bei ausbleibenden Einkünften aus ihrer künstlerischen Tätigkeit diese zwar weiterführen, daneben aber einem Broterwerb nachgehen müssen, um auch weiterhin künstlerisch arbeiten zu können. In solchen Fällen klassifiziert das Finanzamt die künstlerische Arbeit als Hobby, mit doppelt negativer Auswirkung für die Künstler. Wenn sie aber doch mal einen großen Auftrag bekommen, etwa einen Wettbewerb gewinnen oder – nach mehrjähriger Arbeit – endlich ein Buch veröffentlichen, werden sie vom Sachbearbeiter sofort anders eingestuft und müssen im darauf folgenden Jahr schon Vorauszahlungen leisten.

Eine Ebene der „öffentlichen Hand" ist noch nicht erwähnt: Die Europäische Union. Auch die EU hat einen Kulturhaushalt, hat verschiedene Kulturförderprogramme aufgelegt. Gemessen an anderen Sparten aber ist die Kultur völlig unterbelichtet, derzeit stehen gerade mal 167 Millionen für ganz Europa zur Verfügung. Zum Vergleich: Die deutschen Kommunen allein geben über 8 Milliarden für Kunst und Kultur aus. In Brüssel hat bisher noch niemand begriffen, dass gerade die Kultur die Chance bietet, ein europäisches Bewusstsein zu schaffen und damit die in vielen Ländern verbreitete und gefühlte Abneigung gegen die EU abzubauen. Zwar spricht man in Brüssel von der Notwendigkeit einer „diversitiy of cultur", von der kulturellen Vielfalt. In Wirklichkeit aber fließen die Mittel eher für die „big events". Kleinere Initiativen haben es sehr schwer, die immensen bürokratischen Hürden zu überwinden. Und bei der Mehrwertsteuer, die in einigen Jahren europaweit in allen Ländern in gleicher Höhe erhoben werden wird, steht die Kunst nicht auf der Liste, für die ein verminderter Steuersatz vorgesehen ist – anders als etwa die Seidenraupenzucht.

Maecenas hatte da schon ein grundsätzlich anderes Verständnis von Kultur, er hat deren Möglichkeiten erkannt und zielführend genutzt. Der Effekt war durchschlagend, erst in der Zeit des Augustus entstand eine kulturelle Klammer, die das gesamte Reich umfasste und zwar auch Züge einer Staatskultur trug, sich aber nicht ausschließlich darauf beschränke. Mit der Übereignung eines Landgutes hatte Horaz sozusagen ein Stipendium auf Lebenszeit erhalten, ohne Präsenzpflicht, dazu eine auskömmliche Altersversorgung. Für sein literarisches Werk wurde er nicht honoriert, das war im Römischen Reich nicht üblich. Bezahlt wurden eigentlich nur die Bildhauer und Mosaikleger; geachtet wie die Schriftsteller waren sie selten, trotz der immensen Nachfrage nach Bildwerken aller Art, und viele dieser Künstler waren ohnehin Sklaven, meistens Griechen, die Kulturprofis zu Beginn unserer Zeitrechnung.

Vergleichen kann man die augusteische Kulturszene und deren kommerziellen Hintergrund mit der bundesrepublikanischen in keiner Beziehung. Geblieben ist der dennoch der Begriff des Mäzens, der „ mit finanziellen Mitteln Künstler oder Sportler bez. Kunst, Kultur oder Sport selbstlos fördert." Und in diesem Sinne kann die öffentliche Hand durchaus als Mäzen begriffen werden, auch die zahlreichen Stifter kultureller Einrichtungen.

Das in Deutschland sehr weit gespannte Netz kultureller Förderung ist umfassender als jemals zuvor. Dass dennoch sehr viele Künstlerinnen und Künstler durch die Maschen dieses Netzes fallen, wie die eingangs erwähnte Studie zeigt (2), hat verschiedene Ursachen: Die Förderungen sind fast immer nur temporär fixiert, eine zufrieden stellende Altersversorgung für Künstler gibt es nicht, und die Vielzahl der nicht auf einander abgestimmten Fördermaßnahmen hat auch den Effekt, dass häufig solche Kreative bedacht werden, die bereits gut am Markt etabliert oder mit einer Lehrstelle, etwa an einer Akademie, versorgt sind, also eigentlich gar keine Förderung mehr brauchen.

Der Idealzustand wäre allerdings, wenn die Nachfrage nach Kultur generell so groß wäre, dass Künstlerinnen und Künstler, Schriftsteller und Musiker gänzlich von ihrer kreativen Tätigkeit leben könnten und gar keiner zusätzlichen Förderung bedürften. Voraussetzung dafür wäre ein entsprechendes kulturelles Bewusstsein, und um dieses zu generieren wäre eine umfassende kulturelle Bildungsoffensive Voraussetzung. Danach sieht es aber vorerst nicht aus, im Gegenteil: In den letzten Jahrzehnten wurde der Anteil der musischen Fächer im schulischen Stundenplan sukzessive heruntergefahren, und unter dem Druck der Pisa-Studien wurde diese kulturelle Talfahrt im Bereich der Bildung noch beschleunigt.

Es wird also auf nicht absehbare Zeit bei einer öffentlichen und privaten Förderung von Kunst und Kultur bleiben müssen.

Latifundien werden an die Künstlerinnen und Künstler dabei nicht vergeben. Aber es wird von ihnen auch nicht verlangt, in ihren Werken Staatsoberhäupter zu verherrlichen. In die demokratischen Prozesse der Meinungsbildung sich einzumischen darf von ihnen aber erwartet werden. Das sind sie der Republik schuldig.

Referenzen

(1) Schriften zum öffentlichen Recht, Band 748, Duncker & Humblot 1997, Wolfgang Palm, Öffentliche Kunstförderung zwischen Kunstfreiheitsgarantie und Kulturstaat, S. 21
(2) Marlies Hummel, Die wirtschaftliche und soziale Situation bildender Künstlerinnen und Künstler, 2007/08, S. 31
(3) Dr. Dominik Freiherr von König, in: Kulturstiftungen - ein Handbuch für die Praxis, 2002, S. 39. Hrsg. Beauftragter der Bundesregierung für Angelegenheiten der Kultur und Medien, Bundesverband deutscher Stiftungen sowie Deutscher Kulturrat.
(4) Rainer Hummel, ebenda, S. 25
(5) Hanna Marie Ebert, Corporate Collections – Kunst als Kommunikationsinstrument in Unternehmen
(6) „Jäger und Sammler", Dokumentation über das Sammeln von Kunst, 2008, S. 9, Hrsg. Bundesverband Bildender Künstlerinnen und Künstler.
(7) „WOW – Kunst für Kids", Studie des BBK im Auftrag Bundesministeriums für Bildung und Forschung, 2008
(8) Prof. Dr. Jean-Christophe Amman, 1989 bis 2001 Direktor des Museums für Moderne Kunst, Frankfurt/M., in Kunstförderung in Deutschland, Hrsg. Gesellschaft für Kunstförderung und Sponsoring mbH.
(9) Kunstförderung in Deutschland, Hrsg. Gesellschaft für Kunstförderung und Sponsoring mbH, Alexandra Wendorf, Ingo Maas, Astrid Kehsler

Charles Philippe Dijon de Monteton

Politik als Staatskunst
Ein doxographischer Abgesang

Fremdling: Wir müssen also – abgesehen von der auf richtiger Einsicht beruhenden Staatsform – auch die in allen diesen Staatsformen Mitwirkenden absondern als Männer, die mit wahrer Staatskunst nichts zu schaffen haben, sondern Aufrührer sind und Schutzherren der schlimmsten Scheingebilde und selbst nichts anderes sind als solche Scheingebilde, und die als Nachahmer und Gaukler schlimmster Sorte die größten Sophisten unter den Sophisten werden.

Sokrates der Jüngere: Diese Bezeichnung scheint sehr richtig auf die sogenannten Staatsmänner übertragen worden zu sein.

(Platon POLITIKOS 1995: 303 B 8 - C 7)

Vorbemerkung

Spricht man heutigentags von „Staatskunst", so lässt einen dieser Begriff zumeist an Künstler denken, welche als Staatsbeamte in der Deutschen Demokratischen Republik ihren Wirkungsbereich hatten oder an Maler des Sowjetischen Realismus, deren öffentliche Auftraggeber idyllische Szenen aus dem Alltagsleben sowie Landschaften und Porträts aus der Zeit der Oktoberrevolution von 1917 und den Jahren des „sozialistischen Aufbaus" erstellten. Möglicherweise kommt einem auch die nationalsozialistische Propaganda-Kunst eines Ivo Saligers, Adolf Zieglers oder Josef Thoraks sowie viele andere Kunstschaffende aus den unterschiedlichsten autoritären und totalitären Staaten in den Sinn (vgl. weiterführend: Beyme 1998: 53-144). Unter Umständen wird man dabei auch an den „Poet laureate" des Vereinigten Königreichs von Großbritannien denken, aber wohl kaum werden Assoziationen mit unseren Politikern geweckt. Bereits der bloße Vergleich, geschweige dem die Ineinssetzung eines Staatsmannes mit einem „Staatkünstler" im Sinne eines exzellenten Regierungsverantwortlichen mutet äußerst befremdlich an. Unabhängig von der persönlichen Position würde sich niemand dazu versteigen, einen Cäsar, Napoleon Bonaparte oder Winston Churchill als „Staatskünstler" zu qualifizieren.

So lapidar und selbstverständlich uns dieses Ansinnen auch däucht, hierbei von einem „Das war schon immer so" – Befund auszugehen, wäre unrichtig. Schließlich verfügt die Auffassung von „Politik als Staatskunst" über einen langen Traditionsstrang, welcher seinen Weg, beginnend im Altertum, über das Mittelalter bis hin zur Aufklärung nahm: Bereits in vorsokratischer Zeit ging man wie selbstverständlich davon aus, dass die Staatskunst lehrbar sei. So rät Demokrit ausdrücklich selbige, wie sie von Parmenides und Melissos sowie anderen praktiziert wurde, als die höchste aller Künste zu erlernen und keinesfalls die Mühen zu scheuen, aus denen Großes und Herrliches für die Menschen hervorginge (ὧν Δ. μὲν παραινεῖ τήν τε πολιτικὴν τέχνην μεγίστην οὖσαν ἐκδιδάσκεσθαι καὶ τοὺς πόνους διώκειν, ἀφ' ὧν τὰ μεγάλα καὶ λαμπρὰ   γίγνονται τοῖς ἀνθρώποις. Diels und Kranz 1952: Demokritos B 157)). Zur Erlernung der Staatskunst, die er durchaus im Sinne einer Fertigkeit oder eines Handwerks begreift (πολιτική τέχνη), legt er größten Wert auf eine fundierte Ausbildung, welche im Stande ist, die volle Entfaltung der natürlichen Anlagen zu befördern (Diels und Kranz 1952: Demokritos B 51, 179-181,183). Leider bleibt uns die materiale Ausprägung der Staatskunst im vorsokratischen Verständnis opak, da die Schriften des Abderiten allein als Fragment auf uns kamen, wobei es als unwahrscheinlich angesehen werden kann, dass er weitere Ausführungen darüber gemacht, da wir durch Diogenes Laertios' Übertrag des von Thrasyllos aufgestellten Schriftenverzeichnis des Demokrit recht genau darüber im Bilde sind, zu welchen Themen er Bücher verfasst hat. Ausführungen zur Staatskunst oder der Politik im Allgemeinen sind dorten nicht aufgeführt (Laertius 1999: lib. 9, cap. VII, 46-49).

Jedoch können wir daraus zunächst nur ableiten, dass ein Verständnis von „Politik als Staatskunst" im frühen Altertum schon einmal existent war. Die Ursachen, warum diese Auffassung heute verschwunden ist, können wir hieraus schlechterdings nicht ergründen. Mithin ist es notwendig, weitere Anhaltspunkte und Erklärungsmuster im Kontext der politischen Doxographie zu suchen, wobei wir uns dabei gleich zu Anfangs ein methodisches Problem vergegenwärtigen müssen; denn während die Aktualität eines ideengeschichtlichen Textes auf den historischen Zusammenhang verweist, aus welchem er hervorgegangen ist und dem er nach wie vor zugehörig ist, supponiert seine Aktualisierung ein in dieser Kohärenz befindliches, auswendiges Interesse, welches sich der Tradition bedient, um sich dann selbst zu bestätigen. Mithin birgt ein solches dem Bedürfnis nach Aktualisierung geschuldetes Vorgehen die Gefahr in sich, eigene Befunde aus der Gegenwart zu legitimieren, indem suggeriert wird, man könne ihnen ein „genealogisches Prestige" verleihen. Damit scheint es, dass sich zwischen dem Einstmals und der Gegenwart kaum je eine fruchtbringende Relation zu etablieren vermag, es sei denn, man könnte die vergangene Aktualität reflektierend aktualisieren. Dieser Ansatz indes endet unweigerlich aporetisch, da fast jeder, welcher sich mit einem Gedankengang oder Text der Vergangenheit auseinandersetzt, zunächst den Drang verspürt, eine aktuelle Beziehung herzustellen, um sich von den Ketten der Tradierung zu befreien. Jedoch bedient er sich zumeist eben eines Teils dieser Überlieferung, welches er zu seinem Zweck separiert und dem er eine Präferenz einräumt. Seine Selektion ist dabei stark von den jeweiligen Umständen dependent, wobei sie mit dem eigentlichen Untersuchungsgegenstand wenig zu tun hat und von diesem höchstens einen bestimmten Aspekt berücksichtigt. Hierbei ist es nicht erforderlich, dass er authentisch oder gar wesentlich ist, sondern vermag durchaus auch auf einem traditionellen Vorurteil zu beruhen. Um aus diesem Dilemma der Willkür einen Ausweg zu finden, ist es nach Jean Bollack unerläßlich, die Tradition selbst zum Untersuchungsgegenstand zu machen und ihre Entstehung und Entwicklung zu analysieren, da dieser Umweg allein dazu angetan ist, zu verhindern, dass die Erneuerung des Verständnisses letztendlich doch der anonymen Macht der Gewohnheit zum Opfer fällt, welche dadurch eine immerfortwährende Verjüngung erlebt und auf diese Weise am Leben gehalten wird (Bollack 1979: 1).

Dieser Problematik eingedenk soll im Nachfolgenden, ausgehend vom theoretischen Fundament der Antike, vornehmlich des platonischen Politikos, untersucht werden, welche doxographischen Entwicklungen Hinweise darauf liefern können, wessenthalben wir heute von einer Auffassung von „Politik als Staatskunst" zur Gänze abgerückt sind. Zu diesem Zweck wird der Analysefokus epochenübergreifend auf diejenigen Theoretiker gelegt, welche sich in ihren Lehren maßgeblich mit dem Begriff „Staatskunst" oder seinem ideengeschichtlichen Derivat in Form der „politischen Klugheitslehre" auseinandergesetzt haben.

Politik als Staatskunst und politische Klugheitslehre

Trotz der schwierigen antiken Überlieferungstradition und einer zunächst eher an Themen der Natur orientierten und erst allmählich der Dimension des Politischen zugewandten Philosophie verschwand der Begriff mitnichten aus deren Sprachgebrauch; denn obschon Platon sehr daran gelegen war, Demokrit niemals zu zitieren und er angeblich auch den vergeblichen Versuch unternahm, sämtliche seiner Schriften, denen er habhaft werden konnte, zu verbrennen (Laertius 1999: lib. 9, cap. VII, 40), bemühte er sich im Politikos darum, die wahre Staatskunst (hier: ἀληθῶς πολιτική (Platon POLITIKOS 1995: 308 D 1-2)) zu ergründen und widmete dieser Suche einen Großteil seines Dialogs Politikos, welcher im Gegensatz zur Politeia zu den späteren und realistischeren Werken Platons gezählt wird (Planinc 1991: 14). Hierbei stand zunächst die Suche nach einer Annäherung an den Inhalt dieses Begriffs im Vordergrund, was Sokrates der Jüngeren (immer noch grundlegend: Kapp 1924) im Zwiegespräch mit einem Fremden zu erhellen sucht. In diesem Zusammenhang ist es bezeichnend, dass der Politikos sich direkt an den Dialog Theaitetos anschließt, in dem es erstrangig darum geht, drei verschiedenen Konzepte von Wissen („Wissen ist Wahrnehmung", „Wissen ist wahre Meinung", „Wissen ist wahre Meinung mit Erklärung") gegenüberzustellen um auf diese Weise eine Definition von Wissen zu erlangen. Denn der Staatsmann sollte nach Platon gerade über die Fähigkeit der Staatskunst (πολιτικὴ τέχνη) oder des Wissens (ἐπιστήμη) verfügen, was für den Staat im weitesten Sinne des Wortes „gut" sei (Platon POLITIKOS 1995: 258 C 3; 261 C 8; 276 C 8; 300 E 7-9 et al.). Hierin wird deutlich erkennbar, dass sich die späterhin von Aristoteles vorgenommene Unterscheidung von Politik und Ethik noch nicht vollzogen hat.

Bevor wir uns nunmehr der Methode und Bestimmung des von Platon gebrauchten Begriffs „Staatskunst" zuwenden, erscheint es erforderlich, sich zu vergegenwärtigen, dass wir in einer Zeit leben, deren Kunstbegriff mehr auf das fertige Werk abzielt als auf die Könnerschaft des Hervorbringens, folglich den Menschen als Mittel- und Ausgangspunkt nimmt und auf diese Weise die ganze Kunst „demokratisiert". Dies fand seine vollendete Akzentuierung im antiklassischen, „anthropologischen Kunstbegriff" von Joseph Beuys, der sich auf die Fähigkeit aller Menschen bezieht (Beuys 1978: 136): „Alles ist Kunst, jeder Mensch ist ein Künstler." (Wellershoff 1976: 28). Damit versucht Beuys, obschon er das Altertum in seiner Darlegung ausdrücklich apostrophiert, einen Ausweg der „wirtschaftenden Menschheit" aus dem Antagonismus von Kapital, das er mit Kunst gleichsetzt und Kommunismus über einen, umfassende Freiheit verheißenden, völlig universalistischen Kunstbegriff zu finden, um auf diese Weise „das große Leiden der Natur" überwinden zu können (Beuys 1978: 139). Eine Exklusivität von Kunst auf diejenigen, welche „Befähigte" sind, ergo Wenige, erscheint ihm bei der Verwirklichung dieses durchaus politischen Ziels hinderlich. Indem der Künstler Beuys sich selbst in die Reihe derjenigen einfügt, welche nach klassischer Auffassung nicht „können", instrumentalisiert er den Kunstbegriff eigenzwecklich. Jedoch verfügt die herkömmliche Auffassung, welche einen unauflöslichen Nexus zwischen Kunst und Können festschreibt insofern über eine plausible Grundlage, als dass durch die synallagmatische Bedingtheit es schlechterdings möglich wird, zwischen Handwerk und theoretischer Abstraktion zu scheiden. Dies hat bereits Herder im Jahr 1800 in seiner Kaglione unmissverständlich formuliert:

Kunst kommt von Können oder Kennen her (nosse aut posse), vielleicht von beiden, wenigstens muss sie beides in gehörigem Grad verbinden. Wer kennt, ohne zu können, ist ein Theorist, dem man in Sachen des Könnens kaum traut; wer kann ohne zu kennen, ist ein bloßer Praktiker oder Handwerker; der echte Künstler verbindet beides. (Herder 1800: 3)

Darin folgt er der Unterscheidung, wie sie seinerzeit Platon im politischen Kontext bezogen auf die Staatskunst vorgenommen hat; denn der Staatsmann muss in zweifacher Weise kundig sein, da die Seele Erkenntnis in zwei Teilen dichotomisiert, eine „handelnde" und eine „einsehende" (Ταύτῃ ποίνυν συμπάσας ἐπιστήμας διαίρει, τὴν μὲν πρακτικὴν προσειπών, τὴν δὲ μόνον γνωστικήν. (Platon POLITIKOS 1995: 258 E 4-5)). Unter der handelnden Erkenntnis versteht er ein eher handwerklich ausgerichtetes Wissen beziehungsweise Können, welches sich beim Ausführen praktischer Handlungen erlangen und verbessern lässt. Er vertritt dabei die Vorstellung einer Symbiose, dass nämlich die Erkenntnis der Handwerker den Handlungen innewohnt und zusammengewachsen ist (Platon POLITIKOS 1995: 258 D). Die Ausprägungen der „einsehenden" Erkenntnis sieht er einesteils in der Rechenkunst und anderenteils in der Herrscherkunst. Angesichts der hier vorliegenden Häufung des von Platon verwendeten Begriffs „Techne" (τέχνη), der seit der genialen Schleiermache-Übersetzung fast ausschließlich in diesem Kontext mit Kunst ins Deutsche übertragen wird, könnte man vermeinen, Platon nutze ihn inflationär oder gar beliebig. Dieser Eindruck täuscht jedoch insofern, als dass er im Griechischen weit bedeutungsreicher ist, als es das Wort „Kunst" im Deutschen widerzuspiegeln vermag. So kommt ihm gleichergestalt die Bedeutung Geschicklichkeit, Gewandtheit, Sachkenntnis, Kunstfertigkeit, Handwerk, Gewerbe sowie Geschäft eine bestimmte Form der Wissenschaftsart sowie List, Kunstgriff und Kunstwerk zu.

Demnach wird in der Odyssee das Herausschlagen eines Schiffsblocks aus einem Baumstamm (Homerus 2001: III 62) genauso als „Techne" angesehen, wie eine trickreiche „τέχνη" in der Theogonie mit der es Zeus vermochte, seinen Vater Kronos zu besiegen (Hesiodus 1998: V. 495-496). Da es jedoch hier nicht der Ort sein kann, den Begriff „Techne" in all seinen lexikalischen Polysemen abzubilden, erscheint es sinnfällig sich der Definition Rudolf Löbls zu bedienen, der in einer travail pharaonique 500 antike Vorkommnisse der Wortfamilie „Techne" analysiert hat (Onea Gáspár 2006: 70). Demnach ist „Techne" für ihn eine „Fähigkeit, sowohl im Bereich handwerklichen Herstellens als auch im Bereich menschlichen Handelns allgemein, sach- und situationsgerecht zu handeln." (Löbl 2003: 264). Mit dieser Begriffsbestimmung vermögen wir es, uns den Bedeutungshorizont von „Techne" wie er für den antiken Leser grundsätzlich verstanden wurde, zu vergegenwärtigen. Damit erhellt sich die Art und Weise der Gesprächsführung, wie sie von Platon kunstvoll inszeniert wurde, um das Spezifikum der „Staatskunst" zu ergründen. Danach bedient er sich wie in allen Dialogen der Maieutik, das heißt dem Zweischritt aus Elenktik und Protreptik, wobei er sich bei letztgenannter im Politikos der Methode des sogenannten Ausschlussverfahrens durch die Dihairesis (διαίρεσις) bedient, bei welcher ein Oberbegriff in zwei Unterbegriffe zerlegt wird, welche wiederum selbst zerlegt werden etc. pp. (immer noch grundlegend: Stenzel (1917)). Behufs einer zugänglicheren da weniger abstrakten Illustration seiner Gedanken, bemüht er sich um das Auffinden paradigmatischer Einzelfälle aus der Alltagsrealität, welche wiederum zum Rückschluss auf den Wahrheitsgehalt der Anfangsthese beitragen, welche dann entweder verworfen, verändert oder als Ausgangspunkt für weitere Untersuchungen bestehen bleibt.

Mit seiner Teilung der „einsehenden" Erkenntnis in Rechenkunst und Herrscherkunst gelangt Sokrates der Jüngere zu weiteren Einsichten in Bezug auf die Staats(führungs)kunst: So ist für ihn das Wissen eines wahren Königs nichts anderes, als wenn ein Privatmann einem Herrscher einen richtigen Ratschlag erteilt und somit prinzipiell auch über ein Wissen zur Herrschaft verfügt. Genauso verhält es sich für ihn mit einem Hausvater, welcher einer großen Familie vorsteht, was für ihn keinen essentiellen Unterschied in der Art des Gebietens über eine kleinere Stadt ausmacht. Ferner sieht er in der wahren, königlichen Kunst des Herrschens eine nähere Verwandtschaft zu den „einsehenden" als zu den „handelnden" Künsten. Er begründet dies darin, dass die Kraft der Hände für einen König eine weit weniger große Bedeutung zukommt, als der Beherrschung der eigenen Seele. Hierin zeigt sich ein fundamentaler Punkt in der Politischen Philosophie Platons, da er die Sphäre des Politischen in Analogie zur Gliederung der Seele behandelt. Bereits in seinem paradigmatischen Frühwerk, der Politeia, sieht er im vierten Buch des Abschnitts über die drei Seelenteile eine Wesensähnlichkeit eines gerechten Mannes und eines gerechten Staats (Καὶ δίκαιος ἄρα ἀνὴρ δικαίας πόλεως κατ' αὐτὸ τὸ τῆς δικαιοσύνης εἶδος οὐδὲν διοίσει, ἀλλ' ὅμοιος ἔσται. (Platon POLITEIA 1993: 435 B 1)). Die Beherrschung der Seele durch den Staatsmann offenbart, dass dieser Aspekt die Modifikationen und Anpassungen auf der Suche nach dem zweitbesten Staat beziehungsweise einer Annäherung an die politische Lebensrealität jenseits einer reinen Philosophenherrschaft, im Politikos unveränderte Gültigkeit besitzt und damit zu einem zentralen Bestandteil der Politischen Theorie Platons zugehörig ist. Das Inbezugsetzen der Seele mit dem Politischen hat noch eine weitere, entscheidende Folge: Indem er zunächst durch die Dihairesis um eine klare Begriffstrennung bemüht ist, kommt er nach seiner oben abgebildeten Untersuchung zu dem Schluss, dass sowohl die Staatskunst und der Staatsmann als auch die Herrscherkunst und der Herrscher als eins zu behandeln sind (Τὴν ἄρα πολιτικὴν καὶ βασιλικὴν καὶ βασιλικὸν εἰς ταὐτὸν ὡς ἕν πάντα ταῦτα συνθήσομεν; (Platon POLITIKOS 1995: 259 B 7-8)). Mithin bleibt er im Verständnis des Wissens um die Staatskunst (âpist mh politik) als einer Verbindung des Wissens um das politisch Gute und der Fähigkeit, dieses durchzusetzen aus der Politeia treu (Höffe 1997: 336). Für die weitere Untersuchung ist dies insofern von besonderer Bedeutung, als dass damit das Verständnis von der Staatskunst mit dem des Staatsmannes, welcher dieser Kunst des Herrschens mächtig ist, es sich also bei ihm um einen Herrscher handelt, im Folgenden synonym aufgefasst zu werden vermag. Die weitere Annäherung an eine Definition der Staatswissenschaft erfolgt nach der Trennung in hirtenhafter Pflege einer Herde (Platon POLITIKOS 1995: 261 D - 262 A) und der Zucht von einzelnen Tieren und bezüglich des Menschengeschlechts in Hellenen und Barbaren durch eine immer feingliedrigere Zweiteilung der Tierwelt, nachdem die Erkenntnis gereift ist, dass Art und Teil einer Gattung verschieden sind (. . .πῶς ἄν τις γένος καὶ μέρος ἐναργέστερον γνοίη, . . . (Platon POLITIKOS 1995: 263 A 2-3)). Sie werden daher in zahme und wilde, Wasser und Landtiere, beflügelte und zu Fuß gehende Lebewesen, gehörnte und ungehörnte, nur in der eigenen Spezies sich reproduzierende und mit anderen Arten sich fortpflanzende sowie zwei- und vierfüßige Tiere eingeteilt. Diese doch sehr der Fauna entnommenen Analogien scheint einem platonischen Überbedürfnis nach penibler Klassifikation geschuldet zu sein, über welches sich bereits die Zeitgenossen amüsiert zu haben scheinen, wie das Fragment des Komikers Epikrates vermuten lässt (Kassel 1986: Fr. 10 (161-163)). Er schildert darin sehr anschaulich und humoristisch eine „Seminarsitzung" Platons mit seinen Schülern in der Akademie, als diese von ihm die Aufgabe bekamen, die Gattung des Kürbis zu ermitteln. Genau wie im Politikos soll zunächst durch das dihairetischen Teilen die Gattung des Definiendums bestimmt werden, um dann soweit zu gelangen, bis eine weitere Dichotomisierung nicht mehr möglich ist und sich Aussagen über das Wesenhafte des Untersuchungsgegenstandes aussagen lassen. Aristoteles hat späterhin diese Vorgehensweise noch sublimer ausdifferenziert (Waschkies 1977: 210-211). Die Gefahr, welche sich durch diese, allein der Suche nach dem Schematischen verschriebenen Heuristik, offenbart, liegt auf der Hand: Der auf diese Weise Suchende verliert das, worin es ihm originär ging, nämlich das tiefsitzend Wesenhafte zu ergründen, mangels einer die Perspektive nicht verbauenden Gesamtschau, aus den Augen. Durch die konsequente Anwendung dieser Methode mit all ihren Mängeln nimmt es insofern nicht Wunder, dass der Dialogpartner von Sokrates dem Jüngeren in seinem vorläufigen definitorischem Fazit auch zu einer, eine gewisse Komik nicht verhehlenden Definition der königlichen Staatskunst gelangt, bei der es sich um eine „Wissenschaft der Behütung ungemischt sich begattender, [sc. herdenhafter, menschlicher Zweifüßler]" (. . . γενέσεως ἀμείκτου νομευτικὴν ἐπιστήμην προσαγορεύων. (Platon POLITIKOS

1995: 267 B 7-8)) handle. Rasch wird nach einigen gezielten Fragen des elatischen Fremdlings evident, dass diese Definition in keiner Weise überzeugen kann (Platon POLITIKOS 1995: 267 D 7 - E 2). Zu solch einem fast schon trivialen Ergebnis hätte man schließlich auch gelangen können, ohne die Dihairesis bemühen zu müssen. Der Fehler scheint in der zu lapidar erfolgten Gleichsetzung des Hirtenberufs mit dem des Staatsmanns zu liegen. Denn der Hirte ist für alles in seiner Herde höchst-selbst zuständig, das heißt, er verkörpert den Arzt, wenn ein Tier aus seiner Herde erkrankt ist, die Hebamme für die Gebärenden und den Züchter bei der Paarung der Tiere, außerdem beruhigt er sie als Musiker mit seinem Instrumentalspiel. Beim Staatsmann ist diese Personalunion einzelner Ämter nicht zutreffend, da es viele Berufe gibt, die bei der Betreuung des Staatswesens wetteifern (Platon POLITIKOS 1995: 268 B 9 - C 2). Dabei entbehrt es im Altertum keinesfalls der Le-gitimität, das Bild des guten Hirtens (ὁ ποιμὴν ὁ καλὸς) im Sinne eines Volkslen-kers zu verstehen, wurden doch bereits Moses (Heilige Schrift 2003: Jes 63,11; Num 27,17) oder David (Heilige Schrift 2003: 1. Sam,16.19; 17,15.28; 2. Sam 7,8; Psalm 78,70-72) als Hirten ihres Volkes betrachtet. Späterhin sollte die Hirtenallegorie in der christlichen Rezeption ihren unverrückbaren Platz durch das Diktum des „Lamm Gottes" Jesus Christus „Ich bin der gute Hirte" (Novum Testamentum Graece 2007: Joh 10,11.14) erhalten. Darin wird die alttestamentarische Tradition der Identifikation von Gott selbst als Hirten (Heilige Schrift 2003: Gen 48,15; Psalm 23 et Psalm 80) in das Neue Testament transferiert und erlangt nicht zuletzt durch die Trinität ihre in sich schließende, höchste Ausprägung. Dies ist dahingehend auch für den vorliegenden Fall von Belang, als dass Platon den Fremden in „scherzhafter Weise" den Mythos (Platon POLITIKOS 1995: 268 D - 274 E) über das goldene, saturnalische Zeitalter erzählen lässt, in dem sich sämtliche Himmelsbe-wegungen und Entwicklungsprozesse diametral umkehren und der Mensch für Nichts Sorge zu tragen hat, da alles von einem „Guten Hirten" für ihn wohleinge-richtet wurde. Dieser elysische Zustand, welcher sich trefflich mit dem des Garten Eden parallelisieren lässt, hielt nicht ewig an und als die Zeit abgelaufen war, brach sich das Äon des Zeus Bahn, in welchem die Menschheit bis heute verharrt, wobei sie anfangs weitestgehend auf sich alleine gestellt war, denn erst nach und nach erhielt sie das Prometheische Feuer, die handwerklichen Fertigkeiten des Hephaistos und die künstlerische Gabe der Athene (Platon POLITIKOS 1995: 274 C 7 - 274 D 1). Bereits die Ankündigung des Fremden, die Erzählung als „Scherz" (παιδιά) (Platon POLITIKOS 1995: 268 D 8) zu fabulieren, weist der Interpretation den Weg: Die infantile Vorstellung eines mit Milch und Honig durchflossenen Schlaraffenlandes, in welcher ein göttlicher Hirte über eine sinnumnebelte, tumb-immerfröhliche Menschenschar in fürsorgender Güte herrscht, vermag von einem im Vollbesitz seiner geistigen Kräfte befindlichen Individuum getrost als Scherz aufgefasst werden. Diese abstrus-irrationale Vorstellung wird von Platon besonders anschaulich in seiner Persiflage der kosmischen Ordnung, in welcher die Abkehr der Himmelskörper von ihrer angestammten Bahn einfach abkehren lässt, verdeutlicht. Durch dieses groteske Bild offenbart sich die Erzählabsicht: Statt darauf zu hoffen, dass sich im Diesseits die ewige Ordnung der Welt ändert und sich in eschatologische Phantasmagorien zu ergehen, müssen die Menschen des gegenwärtigen Zeuszeitalters auf ihre ureigenen Fähigkeiten und sonderheitlich auf ihre Vernunft vertrauen (Apelt 1975: 84-85). Denn der göttliche Hirte, bei welchem es sich ja eben um keinen Menschen handelt, gebietet über eine gedankenlose, unselbständige Masse, bar der Fähigkeit, selbstbewusst nach dem Maß ihrer Kräfte an der politischen Gestaltung des „bonum commune" zu partizipieren. Genau dieses Unvermögen in sein Gegenteil umzukehren beinhaltet, wie auch an vielen Stellen in den Gesetzen ersichtlich ist (Platon NOMOI 2005: 693 C - D, 738 D - E, 739 C - F, 961 D - F et al.) nach Platons Dafürhalten das eigentliche Geheimnis der Staatskunst.

Der Mythos erfüllt darüber hinaus eine zusätzliche Funktion, denn bei weiterer Reflexion wird über die mangelbehaftete Parallelisierung von Hirtenkunst und Staatskunst hinaus ersichtlich, dass der Irrtum bereits in einem früheren Gedankenschritt, nämlich der nicht getroffenen Unterscheidung von menschlichem und göttlichem Hirten, zu verorten sei. Der göttliche Hirte verkörpert den menschenzüchtenden Hüter, welcher allein in einem erdichteten Goldenen Zeitalter seinen Platz hat, in der Realität müsse vielmehr auf den Aspekt der Züchtung (τροφή) Verzicht geübt werden und statt dessen die Fürsorge (ἐπιμέλεια) im Vordergrund stehen (Platon POLITIKOS 1995: 276 C 12 - 276 D 3). Die Fürsorgekunst (ἐπιμελητική) erfordert eine erneute Teilung in gewaltsame und freiwillige Anwendung, wobei Erstgenannte mit der Tyrannis und Letztgenannte mit dem wahren Königtum identifiziert wird. Interessant ist hierbei, dass bereits in diesem frühen Stadium der Politischen Philosophie eine klare Differenzierung zwischen Regierungsart und der regierenden Person getroffen wird, ein Gedanke, wie ihn Kant, zurückgehend auf seinen akademischen Lehrer Gottfried Achenwall (Thiele 2003: 17), weit später im dritten Teil des ersten Definitivartikel seiner Schrift „Zum Ewigen Frieden" (Kant AA 1969a: 352) in klarerer Trennung von „forma regiminis" und „forma imperii" aufgreifen und weiter ausarbeiten sollte (Kersting 2004: 99).

Gemäß dieser Eingrenzung der Fürsorgekunst gelangt der Fremde zu einer ersten gesicherten Definition der wahren Staatskunst, dass es sich bei dieser nämlich um eine „Herdenaufsicht über freiwillig gehorchende Zweifüßler" handelt (. . .τὴν δὲ ἑκούσιον καὶ ἑκουσίων διπόδων ἀγελαιοκομικὴν ζῴων προσειπόντες πολιτικήν, . . . (Platon POLITIKOS 1995: 276 E 10 - 12)). Allerdings weist diese

Begriffsbestimmung ob ihrer großen Inklusion nur vorläufigen Charakter auf. Behufs einer größeren definitorischen Genauigkeit vollzieht der Fremdling die weitere Annäherung an den Terminus der Staatskunst durch das Heranziehen eines Beispiels aus dem Alltag: der Weberkunst. Darin zeigt sich ein Wechsel in der methodischen Vorgehensweise: Bis dahin fand das dichotome Verfahren des Ausschlusses von Begrifflichkeiten zusamt mit einem mythischen Exkurs Anwendung, doch um ein höheres Maß an Prägnanz zu erzielen, wird nunmehr auf die paradigmatische Methodik zurückgegriffen. Das bedeutet, dass wo die Dihairesis an ihre Grenzen gelangt, die Anschaulichkeit des Exempels ihre Berechtigung hat. Theoretisch fundiert findet sich dieser Befund in der „Ars rhetorica" des Aristoteles (Aristoteles ARS RHETORICA 2006: lib. 1, cap. I., 1357b25-30), welche gleichsam zur Erhellung des Verständnisses des vorliegenden Falles beiträgt, denn der Stagirit sagt dort deutlich, dass das Beispiel sich nicht wie ein Teil zum Ganzen oder ein Ganzes zum Teil oder Ganzes zum Ganzen, sondern statt dessen wie ein Teil zum Teil und ein Ähnliches zum Ähnlichen verhält, wenn beides unter dieselbe allgemeine Gattung fällt und eines von beiden bekannter als das andere ist (Rapp 2002: 208). Damit eignet sich das paradigmatische Prozedere trefflich, um dem bereits vollzogenen Fehler einer Vermengung von Gattung und Teil, wie beim Scheiden in Menschen und Tiere, vorzubeugen (Platon POLITIKOS 1995: 262A-264B). Schließlich handelt es sich bei Erstgenanntem um eine Gattung, was hinwider bei Letztgenanntem mitnichten der Fall ist.

Geht es im Menon darum, von der wahren Meinung (δόξα ἀληθής) zum Wissen (ἐπιστήμην) zu gelangen, soll im Politikos vermittelst der geschilderten Methode eine falsche Meinung korrigiert werden (Platon POLITIKOS 1995: 278 E 1). Somit wird, dem Erfordernis der Ähnlichkeit geschuldet, die Weberkunst als Beispiel für die Staatskunst hinzugezogen (Platon POLITIKOS 1995: 279 A - 283 A). Genauso wie bei der Lenkung des Staates dienen ihr verschiedene Künste von derselben Gattung (γένος) wie beispielsweise das Walken, Krempeln und Spinnen, was vom Fremden als Wollverarbeitung (ταλασιουργική) mit der eigentlichen Herstellung der Kleidung identifiziert wird, als „mitverursachende" (συναίτιων) Künste, um zur Vollendung ihres Werkes zu gelangen (Platon POLITIKOS 1995: 297 B 7). Dabei wendet sie sowohl eine scheidende Fertigkeit an (συγκριτική), indem sie die Kette durch das Weberschiffchen trennt als auch eine verbindende (διακριτική), wenn sie die Kette und den Einschlag durch das Weberschiffchen miteinander verflechtet (Platon POLITIKOS 1995: 282 B 4 - 8). Die Suche nach diesen „Auxiliarkünsten" erfolgt wiederum durch die Dihairesis. Allerdings gelangt diese methodische Vorgehensweise an ihre Grenzen, weil sie allein – und darin liegt ihre Gemeinsamkeit zur sophistischen Dialektik – Erkenntnisse über mögliche Beschaffenheiten zu generieren vermag, hieraus aber keinerlei Wertaussagen ableiten kann. Daran ändert sich auch nichts, sofern man den Untersuchungsgesichtspunkt, unter welchem man vermittelst ihrer die einzelnen mitverursachenden Künste scheidet, wechselt. Was bleibt, ist immer die Frage nach dem einen Werk (ἔργον), auf welches hin sämtliche Mitursachen ihre Ausrichtung haben. So war bereits in den früheren Dialogen die Spitze der Zweckpyramide vor einem Zugriff ins immer höher Hinausgehende zurückgewichen. In den mittleren Schriften trat anstelle des unmittelbar Greifbaren die Idee, welche indes nicht Zweck, sondern nur Maßstab sein konnte, was gerade beim Politikos von besonderer Relevanz ist, da die königliche Kunst (βασιλικὴ τέχνη) ihre Ausrichtung schlechthin nicht auf einen klar definierten, in allen Facetten umrissenen, messbaren Gegenstand gelegt hat, welcher nach festen Vorgaben und Gesetzen „produziert" werden soll (Kube 1969: 220-221).

Daher ist es kein Zufall, dass nachdem auf diese Weise eine Definition der Weberkunst erreicht wurde, ein Exkurs (Platon POLITIKOS 1995: 283C-285C) über die Messkunst (μετρητικὴ [sc. τέχνη]) eingeschoben wird. Denn der Fremdling unterscheidet beim Maß (μέτριον) zwischen einem relativen oder mathematischen und einem absoluten, das heißt begrifflichen. Die allein mathematische Auffassung der intelligiblen Welt hat indes den entscheidenden Nachteil, dass sie stets nur zu relativen Bestimmungen fähig ist, aber eines festen, absoluten Maßes entbehrt mit welchem es möglich ist, konkrete Handlungen und Verhaltensweisen zu taxieren (Wieland 1999: 163 (Anm. 15)). Nach der Erkenntnis, dass die mathematische Form der Bemessung eine die Vernunft nicht saturierende Form der Bemessung darstellt, galt es Platon darob, nach dem irrelativen Metrum zu suchen, welches er schließlich in den Begriffen und ihren Korrelaten, also den Ideen, über welchen allen die Idee des Guten, verkörpert durch die Gottheit, als Höchstes thront (weiterführend: Wyller 1995: 13-48). Das „Weshalb", der Zweck (οὗ ἕνεκα) dieser Unterscheidung ist nichts Geringeres als die Rettung der Künste an sich; wer nämlich einzig von der relativen Messkunst ausgeht, stellt auf diese Weise die Existenz der Künste schlechterdings in Abrede. Schließlich ist die Kunst nicht irrational, folglich liegt auch ihr eine Form der Messkunst zu Grunde, indessen handelt es sich bei dieser mitnichten um eine verhältnismäßige, das heißt mathematische; denn jedem Künstler ist eingedenk, dass die Güte und das Vollbringen seiner Schöpfung davon dependent ist, das Angemessene (τὸ μέτριον) nicht zu verfehlen. Demgemäß existieren, sofern man annimmt, dass es diese absolute Form des Maßstabs, welcher Auskunft über einen Mangel oder ein Übermaß und damit darüber gibt, was angemessen ist, tatsächlich gibt, die Künste. Würde die zweite Art, die nicht relative sein, gäbe es auch keine Künste. Die Existenz der Künste ist aber unumstößliches Faktum. Diese Schlussfolgerung hat allerdings nicht nur Implikationen grundsätzlichster Natur für die Dimension des Künstlerischen, sondern gleichwohl auch für das Staatswesen. Auf Grund der Tatsache nämlich, dass die Formen des Wissens von den Formen der Lebensrealität, zu welchen die Künste eindeutig gehörig sind, ihren Ausgang nehmen, würde also ein Negieren der absoluten Messkunst die Nichtexistenz der Künste nach sich ziehen und damit die Frage nach der Staatskunst selbst futil erscheinen lassen (Platon 2008: 157-158). Dabei handelt es sich fraglos um eine gravierende Erkenntnis, welche einen neuralgischen Punkt der gesamte Politischen Philosophie Platons offenlegt, da ohne den stets aufs Neue emphasierten Bezug zur Idee des höchsten Guten seine politischen Reflektionen samt und sonders ins Leere liefen. In diesem Zusammenhang drängt sich die Frage auf, ob die Vertreter der modernen quantitativen Politikforschung ihrer Bemühung ausreichend Ausdruck verleihen, das Nicht-Relative ihrer verhältnismäßigen Analysen stets deutlich darzulegen.

Während seiner Ausführungen zur Messkunst gewinnt Platon selbst die Einsicht, dass er womöglich ein wenig weit vom Thema abgeschweift ist, da er den Fremdling fragen lässt, wie es nun um die Untersuchung der Staatskunst stünde und ob sie überhaupt ihretwillen oder allein ob einer Stärkung der eigenen dialektischen Fähigkeiten angestellt worden sei (Platon POLITIKOS 1995: 285 D 5 - 7). Mit dieser Selbstkritik entkräftet er einen seinerzeit häufig wider die Sophisten erhobenen Vorwurf, Untersuchungen weitschweifig nur durch intellektuelle Scheingespräche anzustrengen, um selbstgefällig die eigene Dialektikkunst zur Schau zu stellen.

Nachdem die Weberkunst und die Relevanz eines absoluten Bezugspunkts sowohl methodisch als auch material herausgestellt wurde, operationalisiert er nun das Beispiel der Weber- auf die Staatskunst (Platon POLITIKOS 1995: 287 B - 290 D). Dabei scheidet er die Künste in diejenigen, welche einesteils auf das Hervorbringen von etwas Nützlichem gerichtet sind (Platon POLITIKOS 1995: 289 C 4 - D 2) anderenteils die dienstleistenden Künste und prüft, ob diese einen Anspruch auf Anteil an der königlichen, wahren Staatskunst haben (Platon POLITIKOS 1995: 289 C 4 - 10). Bei den herstellenden Künsten, welche er analog zu den mitverursachenden Künsten der Weberkunst in sieben Gruppen einteilt, verfährt der Fremde nicht nach der dihairetischen Methode, vielmehr klassifiziert er sie nach Produkten und ergründet dann deren Zweck. So regt der Fremde als weitere methodische Vorgehensweise an, wie bei der kleinteiligen Zerlegung eines Opfertieres vorzugehen (Platon POLITIKOS 1995: 287 C 3), das heißt, die Gesamtheit wird in ihre Einzelbestandteile zerlegt. Sätze wie diese dürften die Entwicklung der Methode „more geometrico" seines Schülers Euklid, welche dieser als „resolutiv-kompositorische" oder auch „analytisch-synthetische" begründet und die von Aristoteles weiter verfeinert wurde (Aristoteles POLITIKA 1964: 1252a17-23) und welche schließlich in der Neuzeit von Descartes in die theoretischen und mit Hobbes De

Corpore (Hobbes 1655: Pars 1, cap. 2 et 5) in die praktische Philosophie Einzug hielt, zumindest inspiriert haben, auch wenn Platon ihr persönlich absprechend gegenüberstand, da er sie allein für den Demiurgen höchstselbst als praktikabel ansah (Böhme 2000: 82).

Denn diese Künste sind nämlich nebeneinanderstehend völlig disparat und vermögen nicht von einer allgemeinen Bestimmung vermittelst Disjunktionen zu subordinierten Funktionen dihairetisch abgeleitet werden (weiterführend: Scodel 1987: 145-150). Gerade darin wird für den Fremden offenkundig, dass diejenigen produktiven Künste, welche sich nicht in ein dichotomes System taxieren lassen, einer höheren, den Gesamtüberblick besitzenden Ordnungsinstanz bedürfen, welche er mit der Staatskunst identifiziert (Platon POLITIKOS 1995: 305 D - E).

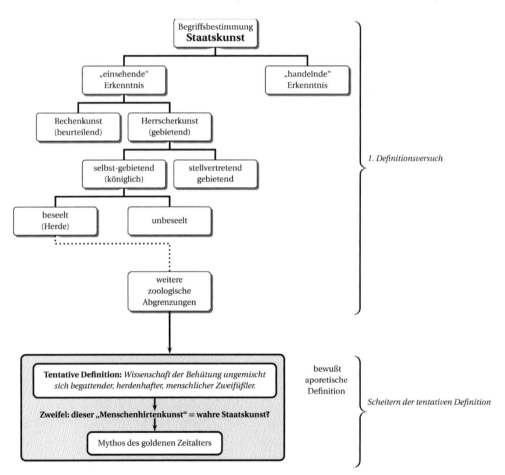

Abbildung 1:   Schematik des Definitionsversuchs der „Staatskunst" nach (Platon POLITIKOS 1995: 258 B - 274 E) [eigene Darstellung]

Gleichergestalt verfährt er mit den dienenden Personen und deren Profession (Platon POLITIKOS 1995: 289 C - 290 E): Auch hier bedient er sich nicht der Dihairesis als Vorgehensweise, sondern teilt die dienenden Künste zunächst in verschiedene Gruppen ein, wobei er sie von der Warte der Abhängigkeit zu einem Herrn und ihrem möglichen Anteil an der wahren Herrschaft anordnet. Dabei figurieren die Sklaven in den niedrigsten, die Schiffsherren in den mittleren und die Priester in den höchsten Klassen. Dass Sklaven und Taglöhner keinen Anteil an der Herrschaft haben, versteht sich von selbst, bei einem Schiffsherren verhält es sich indes differenzierter: der Fremdling spricht hier expressis verbis von jemandem (ναύκληρος), welcher nicht nur als Kapitän über die uneingeschränkte Bordgewalt verfügt, sondern als Eigentümer die vollumfängliche Autorität in sich vereinigt und daher einen Anteil an Herrschaft überhaupt für sich reklamieren darf (Platon POLITIKOS 1995: 290 A 1).

Dies wird nicht zuletzt dadurch unterstrichen, dass Platon in der Politeia das Gleichnis der Schifffahrt ausdrücklich zur kritischen Versinnbildlichung der politischen Kunst der Staatsmänner seiner Zeit hinzuzieht (Platon POLITEIA 1993: 488 A 7 - 489 C 7): Darin vergleicht er diese mit Seeleuten, welche sich um die Position des Steuermanns streiten, obschon keiner in der Steuerungskunst kundig ist und die ihr ganzes Streben darauf abzielen, an das sprichwörtliche „Ruder" zu kommen. Hierbei gehen sie davon aus, dass die Kunst, ein Schiff zu steuern, nicht erlernbar ist; mehr noch, sie beabsichtigen jeden in Stücke zu reißen, der eine gegenteilige Behauptung aufstellt. Die Bedeutung der hier aufgeführten Protagoristen ist unschwer zu entschlüsseln: Der Schiffsherr steht für den Demos, der Steuermann für den Philosophen und die Matrosen symbolisieren die Staatsmänner beziehungsweise ihre sophistischen, pseudointellektuellen Erfüllungsgehilfen (Kersting 1999: 204). Bei diesem Gleichnis deutet sich bereits die Relevanz an, welche die Frage nach der Lehrbarkeit der Staatskunst respektive der Politik für die platonische Philosophie verkörpert und wie sie in seinem später verfassten Dialog Menon ausführlich behandelt werden sollte. Beim Priester (ἱερεύς) und Wahrsager (μαντική) ist die eigene Unabhängigkeit am stärksten ausgeprägt, wessentwegen sich die Absonderung von der wahren Herrschaft als noch komplizierter erweist, da beide Berufsgruppen vermöge ihres hohen Selbstwertgefühls einen ehrfurchtgebietenden und erhabenen Eindruck vermitteln (weiterführend: Bremmer 1996). Insbesondere der Fall Ägypten, welchen Platon ob seiner profunden Kenntnisse des dortigen politischen Systems gesondert apostrophiert (Platon POLITIKOS 1995: 290 D 9 - E 2), zeigt, wie eng sakrale und säkulare Herrschaft miteinander verknüpft sein können, da priesterliches Amt und Herrschaft in der Person des Pharao durch Personalunion indivisibel verbunden sind. Damit ist in diesem seltenen Fall, wie auch beispielsweise in der kosmologischen Monarchie Mesopotamiens oder später des römischen Cäsaropapismus, der König der wahre Priester, da ihm allein die Interpretationshoheit über sämtliche spirituellen Belange und die Befehlsgewalt, die sich hieraus ergebenden Handlungsnotwendigkeiten zu veranlassen, zusteht. In der Alltagsrealität Griechenlands und speziell Athens, wie wir von Aristoteles aus seiner Athenaion Politeia wissen, war die Macht des Priesters (hier: βασιλεύς) zwar gleichsam außergewöhnlich groß, so waren alle Mordfälle bei ihm anhängig und er überwachte die Eleusischen Mysterien sowie die lenäischen Dionysien, aber all dies darf nicht über die Tatsache hinwegtäuschen, dass seine ganzen Befugnisse nur delegiert und auf vorher festgelegte Bereiche beschränkt waren (Aristoteles ATHENAION POLITEIA 1986: cap. 57, 1-2).

Als Letztes gilt es nun als eine der schwierigsten Aufgaben, die „königliche Kunst" von den sogenannten „Staatsmännern" zu trennen. Zu diesem Behufe bedient sich der Fremdling zunächst derjenigen Staatsformenlehre, wie sie ausgehend von der ersten Tripartitionierung des Pindar im 5. Jahrhundert (Pindarus 1980: 2. Pyth., 86-87) sowie in ihrer Weiterentwicklung durch die Identifikation mit den einzelnen Seelenteilen in der Politeia auf uns gekommen ist (Platon POLITEIA 1993: 449 A sowie 543 A - 576 B). Die dabei zur Anwendung gekommenen Unterscheidungskriterien sind Vermögensverhältnisse, Anzahl der an der Regierung beteiligten Personen, Gesetzesherrschaft oder Anarchie, durch Zwang ausgeübte oder auf Freiwilligkeit beruhende Herrschaft, eine auf Ehre oder auf Unehre basierende Staatsverfassung. Es sei an dieser Stelle annotiert, dass der Ausdruck Politeia (πολιτεία) im Griechischen verschiedene Bedeutungsvarianzen aufweist, das heißt sowohl inwendige als auch auswendige Komponenten von „Verfasstheit" inkludiert (weiterführend: Nitschke 2008), welche vor allem bei der Gegenüberstellung der drei inneren Seelenzustände des Menschen, das heißt der Vernunft (λόγος), des Mutes (θυμός) und der Begierde (ἐπιθυμία), korrespondierend mit den Staatsformen Aristokratie, Timokratie und Oligarchie, zum Tragen kommen (Rhim 2005: 40). Diese Kriterien sind jedoch für die „wahre Staatskunst" mitnichten von Relevanz, da, wie bereits festgestellt wurde, es sich bei ihr um eine „Wissenschaft" handelt (Platon POLITIKOS 1995: 258 B 4 - 6), der Staatsmann ergo unter den „Wissenden" (ἐπιστημόνων) zu suchen ist und damit als einziges Kriterium von Belang das „Wissen" fungiert. Demnach wird hier nicht der aristotelische Wissenschaftsbegriff antizipiert, welcher das Wissen um seiner selbst sonderheitlich ob seiner Nutzlosigkeit zur edelsten und vornehmsten aller Tätigkeiten erklärt (Aristoteles METAPHYSIKA 1963: lib. 1, cap. 2, 986b 19-28). Bei Platon hat das Verständnis um die königliche Wissenschaft, gleich ob man nun tatsächlich herrscht oder nicht, durchaus einen unmittelbaren praktischen Nutzen, der allerdings nicht im heutigen Verständnis ökonomisch missgedeutet werden darf, sondern dessen Nützlichkeit insbesondere auf die Seele abzielt (Schmidt 2006: 101). Da nun nicht alle Menschen zu den Wissenden gezählt werden können, birgt dies die logische Konsequenz, dass nur einer oder wenige eine wahre Herrschaft, die den Beherrschten die Eudaimonie verheißt, ausüben können. Des Weiteren ergibt sich daraus, dass alle seinerzeit in der Empirie existenten staatlichen Verfasstheiten keine richtigen sind, sondern einzig mehr oder minder gute „Nachahmungen" (μεμιμημένας) der einzig wahren Staatsverfassung sind (Platon POLITIKOS 1995: 293 E 3-6); ob es eine solche nun aber vielleicht doch irgendwo gibt, lässt der elatische Fremde im Ungewissen.

Im sich nun anschließenden Exkurs über die Gesetze (Platon POLITIKOS 1995: 293 E- 297 B) steht die Frage im Mittelpunkt, ob es sinnfällig sein kann, ohne Gesetze zu regieren, wobei hierbei keine Willkürherrschaft gemeint ist, sondern um ein aus wahrer Einsicht gewonnenes Gebieten, welches der Herrschaft des ansonsten positiv verfassten Rechts weit überlegen ist, da es im Stande ist, das Gute und Richtige im Einzelfall zu entscheiden. Was hier zum Tragen kommt, ist ein uralter Konflikt zwischen dem geschriebenen, das heißt kodifizierten Recht (τὸ νομοθέτημα) und übergeordneten Normen (ἄγραφοι νόμοι), welcher bereits im Griechenland Platons über eine hohe Brisanz verfügte und mannigfaltige literarische Verarbeitungen erfuhr, wie beispielsweise in Sophokles Antigone, wo sich die Auseinandersetzung gerade an der Unbilligkeit des gesetzten Rechts im Einzelfall in Gestalt der verweigerten Bestattung des Polyneikes durch seine Schwester entzündet (Sophocles 1996: V. 450-455). Es liegt daher die Vermutung nahe, dass Platon einen solchen Dissens im Auge gehabt haben könnte, wenn er die veritabel vollendete Staatskunst (πολιτική) nur auf Grundlage der tugendhaften Einsicht (φρόνησις), welche im Einzelfall der Besonnenheit respektive der Vernunft folgten und nicht „dem Buchstaben gemäß" entscheidet, dem Fremdling als Ideal in den Mund legt, wenn er erneut eine Schiffsmetapher bemüht, da schließlich der Steuermann, um seine Mannschaft zu retten, auch keine schriftlichen Gesetze erließe (Platon POLITIKOS 1995: 296 E 4 - 297 A 2). Damit legt Platon den theoretischen Grundstein für die von Aristoteles späterhin präziser getroffene Unterscheidung von Billigkeit (ἐπιεικές) als die „Korrektur eines Gesetzes, soweit es auf Grund seiner Allgemeinheit mangelbehaftet ist" (ἐπανόρθωμα νόμου, ᾗ ἐλλείπει διὰ τὸ καθόλου. (Aristoteles ETHICA NICOMACHEA 1970: lib. 5, cap. XIV 1137b 26-27)) gegenüber der Gerechtigkeit (δικαιοσύνη). Diese Definition resultiert aus einer zuvor konstatierten trilemmatischen Paradoxie, denn entweder ist das Recht nicht gut oder das Billige, wenn es vom Recht verschieden ist, nicht gerecht, oder wenn beide richtig und gut sind, besteht kein Unterschied zwischen ihnen. Die vom Stagiriten gefundene Lösung ist in ihrer Simplizität nachgerade genial: Einesteils verkörpert das Billige, vergleicht man es mit einem gewissen Recht, ein besseres Recht, anderenteils kann es nicht in dem Sinne besser als das Recht angesehen werden, als wäre es zu einer anderen Kategorie zugehörig. Folglich sind Recht und Billigkeit einerlei, und obzwar beide sowohl richtig als auch gut sind, doch die Billigkeit das Bessere. Demgemäß ist das Billige selbst ein Recht, aber besser als ein bestimmtes Recht, nicht aber das Recht selbst (Bien 1995: 160). Somit nimmt es nicht Wunder, dass Aristoteles bei der Frage nach der Stellung der Gesetze, welche er als die optimalste Form der Individual- und Sozialorganisation ansieht, zu einem grundsätzlich differenten Ergebnis gelangt: Auf keinen Fall sollen seines Dafürhaltens Menschen, die durch Willkür, Eigennutz und Emotionen die Gefahr der Tyrannis in sich bergen, sondern einzig geschriebene Gesetze herrschen (Aristoteles ETHICA NICOMACHEA 1970: lib. 5, cap. X 1134a 35-36); denn diese wirken nicht allein durch die Kraft der Persönlichkeit, sondern vermittelst der Kraft eines rational persuadierenden Ordnungsprinzips (. . . οὕτως ἐν ἐπιτηδεύμασιν ἐπιεικέσι ζῆν καὶ μήτ' ἄκοντα μήθ' ἑκόντα πράττειν τὰ φαῦλα, ταῦτα δὲ γίνοιτ' ἂν βιουμένοις κατά τινα νοῦν καὶ τάξιν ὀρθήν, ἔχουσαν ἰσχύν· (Aristoteles ETHICA NICOMACHEA 1970: lib. 5, cap. X· 1180a 16-18)). Diese Begründung erscheint nicht zuletzt auch ob ihres fast deckungsgleichen Wortlautes mit den Kantschen Erkenntnissen bezüglich einer durativen Staatsverfassung in seiner Schrift die „Metaphysik der Sitten" seinen Ausdruck findet („Dies ist die einzige bleibende Staatsverfassung, wo das Gesetz selbstherrschend ist und an keiner besonderen Person hängt."(Kant AA 1969b: 342)), allerdings wird in der neueren Forschung zumeist übersehen (so z.B. Sobota 1997: 292), dass Aristoteles seine Aussage dahingehend einschränkt, dass er den König oder einen Ähnlichen von der Ermangelung des Durchsetzungsvermögens exkludiert, ergo hat ein solcher durchaus die Möglichkeit, etwas mit der einem Gesetz vergleichbaren Autorität zu dezidieren. Doch trotz, dass der Fremdling apodiktisch für eine Herrschaft ohne Gesetz auf der Grundlage der richtigen Erkenntnis eintritt, ist ihm durchaus auch gegenwärtig, dass die tatsächliche Staatskunst auch das Erlassen von Gesetzen beinhaltet. Zwei Argumente sind hierbei von Bedeutung: Einerseits erfordert es die Gebundenheit des Staatsmanns an die Gesetze der Natur, dass er sich nicht jenseits von Raum und Zeit zu bewegen vermag, dass heißt, sein irdisches Dasein ist nicht unlimitiert, wessenthalben es ein Erfordernis darstellen könnte, Gesetzmäßigkeiten schriftlich zu fixieren (Platon POLITIKOS 1995: 295 A 10 - 295 B 2). Andererseits könnten Gesetze als „Erinnerungshilfen" (ὑπομνήματα) für Regelungen eines wahren Staatsmanns fungieren (Platon POLITIKOS 1995: 295 B 10 - C 5). In diesem Gedanken klingt die durchaus nicht unkritische Funktion der Schriftlichkeit im Mythos des Theut in Platons Phaidros an (Platon PHAIDROS 1979: 273 C - 274 B), welche dazu angetan ist, niedergeschriebenen Anweisungen in Form von Gesetzen skeptisch gegenüberzustehen.

Jenseits der genannten Erwägungen, welche eine schriftliche Fixierung von Vorschriften im Grundsatz als plausibel erscheinen lassen, lässt der Fremdling jedoch durch eine Arzt- sowie eine erneute Schiffsanalogie keinen Zweifel daran, dass auch die geschriebenen Gesetze jederzeit von einem in den Staatsgeschäften wirklich Einsichtigen abgeändert werden dürfen. Damit steht die Kunst des wissenden Staatsmanns eindeutig über den Gesetzen, um insbesondere im Einzelfall für das jeweilige Individuum das Angemessene zu entscheiden (Platon POLITIKOS 1995: 296 E 4 - 297 A 5).

Hieraus automatisch einen Vorzug des modernen Rechtsstaats abzuleiten (Becker et al. 2009: 83-84), da in einem solchen juristischen Fälle ohne Ansehen der Person vermittelst einer im Voraus festgelegten Rechtssetzung entschieden werden, ist insofern nicht schlüssig, als dass einesteils hierbei gleichsam ein fallibler Richter fungieren muss und andererseits das positive Recht in genau derselben Weise im konkreten Einzelfall wider die Billigkeit verstoßen kann, wie dies bei einer souveränen Einzelfalldezision eines der Staatskunst mächtigen Politikers der Fall zu sein vermag. In der Moderne wird mithin übersehen, dass die Bezugsgröße des wahren Staatsmannes über ein tatsächliches Wissen, das sowohl eine normative als auch praktische Komponente, versinnbildlicht durch den Arzt und Steuermann, beinhaltet, die das genaue Gegenteil einer an vermeintlich objektiver Distanziertheit interessierten Rechtsstaatlichkeit darstellt (vgl. zur Distanziertheit im Rechtsstaat: Kloepfer 1982: v.a. 65-66).

Im Anschluss an diesen Exkurs der Gesetze unternimmt der Fremdling den Versuch, sich der politischen Wirklichkeit dahingehend anzunähern, indem er der Frage nachgeht, welche der real existenten Staatsverfassungen eine gute Nachahmung der idealen, am tatsächlichen Wissen der Staatskunst orientierten, verkörpert (Platon POLITIKOS 1995: 297 B - 303 C). Das für eine gelungene Imitation zu Grunde gelegte Hauptkriterium ist das Erlassen „guter" Gesetze (εὐνόμους). „Gut" ist in diesem Zusammenhang als das für das „Allgemeinwohl" Zuträgliche und nicht den einer bestimmten Klasse (Adel, Ochlos et al.) geschuldeten Belangen zu verstehen. Eine Auskunft, wie in einem konstruktiven Sinne die Gesetze in concreto auszusehen haben, bleibt der elatische Fremdling schuldig. Statt dessen erfahren wir, auf welche Weise die Gesetzesherrschaft keinesfalls beschaffen sein sollte: So sieht er durchaus die Gefahren, welche von den wahrhaft Wissenden ausgehen können, sie aber durch strenge Gesetze in Bande zu schlagen, erachtet er als den falschen Weg (Platon POLITIKOS 1995: 300 C); damit kontrastiert er einen ausufernden Legalismus mit einer allein dem freien Belieben geschuldeten Regieren. Insofern liegt der Kern der Grundproblematik in einem Herrschen, das auf einem Nachahmen tradierter Bräuche und legalistischer Vorschriften beruht und sich nachgerade nicht mehr aus tatsächlichem Wissen speist (Platon POLITIKOS 1995: 300 D - E). Erschwerend tritt hinzu, dass ein solch unwissendes Nachahmen das Aufkommen von Phantasmagorien befördert (Ackeren 2003: 291 (Anm. 455)).

Was folgt, ist ein erneutes Einteilen der einzelnen Regierungsformen anhand der Kategorie der Gesetzmäßigkeit (Platon POLITIKOS 1995: 300 E - 301 C). Neben den gesetzmäßigen Verfassungen wie der Monarchie, Aristokratie und Demokratie, welche als „wohlgeordnet" (κοσμίων) qualifiziert werden, wendet er sich deren Parakbasen zu. Daraus resultiert als Ergebnis, dass sämtliche an der Macht beteiligten Gruppen wie der Tyrann, die Oligarchien oder der Ochlos allein zum Wohle ihres eigenen Standes und damit einseitig regieren. Dieser Befund zieht sich durch die gesamte Politische Philosophie Platons, sowohl in seinem Frühwerk, der Politeia (Platon POLITEIA 1993: 338 E 1 - 6), wie auch in späteren Schriften (Platon NOMOI 2005: 715 B 2-6) und auch sein Schüler Aristoteles war noch davon überzeugt, dass sowohl Tyrannis, Oligarchie und Demokratie nur dem Nutzen des Alleinherrschers, der Reichen oder der Armen dienlich sind (Aristoteles POLITIKA 1964: 1279b 4-10).

Demgemäß tritt in Anbetracht der Abgrenzung zwischen den sechs Verfassungen und der siebten, der Wahren, auf Wissen beruhenden, evident zu Tage, dass darin einzig Staatsmänner Verantwortung übernehmen, welche entweder nur zu wissen glauben, die Einsicht in die wahre Staatskunst zu besitzen oder lediglich als Repräsentanten ihrer ureigensten Interessen agieren, sich darob wie die Schiffsleute im Gleichnis der Politeia verhalten, denen es allein darum geht „ans Ruder" zu kommen. Mit der Abtrennung der unechten Staatsformen sind auch deren Vertreter, vornehmlich die Sophisten, vom echten Staatsmann abgesondert (Platon POLITIKOS 1995: 303 B 8 - C 7).

Als ursächlich für die Nachahmungen der idealen Staatsverfassungen sieht er das Unvermögen der Menschen, daran zu glauben, dass es einen Staatsmann gibt, welcher über die Tugend und die Wissenschaft der königlichen Staatskunst verfügt und damit in der Lage ist, die Eudaimonie für die Beherrschten zu realisieren (Platon POLITIKOS 1995: 300 C 11 - 301 D 4).

Als letzten Schritt für die Bestimmung der wahren Staatskunst verbleibt es, die ihr verwandten „Künste" wie die Rede-, Kriegsführungs- und Richterkunst zu trennen (Platon POLITIKOS 1995: 303 D - 305 E). Die erstgenannte vermag zwar durch den Reiz ihrer Worte die Masse zu überreden, nicht aber vermöge belehrender Einsicht. Die Kompetenz, darüber zu urteilen, ob die Masse auf Grund von Zwang oder durch ein Überreden gefügig gemacht werden soll, obliegt ihr mitnichten, sondern verbleibt bei der wahren Staatskunst. Die Kriegsführungskunst weist durch ihre Machtfülle, indem sie über die gesamte Kriegslogistik befindet, prima vista eine enge Verwandtschaft zur Staatskunst auf; jedoch besitzt auch sie nicht die Entscheidungskompetenz, letztinstanzlich über die Weiterführung des Krieges oder ein Friedensabkommen zu befinden. Dieserhalb ist sie von der königlichen Staatskunst als verschieden anzusehen. Ähnlich verhält es sich auch bei der Kunst des

Richtens, denn auch sie ist lediglich im Stande, bei Streitfällen darüber eine Entscheidung zu treffen, was als Recht und Unrecht nach Maßgabe des positiven Rechts, welches zuvor vom König als Gesetzgeber erlassen wurde, zu gelten habe. Somit fungiert sie nur als Behüterin der Gesetze, ist indes in letzter Konsequenz aber nur Dienerin der Herrscherkunst. Demzufolge bricht sich die Erkenntnis Bahn, dass die genannten mitverursachenden Wissenschaften nicht selbstgenügsam sind, das heißt der ordnenden Hand einer übergeordneten Instanz bedürfen. Diese verkörpert die königliche Kunst, welche die Ausführung der von ihr erlassenen Befehle nicht selbst in die Hand nimmt, sondern mit Geschick darauf achtet, bei den wichtigsten Staatsgeschäften das richtige Urteil zu treffen und dabei keinesfalls den geeigneten Zeitpunkt (καιρός vgl. weiterführend: Kinneavy 2002) verpassen darf (τὴν γὰρ ὄντως οὖσαν βασιλικὴν οὐκ αὐτὴν δεῖ πράττειν, ἀλλ' ἄρχειν τῶν δυναμένων πράττειν, γιγνώσκουσαν τὴν ἀρχήν τε καὶ ὁρμὴν τῶν μεγίστων ἐν ταῖς πόλεσιν ἐγκαιρίας τε πέρι καὶ ἀκαιρίας· τὰς δ' ἄλλας τὰ προσταχθέντα δρᾶν. (Platon POLITIKOS 1995: 305 D 1 - 5)). Damit ist die zweite Bestimmung der königlichen Kunst für Platon gefunden, indes nicht ohne weiteres. Denn das Gebieten über die übrigen, mitverursachenden Künste allein ist genauso wenig geeignet, eine umfassende Definition der Staatskunst zu bieten, wie die erste, tentative Definition des wahren Staatsmannes als Hüter einer Herde „ungemischt sich begattender, herdenhafter, menschlicher Zweifüßler". Erst das Zusammenführen der in den beiden Bestimmungen zusammengetragenen Aspekten offenbart das eigentliche Ziel, auf das Platon im Politikos hinauswollte: die „königliche Verflechtung" (βασιλικὴ συμπλοκή (Platon POLITIKOS 1995: 306 A 1)). In diesem Zusammenhang gewinnt die exemplarische Analogie der Weberkunst eine über das methodische Vorgehen sowie eine inhaltliche Parallelisierung in bezug auf das Trennen der mitverursachenden Künste hinausgehende Relevanz. Denn zuvor wurde die Staatskunst insofern charakterisiert, dass sie „alles zu einem trefflichen Gewebe zusammenfügt" (... καὶ πάντα συνυφαίνουσαν ὀρθότατα, ... (Platon POLITIKOS 1995: 305 E 3 - 4)). Waren zuvor Betrachtungsweisen in den Vordergrund getreten, welche vornehmlich die scheidende Befähigung der Weberkunst beinhalteten, indem der Kettfaden vermittelst des Weberschiffchens getrennt wird, soll nunmehr der Fokus auf die verbindende Eigenschaft gelegt werden, welche ihren Ausdruck darin findet, den Kettfaden und den Einschlag durch das Weberschiffchen miteinander zu verflechten. Im Folgenden wird zu klären sein, welche Bedeutung der Vorgang des Zusammenflechtens für die Staatskunst hat (Platon POLITIKOS 1995: 305 E - 308 B). Diese Aufgabe wird vom Fremdling als schwierig qualifiziert, doch sieht er sie als zwingend notwendig an. Er geht dabei vom Widerstreit der Tugend in sich selbst aus. So sind für ihn Tapferkeit (ἀνδρεία) und Besonnenheit (σωφροσύνη), welche beide Teil der Arete sind, in einem Konfliktverhältnis zueinander befindlich (Platon POLITIKOS 1995: 306 A 8-10). Diese beiden Naturen korrespondieren mit den Grundübeln in der Polis, welche der Fremdling mit der „furchtbarsten Krankheit für die Staaten" qualifiziert (Platon POLITIKOS 1995: 307 D 7-8). Demgemäß gehört es zu der ureigensten Aufgabe des Staatsmannes, aus dem Material, welches er in seinem Staat vorfindet, ein Ganzes zu formen, um die vorherrschenden und verderblichen Gegensätze zu überwinden. Dabei soll das Material zunächst einer Prüfung unterzogen werden, welche auf den Menschen bezogen im kompetitiven Raum durch Spiel erfolgt; in der sich anschließenden Auslese teilen sich die Menschen in „Erzieher" und „Diener"(Platon POLITIKOS 1995: 308 D 1 - E 2). Interessanterweise wird die Qualitätsprüfung sogar mit der auch von Platon verwendeten Wollmetapher fast deckungsgleich von seinem Schüler Aristoteles in dessen Hauptwerk im Zusammenhang mit den Analogien des Hausstandes und dem Staatswesen verwendet (Aristoteles POLITIKA 1964: 1258a 25-27)). Obzwar sich Platon zu den Kriterien und dem Prozedere der Selektion ausschweigt, sind die Parallelen zur Politeia unübersehbar (Platon POLITEIA 1993: 413 D - 414 A) und damit auch zu seinem Erziehungsideal (Scholz 1998: 96-102), welches eng mit einem ständisch orientierten Lehrplan zum Schutz der Polis vor der Stasis (στάσις), das heißt dem inneren Niedergang, verbunden ist, wie es in aller Radikalität vor allem in der Politeia expressioniert wird (Platon POLITEIA 1993: v.a. 412 E - 413 E sowie 503 C - 504 E). Nachdem der Staatsmann seine Untersuchung bezüglich Beschaffenheit und Brauchbarkeit der einzelnen Naturen auf ihre Tugend hin abgeschlossen hat und sich der unbildbaren Schlechten, das heißt Gottlosen, Frevelnden und Ungerechten vermittelst Tod, Verbannung und Atimie entledigte, muss er die widerstrebenden Seelenverfassungen im Anschluss daran als seine edelste Aufgabe mit einem göttlichen Band verbinden. Das bedeutet, er ist gehalten wie ein Weber, den Teil, welcher mehr der Tapferkeit zugeneigt ist und dessen harte Sinnesart die Eigenschaft einer Kette hat, mit dem, der mehr zur Friedfertigkeit tendiert, mithin über ein weicheres Naturell verfügt und damit einen dehnbareren, also belastbareren Faden bildet, zu verflechten (Platon POLITIKOS 1995: 309 B - C). Konkret bedeutet dies, die wahre Meinung über das der Vernunft zu Grunde gelegte sittlich Gute zum obersten Erziehungsmaßstab für die mit dem Göttlichen korrespondierenden Seelen zu wählen. Dabei steht die wahre Meinung epistemisch zwar etwas unter dem Wissen (ἐπιστήμη), jedoch reicht eine richtige Meinung zusamt mit dem Logos bereits aus (Platon MENON (2008: 87E - 88B sowie 96D-97C), ähnlich Platon POLITEIA (1993: 506 C)), um sich gut zurecht zu finden. Wenn der Fremdling in diesem Kontext den Terminus Gesetze (νόμοι (Platon POLITIKOS 1995: 310 A 2)) gebraucht, er beim wahren Staatsmann sogar von Nomothet (νομοθέτης (Platon POLITIKOS 1995: 309 D 1)) spricht, so sind hiermit wie in der Politeia mitnichten Regelungen zur Gestaltung der politischen Ordnung gemeint, sondern vielmehr Erziehungsvorschriften (Trampedach 1994: 205-206). Folglich ist das göttliche Band nichts anderes als die Erziehung (παιδεῖα), welche jedoch allein nicht als ausreichend angesehen wird, die Struktur des Gewebes vollständig zu festigen. Darob soll begleitend zum göttlichen noch ein menschliches Band gesponnen werden, welches eine bestimmte Sozialtechnik, wie sie gleichsam bereits in der Politeia und späterhin auch in abgewandelter Form bei Aristoteles zum Tragen kam (Bien 1985: 243-247), verfolgt. Somit fordert der Elat hier ausdrücklich eine Eheschließung, welche der Veranlagung (γένη) der Partner Rechnung trägt. Dies bedeutet, dass der Grundfehler in verfehlten Verfahren zu suchen ist, welche den meisten Ehebündnissen zu Grunde liegt. Das heißt, wenn sich tapfere Naturen nur untereinander verheiraten, ohne sich mit besonnen Naturen zu durchmischen, endet eine solche Ehepolitik in Tollheit. Gleichergestalt führen Verbindungen nur unter Bedachtsamen zu Stumpf- und Trägheit (Platon POLITIKOS 1995: 310 D 6 - 310 E 4). In der Alltagsrealität indes würden die Menschen dem Erzeugen guter Nachkommenschaft schlechterdings keine Beachtung schenken, sondern sich allein nach Vordergründigkeiten wie Wohlbehagen, Standesaspekte oder gar monetäre Verhältnisse, was Platon zutiefst perhorresziert, richten und damit nur Gleiches zu Gleichem verbinden. Mit dieser Haltung bezieht er für die damalige Zeit eine nachgerade revolutionäre Stellung, denn ein strikte Endogamie innert des Standes mit Ausnahme etwaiger finanzieller Erwägungen entsprach dem Usus der Heiraten des Altertums (vgl. zur endogamen Praxis im Altertum: Jones 1990: 488 (Anm. 53)). Letztentscheidend ist jedoch die Tatsache, dass der königliche Staatsmann es nicht verabsäumt, niemals die besonnenen von den tapferen Naturen fernzuhalten, sondern zusammenwebend durch gemeinsame Gesinnungen, Ehren und Auszeichnungen ein glattes Gewebe zu weben. Analog muss auch bei der Besetzung eines Regierungsamts (ἀρχή) verfahren werden, was bedeutet, dass bei der Vergabe eines Postens derjenige vom Herrscher bestimmt werden muss, welcher beide Naturen in sich vereinigt; soll es hinwider darum gehen, mehrere Positionen zu vergeben, müssen die Vertreter der beiden Tugendklassen sinnfällig miteinander durchmischt werden, da die besonnenen Beamten dazu neigen, zu vorsichtig und änderungsscheu zu agieren und damit eine gewisse Schärfe und Entschlossenheit vermissen lassen (Platon POLITIKOS 1995: 311 A 4 - 9). Wie Stanley Rosen treffend bemerkt, scheint sich Platon bei dieser Maßnahme durchaus darüber im Klaren gewesen sein, dass trotz sorgfältigen Überwachens nicht zur Gänze exkludiert zu werden vermag, dass eine der Gruppen sich degenerativ entwickelt (Rosen 2008: 189).

   Des Weiteren bleibt zu bedenken, dass bei Lichte besehen für einen Großteil der Bevölkerung wie Sklaven, Bürgerrechtslose sowie Frauen und Kinder die erforderliche gesetzliche Ordnung unberücksichtigt bleibt, wenn das Hauptaugenmerk der königlichen Staats-Weberkunst nur auf die zur politischen Verantwortung Befähigten gelegt werden. Die Lösung kann nach Friedo Ricken nur darin bestehen, dass die Staatskunst verschiedene Gewebe verfertigt, von denen die Regierenden zwar „das herrlichste und bester aller Gewebe" (. . . πάντων μεγαλοπρεπέστατον ὑφασμάτων καὶ ἄριστον ἀποτελέσασα, . . .) (Platon POLITIKOS 1995: 311 C 2 - 3)) verkörpert, welches aber alle Freien und Unfreien gleichfalls durch Eintracht und Freundschaft zu einer Gemeinschaft verwebt und damit wie ein prachtvolles Obergewand umschließt (Platon 2008: 230).

Demnach ist das Ziel der Staatskunst dann erreicht, wenn sich durch unmittelbare Verflechtung die Sinnesart der tapferen und besonnenen Menschen in einem richtigen Verhältnis zueinander befinden und beide in einträchtigem Gemüt sowie freundschaftlicher Verbundenheit zum gemeinsamen Leben zusammengeführt werden und mithin das vollkommenste und schönste Gewebe zum Besten aller, das heißt der umfänglichen Eudaimonie, hergestellt wurde (Platon POLITIKOS 1995: 311 B 7 - C 7). Damit ist die Bestimmung der Staatskunst im Sinne Platons endgültig abgeschlossen. Es zeigt sich deutlich, dass Platon von einer vollumfänglichen Philosophie im Sinne einer untrennbaren Verbindung von Ethik und Politik ausgeht, da für ihn die Höchste Idee des Guten, des wahrhaft Seienden, ein unbedingt synallagmatisches Verhältnis zwischen Staat und Individuum begründet; dies bedeutet, dass das Gute für den Staat zugleich das Gute für den Einzelnen verkörpert, denn es ist einer Einzelperson nicht möglich, vollkommen gerecht zu sein, wofern der Staat es nicht gleichergestalt selbst ist (Platon POLITEIA 1993: 499 A 11 - C 2). Da aber der platonische Sokrates das Versagen des Techne-Wissens seiner Zeitgenossen um die wahren Aufgaben des politischen Lebens, was nichts anderes bedeutet als die Frage nach dem Guten, mit allem Eifer beständig aufdeckte und für ihn Wissen und Könnerschaft in Eins fallen, erscheinen alle seine Dialogpartner als unwissend. Hierin nimmt die Suche nach dem Wissen um das Gute seinen Ausgang, nichtzuletzt, weil die konventionelle Kongruenz in moralischen Belangen innerhalb einer Gesellschaft, die verankerten Tugenden (ἀρεταί), wie sie im Bewusstsein der Alltagswirklichkeit einer Stadt vorherrschend sind, offenkundig als Wissen um dieses Gute ausscheiden (Gadamer 1991: 105-106).

Tugend begreift Platon also als (theoretische) Erkenntnis des Guten, wessenthalben das höchste theoretische Erkennen notwendigerweise zugleich das am meisten praktische ist. Folglich war für ihn die Ausdifferenzierung einer politischen Philosophie in den real existenten Staaten dahingehend nicht vorstellbar, als dass Erkenntnis nur vom wahrhaft Seienden, nicht aber von den Erscheinungen der intelligiblen Welt möglich war, da diese einzig Meinungen (δόξαι) hervorbringen könne (Bien 1985: 163-166). Gleichwohl sollte die höchste Erkenntnis vermittelst des Handeln der Philosophen als den wahren Staatsmännern ihren praktischen Ausdruck finden, wobei dann die gesamte Philosophie als politisch erscheint. Damit ist die ureigene platonische Forderung verbunden, dass die Politik ihrerseits philosophisch werden sollte, alldieweil Politik respektive die wahre Staatskunst nichts anderes als die Realisierung der Politik darstellt (Sellin 1993: 792).

Diese in sich geschlossene und konsistente Verortung der politischen Theorie im Gesamtgefüge der Philosophie wurde durch die wissenschaftstheoretischen Ambitionen von Aristoteles depraviert. Er unterteilte nämlich die Philosophie in einen praktischen und einen theoretischen Zweig. Erstgenannte wurde von ihm zusätzlich in die Trias Politische Wissenschaft (πολιτικὴ ἐπιστήμη), Ethik (ἦθος) und Ökonomik (οἰκονομία) ausdifferenziert (Aristoteles ETHICA EUDEMIA 1991: 1218b 13-14), wobei es in der Forschung nicht unumstritten ist, ob sich diese Dreiteilung dezidiert aufrechterhalten lässt, da Aristoteles die Wirtschaftswissenschaften eigentlich expressis verbis von der praktischen Philosophie exkludiert (vgl. zur Unterteilungsdiskussion Bien 1985: 269-273). Sie kann höchstens in Form einer Art „Metaökonomie" der Staatskunst zugerechnet werden (Koslowski 1993: 63). Die Ursachen, welche zu einer solchen Neuordnung des seinerzeitigen Wissenschaftssystems durch den Stagiriten geführt haben mögen, lassen sich sicherlich nicht monokausal explizieren. Einesteils lag ihm wohl daran, die vornehmlich durch Platon geprägte Protreptik (vgl. weiterführend zur Protreptik immer noch: Gaiser 1959), welche stets in der zum Weiterforschen aufrufenden Aporie endete, das heißt stets vom Nichtwissen geprägt war, am Ende qua Induktion (ἐπαγωγή) zu einer mehr Gewissheit versprechenden Definition zu gelangen. Anderenteils liegt in seinem gänzlich neuen, anthropologisch-politischen Ansatz ein weiteres Explanandum, da er den Menschen als „zoon politikon" (ζῷον πολιτικόν) auffaßt.

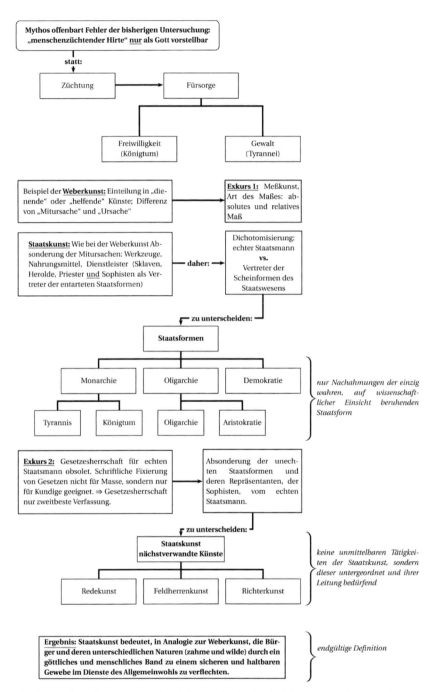

Abbildung 2: Fortsetzung der Schematik des Definitionsversuchs von „Staatskunst" nach (Platon POLITIKOS 1995: 275 A - 311 C) [eigene Darstellung]

Dies bedeutet, dass der Mensch nämlich nicht aus Furcht oder rationalen Überlegungen, sondern rein biologistisch (φύσει) dazu determiniert sei, zur Vollendung seines Strebens nach Glück (εὐδαιμονία), eine Staatsbildung anzustreben (Aristoteles POLITIKA 1964: 1253a 1-4). Dieserhalb liegt im Menschen bereits auf einer inwendig-organischen Ebene jenseits jedweder evolutionären oder temporalen Entwicklung die Veranlagung zur Staatlichkeit. Als ursächlich sieht Aristoteles den Umstand an, dass der Mensch ein mit Vernunft bewehrtes „zoon logon echon" ist (ζοῷν λόγον ἐχόν) ist (Aristoteles POLITIKA 1964: 1253a 9-10; 1332b 5), das mit der Fähigkeit zum Erkenntnisgewinn und dem Kommunikationsvermögen ausgestattet ist, was ihn vom Tier differenziert. Die neuere Forschung unter Wolfgang Kullmann (Kullmann 1980: 425-426) versucht jedoch diese strikte Dichotomisierung von vernunftlosem Tier und vernunftbegabtem und damit politischem Menschen, wie sie vor allem von Ritter (Ritter 1956: 76-77) und Bien (Bien 1985: 70, 72) dargelegt wurde, aufzubrechen (Rese 2003: 269-270). Konsens herrscht jedoch darüber, dass nach Aristoteles das gute Leben (εὖ ζῆν), welches der Menschheit als immerwährender Telos immanent ist (Aristoteles ETHICA NICOMACHEA 1970: 1097b 8), allein durch rechtes Handeln (πρᾶξις) verwirklicht zu werden vermag. Zu unterscheiden ist hier eine auf Herstellung bezogene Tätigkeit (ποίησις), deren Ziel mit der Vollendung des Werkes einhergeht, wessenthalben ihr Telos außerhalb des Werkenden befindlich ist (dagegen: Markus 1988). Dies darf jedoch nicht über die Tatsache hinwegtäuschen, dass für die Verwirklichung eines guten Lebens das Handeln allein nicht ausreichend sein kann, es sich vielmehr als gutes Handeln (εὖ πράττειν (Aristoteles ETHICA NICOMACHEA 1970: 1095a 19)) erzeigen muss, weshalb Aristoteles die Aufgabe der Ethik als indespensablen Teil der auf das Handeln ausgerichteten praktischen Philosophie nicht in einer theoretischen Erkenntnis des Guten sieht, sondern in der Realisierung desselben. Er widerlegt damit mitnichten die sokratisch-platonische Position im Kern, sondern richtet sich primär wider deren Ausgangspunkt eines transzendenten an sich seienden summum bonum. Somit ist das Thema Tugend nicht in seiner separierten Abgeschlossenheit von ausschlaggebender Bedeutung, sondern die Möglichkeit ihres Erwerbs. Es kommt also, um mit Günther Bien zu sprechen, für Aristoteles darauf an, die Menschen dazu zu bewegen, dass ihnen das Gute zu einem für sie Guten wird, ferner, dass sie das an sich Gute auch als ein für sie Gutes erachten (Bien 1972: 363).

So erklärt es sich dann auch, dass einer Erziehung nach sokratischem Vorbild ein gehöriges Maß an Skepsis entgegengebracht wird, nichtzuletzt weil die Antwort auf das „Richtige" oder das „absolut Wahre" nicht mehr in der Dimension eines „metaphysisch Guten" gesucht wird, sondern im Zusammenhang einer Theorie der „praktischen" Erkenntnis. Das heißt, dass bei Aristoteles dieses praktische

Erkennen stets eine Erkenntnis des „Einzelhaften" und „Affektgebundenen" bedeutet. Mithin fußt seine Theorie praktischer Erkenntnis, wie sie beispielsweise im politischen Alltag eines Staatsmannes absolut notwendig ist, auf der Lehre synallagmatischer Dependenz von Klugheit (φρόνησις) und Tugendhaftigkeit (ἀρετή). Vereint werden diese mit vielen Facetten ausgestatteten beiden Komponenten im Typus des trefflichen (σπουδαῖος (vgl. weiterführend: Schottlaender 1980)) Mannes. Dabei liegt dem Stagiriten daran, zu demonstrieren, dass wir in unseren Wahlakten (προαίρεσις) erst dann die „richtige" Entscheidung treffen, wenn unsere Affekte dahingehend funktionieren, dass uns das in Wahrheit „Gute" auch als ein „Gutes" erscheint (Rhonheimer 1994: 13).

Dies hat für die Staatskunst im Sinne einer praktischen Politik wesentliche Implikationen: Denn indem Aristoteles im Gegensatz zum platonischen Politikos nicht daran interessiert ist, eine materiale Bestimmung politischer Herrschaft zu geben, erscheint es ihm selbstverständlich, dass Regieren nichts anderes als eine Entscheidungsbefugnis für die unterschiedlichen Alltagsangelegenheiten wie beispielsweise Rechtsprechung, Handelsbelange und Administration für die staatliche Gemeinschaft darstellt (Aristoteles POLITIKA 1964: 1328b 5-14). Solchen landläufigen Vorstellungen wollte Platon aber gerade entgegengetreten, hat er sich doch in aller Akribie darum bemüht, wie bereits aufgezeigt wurde, die „mitverursachenden Künste" wie das Richteramt oder die Feldherrentätigkeit von der wahrhaft königlichen Kunst zu scheiden. Aristoteles hinwider nimmt diese dienenden Ämter in den Funktionsbereich der Staatskunst nebeneinander auf (Schütrumpf 1980: 24-25).

Auf diese Weise gewinnt die Bestimmung der Staatskunst bei Aristoteles Kontur, welche in der Nikomachischen Ethik durch die Ineinssetzung mit der Klugheit auf Grund des gleichen Ausdrucks ihres jeweiligen Verhaltens stärker ausdifferenziert wird (Ἔστιν δὲ καὶ ἡ πολιτικὴ καὶ ἡ φρόνησις ἡ αὐτὴ μὲν ἕξις, ... (Aristoteles ETHICA NICOMACHEA 1970: 1141b 23-24)). In diesem Zusammenhang wird die auf den Staat gerichtete Klugheit, welche vorrangig mit der Gesetzgebung (νομοθετική) betraut ist, zum leitenden und führenden Teil erklärt. Diejenige allerdings, welche auf das Einzelne abzielt, wird terminologisch unter dem gemeinsamen Namen Staatskunst (πολιτική) gefasst, da sie praktische und reflektierende Klugheit in sich vereint. Von dieser wird die Klugheit abgegrenzt, welche sich auf die eigene Person und persönliche Geschicke bezieht und unverändert unter dem Begriff der Klugheit firmiert. Mithin gelangt er durch die Klugheit, welche sich auf viele Personen bezieht zu der Tripartitionierung von Ökonomie, Gesetzgebung und Staatskunst. Letztgenannte wird wiederum in richterliche und beratende Komponenten dichotomisiert (. . . ταύτης [sc. πολιτική] ἥ μὲν βουλευτικὴ ἥ δὲ δικαστική. (Aristoteles ETHICA NICOMACHEA 1970: 1141b 32-33)).

Es sei an dieser Stelle auf die philologische Problematik des aristotelischen Begriffs Klugheit (φϱόνησις) als der höchsten der dianoetischen Tugenden hingewiesen, welcher wie kaum ein anderer die Interpreten zu äußerst divergenten Übertragungen ins Deutsche veranlaßt hat. So übersetzt die neuere Forschung mit Gigon (1975) „Phronesis" fast ausnahmslos mit „Klugheit", wohingegen die ältere mit Dirlmeier (1956) und Jaeger (1923) von „sittlicher Einsicht" spricht. Es vermag hier nicht der Ort zu sein, eine Wertung der beiden Übertragungsvariationen vorzunehmen, doch scheint der Begriff in der Antike in einem umfänglicheren Sinn, welche vom Verstand (νοῦς) und der Geschicklichkeit (δεινότης) geschieden werden muss und weniger das Vermögen als die Tugend der praktischen Vernunft umschließt, als heutigentags aufgefasst worden zu sein. Demgemäß bezieht sich die Klugheit nicht allein auf Ziele, sondern auf etwas, das zu demselben führt. Dabei setzt der Stagirit im Gegensatz zu seinem Lehrer Platon die Moralität respektive die Tugend der Absichten bereits voraus, was sich zusammenfassen lässt, als dass die Tugend für das richtige Ziel, die Klugheit für die geeigneten Mittel Sorge trägt (Gottschalk-Mazouz 2000: 227). Aristoteles übt damit Kritik an der Sokratischen Auffassung, dass die sittlichen Tugenden ebenso Facetten von Phronesis seien, es sich mithin um ein einfaches Wissen um das Gute in den verschiedenen Handlungsbereichen handelt (Aristoteles ETHICA NICOMACHEA 1970: 1144b 18-23). Durch diese Negierung der sokratischen Identifizierung von Wissen und Tugend wird die intentionale Ausrichtung des Strebens auf den eigentlichen Telos der Tugend von exzellierender Bedeutung; denn vermittelst dieses Trachtens wird Klugheit schlechterdings erst möglich, denn ansonsten würde es sich bei ihr lediglich um natürliche, wertneutrale und instrumentelle Geschicklichkeit der praktischen Vernunft handeln (Rhonheimer 1994: 336).

Dieser Befund darf jedoch nicht darüber hinwegtäuschen, dass die aristotelische Erörterung der Klugheit, wie sie zur näheren Bestimmung der Staatskunst oben hinzugezogen wurde (Aristoteles ETHICA NICOMACHEA 1970: 1141b 29-33), in politischen Kontexten fehlgreift. Das bedeutet, dass sein Übergang von wertenden zu rein deskriptiven Begrifflichkeiten in letzter Konsequenz problematisch ist; denn im Ausdruck der Ökonomie oder Hausverwaltungskunst ist nicht zwingend vorausgesetzt, dass diese jeweils nur „gut" sein kann. In genau derselben Weise verhält es sich mit der Gesetzgebungs- und der Staatskunst sowie ihren beiden Untergliederungen, also der Richter- und Beraterkunst. Aber von der Klugheit gilt gerade, dass sie einzig „gut" aber bestimmt niemals „schlecht" zu sein vermag. Mithin qualifizieren wir mit den Begriffen „gut" und „schlecht" ein Handeln beziehungsweise Verhalten eines Individuums. Wenn es nun aber zutreffend sein soll, dass ein Teil der Staatskunst sich dem Beratschlagen zuwendet, wird über den Gehalt desselben, ob es sich also um einen guten Gedankenaustausch gehandelt hat, schlechthin keine Aussage gemacht. Dieserhalb weist erst das Attribut des guten (καλός) den Klugen (φρόνιμος) als einen solchen aus (Ebert 1995: 177).

Festzustellen bleibt hinsichtlich des aristotelischen Verständnisses der Staatskunst, dass er zum einen ein „gutes" Leben im Gegensatz zu seinem Lehrer in geteilten Entwürfen für möglich erachtete, dies bedeutet, er zwar die theoretische, kontemplative Lebensweise (βίος θεωρητικός (u.a. Aristoteles ETHICA NICOMACHEA 1970: 1177b 16-17; 1178b 20-21) sowie (Aristoteles POLITIKA 1964: 1324a 25-29)) als die höchste Vollendungsform des Daseins ansah, aber gleichwohl die praktische (βίος πρακτικός), welche den Politiker exemplifiziert (βίος πολιτικός (u.a. Aristoteles ETHICA NICOMACHEA 1970: 1095b 17-19, 1098b 24 - 1099a 7, 1145a 2-11) sowie (Aristoteles POLITIKA 1964: 1324a 27-28)), als gangbaren Weg zur vollendeten Eudaimonie betrachtete (weiterführend: Frede 1998). Damit trat im Bewusstsein seiner Zeitgenossen und vor allem späterer Generationen eine starke Dichotomisierung von Theorie und Praxis ein, welche von Aristoteles selbst weder intendiert war, noch sich aus seinem Verständnis, welches die Theorie selbst als Form der Praxis ansah, herausgelesen zu werden vermag (Seebaß 2009: 292 (Anm. 90)).

Des Weiteren legte er mit einer Abänderung der metaphysischen Tugendideale Platons sowie einer zunehmenden Systematisierung und Aufgliederung einzelner Teilbereiche der ganzen Philosophie, den Grundstein zu einem beständigen Auseinanderwirken und einer fortschreitenden Spezialisierung der einzelnen Wissensbereiche gelegt hat. Es nimmt daher nicht Wunder, wenn er von der zeitgenössischen Politikwissenschaft, welche sich seit ihrem kurzen Bestehen neben einer beständigen Legitimationssuche äußerst schwer tut, sich in einer klaren Wissenschaftstradition zu verorten, als ihr Ahnvater angesehen wird.

Nach Aristoteles sollte im Zuge des Niedergangs der hellenistischen Geisteskultur die Trennung zwischen Ethik und Politik immer stärker zu Tage treten, da Prinzipien sittlicher Art nicht mehr an die immer rascher aufeinanderfolgenden politischen Entitäten und Systeme gebunden, sondern auf die unveränderlichen Erscheinungen des Kosmos zurückgeführt wurden. Auf diese Weise glaubte man die Ethik auf eine sicherere und den Wechselspielen der Gegenwart nicht zu sehr ausgelieferte Basis stellen zu können. Dem neuen Erfahrungsbereich der Megalopolis oder Kosmos-Polis entsprechend werden auch die anthropologischen Grundprämissen der Politischen Theorie modifiziert, welche den Menschen nicht mehr ausschließlich als ein „zoon politikon" (ζοῶν πολιτικόν) betrachten, sondern als „zoon koinonikon" (ζοῶν κοινονικόν) respektive „zoon oikonomikon" (ζῷον οἰκονομικόν (Aristoteles ETHICA EUDEMIA 1991: 1242a 23)), die zwar nicht mehr so konkret umrissen sind, aber dafür als umfassendere Gemeinschaftswesen angesehen werden können, denn durch die Teilnahme an der Weltratio überragt nach Auffassung der Stoa der Mensch den Staat und die durch den zum Teil repressiven Nomos eingegrenzte, politische Freiheit (Wössner 1963: 37). Damit einhergehend sind die Menschen nicht mehr nur in politischen Relationen aufeinander bezogen, sondern auch im ontologischen Bereich: Denn sie partizipieren – qua Selbstzuneigung (οἰκείωσις) – am Schicksal des jeweils anderen. Vornehmlich dieser Gedankengang war für die antihobbesianische Moralphilosophie des Neostoikers Shaftesbury einflussreich und verkörpert damit den Anfangspunkt der gesamten „moral-sense-philosophy" (Puhle 1987: 185-187) bis hin zu Adam Smiths Theory of Moral Sentiments (Smith 1976). Sowohl Panaitios und nach ihm Cicero vertraten die Ansicht einer natürlichen Vertrautheit unter den Menschen, so dass es ihnen immanent sei, um das Wohl von seinesgleichen zu sorgen (Luckner 2005: 107). Für die Staatskunst hat dies zur Folge, dass Tugend und Vernunft einander unbedingt bedingen, vor allem im Hinblick auf die Gerechtigkeit, welche für Cicero zu den exzellierendsten Tugenden gehört und das gute Leben („beata civium vita" (Cicero RES PUBLICA 1999: lib. 5, VI, 8)) korrespondierend mit dem aristotelischen (eÞ z˙n) erst ermöglicht; so sieht er den Sinn der Tugend in ihrem Gebrauch, wovon das Regieren des Staates als am höchsten anzusehen ist („. . . virtus in usu sui tota posita est; usus autem eius est maximus civitatis gubernatio . . . " (Cicero RES PUBLICA 1999: lib. 1, II, 2)). Mithin gehört es zur Hauptaufgabe der Staatskunst, das glückliche Leben der Menschen in Anlehnungen an den Steuermann, Arzt und Feldherren herbeizuführen (Cicero AD ATTICUM 1987: lib. 8., epis. XI, 1). Auffallend ist in diesem Zusammenhang, dass der Jurist und Politiker Cicero nicht mehr sublimen Differenzierungen der einzelnen Wissenschaftsbereiche und philosophischen Reflexionen nachspürt, sondern wesentlich pragmatischer, stark geprägt von peripatetischem und stoischem Gedankengut, der Frage nach der „Staatsklugheit" oder „prudentia civilis" analog zur aristotelischen Phronesis, welche sich bei ihm durchaus mit Staatskunst synonym begreifen lässt, auf den Grund geht. Dabei orientiert er sich wie Platon am Ideal des gerechten Staatswesens, in welchem ein vollkommener Staatsmann („rector patriæ'" oder „princeps civitatis"), der vom Pflichtgefühl erfüllt sich nicht dem oberflächlichen Blendwerk irdischen Ruhms hingebend, herrscht. Bedauerlicherweise ist das fünfte Buch seiner Schrift „Res Publica", in welchem er diesen schildert, in großen Teilen nicht auf uns gekommen, so dass wir uns nur eine ungefähre Vorstellung von seiner Charakterisierung zu machen vermögen. Dafür wissen wir jedoch, was der Lohn desjenigen ist, welcher der „prudentia civilis" entsprechend den Staat gelenkt hat. Denn Cicero lässt gleichsam wie Platon, welcher im letzten Buch seiner Politeia einen Ausblick in die jenseitige Welt durch den Mythos des Pamphyliers Er gibt, der aus dem Hades aufsteigt, im sechsten Buch der „Res Publica" durch den „Somnium Scipionis" (weiterführend: Büchner 1976) eine transzendente Welt entstehen (Wojaczek 1983: 128-129). Darin wird die Seele eines solchen Staatsmannes aus dem Gefängnis seines Körpers befreit und zum Sternenfirmament geschickt (Cicero RES PUBLICA 1999: lib. 6, XXVI, 29). Diese Vorstellung trägt fast schon eine christliche Seelenlehre in sich, dass das Leben nicht mit dem Tod ein jähes Ende findet, sondern bei entsprechender irdischer Bewährung in ein ewiges übergeht (Cicero DISPUTATIONES 1992: lib. 1, 71-118). Cicero hat diese Vorstellung jedoch über den Hellenismus von den Pythagoreern übernommen(vgl. weiterführend: Riedweg 2002: v.a. 84-119). Späterhin sollte diese Ciceronische Vorstellung vom jenseitigen Übergang für die Apotheose Cäsars fungieren (Sueton DE VITA CAESARUM 1997: 88).

Ob sich Cicero selbst als dieser ideale Staatsmann ansah, welcher die Rudimente der einstmals so von Polybios gepriesenen Mischverfassungsrepublik (Polybios 2003: lib. VI, cap. 50 et 56; lib. X, cap. 2) wieder auf neue glanzvolle Tugendpfade auf Basis der „mos maiorum" führen sollte, wird durchaus kontrovers diskutiert (gute Übersicht zum Forschungsstand in Weber 1998: 38 (Anm. 63)), wobei einiges dafür spricht, dass zumindest die Möglichkeit Vater des Gedankens war, schließlich kann es als plausibel angesehen werden, dass der stets dem Aufstreben zugeneigte Politiker Cicero mit Vorliebe den Versuch unternommen hätte, eine erfolgreichere und vor allem nachhaltigere Verbindung von Macht und Geist einzugehen, als es Platon mit Dionysios II. in Syrakus erging (Fritz 1968: 54-55).

Ungeachtet seiner idealistischen Vorstellung eines Staatsmannes sah Cicero in der Realpolitik gemäß seines Republikverständnis die Bewertung der Staatskunst sehr inklusiv, jedoch nicht uneingeschränkt, wie er ausdrücklich in seiner Identifikation der „res publica" mit der „res populi" darlegt:

> „'Est igitur', . . . , 'res publica re populi, populus autem non omnis hominum coetus quoque mondo congregatus, sed coetus multitudinis iuris consensu et utilitatis communione sociatus.'" (Cicero RES PUBLICA 1999: lib. 1, V, 39)

Damit ist klar umrissen, dass Cicero keine beliebige Ansammlung von Menschen als Richter über die Staatsgeschäfte in Betracht zieht, sondern allein diejenigen, welche das Recht und den Nutzen für die Gemeinschaft gleichermaßen vor Augen haben. Die Gerechtigkeit und der Nutzen, welcher Klugheit voraussetzt, stehen also in einem speziellen Verhältnis zueinander. Dabei sind utilitaristische Klugheitserwägungen klar der „iustitia" subordiniert, denn die Gerechtigkeit ist für Cicero nichts zur Disposition stehendes oder gar situativ dependent Beliebiges. Bei dieser Haltung hatte er die Reden des Philosophen Karneades vor Augen (Mette 1985: Karneades T 7 K = Lucullus 137), welcher bei seinem Besuch in Rom eine Rede für und eine wider die Gerechtigkeit mit einem solchen Erfolg sonderheitlich bei der Jeunesse hielt, dass er dieserhalb vor allem auf Betreiben Cato des Älteren aus der Stadt verwiesen wurde (Lactantius 2009: lib. 5, cap. XIV, 3-6 sowie Plutarchus 1994: Cato maior, cap. XXIII). So lässt er gleich zu Beginn des 3. Buches in der Rede des Philus die relativistische Position des Karneades aus dessen Rede gegen die Gerechtigkeit referieren, jedoch mit dem Hinweis, dass er die darin vertretenen Ansichten stark missbilligt (Cicero RES PUBLICA 1999: lib. 3, V, 8). In dem Gespräch, in welchem Philus die undankbare Rolle eines Gegners der Gerechtigkeit, vergleichbar mit der des Thrasymachos oder Kallikles, zugewiesen wird, erzeigt sich, dass die Klugheit in Form der „prudentia" mitnichten dieselbe Art der Klugheit bedeutet, wie die „sapientia", welche hier nicht mit ihrer Grundbedeutung „weise", sondern im Sinne von „gerissen-schlau, klever, auf den eigenen Vorteil bedacht sein" aufgefasst wird und sich zur Gerechtigkeit äußerst unterschiedlich und zum Teil konträr verhält (Cicero RES PUBLICA 1999: lib. 3, IX, 16). Als vermeintlich besonders valides Argument gegen die Gerechtigkeit wird von Philus vorgebracht, dass es wohl in jedem Fall besser sei, ungerecht zu herrschen als Gerechtigkeit zu üben und sich dabei versklaven zu lassen („. . . nulla est tam stulta civitas, quae non iniuste imperare malit quam servire iuste." (Cicero RES PUBLICA 1999: lib. 3, XVIII, 28)). Dieser Einwand spiegelt fast deckungsgleich die Argumentationsstruktur der Athener im Melier-Dialog des Thukydides wider, in welchem gleichsam ein strikter Werterelativismus sittlichen Tugenden gegenübergestellt wird (Thukydides: HISTORIAE 1992: lib. 5, 85-113, v.a. 89). Cicero verfährt an dieser Stelle in gleicher Weise, da er auch die „sapientia" des Philus mit der Vollkommenheit der republikanischen Sitten kontrastiert. Das Ende, welches Athen durch den Überfall auf die kleine Insel Melos nahm und schlechterdings die Folgen eines „bellum iniustum" waren den antiken Lesern durchaus gegenwärtig, wessentwegen wir davon ausgehen können, dass Cicero diese Konversation mit Philus als bewusstes Stilmittel eingesetzt hat.

So kunstvoll und wirkmächtig in ihrer Ausdruckskraft diese Gegenüberstellung von der den Eigennutzen maximierender Klugheit und der sittlichen Tugend, welche allein den Bestand und das Wohlergehen einer staatlichen Verfasstheit zu gewährleisten vermag, von Cicero komponiert wurde, so signifikant lassen sich hieran die Grenzen dieser geistigen Ausführungen in der Realität der römischen Politik demonstrieren: Schließlich kann die Organisation des Staates mitnichten Objekt einer rein intellektuellen Analyse sein. Denn ein römischer Patrizier, welcher zwar von Cicero als „homo novus" nicht verkörpert wird, unterliegt den Zwängen der strengen kollektiven aristokratischen Moral im politischen Raum. Diese römische Sittlichkeit folgt indes anderen Gesetzmäßigkeiten als die politische Philosophie. Somit führt eine Vermengung der beiden Diskursebenen unweigerlich zu verzerrten Ergebnissen, welche für den Einzelnen fatale Folgen haben

können; denn bei solch brisanten Fragestellungen wie nach Recht und Gerechtigkeit werden wider die allgemeine Auffassung gerichtete Aussagen ebenso mit
moralischer und politischer Atimie geahndet wie derjenige, welcher ihnen anhängt
(Gotter 1996: 550). Cicero hat demnach in seiner Staatsschrift den Versuch unternommen, eine fremde, hellenistische Philosophie zur Fundierung sittlicher Überzeugungen einer längst vergangenen Epoche, welche von ihm für zeitlos erachtete
wurden, als Mittel gegen den politischen und sittlichen Veränderungsprozess seiner Gegenwart heranzuziehen (Meier 1997: 303). Man kann sogar so weit gehen
wie Eckard Lefèvre, von einem sehnsuchtsvollen „Hineinträumen" Ciceros in die
große Vergangenheit der Vorväter zu sprechen (Lefèvre 2001: 33). Demnach zeigt
sich für die Staatskunst im Verständnis Ciceros, dass seine Abhandlungen einem
historischen Umbruchprozess geschuldet sind, in welchem weniger der theoretischen Basis eines der Zeitlosigkeit entsprechenden, vollendeten Staatsmanns Beachtung geschenkt wird, als dem Elaborat einer an den moralphilosophischen
Grundlagen der „maiores" und platonischperipatetischen Philosophie orientierten
Tugendlehre des Politikers mit einer stark eschatologischer Ausrichtung.

Im Nachfolgenden trat, vornehmlich bedingt durch den Transformationsprozess der ständischen Republik in eine Prinzipatsverfassung, der die Menschen
verbindende, kosmopolitische Gedanke in den Hintergrund, nichtzuletzt auch, da
durch die sukzessive Übertragung von Einzelrechten an den Prinzeps die Institutionen der ehemaligen „Res publica" zunehmend ausgehöhlt wurde und sich
schließlich immer mehr der Einflussnahme durch einzelne Politiker verschloss
(Bleicken 1990: 82-112), was einen Rückzug ins Private zur Folge hatte, der durchaus mit dem des deutschen Biedermeier komparabel ist. Hinzu kam, dass mit dem
Aufkommen des Christentums die staatliche und religiöse Ebene zunehmend
schärfer geteilt wurden, basierend auf dem Jesu-Wort des Markus Evangeliums
(τὰ Καίσαρος ἀπόδοτε Καίσαρι καὶ τὰ τοῦ θεοῦ τῷ θεῷ' (Novum Testamentum
Graece 2007: Mark. 12, 17)).

Mit Augustinus wurde die Trennung zwischen einer „civitas dei" und „civitas
terrena", welche auch „civitas diaboli" apostrophiert wurde, doxographisch so
stark vollzogen, dass selbst die Gerechtigkeit nur noch im Jenseits bei Gott zu suchen war (Augustinus DE CIVITATE DEI 1979: lib. XIX, cap. 27), mithin Sinn und
Zweck der Theorie einer Staatskunst fast schon als obsolet erscheinen ließ. War es
bis dahin noch Aufgabe der Kunst des wahren Staatsmannes, für ein glückliches
Leben der Menschen auf Erden Sorge zu tragen, tritt dieser Gesichtspunkt zur
Gänze in den Hintergrund; dabei scheut Augustinus selbst davor nicht zurück,
jedwedes auf Erden erreichte Glück als „miseria" zu qualifizieren (Augustinus DE
CIVITATE DEI 1979: lib. XIX, cap. 20) und selbst ehemals von der Philosophie
hoch gepriesene Tugenden wie die Selbstbeherrschung, wenn sie um ihrer selbst

willen erstrebt wird und nicht auf Gott als finales Telos abzielt, als Laster zu taxieren (Augustinus DE CIVITATE DEI 1979: lib. XIX, cap. 25). Damit geht ein kompletter Wandel des antiken Tugendbegriffs einher, welcher von der neueren Forschung mit „Gutsein" im umfassenden Sinne, das heißt neben einer sittlichen Hauptkomponente auch mit „Erfolg haben" und „tüchtig sein" ins Deutsche übertragen wird (Platon MENON 2008: 95 (Anm. 2)). Augustinus hinwider sieht Tugend als uneingeschränkt positive Verhaltensweise beziehungsweise Disposition nur noch in der christliche Demut („humilitas") und Liebe („caritas"). Alle anderen Ausprägungen wie Tapferkeit und Tüchtigkeit werden indifferent – mit Aristoteles gesprochen – lediglich noch in homonymen Bedeutung als Tugenden aufgefasst (Tornau 2006: 144-145). Mit dieser letzten Konsequenz, in welcher es quasi dem Staatsmann abgesprochen wird, durch tugendhafte Tüchtigkeit die Eudaimonie der Bürger zu gewährleisten, die Mitbürgerschaft an der „civitatis dei" folglich nicht durch das Bemühen um das „Wohlergehen der menschlichen Angelegenheiten" („prosperitas rerum humanarum") erlangt werden kann (Fuhrer 1997: 88), haben sich Überlegungen zur Staatskunst – aus dieser streng frühchristlichen Sicht – trotz der Parusieverzögerung Jesu vorerst als überflüssig erwiesen. Diese Haltung Augustinus in „De Civitate Dei" lehnte Thomas v. Aquin ebenso ab wie den in der damaligen Zeit sehr populären kosmischen Nezessitarismus, weil ihm als Theologen die umfassende Wirksamkeit Gottes sowie die Freiheit des Menschen am Herzen lag (Wieland 2004: 79). Dabei galt es das Problem zu lösen, wie das Telos der politischen Gemeinschaft mit der Heilsbestimmung des einzelnen Individuums vereinbart werden konnte, ohne dabei mit der tradierten Eschatologie zu brechen. Die Lösung, welche Thomas von Aquin hier anbrachte, ist in ihrer Simplizität nachgerade genial; denn in Regress auf die aristotelischen Lehren inkludierte er das politische Leben in eine „Hierarchie der Zwecke" (Berges 1952: 204). Als höchstes natürliches Telos galt das nach christlichen Tugenden geführte Leben, jedoch war dies in der „Zielhierarchie" wonach sich das gesamte Sein des Menschen zu orientieren habe, damit mitnichten erreicht (Struve 1992: 158). Vielmehr erblickte Aquin als „ultimus finis" für die Gemeinschaft aller Menschen die Erfüllung des ewigen Lebens (Aquin DE REGIMINE PRINCIPUM 1986: lib. 1, cap. XIV). Auf diese Weise besteht für den von Gott eingesetzten Fürsten die edelste und höchste Aufgabe seines Regierens die Menschen zu einem Leben in Tugend zu führen, damit ihnen als Lohn die himmlische Glückseligkeit in Form des ewigen Lebens zuteil wird. Somit kanalisierte sich die Staatskunst auf eine Vielzahl von Handlungsanweisungen, was für die spätere Fürstenspiegelliteratur maßgeblich sein sollte. Damit war die Tradition der „politica christiana", welche bis ins späte 17. Jahrhundert andauern sollte, begründet (Sellin 1993: 804-805).

Zur Verwirklichung dieser Absichten wurde vom Herrscher die Anwendung einer bestimmten „Klugheit" erwartet, wessentwegen sich der Aquinate daher in seiner Summa Theologica neben theologischen und ethischen Fragen auch intensiv einer Klugheitslehre zuwendete, welche er in einem politischen Kontext diskutiert. Dabei greift er stark auf antike Lehren, vornehmlich die des Stagiriten zurück. So bestimmt er als Prinzipalakt der Klugheit das Gebieten („praecipere") (Aquin SUMMA THEOLOGICA 1963: IIa-IIae q. 47 a.8 arg. 3), welches einen Dreischritt von Beratschlagen („consiliari") über Beurteilen („iudicari") der Ergebnisse des im Ratschlag Befundenen und schließlich die Entscheidung („praecipere") hierüber, beinhaltet. Bereits am Aufbau lässt sich deutlich die Analogie der Unterteilung der Staatskunst bei Aristoteles, lediglich in einer etwas anderen Terminologie, erkennen. Verbleibt das Urteil noch in der spekulativen Vernunft, so handelt es sich beim Gebieten um eine Angelegenheit der praktischen Vernunft, alldieweil sie die ersten beiden Vorgänge ins Werk setzt. Darob ist das „praecipere" der „actus principalis" der „ratio practica" und mithin der „prudentia" (Aquin SUMMA THEOLOGICA 1963: IIa-IIae q. 47 a.2 arg. 3). Dabei umfasst im Verständnis Aquins die Klugheit nicht nur ein eigenes Gut, sondern richtet sich gleichsam auf das „bonum commune". Die dementsprechende Klugheit, die „prudentia politica", ist als eine „species" von der „prudentia simpliciter", welche nur auf das eigene Gut abzielt und der „prudentia oeconomica", welches sich am „bonum commune" des Hauses respektive der Familie orientiert, zu differenzieren, weil sie sich ausschließlich dem „bonum commune" der „civitas" oder des „regnums" widmet (Aquin SUMMA THEOLOGICA 1963: IIa-IIae q. 47 a.11 arg. 3 - s.c.). In diesem Zusammenhang greift Aquin ein Bild aus der Ethica Nicomachea des Aristoteles auf (Aristoteles ETHICA NICOMACHEA 1970: 1141b 23 - 1142a 11), indem er dem Herrscher die Klugheit „ad modum artis architectonicæ" und den Untertanen „ad modum artis manu operantis" zuteilt (Aquin SUMMA THEOLOGICA 1963: IIª-IIae q. 47 a.12 co.). Somit wird die eher praktisch-bildende Klugheit mit den Regierten und die geistig lenkende in Analogie zu einem Baumeister mit dem „princeps" assoziiert. Mithin kann die „ars principalis" mit der „ars architectonica" synonym gebraucht werden.

Indes sind damit noch nicht alle Ausprägungen der „prudentia" nach Aquin erfasst, so dass wir uns derjenigen zuwenden müssen, welche sich konkret mit dem Gebieten über eine Vielzahl von Menschen auseinandersetzt. Demgemäß greift er in der Questio 50 die bisherigen Terminologien der „prudentia politica" und „oeconomica" wieder auf und ergänzt diese durch die „prudentia militaris" und „regnativa":

> „Ad primum ergo dicendum quod sicut dictum est, regnativa est perfectissima species prudentiae . . . Et ideo regnativa comparatur ad hanc politicam de qua loquimur sicut

ars architectonica ad eam quae manu operatur." (Aquin SUMMA THEOLOGICA (1963: IIa-IIae q. 50 a.2 ad 1-2) sowie weiterführend: Quaglioni (1991)).

Mithin qualifiziert er die „prudentia regnativa" als die vollkommenste aller Klugheiten, welche allein dem König zukommt, weil dieser mit der Gesetzgebung betraut ist und damit den Hüter des Rechts verkörpert. Somit ist die „communitas perfecta civitatis" die vollendetste Art der Leitung. Der Hausvater als „pater familias" ähnelt dem König zwar auf der Mikroebene, doch fehlt ihm die finale Perfektion, befindet sich diese doch zwischen der Einzelperson als Teil des „domus" und der „civitas", von welcher das Haus wiederum ein Part ist. Demgemäß ist auch eine „prudentia paterna" schlechthin nicht existent (Aquin SUMMA THEOLOGICA 1963: IIa-IIae q. 50 a.3 ad 3). Auch die „prudentia militaris" weist trotz gewisser Similarität mit der „prudentia regnativa" ähnlich wie bei Platon eine Aporie an Vollkommenheit aus, zum einen weil sie in Kriegsdingen nur ausführendes Organ ist und zum anderen in Kriegen der Tapferkeit („fortitudo") eine besondere Rolle zuteil wird, welche einer anderen Form der Tugend zugehörig ist (Aquin SUMMA THEOLOGICA 1963: IIa-IIae q. 50 a.4 ad 3). Auffallend ist bei der Betrachtung der Staatsphilosophie Thomas von Aquins sowohl der methodische Aufbau als auch die Gewichtung, welche vor allem im Hinblick auf die Gerechtigkeit stark an die antiken Vorbildern angelehnt ist (Eggensperger 2001: 68-69). Dabei sollte in der Nachfolge des Aquinaten im Zuge der Scholastik eine zunehmende Ausdifferenzierung erfolgen, so hat zum Beispiel Ägidius Romanus die „ars regnativa" in noch sublimere Komponenten aufgeteilt (Simon 2004: 57-58).

Mit dem „Kunstgriff" Aquins, eine „Hierarchie der Zwecke" zu erstellen, gelang es, die Staatskunst wieder in die Politische Philosophie einzugliedern. Jedoch ist dabei unverkennbar, dass auch hier nicht an das Ideal der Durchdringung einer vollumfänglichen, ungeteilten Philosophie angeknüpft wurde, sondern sich ausgehend von Cicero eine immer stärkere legalistische Sichtweise auf das Regieren Bahn brach, so dass bei der Staatskunst des Mittelalters fast schon von einer Gesetzgebungskunst auf der Grundlage christlicher Tugendlehre mit einem eschatologischen Lohn-Telos gesprochen werden kann.

An den aquinatischen Begriff der politischen „prudentia" im Sinne einer „ars architectonica" knüpft die staatswissenschaftliche Literatur des 17. und 18. Jahrhunderts an, welche allerdings „prudentia" nicht immer einheitlich mit „Klugheit", sondern auch mit „Kundigkeit" übersetzt. Gerade letztgenannte Traduktion emphasiert stärker den Aspekt der Erlernbarkeit, wessentwegen sich eine zunehmend ausdifferenzierte Handlunglehre für die „prudentia publica" oder auch „prudentia politica" (z.B. Alt 1667: Thesis XXIV) entwickelte, welche das „bonum commune" zum Ziel hatte. Wie jedoch das gemeinsame Wohl zu erlangen war, das heißt, nach welchen Regeln und Maßstäben über Nutzen und Schaden für den

Staat entschieden werden kann und damit einhergehend die Einrichtung und Administration der Gesellschaft beschaffen sein sollte, war für eine sich zunehmend nach Objektivierbarkeit richtenden Wissenschaft kaum zu beantworten. Folglich können die Prudentia-Lehren eher als ein Versuch angesehen werden, das Verfahren über das dem Staat Zuträgliche und ihm Abträgliche qua Beratung zu objektivieren und an eine Analyse der relevanten Rahmenbedingungen zu binden (Mohnhaupt 2003: 476-477). Hieraus entwickelte sich dann als spezifische Untergruppe die der „prudentia circumstantialis" (Bose 1699: 95-96). Damit brach sich eine Entwicklung Bahn, welche bisher kontingente Gebiete wie das menschliche Handeln zunehmend in die Wissenschaft inkludierte und damit die praktische Philosophie immer mehr auf eine bloße Anwendung der Theorie reduzierte. Zusammengefasst wurde dieser Prozess von Christian v. Wolff, welcher die Konsequenzen hieraus in aller Deutlichkeit bereits Mitte des 18. Jahrhunderts offenlegte:

> „Quia Politica niti intelligitur oeconomia, ethica, Jure aturali [sic!] & Protopractica (§.2.3), dictæ vero disciplinæ sua derivant ex Ontologia, Psychologia, Cosmologia & Theologia naturali, sive ex omni Metaphysica, quam omnia Philosophiæ practicæ præmittendam esse, . . . " (Wolff 1756: §4 sowie außerdem: Wolff 1744: §144).

Mit der Erkenntnis, dass die universelle praktische Philosophie ihre Lehren der Ontologie, der Psychologie, der Kosmologie und der natürlichen Theologie mithin der gesamten Metaphysik entnimmt, hat sich für Wolf der zwingende Schluss ergeben, dass ihr nunmehr auch alle praktische Philosophie unterzuordnen ist.

Endgültig wurde der praktischen Philosophie ihre materielle Grundlage entzogen, als Kant in konsequenter Fortsetzung der Wolffschen Befunde, in seiner Einleitung zur „Kritik der Urteilskraft" darlegte, dass neben anderen die „Haus-, Land-, Staatswirthschaft, die Kunst des Umganges, die Vorschrift der Diätetik, selbst nicht die allgemeine Glückseligkeitslehre, . . . zur praktischen Philosophie gezählt werden, . . . weil sie insgesammt nur Regeln der Geschicklichkeit, die mithin nur technisch-praktisch sind, enthalten, . . . " (Kant 2006: 173). Mithin räumte er mit dem bis dahin vorherrschenden „sehr nachteiligen Missverstand" (Kant 2006: 195) auf, indem er die genannten Bereiche der theoretischen Philosophie zuordnete und der praktischen Philosophie ein zur Gänze neues Gebiet mit den Prinzipien a priori erschloss, welche jenseits jeder heteronomen Kalkulation die autonome Bestimmung des eigenen Willens erlaubte. Folglich konfrontierte Kant die bis dahin geltende Klugheitslehre, indem er Moral nicht mehr als Kunstfertigkeit im Sinne einer Technik denkt und auf diese Weise gemäß der neuzeitlichen Logik einer sich selbst immer stärker technisierenden Wissenschaft zu einem Nebenprodukt herabsetzt. Dies führte dazu, dass er eine moralische Klugheitslehre entschieden ablehnte (Aubenque 2007: 195-196). In diesem Zusammenhang muss jedoch angemerkt werden, dass er die Klugheit mitnichten vom politischen Zusammenhang löste, sondern durchaus in das Zentrum seiner Überlegungen in den Vorarbeiten zum öffentlichen Recht rückte, in dem er die Begriffe „Politik als Wissenschaft", „Staatskunst" und „moralische" von „demagogischer" Politik voneinander separierend definiert. So sieht er in der Politikwissenschaft dasjenige System, welches dazu angetan ist, sowohl die Sicherheit der Bürger garantierende Gesetze zu beinhalten als auch einen in- und auswendigen Zustand der Zufriedenheit des Volkes zu gewährleisten. Bezeichnenderweise inkludiert er diese materiellen Aspekte nicht in seine Definition der Staatskunst, sondern beschränkt letztgenannte auf die Fähigkeit zur Machtausübung über das Volk:

> „So wie K l u g h e i t die Geschicklichkeit ist Menschen (freye Wesen) als Mittel zu seinen Absichten zu brauchen; so ist diejenige Klugheit wodurch jemand ein ganzes freye Volk zu seinen Absichten zu brauchen versteht die P o l i t i k (Staatskunst) Diejenige Politik welche dazu sich solcher Mittel bedient die mit der Achtung fürs Recht der Menschen zusammenstimmen ist moralisch die hingegen welche was den Punkt der Mittel betrifft nicht bedenklich ist (also die des Politikasters) ist D e m ag o g i e." (Kant AA 1969c: Lose Bl. F 4, Zweite Seite (346))

Dabei parallelisiert er Klugheit und Geschicklichkeit auf den individuellen Mikroebenen innerhalb zwischenmenschlicher Beziehungen mit der Klugheit auf der Makroebene, ganze Völker in seinem Sinne zu lenken. Es wäre verfehlt, diese Kantsche Definition von Politik mit einer handlungstheoretischen Auffassung, welche auf das Machtstreben und nicht das klugheitsbedingte Vermögen von Beeinflussung abzielt, wie sie späterhin durch Max Weber erfolgen sollten, gleichzusetzen (Weber 2005: cap I, §17 et cap. IX, §2). Das entscheidende Hauptaugenmerk liegt für Kant nämlich auf dem Gesichtspunkt der Freiheit, sowohl des Einzelnen als auch des Volkes, was Repressalien, welcher Art sie auch sein mögen, genauso ausschließt wie eine Unbedenklichkeit gegenüber den Durchsetzungsmitteln, was ihn zur nächsten Differenzierung zwischen moralischer und demagogischer Politik führt. Somit ist die bezeichnenderweise mit dem Begriff Politik synonym gebrauchte Staatskunst, welche für Kant nur im Verbund mit der von ihm weitgefassten Politikwissenschaft im Sinne der damaligen Policeywissenschaft oder Kameralwissenschaften mit Kenntnis der gesetzlichen Ordnung zur Herstellung des Allgemeinwohls und der auf Klugheit basierenden Fähigkeit der Lenkung des „freyen" Volkes auf dem Boden der Rechtsstaatlichkeit, sinnfällig ist. Demgemäß wird die Moraldimension zunehmend legalistisch szientifiziert und der Aspekt der Fähigkeit, also der technische Bereich, mit der Klugheit identifiziert und auf das Lenkungsvermögen reduziert. In diesem Bewusstsein gewann die Trennung von Moral und praktischer Philosophie im Kontext einer nach immer stärker objektiven

Maßstäben strebenden Wissenschaft deutlich an Kontur und gipfelt in die bis heute Gültigkeit besitzende Totalnegation einer an Handlungshinweisen interessierten Politikwissenschaft.

Als hierfür pfadabhängig vermag die besonders im 19. Jahrhundert in der Staatswissenschaft respektive der Politischen Theorie geprägte Auffassung und Neuverortung der Staatskunst in das damalige Wissenschaftssystem angesehen werden. Beispiele sind hierfür Legion, wobei sonderheitlich auf Adam Heinrich Müller v. Nittersdorf, einem Vertreter der romantischen Staatsphilosophie, hinzuweisen ist, in dessen Hauptwerk aus dem Jahre 1809 „Die Elemente der Staatskunst" (Müller 1809) der Versuch unternommen wird, die seines Dafürhaltens nach überkommenen Auffassungen und Begrifflichkeiten von Politik, Politikwissenschaft und Staatskunst in einer neuen Systematik voneinander zu scheiden. Ein Ähnliches versuchte auch Robert v. Mohl, welcher in seiner Doppeleigenschaft als Gelehrter und Politiker mit Eifer daran ging, die Wissenschaften seiner Zeit neu zu klassifizieren, wobei er die praktische Politik mit der Staatskunst identifizierte, ihm eine eindeutige Trennung von Staatslehre, Staatsrecht und Politik aber desgleichen nicht gelang (Beyme 2002: 191). Allen diesen Klassifizierungen ist jedoch die auf den Stagiriten zurückgehende, bemühte Dichotomisierung des Politischen in eine praktische und theoretische Dimension gemein. Versuche, dem entgegenzuwirken, rissen indes nicht ab, so dass noch zu Beginn des vergangenen Jahrhunderts der Bonner Jurist Philipp Zorn im Einleitungskapitel des „Handbuchs der Politik" des Nationalökonomen Adolf Laband und des Historikers Karl Lamprecht (Laband et al. 1914) in seinem Artikel „Politik als Staatskunst und Wissenschaft" die alte Tradition der Staatsrechtlehre als die enge Verknüpfung von theoretischer und praktischer Politik, welche ihre höchste Ausprägung in der Kunst der richtigen Staatslenkung fand, noch einmal abgebildet hat. Allerdings fällt er in der terminologischen Schärfe, konkret zu benennen, was er mit „Politik als Staatskunst" genau zu fassen beabsichtigt, weit hinter frühere Epochen zurück; versteht er selbige doch recht allgemein als die „Kunst, im öffentlichen Leben das Mögliche auszurichten" (Zorn 1914: 3).

Daran änderten auch die darauffolgenden, vornehmlich in der zweiten Hälfte des 20. Jahrhunderts erfolgten Bemühungen wenig, an das alte Ideal von praktischer Philosophie und Wissenschaft im Sinne einer um Handlungsratschläge bemühten Disziplin wieder anzuknüpfen und eine „erneute Neuverortung" des nunmehr unter dem Namen „Politikwissenschaft" firmierenden Faches im Wissenschaftssystem vorzunehmen (z.B. Hennis 1963: 35-55). Es blieb im Grunde alles beim alten, wessentwegen es nicht weiter überrascht, wenn mit einer rein auf das Durchsetzungsvermögen der eigenen politischen Vorstellungen im zunehmend komplexer gewordenen Institutionengefüge reduzierten Auffassung von Politik, die Berücksichtigung normativer Aspekte bei einer Begriffsdefinition nicht erfolgt. Damit setzt sich der durch die Aufklärung erstmals beschrittene Weg eines dezidierten Scheidens von Moral und Wissenschaft fort und ist kaum mehr von der studierbuchhaften und pragmatisch-abgesicherten Begriffsbestimmung eines Werner J. Patzelts entfernt:

> „Politik ist jenes menschliche Handeln, das auf die Herstellung und Durchsetzung allgemein verbindlicher Regelungen und Entscheidungen (d.h. von 'allgemeiner Verbindlichkeit') zwischen Gruppen von Menschen abzielt." (Patzelt 2007: 22)

Wobei es bei dieser Begriffsbestimmung opak bleibt, ob hinsichtlich des beschriebenen „menschlichen Handelns" schlechterdings noch von einer Kunst im Sinne Herders oder nur noch gemäß Beuys' gesprochen werden darf. Ungeachtet dessen drängt sich die Frage auf, worin der umfassende Mehrwert einer solchen Definition jenseits akademischer Elfenbeintürme befindlich ist, sonderheitlich für die apostrophierten „Gruppen von Menschen". Demzufolge kann füglich gemutmaßt werden, dass Platon mit dieser Definition wohl kaum d'accord gegangen wäre.

Fazit

Mit diesem letzten Befund können wir wieder an den Ursprung der Untersuchung zurückkehren, da damit die Entwicklung zu einem gänzlichen Verschwinden sowohl des Verständnisses als auch des Terminus' der „Staatskunst" bis dato abgeschlossen ist.

Wie ganz zu Anfangs ersichtlich wurde, nahm die Staatskunst als Apell des Demokrit, so schwer es auch sein mag, sich um sie zu bemühen, damit den Menschen Großes und Herrliches zuteil werde, eine exzellierende Stellung in den Künsten ein. Ihre bis dahin vage materiale Bestimmung wurde durch die Einbindung in den Gesamtkontext der platonischen Philosophie zu einer neuen, theoretischen Höhe geführt. Durchaus im Verständnis, wie es Herder späterhin akzentuieren sollte, dass Kunst vom Können komme, begriff Platon Politik noch als Kunst (τέχνη), welche exklusiv denjenigen, welche wahrhaft „Befähigte" im Sinne „sowohl im Bereich handwerklichen Herstellens als auch im Bereich menschlichen Handelns allgemein, sach- und situationsgerecht zu handeln", sind. Insofern ist es auch zu verstehen, weswegen er die Erkenntnis, als eines der wesentlichsten Elemente der „Staatskunst" in die beiden Teile „handelnd" und „einsehend" dichtomisiert hat. Allerdings verblieb er nicht in diesen abstrakten Sphären, sondern stellte den unmittelbaren Nutzen der „politike techne" (πολιτική τέχνη), welche synonym mit einer „politike arete" (πολιτική ἀρετή), das heißt der „politischen Tugend" aufgefasst werden darf (Platon PROTAGORAS 2005: 323a sowie Stokes 1986: 233), für die Seele aller Menschen heraus. Damit gewinnt die diesseitige Orientierung der politischen Kunst eine eschatologische Ausrichtung, welche durch ihre „Wissenschaft" um das Seelenheil der Menschheit von Platon erst das Attribut „königlich" zugesprochen bekommt. Folglich ist die Philosophie Platons eine vollumfänglich auch praktische, da sie die Staatskunst auf das höchste Telos des irdischen Wirkens ausrichtet, die in der Erziehung ihren Ausdruck findet. Sie hat zum Ziel, die sich widerstrebenden Seelenverfassungen mit einem göttlichen Band in Analogie zur Weberkunst zu verbinden. Mit dieser Aufgabe, den Menschen vor allem auch inwendig „gut" zu machen und in Harmonie mit seinen Mitmenschen leben zu lassen, zeigt die „politike techne" Platons weit über den gewöhnlichen Aufgabenbereich, auch im seinerzeitigen antiken Verständnis (Leonhard 2007: 75), einer lediglich an streng staatlichen Belangen ausgerichteten Politik hinaus.

Diese an Eudaimonie aller Menschen orientierte „Staatskunst" war in ihren Grundzügen zwar idealistisch, doch mitnichten utopisch aufzufassen. So schwierig und unerreichbar die Verwirklichung auch sein mochte, als Fernziel sollte sie, allein schon auf Grund der darin vollzogenen Tugendwerdung stets anvisiert werden. Insofern wäre Platon aller Voraussicht nach äußerst irritiert gewesen, ihn als reinen philosophischen Theorist zu verorten.

Eine solche Taxierung sollte erst durch die wissenschaftstheoretischen Ambitionen seines Adepten Aristoteles ermöglicht werden, welcher durch die von ihm vorgenommene Zweiteilung der Philosophie in einen theoretischen und praktischen Teil sowie eine sublimere Ausdifferenzierung des letztgenanten in Form der Tripartitionierung in Politische Wissenschaft (πολιτική ἐπιστήμη), Ethik (ἦθος) und Ökonomik (οἰκονομία) das Ideal der einheitlichen, alle Lebenssegmente umschließenden Philosophie depraviert hat.

Demzufolge trat er einem erzieherisch-politischen Auftrag äußerst skeptisch gegenüber, da das „Richtige" oder „uneingeschränkt Wahre" nicht mehr in einer „metaphysischen Idee des höchsten Guten" gesucht wird, sondern in einer Theorie der „praktischen" Erkenntnis, welches das Erkennen des „Einzelhaften" und „Affektgebundenen" voraussetzt. Als Grundpfeiler fungiert ihm hierbei eine synallagmatischer Dependenz von Klugheit (φρόνησις) und Tugendhaftigkeit (ἀρετή). Gerade durch diese Gegenüberstellung beförderte er die weitere Untergliederung und Spezialisierung, welche von ihm zwar originär nicht intendiert war, aber im Zuge der weiteren Verwissenschaftlichung eine dynamische Eigenentwicklung nahm. Damit erscheint ihm im Gegensatz zum platonischen Politikos eine materiale Bestimmung politischer Herrschaft nicht mehr von Relevanz, da er es als selbstverständlich ansah, dass Regieren nichts anderes als eine Entscheidungsbefugnis für die unterschiedlichen Alltagsangelegenheiten wie Rechtsprechung, Handelsbeziehungen und Administration für die staatliche Gemeinschaft darstellt. Mit dieser weiteren Unterteilung zusamt mit seiner Klugheitslehre, in welcher er eine auf den Staat und eine auf das Einzelne gerichtete Klugheit unterschied, sollte der Weg bereitet sein, um zur Legitimierung unterschiedlicher Lebensentwürfe zu gelangen. So verblieb zwar die theoretische, kontemplative Lebensweise (βίος θεωρητικός) die höchste Vollendungsform des Daseins, aber gleichwohl hielt er auch die praktische (βίος πρακτικός), welche auch die politische Dimension in sich einschloß (βίος πολιτικός) für einen akzeptablen Weg zur Vollendung der Eudaimonie.

Damit kam dem Stagiriten eine Schlüsselposition insofern zu, als dass die spätere Philosophie sowohl praktisch als auch theoretisch vom Ideal, wie es für Platon im stetigen Ringen um Erkenntnis des Tugendhaften durchaus erreichbar schien, beständig abgerückt ist. Daran änderte auch das kosmopolitische Verständnis der Stoa sowie das Bemühen Ciceros nichts, durch gerechte Bürger zum gerechten Staat und auf diese Weise zum guten Leben („beata civium vita") zu gelangen, was durch ein fast schon verklärtes Anschließen an die „mos maiorum" erreicht werden sollte. In diese legalistischen Ausrichtung kam lediglich, wie aufgezeigt wurde, eine der „mitverursachenden" Künste der wirklichen „Staatskunst" im Sinne Platons zum Tragen. Die übergeordnete, die übrigen Künste lenkende Instanz fand in der politischen Philosophie Ciceros, welcher zu einseitig an ein der Realität nicht mehr entsprechendes Institutionengefüge glaubte und sich zu sehr an einer abstrakten Vergangenheit ausrichtete, keine theoretische Basis. Auch der Versuch, ähnlich wie bei Platon, durch eine fast schon christliche, eschatologische Seelenlehre dem wahren Staatsmann einen himmlischen Lohn in Aussicht zu stellen, änderte nichts daran, dass die philosophische Auseinandersetzung mit dem Ideal eines wahrhaftigen Staatsmannes zunehmend ausblieb. Sicherlich dürfen hierbei die historischen Rahmenbedingungen, da fast die gesamte damals bekannte Welt in einem politischen und kulturellen Transformationsprozess inbegriffen war, nicht unberücksichtigt bleiben, doch der Anstoß kam zweifelsfrei aus der Philosophie selbst.

Mithin war es nur noch eine Frage der Zeit, bis im Zuge eines verstärkten Aufkommens des Christentums und schließlich der Etablierung als Staatsreligion ein Beschäftigen der immer enger zusammenrückenden Wissenschaften von Philosophie und Theologie mit dem Diesseits als zur Gänze belanglos qualifiziert wurde. Mit der Zwei-Welten-Lehre Augustins war dieser Prozess endgültig abgeschlossen, denn dadurch, dass die Mitbürgerschaft an der „civitatis dei" nicht mehr durch das Bemühen um das „Wohlergehen der menschlichen Angelegenheiten" („prosperitas rerum humanarum") erlangt werden kann, können Deliberationen, gleich ob philosophischer oder theologischer Provinienz, zur Staatskunst als obsolet angesehen werden. Demgemäß kann neben den wissenschaftstheoretischen Veränderungen noch die verstärkte, christlich bedingte Ausrichtung auf die jenseitige Welt als Miturssache für eine Abkehr vom Staatsmann als Staatskünstler betrachtet werden.

Durch den „Kunstgriff" Aquins, vermittelst einer „Hierarchie der Zwecke", Ansätze einer politischen Philosophie schlechterdings erst wieder möglich zu machen, konnte jedoch nicht darüber hinwegtäuschen, dass auch hier nicht an das Ideal der Durchdringung einer vollumfänglichen, ungeteilten Philosophie angeknüpft wurde, da sich die „prudentia regnativa" vornehmlich auf eine legalistische Sichtweise des Regierens beschränkte. Zudem blieb sie nur die Vorstufe des „ultimus finis", das heißt der Erfüllung des ewigen Lebens für die Gemeinschaft der Menschen.

Mit der Säkularisierung und dem Fortschreiten der Aufklärung entfiel zwar die jenseitige Ausrichtung des menschlichen Handelns, doch brach sich zeitgleich eine Entwicklung Bahn, welche bisher kontingente Gebiete wie das menschliche Handeln, immer stärker in die Wissenschaft einband und auf diese Weise die praktische Philosophie immer mehr auf einen bloßen Vollzug der Theorie reduzierte. So wurde aufgezeigt, dass Kant die bis dahin Geltung besitzende Klugheitslehre, indem er Moral im Gegensatz zu Aristoteles und Aquin als Kunstfertigkeit nicht mehr im Sinne einer Technik dachte und mithin gemäß der neuzeitlichen Logik einer sich selbst immer stärker technisierenden Wissenschaft zu einem Partikularprodukt herabsetzte.

Wie schon in Anklängen bei Cicero wurde die Moraldimension zunehmend legalistisch verwissenschaftlicht und der Aspekt des Könnens, somit der technische Bereich, mit der Klugheit identifiziert und allein auf die Fähigkeit zur Steuerung reduziert. Auf diese Weise war die strikte Trennung von Moral und praktischer Philosophie nicht mehr aufzuhalten.

Die meisten Vertreter der modernen Politikwissenschaft machen vor dieser Entwicklung gleichsam nicht Halt und streben mehr und mehr in fast schon theologischem Eifer nach immer objektiveren Maßstäben, die eine vermeintlich entnormativierte Wissenschaft zur Folge haben soll, dabei aber übersieht, was Platon schon seinerzeit streng angemahnt hat, dass nämlich jedwede quantitative Bemessung einer absoluten, unverrückbaren und ethischen Bezugsgröße bedarf, um sinnfällige Aussagen für das menschliche Zusammenleben zu machen.

Somit können wir zusammenfassend drei Entwicklungspunkte für eine Abkehr von der Lehre der „Politik als Staatskunst" ausmachen: Erstens eine wissenschaftstheoretische Umorientierung, zweitens eine christlich-eschatologische Ausrichtung, welche einen Teloswechsel zur Folge hatte und drittens eine an (messbarer) Objektivierbarkeit orientierte Auffassung von Politikwissenschaft, welche der praktischen Philosophie nur noch einen Kellerplatz im Wissenschaftsgefüge zuweist.

Mithin könnte man die These wagen, dass sich heutigentags Politik und Politikwissenschaft, nachdem sie sich über zwei Jahrtausende voneinander abgewandt haben, doch wieder in dem Punkt treffen, dass beide nicht mehr daran interessiert sind, zu ergründen, was „ethisch" für das Zusammenleben der Menschen unbedingt gut ist, sondern allein nach dem streben, was ihres Dafürhaltens nach in ihrer Profession aus prozeduralen Erwägungen opportun zu sein scheint.

Bibliographie

[Ackeren 2003] Ackeren, Marcel van: Das Wissen vom Guten. Bedeutung und Kontinuität des Tugendwissens in den Dialogen Platons. Amsterdam et al. : Grüner Verlag, 2003 (Bochumer Studien zur Philosophie). – Teilweise zugleich: Dissertationsschrift Universität Bochum (2001)

[Alt 1667] Alt, Heinrich: Dissertatio Moralis De Prudentia. Qvam . . . Praeside M. Henrico Alto publicè disputandam exhibet Otto Andreas Hannemann Gvelpherb. Autor & Respondens ... Ad diem III Aprilis. Helmstadt : Müller, 1667

[Apelt 1975] Apelt, Otto: Platons Humor. S. 72–95. In: Platonische Aufsätze. Aalen : Scientia-Verlag, 1975. – Neudruck der Ausgabe 1912 (Teubner Verlag)

[Aquin DE REGIMINE PRINCIPUM 1986] Aquino, Thomas de: De regimine principum ad regem Cypri et De regimine Iudæorum ad ducissam Brabantiæ. Editio 2 revidite, reimpressio 1971. Torino : Marietti, 1986. – ad fidem optimarum editionum diligenter recusa Joseph Mathis curante

[Aquin SUMMA THEOLOGICA 1963] Aquino, Thomas de: Summa theologiae: cura fratrum eiusdem ordinis. Secunda secundae. 3. Auflage. Madrid : La editorial catolica, 1963 (Biblioteca de autores cristianos)

[Aristoteles ARS RHETORICA 2006] Aristoteles: Ars rhetorica. 14. Auflage. Oxonii : Clarendon University Press, 2006 (Scriptorum classicorum bibliotheca Oxoniensis). – recognovit brevique adnotatione critica instruxit W. D. Ross

[Aristoteles ATHENAION POLITEIA 1986] Aristoteles: Athenaion politeia. Leipzig : Teubner Verlag, 1986 (Bibliotheca scriptorum Graecorum et Romanorum Teubneriana). – herausgegeben von Mortimer Chambers

[Aristoteles ETHICA EUDEMIA 1991] Aristoteles: Ethica Eudemia. Oxonii : Clarendon University Press, 1991 (Scriptorum classicorum bibliotheca Oxoniensis). – recensverunt brevique adnotatione critica instruxerunt R. R. Walzer, J. M. Mingay. Praefatione avxit J. M. Mingay

[Aristoteles ETHICA NICOMACHEA 1970] Aristoteles: Ethica Nicomachea. Reprint der Ausgabe von 1894. Oxonii : Clarendon University Press, 1970 (Scriptorum classicorum bibliotheca Oxoniensis). – recognovit brevique adnotatione critica instruxit I. Bywater

[Aristoteles METAPHYSIKA 1963] Aristoteles: Metaphysica. Oxonii : Clarendon University Press, 1963 (Scriptorum classicorum bibliotheca Oxoniensis). – recognovit brevique adnotatione critica instruxit W. Jaeger

[Aristoteles POLITIKA 1964] Aristoteles: Politica. Oxonii : Clarendon University Press, 1964 (Scriptorum classicorum bibliotheca Oxoniensis)

[Aubenque 2007] Aubenque, Pierre: Der Begriff der Klugheit bei Aristoteles. Hamburg : Meiner Verlag, 2007

[Augustinus DE CIVITATE DEI 1979] Augustinus, Aurelius: Aurelius Augustinus' Werke. Bd. 2: Der Gottesstaat. De civitate Dei. Paderborn, München, Wien : Ferdinand Schoeningh Verlag, 1979. – Lateinischer Text nach der Teubner-Ausgabe (4. Auflage) 1928-1939 von B. Dombart und A. Kalb. – deutsche Übersetzung von Carl Johann Perl

[Becker et al. 2009] Becker, Michael ; Schmidt, Johannes ; Zintl, Reinhard: Politische Philosophie. 2., durchgesehene Auflage. Paderborn and other : Schöningh Verlag, 2009

[Berges 1952] Berges, Wilhelm: Die Fürstenspiegel des hohen und späten Mittelalters. Stuttgart : Hiersemann Verlag, 1952 (Schriften des Reichsinstituts für Ältere Deutsche Geschichtskunde (Monumenta Germaniae Historica)). – Zugleich: Dissertationsschrift Universität Göttingen – Unveränderter Nachdruck der Ausgabe 1938

[Beuys 1978] Beuys, Joseph: Kunst und Staat. In: Bitburger Gespräche. Jahrbuch 1977-1978, S. 135–139

[Beyme 1998] Beyme, Klaus v.: Die Kunst der Macht und die Gegenmacht der Kunst. Studien zum Spannungsverhältnis von Kunst und Politik. Frankfurt am Main : Suhrkamp Verlag, 1998 (Suhrkamp-Taschenbuch Wissenschaft)

[Beyme 2002] Beyme, Klaus v.: Politische Theorien im Zeitalter der Ideologien. Wiesbaden : Westdeutscher Verlag, 2002

[Böhme 2000] Böhme, Gernot: Platons theoretische Philosophie. Stuttgart; Weimar : Metzler Verlag, 2000

[Bien 1972] Bien, Günther: Die menschlichen Meinungen und das Gute. Die Lösung des Normproblems in der aristotelischen Ethik. Einleitung zu: Aristoteles, Nikomachische Ethik. In: Riedel, Manfred (Ed.): Rehabilitierung der praktischen Philosophie. Geschichte, Probleme, Aufgaben Bd. 1. Freiburg im Breisgau : Rombach Verlag, 1972, S. 345–371

[Bien 1985] Bien, Günther: Die Grundlegung der politischen Philosophie bei Aristoteles. Mit aktualisierter Bibliographie. 3., unveränderte Auflage. Freiburg im Breisgau et al. : Alber Verlag, 1985 (Alber-Broschur Philosophie). – Zugleich: Habilitationsschrift Universität Bochum (1969)

[Bien 1995] Bien, Günther: Gerechtigkeit bei Aristoteles (V). In: (Höffe 1995), S. 135–164

[Bleicken 1990] Bleicken, Jochen: Abhandlungen der Akademie der Wissenschaften in Göttingen, Philologisch-Historische Klasse. Bd. 185, Folge 3: Zwischen Republik und Prinzipat. Zum Charakter des Zweiten Triumvirats. Göttingen : Vandenhoeck & Ruprecht, 1990

[Bollack 1979] Bollack, Jean: Zum Verhältnis von Aktualität und Überlieferung. In: Neue Hefte für Philosophie 15/16 (1979), S. 1–19

[Bose 1699] Bose, Johann A.: De prudentia et eloquentia civili comparanda diatribae isagogicae quarum haec prodit auctior sub titulo "De ratione legendi tractandique historicos". Jena : Ioannem Belkium (Litteris Nisianis), 1699. – Accedit Notitia scriptorum historiae universalis / primum edita cura Georgii Schubarti

[Bourdieu 2004] Bourdieu, Pierre: Der Staatsadel. Konstanz : UVK Verlagsgesellschaft, 2004 (Edition discours). – aus dem Franz. von Franz Hector und Jürgen Bolder

[Bournois et al. 2007] Bournois, Frank (Ed.) ; Duval-Hamel, Jerome (Ed.) et al.: Comité executif, voyage au coeur de la dirigeance. Paris : Eyrolles, 2007. – préface de Thierry de La Tour d'Artaise

[Bremmer 1996] Bremmer, Jan N.: The Status and Symbolic Capital of the Seer. In: Hägg, Robin (Ed.): The Role of Religion in the Early Greek Polis. Proceedings of the Third International Seminar on Ancient Greek Cult, organized by the Swedish Institute at Athens, 16 - 18 October 1992. Stockholm : Åströms, 1996 (Skrifter), S. 91–109

[Büchner 1976] Büchner, Karl: Somnium Scipionis. Quellen, Gestalt, Sinn. Wiesbaden : Steiner Verlag, 1976 (Hermes Einzelschriften)

[Cicero AD ATTICUM 1987] Cicero, Marcus Tullius: Bibliotheca scriptorum Graecorum et Romanorum Teubneriana. Bd. 1: Epistulae ad Atticum. Libri I-VIII. Stutgardiae : Teubner Verlag, 1987

[Cicero DISPUTATIONES 1992] Cicero, Marcus Tullius: Gespräche in Tusculum. Tusculanae disputationes. Lateinisch-deutsch. 6., durchgesehene Auflage. München et al. : Artemis & Winkler, 1992 (Sammlung Tusculum). – Mit ausführlichen Anmerkungen neu herausgegeben von Olof Gigon

[Cicero RES PUBLICA 1999] Cicero, Marcus Tullius: Der Staat. De re publica. Lateinisch - deutsch. Düsseldorf; Zürich : Artemis & Winkler, 1999 (Tusculum Studienausgaben). – übersetzt von Karl Büchner. Herausgegeben von Harald Merklin

[Diels und Kranz 1952] Diels, Hermann ; Kranz, Walther: Die Fragmente der Vorsokratiker. Griechisch und Deutsch. Bd. 2. Berlin : Weidmannsche Verlagsbuchhandlung, 1952

[Dirlmeier 1956] Aristoteles: Nikomachische Ethik. Übersetzt und kommentiert von Franz Dirlmeier. Berlin : Akademie-Verlag, 1956 (Werke in deutscher Übersetzung). – Herausgegeben von Hellmut Flashar

[Ebert 1995] Ebert, Theodor: Phronêsis. Anmerkungen zu einem Begriff der Aristotelischen Ethik (VI 5, 8-13). In: (Höffe 1995), S. 165–185

[Eggensperger 2001] Eggensperger, Thomas: Der Einfluss des Thomas von Aquin auf das politische Denken des Bartolomé de Las Casas im Traktat „De imperatoria vel regia potestate". Eine theologisch-politische Theorie zwischen Mittelalter und Neuzeit. Münster et al. : Lit-Verlag, 2001 (Philosophie). – Zugleich: Dissertationsschrift Universität Fribourg (2000)

[Frede 1998] Frede, Dorothea: Der „Übermensch" in der Politischen Philosophie des Aristoteles. Zum Verhältnis von Bios Theoretikos und Bios Praktikos. In: Internationale Zeitschrift für Philosophie 7 (1998), S. 259–284

[Fritz 1968] Fritz, Kurt von: Platon in Sizilien und das Problem der Philosophenherrschaft. Berlin : de Gruyter, 1968

[Fuhrer 1997] Fuhrer, Therese: Die Platoniker und die civitas dei (Buch VIII-X). In: Horn, Christoph (Ed.): Augustinus. De civitate dei. Berlin : Akademie Verlag, 1997 (Klassiker auslegen), S. 87–108

[Gadamer 1991] Gadamer, Hans-Georg: Gesammelte Werke. Bd. 3: Griechische Philosophie. Platon im Dialog. Tübingen : Mohr Verlag, 1991

[Gaiser 1959] Gaiser, Konrad: Protreptik und Paraenese bei Platon. Untersuchungen zur Form des platonischen Dialogs. Kohlhammer Verlag, 1959 (Tübinger Beiträge zur ltertumswissenschaft). – Weitgehend geänderte Fassung der Dissertationsschrift Universität Tübingen (1955)

[Gigon 1975] Gigon, Olof: Phronesis und Sophia in der Nikomachischen Ethik des Aristoteles. In: Mansfeld, Jaap (Ed.) ; Rijk, Lambertus M. de (Ed.): Kephalaion. Studies in Greek philosophy and its continuation offered to C. J. de Vogel. Assen : van Gorcum, 1975 (Wijsgerige teksten en studies), S. 91–104

[Gotter 1996] Gotter, Ulrich: Der Platonismus Ciceros und die Krise der römischen Republik. In: Funck, Bernd (Ed.): Hellenismus. Beiträge zur Erforschung von Akkulturation und politischer Ordnung in den Staaten des hellenistischen Zeitalters ; Akten des Internationalen Hellenismus-Kolloquiums, 9. - 14. März 1994 in Berlin. Tübingen : Mohr Verlag, 1996, S. 543–559

[Gottschalk-Mazouz 2000] Gottschalk-Mazouz, Niels: Diskursethik. Theorien, Entwicklungen, Perspektiven. Berlin : Akademie-Verlag, 2000. – Zugleich: Dissertationsschrift Universität Stuttgart (1999)

[Hartmann 2007] Hartmann, Michael: Eliten und Macht in Europa. Ein internationaler Vergleich. Frankfurt am Main et al. : Campus Verlag, 2007

[Heilige Schrift 2003] Tur-Sinai, Naftali Herz (Ed.): Die Heilige Schrift. 4. Auflage. Neuhausen-Stuttgart : Hänssler Verlag, 2003. – ins Deutsche übertragen von Naftali Herz Tur-Sinai

[Hennis 1963] Hennis, Wilhelm: Politik und praktische Philosophie. Eine Studie zur Rekonstruktion der politischen Wissenschaft. Neuwied am Rhein et al. : Luchterhand, 1963 (Politica). – Zugleich: Habilitationsschrift Universität Frankfurt am Main (1959/60)

[Herder 1800] Herder, Johann Gottfried von: Kalligone. Von Kunst und Kunstrichterei. Bd. 2. Leipzig : Johann Friedrich Hartknoch, 1800

[Hesiodus 1998] Hesiodus: Theogonie. 6., verbesserte und ergänzte Auflage. Sankt Augustin : Academia-Verlag Richarz, 1998 (Texte zur Philosophie)

[Höffe 1995] Höffe, Otfried (Ed.): Aristoteles. Die Nikomachische Ethik. Berlin : Akademie Verlag, 1995 (Klassiker Auslegen)

[Höffe 1997] Höffe, Otfried: Vier Kapitel einer Wirkungsgeschichte der Politeia. In: Höffe, Otfried (Ed.): Platons Politeia. Berlin : Akademie Verlag, 1997 (Klassiker Auslegen), S. 333–361

[Hobbes 1655] Hobbes, Thomas: De corpore. Elementorum philosophiæ sectio prima. Londini : Excusum sumptibus Andreæ Crook sub signo Draconis viridis in Coemeterio B. Pauli, 1655 [Homerus 2001] Homerus: Ilias. 11. Auflage. Düsseldorf; Zürich : Artemis & Winkler, 2001 (Sammlung Tusculum). – Übertragen von Hans Rupé. Der griechische Text wurde von Viktor Stegemann bearbeitet. – Mit Urtext, Anhang und Registern

[Jaeger 1923] Jaeger, Werner: Aristoteles. Grundlegung einer Geschichte seiner Entwicklung. Berlin : Weidmann Verlag, 1923

[Jones 1990] Jones, Nicholas F.: The Organization of the Kretan City in Plato's Laws. In: Classical World 83 (1990), S. 473–492

[Kant 2006] Kant, Immanuel: Kritik der Urteilskraft. Beilage: Erste Einleitung in die Kritik der Urteilskraft. Hamburg : Meiner Verlag, 2006 (Philosophische Bibliothek). – mit Einleitung und Bibliographie herausgegeben von Heiner F. Klemme

[Kant AA 1969a] Kant, Immanuel: Gesammelte Schriften. Abhandlungen nach 1781. Bd. 8: Abt. 1,Werke. Berlin : Reimer Verlag, 1969. – herausgegeben von der Berlin-Brandenburgische Akademie der Wissenschaften – Nachdruck der Ausgabe 1923

[Kant AA 1969b] Kant, Immanuel: Gesammelte Schriften. Die Religion innerhalb der Grenzen der bloßen Vernunft. Die Metaphysik der Sitten. Bd. 6: Abt. 1, Werke. Berlin : Reimer Verlag, 1969. – herausgegeben von der Berlin-Brandenburgische Akadem der Wissenschaften – Nachdruck der Ausgabe 1907

[Kant AA 1969c] Kant, Immanuel: Gesammelte Schriften. Vorarbeiten und Nachträge. Bd. 23 Abt. 3, Handschriftlicher Nachlaß. Berlin : Reimer Verlag, 1969. – herausgegeben von der Berlin-Brandenburgischen Akademie der Wissenschaften – Photomechanischer Nachdruck der Ausgabe 1955

[Kapp 1924] Kapp, Ernst: Sokrates der Jüngere. In: Philologus 79 (1924), S. 225–233

[Kassel 1986] Kassel, Rudolf: Poetae comici Graeci. Damoxenus - Magnes. Bd. 5. Berolini et al. : de Gruyter, 1986

[Kersting 1999] Kersting, Wolfgang: Platons „Staat". Darmstadt : Wissenschaftliche Buchgesellschaft, 1999 (Werkinterpretationen)

[Kersting 2004] Kersting, Wolfgang: "Die bürgerliche Verfassung in jedem Staate soll republikanisch sein". In: Höffe, Otfried (Ed.): Immanuel Kant - Zum ewigen Frieden. 2. durchgesehene Auflage. Berlin : Akademie Verlag, 2004 (Klassiker auslegen), S. 87–108

[Kinneavy 2002] Kinneavy, L. J.: Kairos in Classical and Modern Rhetorical Theory. In: Sipiora, Phillip (Ed.) ; Baumlin, James S. (Ed.): Rhetoric and Kairos. Essays in history, theory, and praxis. Albany (New York) : State University of New York Press, 2002, S. 60–76

[Kloepfer 1982] Kloepfer, Michael: 3. Bericht von Professor Dr. Michael Kloepfer, Trier. In: Eichenberger, Kurt (Ed.) ; Richard, Richard N. (Ed.) ; Kloepfer, Michael (Ed.): Gesetzgebung im Rechtsstaat. Berichte und Diskussionen auf der Tagung der Vereinigung der Deutschen Staatsrechtslehrer in Trier vom 30. September - 3. Oktober 1981. Berlin et al. : de Gruyter, 1982 (Veröffentlichungen der Vereinigung der Deutschen Staatsrechtslehrer), S. 65–97

[Koslowski 1993] Koslowski, Peter: Politik und Ökonomie bei Aristoteles. 3., durchgesehe und ergänzte Auflage. Tübingen : Mohr Verlag, 1993 (Münchener Hochschulschriften: Reihe Philosophie und Geisteswissenschaften)

[Kube 1969] Kube, Jörg: Techn⁻e und Aret⁻e. Sophistisches und platonisches Tugendwissen. Berlin : de Gruyter, 1969 (Quellen und Studien zur Geschichte der Philosophie). – Zugleich: Dissertationsschrift Universität Frankfurt am Main (1965)

[Kullmann 1980] Kullmann, Wolfgang: Der Mensch als politisches Wesen bei Aristoteles. In: Hermes 108 (1980), S. 419–443

[Laband et al. 1914] Laband, Paul (Ed.) et al.: Handbuch der Politik. Die Grundlagen der Politik. Bd. 1. 2. Auflage. Berlin : Rothschild Verlag, 1914

[Lactantius 2009] Lactantius, Lucius Caecilius Firmianus: Bibliotheca scriptorvm Graecorvm et Romanorvm Tevbneriana. Bd. 3: Divinae institutiones. Libri V et VI. Berolini et al. : de Gruyter, 2009. – Herausgegeben von Eberhard Heck

[Laertius 1999] Laertius, Diogenes: Bibliotheca scriptorum Graecorum et Romanorum Teubneriana. Bd. 1: Vitae philosophorum. Libri I - X. Stutgardiae, Lipsiae : Teubner Verlag, 1999. – herausgegeben von Miroslav Marcovich

[Löbl 2003] Löbl, Rudolf: Techn⁻e - Techne. Untersuchungen zur Bedeutung dieses Worts in der Zeit von Homer bis Aristoteles. Von den Sophisten bis zu Aristoteles. Bd. 2. Würzburg : Königshausen & Neumann Verlag, 2003

[Lefèvre 2001] Lefèvre, Eckard: Panaitios' und Ciceros Pflichtenlehre. Vom philosophischen Traktat zum politischen Lehrbuch. Stuttgart : Steiner Verlag, 2001 (Historia Einzelschriften)

[Leonhard 2007] Leonhard, Jörn: Politik – ein symptomatischer Aufriß der historischen Semantik im europäischen Vergleich. In: Steinmetz, Willibald (Ed.): „Politik". Situationen eines Wortgebrauchs im Europa der Neuzeit. Frankfurt am Main ; New York : Campus Verlag, 2007 (Historische Politikforschung), S. 75–133

[Luckner 2005] Luckner, Andreas: Klugheit. Berlin et al. : de Gruyter, 2005 (Grundthemen Philosophie). – Zugleich: Habilitationsschrift Universität Leipzig (2001)

[Markus 1988] Markus, György: Praxis und Poiesis: Eine fragwürdige Aristoteles- Renaissance. In: Althaus, Gabriele (Ed.) ; Staeuble, Irmingard (Ed.): Streitbare Philosophie. Festschrift: Margherita von Brentano zum 65. Geburtstag. Berlin : Metropol-Verlag, 1988, S. 71–92

[Meier 1997] Meier, Christian: Res publica amissa. Eine Studie zu Verfassung und Geschichte der späten römischen Republik. 3., veränderte Auflage. Frankfurt am Main : Suhrkamp Verlag, 1997

[Mette 1985] Mette, Hans Joachim: Weitere Akademiker heute - von Lakydes bis zu Kleitomachos. In: Lustrum 27 (1985), S. 53–148

[Müller 1809] Müller, Adam Heinrich: Die Elemente der Staatskunst. Öffentliche Vorlesungen vor Seiner Durchlaucht dem Prinzen von Sachsen-Weimar. Berlin : Sander Verlag, 1809. – 3 Bde.

[Mohnhaupt 2003] Mohnhaupt, Heinz: Prudentia Legislatoria. Fünf Schriften über die Gesetzgebungsklugheit aus dem 17. und 18. Jahrhundert. München : C.H. Beck Verlag, 2003 (Bibliothek des deutschen Staatsdenkens). – übersetzt von Adolf Paul

[Nitschke 2008] Nitschke, Peter (Ed.): Politeia. Baden-Baden : Nomos-Verlagsgesellschaft, 2008 (Staatsverständnisse)

[Novum Testamentum Graece 2007] Aland, Kurt und Barbara (Ed.): Das Neue Testament. Testamentum novum. Griechischer Text: 27. Aufl. des Novum Testamentum Graece in der Nachfolge von Eberhard und Erwin Nestle. 5. korrigierte Auflage. Stuttgart : Katholische Bibelanstalt, Deutsche Bibelgesellschaft, 2007. – Herausgegeben im Institut für Neutestamentliche Textforschung Münster (Westfalen) – revidierte Fassung der Lutherbibel von 1984 und Einheitsübersetzung der Heiligen Schrift 1979

[Onea Gáspár 2006] Onea Gáspár, Edgar: Sprache und Schrift aus handlungstheoretischer Perspektive. Berlin et al. : de Gruyter, 2006 (Studia Linguistica Germanica). – Teilweise zugleich: Dissertationsschrift Universität Heidelberg (2005)

[Patzelt 2007] Patzelt, Werner J.: Einführung in die Politikwissenschaft. Grundriss des Faches und studiumbegleitende Orientierung. 6., erneut überarbeitete Auflage. Wissenschafts-Verlag Rothe, 2007

[Pindarus 1980] Pindarus: Pindari Carmina cum fragmentis. Oxonii : Clarendon University Press, 1980 (Scriptorum classicorum bibliotheca Oxoniensis). – recognovit brevique adnotatione critica instruxit C. M. Bowra

[Planinc 1991] Planinc, Zdravko: Plato's political philosophy. Prudence in the „Republic" and the „Laws". Columbia et al. : University of Missouri Press, 1991

[Platon 2008] Platon: Platon, Werke. Bd. 2, 4: Politikos. Übersetzung und Kommentar. Göttingen : Vandenhoeck & Ruprecht, 2008. – Übersetzung und Kommentar von Friedo Ricken im Auftrag der Kommission für Klassische Philologie der Akademie der Wissenschaften und der Literatur zu Mainz herausgegeben von Ernst Heitsch und Carl Werner Müller

[Platon MENON 2008] Platon: Menon. Stuttgart : Philipp Reclam jun., 2008 (Reclams Universal-Bibliothek). – übersetzt und herausgegeben von Margarita Kranz

[Platon NOMOI 2005] Platon: Platonis Opera. Tetralogiam IX definitiones et spuria continens. 23. Auflage. Oxonii : Oxford University Press, 2005 (Scriptorum classicorum bibliotheca Oxoniensis). – Reprint der Ausgabe von 1907

[Platon PHAIDROS 1979] Platon: Platonis Opera. Tetralogias III-IV continens. Parmenides, Philebus, Symposium, Phaedrus, Alcibiades I, II, Hipparchus, Amatores. 8. Auflage. Oxonii : Oxford University Press, 1979 (Scriptorum classicorum bibliotheca Oxoniensis). – Reprint der Ausgabe 1901

[Platon POLITEIA 1993] Platon: Platonis Opera. Tetralogiam VIII continens. Clitopho, Res Publica, Timaeus, Critias. 11. Auflage. Oxonii : Oxford University Press, 1993 (Scriptorum classicorum bibliotheca Oxoniensis). – recognovit brevique adnotatione critica instruxit Ioannes Burnet – Reprint der Ausgabe von 1902

[Platon POLITIKOS 1995] Platon: Platonis Opera. Tetralogias I-II continens. Euthyphro, Apologia Socratis, Crito, Phaedo, Cratylus, Sophista, Politicus. 10. Auflage. Oxonii : Oxford University Press, 1995. – recognovit brevique adnotatione critica instruxit E. A. Duke, W.F. Hicken, W.S. M. Nicoll, D.B. Robinson, J.C.G. Strachan

[Platon PROTAGORAS 2005] Platon: Platonis Opera. Tetralogias V-VII continens. Theages, Cdarmides, Laches, Lysis, Euthydemus, Protagoras, Gorgias, Meno, Hippias major, Hippias minor, 10, Menexenus. 29. Auflage. Oxonii : Oxford University Press, 2005 (Scriptorum classicorum bibliotheca Oxoniensis). – Nachdruck der Ausgabe 1903

[Plutarchus 1994] Plutarchus: Fünf Doppelbiographien. Griechisch und deutsch. Alexandros und Caesar, Aristeides und Marcus Cato, Perikles und Fabius Maximus. Zürich und München : Artemis & Winkler, 1994 (Sammlung Tusculum). – Übersetzt von Konrat Ziegler und Walter Wuhrmann. Ausgewählt von Manfred Fuhrmann. Mit einer Einführung und Erläuterung von Konrat Ziegler

[Polybios 2003] Polybios: Loeb Classical Library. Bd. 3: The Histories. Cambridge (Massachusetts), London : Harvard University Press, 2003. – With an English translation by W.R. Paton

[Popper 2003] Popper, Karl R.: Die offene Gesellschaft und ihre Feinde. Der Zauber Platons. Bd. 1. 8. durchgesehene und ergänzte Aufl. Tübingen : Mohr Siebeck, 2003. – herausgegeben von Hubert Kiesewetter

[Puhle 1987] Puhle, Annekatrin: Persona. Zur Ethik des Panaitios. Frankfurt am Main; Bern New York ; Paris : Peter Lang Verlag, 1987 (Europäische Hochschulschriften). – Zugleich: Dissertationsschrift Freie Universität Berlin (1986)

[Quaglioni 1991] Quaglioni, Diego: Regnativa Prudentia. In: Théologie et droit dans la science politique de l'état moderne. Actes de la table ronde (Rome, 12-14 nov. 1987) organisee par l'Ecole Francaise de Rome. Rom : Ecole Française de Rome, 1991 (Collection de l'Ecole Française de Rome), S. 155–170

[Rapp 2002] Rapp, Christof (Ed.): Aristoteles: Werke in deutscher Übersetzung. Rhetorik. Bd. 4,2. Berlin : Akademie Verlag, 2002. – übersetzt und erläutert von Christof Rapp

[Rese 2003] Rese, Friederike: Praxis und Logos bei Aristoteles. Handlung, Vernunft und Rede in „Nikomachischer Ethik", „Rhetorik" und „Politik". Tübingen : Mohr Siebeck, 2003 (Philosophische Untersuchungen). – Zugleich: Dissertationsschrift Universität Freiburg im Breisgau (2002)

[Rhim 2005] Rhim, Sung-Chul i: Die Struktur des idealen Staates in Platons Politeia. Die Grundgedanken des platonischen Idealstaates angesichts antiker und moderner Kritik. Würzburg : Verlag Königshausen & Neumann, 2005 (Epistemata: Reihe Philosophie). – Zugleich: Dissertationsschrift Universität Tübingen (2003)

[Rhonheimer 1994] Rhonheimer, Martin: Praktische Vernunft und Vernünftigkeit der Praxis. Handlungstheorie bei Thomas von Aquin in ihrer Entstehung aus dem Problemkontext der aristotelischen Ethik. Berlin : Akademie Verlag, 1994

[Riedweg 2002] Riedweg, Christoph: Pythagoras. Leben, Lehre, Nachwirkung. Eine Einführung. München : Beck Verlag, 2002

[Ritter 1956] Ritter, Joachim: Das bürgerliche Leben. Zur aristotelischen Theorie des Glücks. In: Vierteljahrsschrift für wissenschaftliche Pädagogik 32 (1956), Nr. 1, S. 60–94

[Rosen 2008] Rosen, Stanley: Plato's Statesman. The web of politics. South Bend, IN : St. Augustine's Press, 2008. – Originally published: New Haven: Yale University Press, 1995 – Includes bibliographical references and index

[Schmidt 2006] Schmidt, Gerhart: Der platonische Sokrates: gesammelte Abhandlungen 1976 - 2002. Würzburg : Verlag Königshausen & Neumann, 2006 (Epistemata: Reihe Philosophie)

[Scholz 1998] Scholz, Peter: Der Philosoph und die Politik. Die Ausbildung der hilosophischen Lebensform und die Entwicklung des Verhältnisses von Philosophie und Politik im 4. und 3. Jh. v. Chr. Stuttgart : Steiner Verlag, 1998 (Frankfurter althistorische Beiträge). – Zugleich: Dissertationsschrift Universität Frankfurt am Main (1996)

[Schottlaender 1980] Schottlaender, Rudolf: Der aristotelische „spoudaios". In: Zeitschrift für philosophische Forschung 34 (1980), S. 385–395

[Schütrumpf 1980] Schütrumpf, Eckart: Die Analyse der Polis durch Aristoteles. Amsterdam : Gruener Verlag, 1980 (Studien zur antiken Philosophie)

[Scodel 1987] Scodel, Harvey R.: Diaeresis and myth in Plato's Statesman. Göttingen : Vandenhoeck & Ruprecht, 1987 (Hypomnemata. Untersuchungen zur Antike und zu ihrem Nachleben)

[Seebaß 2009] Seebaß, Gottfried: Handlung und Freiheit. Philosophische Aufsätze. Tübingen : Mohr Siebeck, 2009

[Sellin 1993] Sellin, Volker: Mi - Pre. In: Brunner, Otto (Ed.): Geschichtliche Grundbegriffe. Historisches Lexikon zur politisch-sozialen Sprache in Deutschland Bd. 4. Stuttgart : Klett Verlag, 1993, S. 789–874. – Unveränderter Nachdruck – Herausgegeben im Auftrag des Arbeitskreises für Moderne Sozialgeschichte e.V.]

[Simon 2004] Simon, Thomas: Ordnungsleitbilder und Zielvorstellungen politischen Handelns in der Frühen Neuzeit. Frankfurt am Main : Klostermann Verlag, 2004 (Studien zur europäischen Rechtsgeschichte). – Zugleich: Habilitationsschrift Universität Frankfurt am Main (2001)

[Smith 1976] Smith, Adam: The theory of moral sentiments. Oxford : Clarendon University Press, 1976 (The Glasgow edition of the works and correspondence of Adam Smith)

[Sobota 1997] Sobota, Katharina: Das Prinzip Rechtsstaat. Verfassungs- und verwaltungsrechtliche Aspekte. Tübingen : Mohr Verlag, 1997 (Jus publicum). – Zugleich: Habilitationsschrift Universität Jena (1995)

[Sophocles 1996] Sophocles: Antigone. 3. Auflage. Stutgardiae; Lipsiae : Teubner Verlag, 1996 (Bibliotheca scriptorum Graecorum et Romanorum Teubneriana). – herausgegeben von Roger D. Dawe

[Stenzel 1917] Stenzel, Julius: Studien zur Entwicklung der platonischen Dialektik von Sokrates zu Aristoteles. Arete und Diairesis. Mit einem Anhang - literarische Form und philosophischer Gehalt des Platonischen Dialoges. Breslau : Trewendt & Granier, 1917

[Stokes 1986] Stokes, Michael C.: Plato's Socratic conversations: Drama and dialectic in three dialogues. Baltimore : The Johns Hopkins University Press, 1986

[Struve 1992] Struve, Tilman: Die Bedeutung der aristotelischen „Politik" für die natürliche Begründung der staatlichen Gemeinschaft. In: Miethke, Jürgen (Ed.): Das Publikum politischer Theorie im 14. Jahrhundert. München : Oldenbourg Verlag, 1992 (Schriften des Historischen Kollegs), S. 153–171. – Unter Mitarbeit von Arnold Bühler

[Sueton DE VITA CAESARUM 1997] Suetonius, Gaius Tranquillus: Die Kaiserviten. De vita Caesarum. Lateinisch-deutsch. Düsseldorf; Zürich : Artemis & Winkler, 1997 (Sammlung Tusculum). – Herausgegeben und übersetzt von Hans Martinet

[Thiele 2003] Thiele, Ulrich: Repräsentation und Autonomieprinzip. Kants Demokratiekritik und ihre Hintergründe. Berlin : Duncker & Humblot, 2003 (Beiträge zur politischen Wissenschaft)

[Thukydides: HISTORIAE 1992] Thukydides: Historiae. Libri III-V. Bd. 2. Roma : Istituto Poligrafico e Zecca dello Stato, 1992. – Ioannes Baptista Alberti recensit

[Tornau 2006] Tornau, Christian: Zwischen Rhetorik und Philosophie: Augustins Argumentationstechnik in De civitate Dei und ihr bildungsgeschichtlicher Hintergrund. Berlin : de Gruyter, 2006 (Untersuchungen zur antiken Literatur und Geschichte). – Teilweise zugleich: Habilitationsschrift Universität Jena (2004)

[Trampedach 1994] Trampedach, Kai: Platon, die Akademie und die zeitgenössische Politik. Stuttgart : Steiner Verlag, 1994 (Hermes Einzelschriften). – Zugleich: Dissertationsschrift Universität Freiburg im Breisgau (1993)

[Waschkies 1977] Waschkies, Hans-Joachim: Von Eudoxos zu Aristoteles. Das Fortwirken der Eudoxischen Proportionentheorie in der Aristotelischen Lehre vom Kontinuum. Amsterdam : Gruener Verlag, 1977 (Studien zur antiken Philosophie). – Zugleich: Dissertationsschrift Universität Kiel (1973)

[Weber 1998] Weber, Gregor: Kaiser, Träume und Visionen in Prinzipat und Spätantike. Stuttgart : Steiner Verlag, 1998 (Historia Einzelschriften). – Zugleich: Habilitationsschrift Katholische Universität Eichstätt (1998)

[Weber 2005] Weber, Max: Wirtschaft und Gesellschaft. Grundriß der verstehenden Soziologie. Frankfurt am Main : Zweitausendeins: Lizenzausgabe von Melzer Verlag (Neu Isenburg), 2005. – Mit einem Vorwort von Alexander Ulfig

[Wellershoff 1976] Wellershoff, Dieter: Die Auflösung des Kunstbegriffs. Frankfurt am Main : Suhrkamp Verlag, 1976 (Edition Suhrkamp)

[Wieland 2004] Wieland, Georg: Praktische Philosophie und Politikberatung bei Thomas von Aquin. In: Kaufhold, Martin (Ed.): Politische Reflexion in der Welt des späten Mittelalters. Political Thought in the Age of Scholasticism. Festschrift für Jürgen Miethke. Leiden, Boston : Brill, 2004 (Studies in medieval and reformation traditions), S. 65–83

[Wieland 1999] Wieland, Wolfgang: Platon und die Formen des Wissens. 2., durchgesehene und um einen Anhang und ein Nachwort erweiterte Auflage. Göttingen : Vandenhoeck & Ruprecht, 1999

[Wojaczek 1983] Wojaczek, Günter: ORGIA EPISTHMHS. Zur philosophischen Initiation in Ciceros Somnium Scipionis. In: Würzburger Jahrbücher für die Altertumswissenschaft 9 (1983), S. 123–145. – Fortsetzung in vol. 11 (1985): 93-128

[Wolff 1744] Wolff, Christian Freiherr v.: Philosophia Practica Universalis, Methodo Scientifica Pertractata. Theoriam Complectens, Qva Omnis Actionum Humanorum Differentia, Omnisque Juris Ac Obligationum Omnium, Principia, A Priori Demonstrantur.. Bd. 1. Editio Nova Priori Emendatior. Halae Magdeburgicae : Renger, 1744

[Wolff 1756] Wolff, Christian Freiherr v.: Philosophiae civilis sive politicae pars . . .Tanquam continuationem systematis philosophici Christiani L. B. de Wolff. Exhibens principia cum generalia politicae publicae tum simplicibus civitatum formis propria. Bd. 1. Halae Magdeburgicae : Renger, 1756

[Wössner 1963] Wössner, Jakobus: Mensch und Gesellschaft. „Kollektivierung" und „Sozialisierung"; ein Beitrag zum Phänomen der Vergesellschaftung im Aufstieg und in der sozialen Problematik des gegenwärtigen Zeitalters. Berlin : Duncker & Humblot, 1963. – Teilweise zugleich: Habilitationsschrift Universität Erlangen-Nürnberg (1962)

[Wyller 1995] Wyller, Egil A.: Henologische Perspektiven I/I - II. Platon - Johannes - Cusanus. Amsterdam et al. : Rodopi, 1995 (Elementa)

[Zorn 1914] Zorn, Philipp: Politik als Staatskunst und Wissenschaft. In: (Laband et al. 1914), S. 1–7

Autoren- und Herausgeberverzeichnis

Helge Batt, Dr., Studium der Politikwissenschaft, Soziologie und Philosophie an der Universität Heidelberg, wissenschaftlicher Mitarbeiter am Institut für Politikwissenschaft der Universität Heidelberg, seit 2005 Akademischer Oberrat am Institut für Sozialwissenschaften der Universität Koblenz-Landau, Campus Landau.

Eduard Beaucamp, Dr., geb. 1937 in Aachen. Studium der deutschen Literaturgeschichte, der Kunstgeschichte und Philosophie in Freiburg, München und Bonn. Von 1966 bis 2002 Feuilleton-Redakteur und Kunstkritiker der F.A.Z. Buchveröffentlichungen (u.a.): „Das Dilemma der Avantgarde" (1976); „Die befragte Kunst" (1988); „Der verstrickte Künstler" (1998); „Werner Tübke. Meisterblätter" (2004).

Elisabeth Buchner, M.A., geb. 1984 in Prien am Chiemsee. Studium der Politikwissenschaft, Soziologie und Politikwissenschaft Südasien an der Universität Heidelberg. Von 2005 bis 2009 als Wissenschaftliche Hilfskraft bei Prof. Dr. Dr. h.c. Klaus von Beyme tätig, anschließend Wissenschaftliche Mitarbeiterin an der Universität Koblemz-Landau. Seit 2011 Projektassistentin bei der Ruhl Consulting AG.

Ariane Hellinger, M.A., geb. 1974 in Siegen. Dreisemestriges Studium der Film- und Theaterregie und Arbeit am Landestheater Kiel, anschließend Studium der Kunstgeschichte und Politikwissenschaft an der Universität Heidelberg. Projektassistentin im Ausstellungsbereich, anschließend persönliche Referentin des Forschungsleiters der SAP AG, seit 2010 Referentin für strategische Projektentwicklung bei acatech – Deutsche Akademie der Technikwissenschaften.

Helmuth Kiesel, Dr. phil., geb. 1947, ist seit 1990 Ordinarius für Neuere Deutsche Literaturgeschichte am Germanistischen Seminar der Universität Heidelberg mit Schwerpunkt im 20. Jahrhundert. Zuletzt erschienen von ihm „Geschichte der literarischen Moderne" (München 2004: Beck), „Ernst Jünger: Biographie" (München 2007: Siedler). Mitarbeiter des Feuilletons der Frankfurter Allgemeinen Zeitung.

Harald Kimpel, Dr. phil., geb. 1950 in Kassel. Studium Kunstpädagogik, Kunstgeschichte, Klassische Archäologie und Europäische Ethnologie in Kassel und Marburg. Wissenschaftlicher Mitarbeiter beim Kulturamt Kassel, Kurator, Autor. Ausstellungen und Publikationen zu Kulturgeschichte und Gegenwartskunst.

Winfried Nerdinger, Dr.-Ing., geb. 1944 in Burgau. Studium der Architektur, Professor für Architekturgeschichte und Direktor des Architekturmuseums der TU München, Gastprofessuren in Harvard und Helsinki, zahlreiche Ausstellungen und Publikationen zur neueren Architektur- und Kunstgeschichte.

Raphael Rosenberg, Prof. Dr. phil., geb. 1962 und aufgewachsen in Mailand. Studium der Kunstgeschichte, Archäologie und Ägyptologie in München und Basel, Assistent in Freiburg i.B. und Paris (Collège de France), von 2004 bis 2009 Lehrstuhl für Neuere und Neueste Kunstgeschichte in Heidelberg, 2007/08 Fellow am Wissenschaftskolleg zu Berlin.Seit 2009 Professur für Mittlere und Neuere Kunstgeschichte am Institut für Kunstgeschichte der Universität Wien.

Werner Schaub, geb. 1945 in der Ortenau/Baden. Studium an der Kunstakademie Karlsruhe und an der Universität Heidelberg (Pädagogik und Psychologie). Zahlreiche nationale und internationale Ausstellungen sowie verschiedene Publikationen. Vorsitzender des Bundesverbandes Bildender Künstlerinnen und Künstler und der Internationalen Gesellschaft der bildenden Künste.

Dietrich Schubert, geb. 1941 in Gera/Thüringen. Studium der Kunstwissenschaft, Germanistik und Archäologie in Leipzig (1960-61), Freiburg, Wien (1966) und München, Promotion über Jan van Amstel und die niederländische Malerei des 16. Jh.; wiss. Ass. Universität Regensburg bis 1977, danach Habilitation an der TU München über die Kunst Lehmbrucks; seit 1981 Professor Universität Heidelberg.

Christian Schwaabe, Dr. PD, geb. 1967, lehrt Politische Theorie am Geschwister-Scholl-Institut der Universität München; Leiter des Voegelin-Zentrums für Politik, Kultur und Religion; wichtige Monographien: Freiheit und Vernunft in der unversöhnten Moderne. Max Webers kritischer Dezisionismus als Herausforderung des politischen Liberalismus (München 2002); Antiamerikanismus. Wandlungen eines Feindbildes (München 2003); Die deutsche Modernitätskrise. Politische Kultur und Mentalität von der Reichsgründung bis zur Wiedervereinigung (München 2005); Politische Theorie, 2 Bände (München 2007).

Charles Philippe Dijon de Monteton, M.A., geboren 1978, aufgewachsen in Deutschland, Studium der Politikwissenschaft, Mittleren- und Neueren Geschichte an der Universität Heidelberg sowie dortselbst des Faches Judaistik an der Hochschule für Jüdische Studien. Hernach Lehrbeauftragter und wissenschaftlicher Mitarbeiter am Institut für Politische Wissenschaft in Heidelberg.

Barbara Waldkirch, Dr. Studium der Politikwissenschaft und Anglistik an der Universität Heidelberg, wissenschaftliche Mitarbeiterin am Institut für Politikwissenschaft der Universität Heidelberg, Referentin an der Heidelberger Akademie der Wissenschaften, Geschäftsführerin des Center for Doctoral Studies in Social and Behavioral Sciences an der Graduate School of Economic and Social Sciences an der Universität Mannheim, seit 2011 freiberufliche Tätigkeit als Coach und Trainerin für Hochschuldidaktik.

Publikationen „Kunst und Politik"

Das Publikationsverzeichnis von Klaus von Beyme umfasst derzeit mehr als 40 Bücher und über 400 Aufsätze und seit seiner Emeritierung im Jahre 1999 sind 11 Bücher und mehr als 120 Aufsätze hinzugekommen. In seinem Werk befasst sich Klaus von Beyme hauptsächlich mit den Gebieten der Vergleichenden Regierungslehre und der Politischen Theorie und thematisiert dabei wie kaum ein anderer Autor gleichermaßen und gleichberechtigt die drei klassischen Dimensionen der Politikwissenschaft, den institutionellen Rahmen der Politik, die Prozesse der Willensbildung, des politischen Konfliktes und der Konsensbildung sowie die inhaltliche Dimension der Politik.[1]

Neben diesen großen Themen der Politikwissenschaft hat Klaus von Beyme sich einem weiteren Thema zugewandt, der Kunst.

Monografien

Der Wiederaufbau. Architektur und Städtebaupolitik in den beiden deutschen Staaten. München, Piper, 1987.

Hauptstadtsuche. Hauptstadtfunktionen im Interessenkonflikt zwischen Bonn und Berlin. Frankfurt, Suhrkamp, 1991.

Kulturpolitik und nationale Identität. Kulturpolitik zwischen staatlicher Steuerung und Gesellschaftlicher Autonomie. Opladen, Westdeutscher Verlag, 1998.

Die Kunst der Macht und die Gegenmacht der Kunst. Studien zum Spannungsverhältnis von Kunst und Politik. Frankfurt, Suhrkamp, 1998.

Das Zeitalter der Avantgarden. Kunst und Gesellschaft. 1905-1955. München, Beck, 2005.

Die Faszination des Exotischen. Exotismus, Rassismus und Sexismus in der Kunst. München, Fink, 2008.

Kulturpolitik in Deutschland. Von der staatlichen Kulturförderung zur Kreativwirtschaft. Wiesbaden, VS Verlag für Sozialwissenschaften, 2012.

---

[1] Merkel, Wolfgang / Busch, Andreas (Hrsg.): Demokratie in Ost und West. Für Klaus von Beyme. Frankfurt, Suhrkamp 1999.

Aufsätze

a) Architektur

Architekturtheorie der italienischen Renaissance als politische Theorie. In: Sprache und Politik. Festschrift für Dolf Sternberger. Heidelberg, 1968: 209-232.

Architektur und Demokratie in der Bundesrepublik Deutschland. In: Bundesministerium für Raumordnung, Bauwesen und Städtebau (Hrsg.): Ideen, Orte, Entwürfe, Architektur und Städtebau in der Bundesrepublik Deutschland. Bonn, Ernst & Sohn, 1990: 42-53.

Wodurch bilden die 50er Jahre eine Epoche? In: Werner Durth/Niels Gutschow (Red.): Architektur und Städtebau der Fünfziger Jahre. Bonn, Deutsches Nationalkomitee für Denkmalschutz, 1990: 84-87.

Architecture and Democracy in the Federal Republic of Germany. In: International Political Science Review, 1991, No. 2: 137-147.

Die Reichstagsverhüllung. Staatsrepräsentation und Repräsentation der Gegenmacht. In: Ansgar Klein u.a. (Hrsg.): Kunst, Symbolik und Politik. Die Reichstagsverhüllung als Denkanstoß. Opladen, Leske & Budrich, 1995: 307-316.

Erziehung zum Untertanen. Erhebung und Einschüchterung in der Architekturgeschichte. Der Architekt, 9, 1995 : 512-516.

Staatsarchitektur der Diktaturen - ein Objekt der Denkmalpflege? In: Achim Hubel/Hermann Wirth (Hrsg.): Denkmale und Gedenkstätten. Weimar, Hochschule für Architektur und Bauwesen (Wissenschaftliche Zeitschrift Hochschule für Architektur und   Bauwesen), 1995, H.4/5: 179-184.

Politische Ikonologie der Architektur. In: Hermann Hipp/Ernst Seidl (Hrsg.): Architektur als politische Kultur. Berlin, Dietrich Reimer, 1996: 19-34. wieder abgedruckt in: Birgit Schwelling (Hrsg.): Politikwissenschaft als Kulturwissenschaft. Wiesbaden, VS, Verlag für Sozialwissenschaften 2004: 351-372.

Gibt es einen Stil der fünfziger Jahre in der Architektur? In. Adelheid von Saldern (Hrsg.): Bauen und Wohnen in Niedersachsen während der fünfziger Jahre. Hannover, Hahn'sche Buchhandlung 1999, S. 53-63.

'Staat machen". Staatsarchitektur des 20. Jahrhunderts in Deutschland In. Romana Schneider/Winfried Nerdinger/Wilfried Wang (Hrsg.): Architektur im 20. Jahrhundert. Deutschland. München, Prestel 2000: 95-103.

Frühsozialisten und Sozialutopisten: Gemeinschaften der Produktion und Konsumtion. In: Nerdinger, Winfried (Hrsg.): L'architecture engagée. Manifeste der Veränderung der Gesellschaft. München, Architekturmuseum, 2012: 63-87.

b) Hauptstädte

Hauptstadtsuche. Die Funktion von Hauptstädten zwischen Politik und Kultur. In: Die Stadt als Kultur- und Lebensraum. Heidelberg, Heidelberger Verlagsanstalt, 1991: 25-44.

Von der Hauptstadtsuche zur Hauptstadtfindung: Die Implementation des Hauptstadtbeschlusses. In: Werner Süß (Hrsg.): Hauptstadt Berlin, Bd.1, Berlin, Berlin Verlag, 1994: 55-75.

Hauptstadt auf Abruf: Architektur und Politik in Bonn 1949-1989. In: Stiftung Baukultur Rheinland-Pfalz (Hrsg.): Vom Bundestag zum Reichstag. Ortswechsel oder Signal. Symposium 26. Jan. 1995, Mainz,1995: 14-19.

Die Gestaltung der Mitte: Nationales und lokales Zentrum der Hauptstadt im Widerstreit der Funktionen. In: Werner Süß (Hrsg.): Hauptstadt Berlin. Berlin, Berlin Verlag, Arno Spitz, 1996: 281-321.

Ideen für eine Hauptstadt in Ost und West In: Thorsten Scheer/Josef Paul Kleihues/Paul Kahlfeldt (Hrsg.): Stadt der Architektur, Architektur der Stadt. Berlin 1900-2000. Berlin, Nicolai 2000: 239-250.

Hauptstadtplanung von Bonn bis Berlin. In: Hoffmann, Wilhelm, (Hrsg.): Stadt als Erfahrungsraum der Politik. Münster, LIT, 2011: 13-34.

c) Städtebau

Was kann Stadtkultur in Deutschland heißen? Werk und Zeit, 1988, Nr.1: 6-10, Nr.2: 31-33.

Sowjetische Einflüsse auf den frühen Städtebau der DDR. In: Architektur und Macht. 6. Internationales Bauhaus-Kolloquium, 1992. Wissenschaftliche Zeitschrift, Hochschule für Architektur und Bauwesen, Weimar, Heft 1/2 1993: 15-20.

Stadtentwicklung zwischen gebauter und gelebter Stadt: Das Beispiel Heidelberg. Heidelberger Jahrbücher XL, Heidelberg, Springer-Verlag, 1996: 280-290.

Wohnen und Politik In: Ingeborg Flagge (Hrsg.): Geschichte des Wohnens. Bd. 5. 1945 bis heute. Aufbau, Neubau, Umbau. Stuttgart, Deutsche Verlagsanstalt 1999: 81-152.

Stadtmitte: Historische und politische Bedeutung. In: Mitten in Berlin. Ein Diskussionsforum zur Berliner Stadtmitte. Berlin, Akademie der Künste, 2001: 15-22.

Wohnungsbaupolitik nach der Wiedervereinigung. In: Eckhard Schröter (Hrsg.): Empirische Policy- und Verwaltungsforschung. Opladen, Leske & Budrich, 2001: 155-166.

d) Kulturpolitik und national Identität

Kultur, politische. In: W. Langenbucher/R. Rytlewski/B. Weyergraf (Hrsg.): Kulturpolitisches Wörterbuch. Bundesrepublik Deutschland/DDR im Vergleich. Stuttgart, Metzler, 1983: 352-356.

Politische Kultur und politischer Stil. Zur Rezeption zweier Kulturwissenschaftlicher Begriffe in der Politik. Theory and Politics. Festschrift für C.J. Friedrichs. Den Haag, 1971: 352-374.

Die Oktoberrevolution und ihre Mythen in Ideologie und Kunst. In: Dietrich Harth/Jan Assmann (Hrsg.): Revolution und Mythos, Frankfurt, Fischer, 1992: 149-177.

Die Wunde, die Deutschland heißt? Kulturelle Identität nach der Vereinigung. Universitas, 1993: 154-169.

Preußen als Kulturnation. In: Christian Jansen u. a. (Hrsg.): Von der Aufgabe der Freiheit. Politische Verantwortung und bürgerliche Gesellschaft im 19. und 20. Jahrhundert. Festschrift für Hans Mommsen zum 5. November 1995. Berlin, Akademie Verlag, 1995: 189-202.

Warum gibt es keine Kunstpolitologie? In: M. Greven u.a. (Hrsg.): Bürgersinn und Kritik. Festschrift für Udo Bermbach zum 60. Geburtstag. Baden-Baden, Nomos 1998: 325-344.

Das Bauhaus als politische Metapher. In: Margret Kentgens-Craig (Hrsg.): Das Bauhausgebäude in Dessau 1926-1999. Basel, Birkhäuser 1998: 86-101

Shifting National Identities. The Case of German History. In: National Identities, Bd. 1, Nr. 1 1999: 39-52.

Kunstpolitik in der Demokratie In: Gewerkschaftliche Monatshefte 7, 2000: 407-415.

Wandlungen des Kulturbegriffs in Kulturwissenschaft und Kulturpolitik. In: Zeitschrift für Volkskunde Jg. 98, Nr. 2, 2002: 169-182.

Culture in Politics and Governance – European Experiences. In: Indra de Soysa/Peter Zervakis (Hrsg.): Does Culture Matter? The Relevance of Culture in Politics and Governance in the Euro-Mediterranean Zone. Bonn, Zentrum für Europäische Integrationsforschung 2002: 31-36.

Kulturpolitik in Deutschland im transnationalen Vergleich. In: Tasos Zembylas/Peter Tschmuck (Hrsg.): Der Staat als kulturfördernde Instanz. Insbruck, StudienVerlag, 2005: 125-142. Aufl. 2008.

Kulturelle Vielfalt und demokratische Konfliktbewältigung. In: Osnabrücker Jahrbuch Frieden und Wissenschaft. 13, 2006: 183-206.

Kulturpolitik: Von der staatlichen Förderungspolitik zur „Kreativwirtschaft". In: Manfred G. Schmidt /Reimut Zohlnhöfer (Hrsg.): Regieren in der Bundesrepublik Deutschland. Innen- und Außenpolitik seit 1949. Wiesbaden, VS Verlag für Sozialwissenschaften, 2006: 243-262.

Die Kultur-Enquête des Deutschen Bundestages und ihre politische Umsetzung. In: Albert Drews (Hrsg.): „Kultur in Deutschland" – Was ist geschehen, wie geht es weiter? 54.Loccumer Kulturpolitisches Kolloquium. Rehburg-Loccum 2010: 17-38.

Schwedisches Imperium im Deutschen Reich: Ein vergessenes Kapitel der Imperien- und Mythenbildung. In: Harald Bluhm u. a. Hrsg.: Ideenpolitik. Geschichtliche Konstellationen und gegenwärtige Konflikte. Berlin, Akademie Verlag, 2011: 71- 88.

Die politische Kultur in Deutschland. In: Sonja Schüler (Hrsg.): Politische Kultur in (Südost-) Europa. Berlin, Otto Sagner, 2012: 11-22.

e) Kunst

Das Kulturdenkmal zwischen Wissenschaft und Politik. Deutsche Kunst und Denkmalpflege, 1981: 89-98.

Marie Marcks. Die Wissenschaft in der politischen Karikatur. In: Marie Marcks. Karikaturen der letzten 50 Jahre. Heidelberg, Braus 2000: 154-173.

Die Künstler der Avantgarde und die Demokratie. In: Ursula Franke /Josef Früchtl (Hrsg.): Kunst und Demokratie. Hamburg, Meiner, 2003: 127-139.

Die Radikalisierung der Künstler in der Weimarer Republik und die strafrechtliche Verfolgung avantgardistischer Kunst. In: Dirk Fischer (Hrsg.): Festschrift für Prof. Dr. Herwig Roggemann zum 70. Geburtstag. Berlin, Berliner Wissenschafts-Verlag, 2006: 539-548.

Zur Soziologie der Landschaftsmalerei im Wandel der Geschichte. In: Stephanie Hauschild (Red.): Die fremde Landschaft. Bilder gesellschaftlichen Wandels 1. Darmstadt, Schader-Stiftung und Hessisches Landesmuseum, 2007: 9-17.

Kunst und Politik in der postkolonialen Erinnerungskultur. Zu den Schwerpunkten der Kasseler Documenta 12. Politik und Kultur, Mai/Juni 2007: 3-4.

Avantgarde im Plural. Hundert Jahre bildende Kunst der Moderne. In: Westend. Neue Zeitschrift für Sozialforschung. Jg. 4, H. 1, 2007: 37-58.

Esoterik am Bauhaus. In: Christoph Wagner (Hrsg.): Esoterik am Bauhaus. Eine Revision der Moderne? Regensburg, Schnell & Steiner, 2009: 15-28.

Die Bauhausmoderne und ihre Mythen. In: Anja Baumhoff /Magdalena Droste (Hrsg.): Mythos Bauhaus. Berlin, Reimer, 2009: 337-355.

Demokratie und Kunstpolitik. In: Klaus von Beyme: Vergleichende Politikwissenschaft. Wiesbaden, VS Verlag für Sozialwissenschaften, 2009: 306-335

The Bauhaus: Internationalization and Globalization. In: Bauhaus-Archiv Berlin/ Museum für Gestaltung. Stiftung Bauhaus Dessau (Hrsg.): Bauhaus. A conceptional model. Ostfildern, Hatje Cantz, 2009:351-354.

Die Stellung der künstlerischen Avantgarden zur Weimarer Republik. In: Hans-Peter Becht u. a. (Hrsg.): Politik, Kommunikation und Kultur in der Weimarer Republik. Verlag für Regionalkultur, Pforzheimer Gespräche, Bd. 4, 2009: 31-49.

Die Verbürgerlichung der Kunstszene bei den Postavantgarden und die Entstehung einer „kreativen Klasse". In: Günter Jeschonnek (Hrsg.): Report Darstellende Künste. Essen, Klartext Verlag, 2010: 403-407.

Why is there no Political Science of the Arts? In: Udo Hebel/Christoph Wagner (Hrsg.): Pictoral Cultures and Political Iconographies. Approaches, Perspectives, Case Studies from Europe and America. Berlin, de Gruyter, 2011: 13-32.

Museen und Ausstellungen im Kräftefeld von Kunst, Wirtschaft und Politik. In: Kunst und Politik. Jahrbuch der Guernica-Gesellschaft, Bd. 13, 2011: 19-38.

Difference and Indifference between Art Avant-Gardes and Democratic Politics. In: Kolja Raube/ Annika Sattler (Hrsg.): Difference and Democracy. Frankfurt, Campus, 2011: 369-376.

Das Ende des Exotismus. Postkoloniale Hybridisierung im Spiegel der documenta-Ausstellungen. Archithese 4, 2012: 30-35.

Der Wahn des Gesamtkunstwerks: Synergien zwischen Architektur, Literatur und Malerei. In: Uwe Kissler (Hrsg.): Architektur im Museum 1977-2021 Winfried Nerdinger. München, Edition Detail, 2012: 31-45.

Bildende Kunst, Religion und Leben. In: Stephan Schaede u. a. (Hrsg.): Das Leben. Bd. 2, Religion und Aufklärung. Tübingen, Mohr Siebeck, 2012: 247-283.

Printed in Poland
by Amazon Fulfillment
Poland Sp. z o.o., Wrocław

77336318R00186